"박정희는 경제기적을 이룩한 특출한 인물"
"링컨은 진보적 성향의 선구자이자 활동가"

세계적 정치인들에 대한 평가를 통해본

마오쩌둥의
세계관·인물관

세계적 정치인들에 대한 평가를 통해본

마오쩌둥의
세계관·인물관

초판 1쇄 인쇄 2022년 11월 26일
초판 1쇄 발행 2022년 11월 30일
발행인　김승일(金勝一)
디자인　조경미
출판사　구포출판사
출판등록　제2019-000090호

잘못된 책은 바꿔드립니다.
가격은 표지 뒷면에 있습니다.

ISBN 919-11-90585-13-2 (03190)

판매 및 공급처 구포출판사

주소: 서울시 도봉구 도봉로117길 5-14 **Tel:** 02-2268-9410 **Fax:** 0502-989-9415
블로그: https://blog.naver.com/jojojo4

이 책은 구포출판사 본사의 서면 허락 없이는 어떠한 형태나
수단으로도 이 책의 내용을 이용하지 못합니다.

※ 이 도서의 국립중앙도서관 출판시 도서목록(CIP)은 서지정보유통지원시스템 홈페이지(http://seoji.nl.go.kr)와
　국가자료공동목록시스템에서 이용하실 수 있습니다.

"박정희는 경제기적을 이룩한 특출한 인물"
"링컨은 진보적 성향의 선구자이자 활동가"

세계적 정치인들에 대한 평가를 통해본

마오쩌동의
세계관·인물관

김승일(金勝一) 지음

구포 출판사
九 甫 出 版 社

contents

contents

책머리에

　역사학자에게 제일 곤란한 일은 인물을 평가하는 일이다. 왜냐하면 정치가들이 불쑥불쑥 내뱉는 그런 평가와는 다른 것이기 때문이다. 올바른 평가를 하려면 평가 대상 인물의 내　외면적 측면을 모두 이해해야만 하는데, 이는 시간적　공간적으로 불가능하기 때문이다. 특히 인물을 평가하다 보면 상대 인물에 대해 좋은 면만 쓰게 되거나 잘못된 점만 지적하는 경우가 다반사인데, 이러한 서술은 모두가 잘못된 것이다. 그러나 아무리 공평하게 쓴다고 해도 역시 여러 측면에서 과오를 평가하는 이론들이 나오기 때문에 특별히 인물을 평가한다는 일은 쉬운 일이 아니다. 다만 이런 과오를 최대한 줄이기 위한 방법을 말한다면, 직설적인 화법으로 평가하는 것보다는 자신의 평가를 은유적으로 표현하여 평가하려는 상대방의 진정한 모습을 사람들이 은연중에 알 수 있게 하는 것이 최선의 방법이 아닐까 생각된다.

　이러한 방법을 대표적으로 보이고 있는 책이 역사상에서 가장 정확한 인물 평가서라고 회자되고 있는 사마천(司馬遷)의 《사기(史記)》이다. 서양의 경우 역사를 연도별이나 사건 중심으로 정리했지만, 사마천의 경우는 인물 중심의 기전체(紀傳體), 즉 본기(本紀), 세가(世家),

표(表), 열전(列傳)으로 나누어서 서술했는데, 그 이유는 역사를 움직이는 힘으로써 인물이 중요하다는 것을 고려했기 때문이었다.

사마천 이후 중국의 역사는 모두 기전체로 작성되는 것이 주류가 되었다. 사마천은 역사적으로 중요한 인물을 본기, 세가, 열전에 넣어 기록하였지만, 때로는 역사적으로 평가하지 않아도 될 사람들(도둑, 자객 등)도 그들의 활동이 역사에 영향을 미칠 수 있었다고 판단되면 열전에 포함시켜 후대에 남기려 했다. 이러한 사실에 견주어보면 사마천은 현실에서의 성공과 실패 보다는 곧은 정신과 뜻을 가지고 목표를 향해 최선을 다한 사람들을 기록하여 천고의 모범으로 삼게 하고자 했음을 알 수가 있다.

그의 평가방법은 대체로 세 가지 측면에서였다. 첫째는 중요인물을 다루되 허구적인 내용은 배제했다는 점이다. 둘째는 중요인물을 다루되 그 인물을 어떻게 묘사할 것인지, 어떻게 평가할 것인지에 대한 평가자의 관점과 감정 태도를 명확히 나타내어 그 속마음을 엿볼 수 있게 했다는 점이다. 셋째는 평가인물에 대해 다른 사람들이 관심과 흥미를 갖게 하여 다양한 차원에서의 평가가 지속될 수 있게 동기부여를 해주었다는 점이다. 현재 우리사회에서도 이러한 점들을 고려하여 인물을 평가한다면, 요즘처럼 불만족스런 인물들이 판치는 경우는 없어지게 될 것이라 여겨진다.

이런 점에 비추어 마오쩌둥의 인물평가를 보면, 첫 번째 내용은 충족시키고 있다고 볼 수 있지만, 둘째·셋째 측면에서는 약간 거리가 있다고 생각된다. 그렇게 보여 지는 이유는 아무래도 마르크스주의자라고 하는 입장을 벗어나지 못한 평가라서 그런 것이 아닌가 여겨진다. 이러한 점은 사회주의·공산주의가 등장한 이후의 인물들에 대한 평가에서 더욱 느껴진다. 그러나 우리가 알아야 할 것은 그들에 대한 우리의 평가와 마오쩌동의 평가와의 차이점을 발견할 수 있어야 한다는 점이다.

20세기 초반 극도로 혼란했던 중국을 아무 것도 가진 것이 없던 마오쩌동이 미국과 소련을 비롯한 해외 여러 나라로부터 지원을 받아 막강한 군사력 및 재력을 가지고 있던 장제스(蔣介石)의 국민당을 타이완으로 몰아내고, 중화인민공화국을 설립한 그의 능력이 어디에 있었는가를 그의 인물에 대한 평가를 통해서 엿볼 수 있다는 점은 매우 흥미 있는 일이 아닐 수 없는 것이다.

중국혁명을 이뤄내는 과정에서 보여주는 마오쩌동의 신출귀몰한 전략은 가히 신적 경지에 도달한 인물임을 알 수 있다. 그런데 그러한 전략이 모두 그의 독서력을 바탕으로 해서 나온 것임을 이해한다면, 그의 독특한 인물평가론이 어떻게 해서 나왔는지도 알 수 있다. 특히 드넓은 대지에 산재해 있는 엄청난 인구를 감동시키면서 중국혁명이라는 대업을 이룩한 후 세상과 소통을 하면서 전 세계를 움직이던 대 정치가들의 진면목을 어떻게 평가했고, 어떻게 그들의 마음을 사로잡을 수 있었는지를 되돌아본다면, 현재 우리 주변에서 활개치고 있는 인물들의 구차함을 면면히 보아낼 수 있을 것이다.

그런 점에서 이 책이 우리들에게 시사해주는 바는 대단히 크다고 할 수 있다. 다만 마오쩌동 자신이 마르크스주의자이고 공산당원이기 때문에 반공교육을 받은 우리의 시각과는 차이가 나는 평가도 종종 볼 수 있다. 그러나 한편으로는 우리가 피상적으로만 알던 인물들을 좀 더 자세히 알 수 있다는 점에서 독서의 매력을 느낄 수도 있다고 본다. 그런 점을 생각하면서 이 책이 읽혀졌으면 하는 바람이고, 또 이 책이 우리 사회를 이끌어 갈 수 있는 보다 훌륭한 인재를 선택하는 바로미터가 될 수 있기를 기대해 본다.

2022년 11월 3일
구포재(九苞齋)에서

1

박정희(朴正熙, 1917~1979)

【마오쩌둥의 촌평】

"박정희는 경제적 기적을 이뤄낸 특출한 인물이다."

【박정희 약전】

1963년부터 1979년까지 대통령으로써 한국을 통치했다. 광복 후에 그는 육군장교가 되었다. 한국전쟁 시기에 여단장으로 활동했으며, 후에는 미국 육군 포병학교에서 연수했다. 귀국 후 그는 육군 포병 사령관, 사단장, 군단 부사령관, 군관구 사령관, 군수기지 사령관 등을 역임했다. 1961년 5월 16일 박정희는 혁명을 일으켜 정권을 장악한 후, 7월에 "국가재건최고회의" 상임위원회 의장을 맡았다. 1963년 대통령이 된 후 그는 친미반공(親美反共)정책을 실시했으며, 미국의 요청으로 베트남전쟁에 군대를 파견하기도 했다. 대한민국 현대사에 가장 많은 영향을 끼친 인물 중 하나이자 생전에는 물론 오늘날까지도 평가가 가장 극심하게 엇갈리는 정치인 중 한 명이다. 그 이유는 낙후되어 있던 한국을 급격히 정치·경제·사회·문화적으로 변화시키는 한가운데서 20년 가까이 최고 권력자의 자리에 있었기 때문에, 그러한 과정에서 일어날 수밖에 없었던 공과에 대해 호불호가 극명하게 대립된 결과라고 할 수 있다.

【마오쩌동의 박정희에 대한 총평 및 해설】

1962년 1월 3일 마오쩌동은 일본 원자탄·수소탄 금지협회 이사장 야스이 가오루(安井郁)[1]와의 담화에서 박정희에 대해 언급했다.

"인민들은 친미파들을 믿지 않습니다. 모든 친미파들은 좋은 결말을 가져오지 못했습니다. 라틴아메리카에는 수많은 친미파들이 있습니다. 하지만 인민들은 그들을 신임하지 않습니다. 예를 들면, 쿠바의 바티스타(Batista)는 인민들의 지지를 얻지 못하고 끝내는 쫓겨났습니다. 한국의 상황도 주시할 필요가 있습니다. 한국인들은 이승만을 믿지 않았습니다. 미국도

---

1) 야스이 가오루(安井郁): 도쿄대 교수로 반핵성명운동을 주도했다. 그는 선언문에서 "반핵 서명운동은 특정 국가를 대상으로 하는 것이 아니며 오직 '원자력과 인류'의 대립이라는 원칙에 입각해 이루어져야 한다고 하면서 원자력의 평화적 이용(원전)을 언급하지 않은 것은, 원전이 원자탄·수도탄 제조에 이용될지 모른다는 우려 때문이며, 또 평화운동이라는 말을 사용하지 않은 것은 서명운동의 순수함을 혼동할 것을 우려했기 때문이다"라고 했다. 쉽게 말하자면 그는 당시 핵무기를 가진 미국이나 소련을 비난하지 말고, 쟁점이 되고 있는 원자력의 평화적 이용에 대해서도 언급하지 말고, 미국의 핵우산 속에 들어 있는 일본의 현실에 대해서도 말하지 말자는 것으로, 이대로 가면 인류의 생명이 위협받을 수 있으니 한 사람 한 사람의 뜻을 모아 전 세계에 핵무기를 없애자고 호소하였던 것이다.

그를 버리고 박정희를 선택했습니다. 그렇지만 박정희도 미국에 불만을 가지고 있었습니다. 당시 한국의 70만 군대는 미국의 통제 하에 있는데, 지금 박정희는 10여 만 명의 병력을 쟁취하려고 하고 있습니다. 이에 미국은 부득이하게 양보하지 않을 수 없었습니다. 그러나 그는 미국의 통제가 심해지고 병권이 여전히 미국의 손에 있기 때문에 미국을 좋아하지 않는 것입니다. 타이완에서 미국은 장제스(蔣介石)의 반대파인 후스(胡適)²를 올려놓으려 했지만, 장제스에 의해 탄압 당했습니다. 장제스가 병력을 장악하고 있었기에 미국 군사고문단이 연대장 이하에서는 활동할 수 없었으므로 위에서만 활동할 수 있었습니다. 장제스는 미국 육군이 타이완에 상륙하는 것을 반대했습니다. 그는 자신은 육군이 있기에 미국의 제7함대와 공군이면 족하고, 미국이 육군을 파견할 필요는 없다고 했습니다. 베

---

2) 후스(胡適, 胡嗣糜, 胡洪騂, 胡希疆) : 1891년 생으로 1962년에 사망했다. 본명이 쓰메이(嗣糜, sìméi)이고, 학명은 홍싱(洪騂)이며, 자는 시장(希疆)이고, 필명은 후스(胡適)이며, 자는 스즈(適之)이다. 사상가이자 철학자이며 유명한 문학가이다. 본 적은 훼이저우(徽州) 지시(績溪)이나 태어나기는 상하이시 푸동신구(浦東新區)였다. 어려서는 사숙에서 공부했고, 19세에 경자배상(庚子賠款) 국비유학생으로 선발되어 미국으로 유학을 갔으며, 미국의 실용주의 철학자 존 듀이(John Dewey, 1859~1952)를 스승으로 모셨다. 1917년에 귀국해 베이징대학(北京大學) 교수로 재직했다. 그는 다방면의 학술연구에 힘썼고, 주요 저작으로《중국철학사대강(中國哲學史大綱)》(상),《상시집(嘗試集)》,《백화문학사(白話文學史)》(상)과《후스문존(胡適文存)》(전4집) 등이 있다. 그는 자유주의자이자 실용주의자로서 학술방면에서 "대담하게 가설하고 조심스럽게 증명하라(大胆地假設, 小心地求証)" 는 치학(治學)방법을 제시했다. 그는 백화문(白話文)을 제창했고, 신문화운동(新文化運動)을 선도하면서《신청년(新靑年)》을 편집했고, 중국철학사(中國哲學史)의 새 장을 열어 놓았다.

트남의 응오딘지엠[3]도 두려워서 미국에서 군사고문단을 보낼 수는 있으나 미국 군대는 파견하지 말 것을 요구했습니다. 장제스와 응오딘지엠은 종종 연락을 취하고 있는 사이였습니다. 장제스는 응오딘지엠에게 미국 군대가 들어오면 생명이 위급해짐으로 절대로 미 육군이 들어오지 말게 해야 한다고 했습니다. 타이의 사릿 타나랏(Sarit Thanarat)[4]도 미국의 군대를 들어오지 못하게 했습니다. 타이는 동남아조약 조직의 국가입니다. 미국은 타이에 군사기지를 건립하려 했지만 타이가 동의하지 않았습니다. 그들과 미국 사이에도 모순이 존재했던 것입니다. 그들은 미국과 한 통속이었지만 인민들은 굴종하는 그들을 신임하지 않았습니다. 미국도 한국인들이 이승만과 같은 사람들을 믿지 않는 다는 것을 알고 있었기에 박정희로 바꿔버렸

3) 응오딘지엠(Ngô Đình Diệm, 1901년 1월 3일~1963년 11월 2일) : 남베트남(베트남 공화국)의 초대 총통으로 1954년 제네바 협정 이후 프랑스군이 철수하자 미국의 지원으로 수상이 되었고, 1955년 4월 30일 베트남 공화국 국장 권한대행을 거쳐 같은 해 10월 26일 베트남 공화국 초대 총통에 취임하였다. 1953년 9월에는 대한민국으로부터 건국훈장을 받았다. 1956년 국민투표로 공화국을 선포하고 총통이 되었다. 그러나 독재와 주변 측근 인사들의 부패 등으로 민심을 잃어 농민을 중심으로 한 게릴라들의 저항운동을 받았으며, 1963년 6월에는 승려 틱꽝득의 분신자살이 도화선이 되어 11월 즈엉반민 장군이 일으킨 군사 쿠데타에 의해 정권이 무너지면서 피습되어 병원으로 이송 도중 처형되었다.

4) 사릿 타나랏(Sarit Thanarat, 1909~1963) : 1929년에 육군사관학교를 졸업하고 1945년 소장으로 제1사단장이 되었다. 1947년 11월 L.피분이 일으킨 쿠데타의 주역이 됨으로써 1951년 육군대장, 1954년 육군원수로 승진하여 육군총사령관 겸 국방차관에 취임하였다. 1954년 6월 미국에서 미태(美泰)군사협정을 체결하였다. 1957년 3월 국방장관 겸 육군총사령관이 되었으나 8월 국방상을 사임하고, 9월 16일 스스로 쿠데타를 일으켜 피분 수상을 추방하고 육해공 3군총사령관이 되었다. 1958년 10월 무혈 쿠데타에서 혁명위원회 의장이 되어 혁명당을 결성하였다. 1959년 1월 임시헌법을 공포하고 2월 내각을 조직하였으나 수상 재직 중 사망하였다. 철저한 반공주의자로 라오스내전 때에는 동남아시아조약기구(South East Asia Treaty Organization:SEATO)의 군사적 개입을 주장하기도 하였다.

던 것입니다. 지금의 친미파들 본체는 바로 이런 상황에 있는 것입니다."(「중간지대 국가의 성질은 서로 다르다」『마오쩌동 외교문선』, 485~486쪽.)

박정희 권한대행이 헌법개정안에 서명하는 모습.

박정희는 1963년 '제3공화국 대통령'에 오른 후 연속해서 대통령직을 4번이나 연임하면서 16년 간 한국정치를 집정하였다. 그는 집정기간에 미국을 견제하면서도 그들과의 협력을 중요시했기 때문에 마오쩌동의 박정희에 대한 정치적 평가는 매우 비판적이었다고 할 수 있다. 특히 반공을 내세웠던 박정희의 정치적 태도에 대해서는 적대감까지 띠고 있었다. 다만 이는 박정희 한 사람에 대한 비판이라기보다는 친미적인 나라 영도자들에 대한 일반적인 시각에서 바라본 평가였다고 할 수 있다. 그러나 경제적인 면에서의 박정희에 대한 평가는 매우 달랐다. 1960, 70년대에 한국경제를 비약적으로 발전시킨 성과에 대해서 "한강의 기적"이라고 말해지는 것처럼 마오쩌동은 한국의 경제를 '기적' 그 자체로 평가했다. 다시 말해서 1960년대 초부터 미국과 일본의 협조 하에 성공적으로 4차례의 "경제 개발 5개년계획"을 완성시키는 등 외향형 경제발전 전략을 시행한 한국은 1962년부터 1979년까지 수출 총액이 연 평균 40%이상 증가하는 쾌속 발전을 이루어냈다. 그리하여 과거의 빈곤하고 낙후한 모습을 완전히 변모시켰다는 점에 대해 마오쩌동은 관심의 초점을 두었던 것이다. 당시 한국의 비약적인 경제발전 성과는 쌍팔년도라고 불리 우는 1955년 국민소득이 65달러로 세계 최빈국이었던 수준에서 수천 달러로 증가했다는 점을 높이 평가했던 것이다. 이는 제2차 세계대전 이후 세계에서 가장 빠른 경제발전을 이뤄낸 것으로 "아시아의 네 마리 작은 용"이라는 찬사를 얻기까지 했다. 이러한 한국을 경이로운 눈으로 바라본 마오쩌동이었기에 이를 이끈 박정희를 "경제적 기적을 일궈낸 특출한 인물"이라고 아주 높이 평가했던 것이다.

그것은 아마도 중국의 혁명을 성공시킨 마오쩌동 입장에서 볼 때, 그가 현실적으로 가장 압박을 받고 있던 경제발전이라는 자신의 정치적 과제를 이미 달성했거나 점점 더 발전해 나갈 수 있는 한국을 보면서 그 중심에 서 있는 박정희의 리더십을 인정한 것이고, 또한 마오쩌동 자신의 부러움의 표현이라고도 할 수 있을 것이다.

2

이승만(李承晚, 1875~1965)

【마오쩌둥의 촌평】

"이승만 정권은 미국의 지지를 받았다. 그렇기 때문에 그를 '친미인사'라 하지 않을 수 없다. 그러나 그들은 이승만을 버렸다."

【이승만 약전】

이승만은 1875년 4월 26일 황해도 평산군 능내동의 한 몰락한 귀족 가정에서 태어났다. 그의 아버지 이경선은 문인으로 족보를 연구하는 데 만 열중하여 그의 어머니 혼자서 다섯 가족의 생계를 책임져야 했다. 비록 어머니가 부지런히 일하기는 했지만 이미 기울어진 가세를 바로잡기는 힘들었고, 하루하루 연명하기도 어려웠다. 그러는 가운데서도 그의 아버지는 이승만에게 선조들의 사적을 이야기해주며 그가 커서 남보다 출중한 인물이 되어야 한다는 가르침을 심어주었다.

이승만이 태어난 시대는 동서방의 열강들이 한반도를 침략하고자 벌떼처럼 모여들던 시절이었다. 조정은 날로 부패해갔고 내부 갈등도 날로 치열해져 갔다. 친일파와 친러파가 서로 혈안이 되어 싸웠다. 비록 격동의 시대였지만 이승만의 부모는 그가 공부에만 열중하기를 바랐다. 13살부터 이승만은 과거시험에 참가했지만 그럴만한 성적을 내지는 못했다. 1894년 그는 서울의 배재학당에서 영어를 배웠다. 1년 후에 그는 이 학당의 영어교사가 되었으며 서방문화를 접촉하기 시작했다. 이 기간에 그는 일부 미국 사람들과 친하게 되었고 이는 그의 정치 생애에 큰 영향을 미쳤다.

　1896년에는 '개화운동'에 참가한 서재필이 귀국하여 중추원 고문으로 임명되자 배재학당에서 서양역사를 배워주었고, 『독립신문』을 창간하고 독립협회를 창립했다. 서재필의 영향 하에 배재학당의 선생과 학생들은 의회정치를 연구하는 협성회(協成會)를 창립하고 『협성회보』를 창간했다. 이승만도 이 협성회에 참가했으며 『협성회보』의 집필자로 활동하면서 부단히 조정의 정책을 비판 규탄했다. 이 신문이 압박에 의해 발행이 중단된 후 그들은 『매일신문』을 창간했다. 이승만은 여전히 이 신문의 집필자로서 활동했다. 협성회가 독립적인 협회로 전향한 후 이승만은 신속하게 성장하여 협회의 주요 인물이 되었다. 그는 적극적으로 서방의 사상과 학설을 사람들에게 선전했다. 조정에서는 이 세력을 눈에든 가시로 여겨 독립협회 회원들을 체포하는데 열중했다. 이승만은 23세에 체포되어 7년 형을 언도받았다. 후에 그는 탈옥하려 했지만 다시 체포되어 종신형을 선고받았다. 지루한 옥중생활 과정에서 이승만은 『독립정신』이라는 제목의 책을 완성했다. 이 책은 1906년에 미국에 처음으로 출판된 후 여러 차례 재판 발행되었다. 이승만을 추종하는 사람들은 이 책을 "민족의 성경"이라고 칭했다. 감옥에 있으면서 이승만은 충실한 기독교 신자가 되었다.

1904년 러일전쟁이 일어나자 일본은 조선을 침범하려는 계획을 획책했다. 같은 해 9월 이승만은 특사로 석방되었다. 두 달 후 황제의 시종인 민영환의 소개로 이승만은 명을 받들고 밀서를 가지고 미국으로 갔다. 그는 미국이 조선을 도와 일본의 위협에서 벗어나게 해달라고 요청했지만 미국은 이를 거들떠보지도 않았다. 다음 해 러일 양국은 영국의 포츠머스에서 평화담판을 진행했다. 이승만은 하와이 교민의 신분으로 미국 대통령 루스벨트에게 청원서를 제출했지만 아무런 소식도 받지 못했다. 그 후 그는 미국에서 교민의 신분으로 생활을 했다. 1905년부터 이승만은 워싱턴대학, 하버드대학, 프린스턴대학에서 공부를 했다. 그는 논문 『미국 영향 하의 중립론』으로 프린스턴대학에서 철학박사 학위를 받았다. 이 논문은 미국의 조선정책에 매우 필요한 자료가 되었다. 이 논문을 계기로 이승만은 미국 각계의 인사들을 만날 수 있었다. 그 중에서 그는 프린스턴대학 총장인 윌슨(훗날 윌슨은 미국 대통령으로 당선된다.)과 가깝게 지냈다. 얼마 후 조선은 일본 식민지로 전락하였다. 그러자 이승만은 귀국하여 기독교 학생운동에 참여하여 많은 청년들이 일어나 일본의 침략에 반대하도록 선동하였다. 이로 인해 일신상의 위협을 받게 된 이승만은 다시 미국으로 건너갔다.

이승만은 38세에 교민 지도자인 박용만(朴容萬)의 요청으로 하와이에서 조선교민학교를 창설했다. 박용만은 무장투쟁으로 나라를 구하고자 했고, 이승만은 외교활동을 통해 서방국가의 지원을 얻어 민족의 독립을 실현하려고 했다. 이승만은 적수공권으로 흉악한 일본침략자들과 싸워 이길 수가 없다고 판단하고 교묘한 수단을 통해서만 민족의 독립을 실현할 수 있다고 생각했다. 미국에 거주하는 교민들이 조직한 한국 국민회는 두 개 파로 갈려져 있었다. 이승만은 동지회라는 조직을 따로 만들고 『한국 태평양』 주간을 발행하여 자신의 반일을 위한 정치적 주장을 선전했다. 1918년 12월 미국에 있는 조선교민대표는 이승만 등을 파리평화협정에 파견하여 조선의 독립을 강력하게 호소하고자 했다. 하지만 미국이 이승만 등에게 비자 발급을 거절했기 때문에 파리로 가지를 못했다. 1919년 2월 16일 이승만 등은 개인적으로 미국 대통령 윌슨에게 「통치 위임 청원서」를 제기해 조선이 국제연맹의 보호 하에서 위임통치를 받을 수 있도록 요구했지만 교민들의 반대를 받았다.

러시아의 '10월 혁명' 영향으로 조선에서는 독립운동이 적극적으로 진행되었지만 성공하지는 못했다. 그 후 민족주의 인사들은 중국 상하이에서 '대한민국임시정부'를 수립하고 이승만을 임시정부 초대 대통령으로 선임했다. 1920년 12월 이승만은 상하이로 가서 국무회의를 주최했다. 당시 국무총리 이동휘(李東輝) 등은 의병을 조직하여 국내에 들어가 폭동을 일으킨 후 소련의 지지를 얻자고 했다. 하지만 이승만은 이를 반대하고 미국 등 강대국들의 도움으로 민족독립을 얻으려 했다. 임시정부 내의 모순은 날로 첨예해 갔다. 그러자 미국에서의 활동을 지속하기 위해 그는 상하이를 떠나 워싱턴으로 갔다가 하와이로 갔다. 65세에 이승만은 『일본내막기』를 완성했다. 그는 책에서 일본이 태평양에서 미국을 공격할 것이라고 하면서 미국의 중시를 받으려 했다. 하지만 미국은 별로 개의치 않아했다. 그러나 2년 후 일본은 진주만공격을 실시했다.

1945년에 일본은 무조건 투항하자 미국은 이승만에게 군용비행기를 제공하여 임시정부시기의 정부요인인 김구·김규식보다 일찍 서울에 도착하게 했다. 그는 '독립촉성중앙협의회'를 조직하여 회장이 된 후 그해 말에 모스크바 3상회의에서 조선을 위탁 관리한다는 결정을 내리자 이승만은 '반 신탁통치운동'을 통해 '독립촉성중앙협의회'의 세력을 확대시켰다.

1946년 71세의 이승만은 미소공동위원회의 개최를 앞두고 미군이 조직한 '대한국민대표민주의원'에 참여해 의장에 선출되었다. 1948년 대한민국 제1대 대통령으로 당선된 그는 미국과 「군사협정」, 「재산과 재정협정」, 「경제원조 협정」, 「한미상호방위조약」 등 각종 협정을 체결하는 등의 능력을 보여주었다. 그러나 한국전쟁 이후 국내의 혼란한 정치상황 속에서 12년간의 정치 생애를 불명예스럽게 마친 그는 하와이로 망명하여 1965년 90세의 나이로 병사했다.

【마오쩌동의 이승만에 대한 총평 및 해설】

한국전쟁에서 이승만과 마오쩌동은 서로 다른 진영의 적수였다. 한국전쟁은 남북한 간의 내전이며, 세계 양대 진영의 겨룸이었다.

대한제국정부수립 기념식(1948, 8,15)에서 연설하는 이승만 대통령.

1950년 9월 15일 미군은 인천에서 대규모로 상륙하여 서울을 점령한 연합군은 북한에게 무조건 투항하라는 '최후통첩'을 보냈다. 10월 7일 미군이 38선을 넘어 중국 변경에까지 다다르자 김일성은 북한 주재 중국대사 니즈량(倪志亮)을 만나 마오쩌동에게 군사지원을 요청하게 되었다. 이에 마오쩌동은 중난하이(中南海) 이녠당(頤年堂)에서 중앙정치국 상무원회 확대회의를 열어 북한 지원 문제를 토론했다. 회의 후 마오쩌동은 즉시 스탈린에게 전보를 보내 중국에서 북한에 군사를 파견하겠다는 상황을 전달했으며, 중국이 출병한 후에 나타날 수 있는 상황들을 상세하게 분석했다. 마오쩌동은 우선 북한에 군사를 파견해야 할 필요성과 긴박성을 설명했다. "만약 미국이 한반도를 점령한다면 북한의 혁명역량이 근본적으로 실패하게 되고 미국의 세력이 더욱 커지게 되는데 이는 전 동방지역에 불리하다."(「지원군의 조선 파견 작전 결정에 관하여」『마오쩌동 외교문선』, 139쪽.)

이후 정전이 실현되면서 국제정세가 안정되자 국제정치의 중요성을 알게 된 마오쩌둥은 그러한 일환으로 라오스 수상인 수바나 푸마 친왕을 초청하여 회담하였다. 이 회담에서 마오쩌둥이 이승만에 대해 언급하였다.

"지금 델레스[5]가 이런 일을 벌이고 있다. 그는 장(제스) 위원장, 이승만, 응오딘지엠과 같은 유형의 사람들만 지원한다. 내가 보기에 양측은 서로를 두려워하는데, 그들이 우리를 두려워하는 면이 더 크다. 그렇기 때문에 전쟁은 일어나지 않을 것이다."[6]

1958년 1월 24일 마오쩌둥은 『김일성에게 보내는 중국 인민지원군의 조선(북한) 철수문제 관련 전보』에 이렇게 썼다.

"중국 인민지원군은 아래와 같은 성명을 발표한다. 중국 인민과 북한인민은 서로 의존하고 고난을 함께 하는 순치지국(脣齒之國)으로 중국 인민지원군이 북한에서 철수하는 것은 북한과 중국의 화복을 함께 하는 친선관계를 무시하는 것이 아니다. 만약 이승만과 미국이 다시 휴전선을 넘어 온다면, 중국 인민

---

5) 존 포스터 델레스(John Foster Dulles, 1888년 2월 25일~1959년 5월 24일) : 미국의 변호사이자 미국의 외교 정책을 공식화한 외교관이며 정치가이다. 제52대 미국 국무장관(1953~1959)을 역임했다.
6) 「제15차 최고국무회의에서 담론한 국제형세」, 『마오쩌둥 외교문선』, 342~343쪽.

지원군은 북한정부의 요구에 따라 단호하게 북한인민군과 함께 물리칠 것이다."

이처럼 북한과 김일성에 대한 마오쩌둥의 관심과 우정은 매우 두터웠다. 물론 그 배경에는 같은 마르크스주의자였다는 점과 동북지역에서 같이 항일전쟁을 치렀다는 공통점이 깔려 있었음은 말할 나위도 없을 것이다. 5월 7일 마오쩌둥은 아프리카 12개국 및 지역사회 활동가와 평화인사 및 청년, 학생 대표단과 회담을 하면서 다음과 같이 말했다.

"미국은 세계에서 너무 많은 지역을 점령하고 있습니다. 아시아, 라틴아메리카, 아프리카 등 여러 지역에서 미국은 자신의 군사기지를 가지고 있으면서도 그들은 유럽까지 통제하려 하고 있습니다. 요 며칠사이에 국제형세가 많이 변화했습니다. 남한 인민들이 친미주의자인 이승만을 반대하면서 수십만 명이 참가한 시위를 통해 이승만 정권을 무너뜨렸습니다. 이승만은 75개 사단이 있지만 탄알 하나 없는 남한 인민들은 뭉쳐서 이승만을 전복시켰습니다. 물론 아직 많은 문제들이 해결되지는 않았습니다. 미국은 아직도 남한에 둥지를 틀고 있으며 새로운 앞잡이를 내세울 것입니다. 남한 인민들의 투쟁은 계속될 것입니다."

5월 17일, 마오쩌둥은 알제리 공화국 임시정부 대표단을 회견하는 자리에서 이렇게 말했다.

"제국주의는 우리를 좋아하지 않습니다. 그들은 우리가 '침략' 했다고 하고 있습니다. 처음에는 우리가 장제스를 '침략'했다고 하더니 조선과 미국이 전쟁을 하면서 '침략자'라는 말이 또 튀어나왔습니다. 제국주의는 우리에게 나쁜 말만 하고 있습니다. 그들은 장제스·이승만이 좋다고 합니다. 제국주의가 우리를 나쁘다고 할수록 우리는 기쁩니다. 우리는 일생동안 욕먹을 준비가 되어 있습니다. 만약 우리를 좋다고 한다면 우리도 장제스·이승만과 같은 모양이 될 것이 아닙니까?"

1962년 1월 3일 마오쩌둥은 일본 원자탄·수소탄 금지 협의회 이사장 야스이 가오루와 대화를 나누면서 미국의 행위를 맹비난하였다.

"인민들은 미국의 앞잡이들을 믿지 않습니다. 모든 미국의 앞잡이들은 좋은 결말을 가져오지 못했습니다. 우리는 조선의 상황을 연구할 가치가 있습니다. 인민들이 이승만을 믿지 않자 미국은 그를 교체했습니다. 지금은 박정희가 이승만을 대신하고 있습니다."

3

미야자키 도텐(宮崎滔天, 1871~1922)

【마오쩌둥의 촌평】

"미야자키 도텐[7]은 중국의 반청(反淸)혁명을 지지한 신해혁명의 주역

---

7) 미야자키 도텐(宮崎滔天 1871~1922) : 도텐은 호이고 그의 본명은 토라죠(寅藏)이다. 메이지시대 일본의 사상가이다. 그는 신분사회를 타파하고 농지를 경작자에게 분배함으로써 인민의 자유와 생존권을 보장하는 "농본적 민본사회"를 꿈꿨다. 도텐의 사상은 일본을 넘어 동아시아적 맥락에서 혁명의 의미와 실천방안을 모색하는 아시아주의로 확장되었다. 특히 중국 인민들이 청조(淸朝)를 타도하고 서구 제국주의에 대항하는 동아시아 민본혁명의 중심이 되어야 한다고 믿었다. 그는 젊었을 때부터 상하이·홍콩·톈진 등 중국 각지를 여행하고, 손문·강유위·장개석·김옥균 등 개혁가들과 교류하며 새로운 동아시아 건설을 위한 민족 간 연대 추구에 생을 바쳤다. 도텐의 꿈은 1911년 신해혁명으로 열매를 맺는데, 도텐은 손문과 '적성우의(赤誠友誼, 거짓 없는 진정한 우정)'를 나눈 신해혁명의 동지이자 숨은 공로자였다. 1897년 이래 망명객 신세였던 손문이 좀처럼 혁명할 수 있는 기반을 잡지 못하고 있자, 1902년 도텐은 자신과 손문의 혁명을 향한 꿈과 좌절을 기록한 『33년의 꿈』이라는 책을 저술하였는데, 이것이 뜻밖의 전기를 마련해주었다. 이 책이(손문의 본명인) '손이셴(孫逸仙)'이라는 제목으로 중국에서 출간되면서 혁명 세력 사이에서 손문의 인지도가 급상승한 것이다. 1905년 손문 주도로 도쿄에서 결성된 혁명 지도부인 '중국동맹회'에도 도텐의 후원이 있었다. 1922년 도텐이 세상을 떠나자 상하이에서 추도식이 열렸다. 식을 주재한 손문은 "도텐이 없었으면 신해혁명도 없었을 것"이라며 그의 죽음을 애도했다. 난징(南京) 중국근대사박물관에는 손문과 나란히 걸고 있는 도텐의 동상이 서 있다. 중국인들은 국적을 초월하여 중국 변혁의 불쏘시개가 되어준 이 일본인에게 지금도 경의를 표한다. 근현대 중·일 관계사는 단순하지도 일방적이지도 않다. 거기서 연유하는 복잡 미묘한 역사 감각을 선악 이분법 역사관으로는 이해하기가 어려울 것이다.

이자, 청말민초(淸末民初) 중국의 혁명가 황싱(黃興)[8]의 친한 친구였기에 그를 경모(敬慕)한다."

(「미야자키 도텐에게 보내는 편지」, 『마오쩌둥 조기 문고』 63쪽.)

【미야자키 도텐 약전】

미야자키 도텐(1871~1922년)은 그의 호인 시라나미(白浪)를 인용해 시라나미 도텐 혹은 시라나미 안도텐(白浪庵滔天)이라고 부르기도 한다. 일본 구마모토현 사람으로 젊었을 때 일본 자유민권사상의 영향을 받아 쑨원(孫文, 孫中山)이 영도하던 중국의 민주혁명을 적극적으로 지지하고 도와주었다. 흥중회(興中會)에 가입했으며 황싱 등과 가까이 지냈다. 빈털터리가 되었을 때에도 도쿄 아카사카 경찰서 서장의 유혹을 물리치고 쑨중산·황싱과 동맹회의 비밀을 보호했다. 1916년 10월 황싱이 상하이에서 병으로 사망하자 그의 영구를 후난(湖南)으로 옮겼다. 다음해 2월 일본에 있던 시라나미 도텐은 창사(長沙)로 가서 황싱의 장례식에 참가했다. 4월에 창사를 떠나 일본으로 돌아갔다.

---

8) 황싱 : 한족 출신으로 본명은 쩐(軫)이나 후에 싱(興)으로 개명했으며, 자는 커창(克强)이다. 중국의 근대민주혁명운동가로 여러 차례의 무장봉기를 지휘 했으며, 우창(武昌)봉기에서는 혁명군 사령관 자리에 올랐다. 이후 1912년 성립된 중화민국임시정부 임시 대총통 쑨원 밑에서 육군총장에 취임했던 신해혁명을 이끈 지도자 중의 한 명이었다. 당시에는 커창으로 사람들에게 널리 알려졌으며, 쑨원과 함께 '쑨황(孫黃)' 이라고 불렸다. 저서로는 《황극강선생전집(黃克强先生全集)》, 《황흥집(黃興集)》, 《황흥미간전고(黃興未刊電稿)》 및 《황극강선생서한먹적(黃克强先生書翰墨蹟)》 등이 있다.

【쑨원(孫文)과 황싱(黃興)의 만남을 주선했고, '동맹회(同盟會)'를 창립시키다】
　미국적의 중국인 학자 쉐쥔두(薛君度)는 그의 저서 『황싱과 중국혁명(黃興与中國革命)』에서 민주혁명 선열인 황싱과 일본인 친구 미야자키 도텐의 교류에 대해 이렇게 썼다.

　"황싱이 창사봉기(長沙蜂起)가 무산된 후 일본으로 망명을 했을 때, 그는 도쿄 혁명학생계의 유명한 지도자가 되었다. 일본에서 귀국한 전체 군국민교육회(軍國民敎育會) 회원 중 유독 황싱만이 봉기(蜂起)를 행동으로 옮겼었기에 유명해졌다. 상하이에서 영향력이 있던 잡지 『동방잡지(東方雜志)』는 황싱의 봉기 소식을 보도하면서 4명의 참가자가 살해당했다고 했다. 그리하여 황싱의 거처는 도쿄 격진학생들의 집회장소가 되었다. 처음에는 일본어 가명인 '모모하라(桃原)'를 사용했다. 후에 그의 신분이 발각되자 미야자키 도텐과 중국혁명을 동정하는 기타 일본 인사들이 그를 만나려고 애썼다. 이렇게 해서 두 사람은 막연한 사이가 되었다."

　쑨중산은 유럽에 유학을 간 후뻬이(湖北) 학생을 통해 황싱과 그의 활동들을 알게 되었다. 하지만 두 사람을 소개한 사람은 바로 그들의 일본 친구인 미야자키 도텐이었다. 1905년 7월 19일 송짜오런(宋敎仁)은 일기에 이렇게 썼다. "미야자키 도텐은 쑨중산을 매우 칭찬했다.

화흥회의 주요 간부들. 화흥회는 후난성에서 설립된 최초의 혁명 조직으로서 쑨원의 사상에 적극 동조하여 무장 봉기를 주도하였다.

그는 쑨중산을 '지금 동서양을 통틀어 쑨중산 만한 사람이 없다'고 했다." 송짜오런이 이 일기를 쓴 날 쑨중산이 요코하마에 도착했다.

도쿄에 도착한 후 쑨중산은 미야자키 도텐에게 일본의 중국 유학생 중 특출한 인물이 있느냐고 물었다. 미야자키 도텐은 황싱의 사적을 그에게 들려주었다. 그는 황싱을 "위대한 사람"이라고 하면서 두 사람이 자기 집에서 만날 것을 제의했다. 하지만 쑨중산은 한시라도 지체하고 싶지 않았다. 이렇게 되자 미야자키 도텐은 쑨중산과 함께 도쿄 가쿠라자카(神樂坂) 부근에 있는 황싱의 거처로 갔다. 황싱은 한참 손님과 이야기 하고 있던 중이었다. 그를 부르는 소리를 듣자 그는 밖을 내다보고는 손님에게 잠깐 기다리라고 했다. 미야자키 도텐은 이후의 상황을 이렇게 말했다.

"황싱·장지(張継)와 스에나가 세쯔(末永節)가 나왔다. 그들은 우리를 펑뤄원(鳳樂園)이라는 중국식당으로 데리고 갔다. 간단한 인사가 오간 후 그들은(손과 황) 혁명을 이야기 했다. 마치 오랜만에 만난 친구처럼 진심어린 대화를 나누었다. 중국어를 제대로 잘 알아듣지 못했기에 그들이 뭐라고 했는지는 잘 모른다. 우리는 술잔을 부딪치며 이번의 만남을 축하했다. 두 시간 남짓한 동안에 손과 황은 먹지도 마시지도 않고 대화에만 집중했다. 마지막에 그들은 '만세!'를 높이 외쳤다. 그들은 즐거운 만남을 축하하며 비로소 술잔을 들었다."

사태는 빠른 속도로 발전해갔다. 손·황 두 파가 공동으로 개최한 첫 번째 회의는 1905년 7월 28일 잡지 『20세기 지나(支那)』 편집부에서 진행되었다. 송짜오런은 일기에 이 과정을 이렇게 썼다.

"편집부에 도착하니 쑨이셴(孫逸仙, 쑨중산)과 미야자키 도텐이 이미 와 있었다. 나는 곧바로 그들을 만났다. 쑨이셴이 동지들이 몇 명이나 되며 상황이 어떠한지를 물었다. 당시 천싱타이(陳星台)도 그 자리에 있었다. 나는 말을 하지 않았다. 싱타이는 지난 해 후난에서 일어난 일들을 언급하며 일을 처리하는 방법을 말했다. 쑨이셴은 지금의 대세와 혁명방법을 이야기 했는데, 대체로 인재들과 연락하는 방법을 말했고, 다른 나라가 중국을 분할하려는 것보다 국내의 내분이 더 두렵다고 했다. 여기저기에서 기의(起義)를 한다고 하면서도 서로 연락을 하지 않고, 서로 자기의 주장만을 내세우고 있다고 했다. 이렇게 되면 20여 개 나라가 전쟁을 일으켰던 진나라(秦) 말기나 원나라(元) 말기의 주(朱), 진(陳), 장(張), 명(明)의 난이 일어난 것과 같은 상황이 된다고 했다. 이런 상황에서 다른 나라들이 간섭을 하면 중국은 망할 수밖에 없다. 그렇기 때문에 지금의 상황에서는 서로 연락하는 것을 주요 임무로 해야 한다고 했다. 지금 광동(广東)성과 광시(广西)성의 백성들이 일어나면서 많은 당파들이 나타났다.⋯⋯하지만 인재들이 너무 적다. 나와 주관할 사람이 없다.⋯⋯만약 지금 서로 간에 연락을 할 수 있는 수십 명 혹은 수백 명이 있다면⋯⋯만약 일이 일어나서 문명적인 정부를 수립한다면 세상을 평정할 수 있을 것이다.”

그 후 7월 30일에 또 한 번 회의를 가졌다. 이번 회의는 도쿄 아카사카 지역의 우치다 료헤이(內田良平)집에서 진행되었다. 이곳은 일본의 흑룡회(黑龍會)[9] 사무소였다. 국민당 역사학자들은 여기에서 동맹회 건립 예비회의를 열었다고 보고 있다.

---

9) 흑룡회 : 1901년 2월 조선에서 활동하던 일본의 낭인 집단인 천우협 소속의 우치다 료헤이, 요시쿠라 오세이, 타케다 한지 등이 일본의 대외침략주의 이념을 실현하기 위해 조선·만주·시베리아에서 활동하고 있던 낭인들을 규합하여 조직했다. 흑룡회는 러시아와의 전쟁을 열렬히 주창하는 한편, 조선병합론을 더욱 발전시켜 이른바 대아시아주의를 제창했다. 흑룡회는 친일단체인 일진회를 조정하면서 ‘한일합병’을 추진했을 뿐만 아니라 합병 후엔 독립운동 방해공작 및 한국인 학살에 깊이 관여했다. 이들의 파쇼적 침략운동은 1930년대를 거쳐 대동아공영권이라는 국가적 차원의 파쇼 정책에 편입되었고 이로써 대아시아주의는 일본 전통우익의 대외사상으로 확고하게 자리 잡았다.

각 성에서 온 70여 명의 유학생들이 이번 회의에 참가했다. 요청에 의해 먼저 쑨중산이 연설했다. 그는 혁명운동의 형세와 방법을 분석했다. 그의 연설은 약 1시간 지속되었다. 마지막으로 황싱이 말했다. 그는 혁명이 성공한 후의 교육보급과 공업발전에 관한 견해를 발표했으며, 미래 민주공화정부의 내정과 외교 사무에 대해서도 언급했다. 마지막에 그는 회의에 참석한 사람들이 서명하여 새로운 혁명조직을 만들고 회원이 되자고 했다. 미야자키 도텐이 종이를 꺼냈다. 처음에는 사람들이 주춤했다. 침묵이 흘렀다. 두 주일 전에 후난에서 일본으로 온 차오야버(曹亞伯)가 첫 번째로 서명했다. 그를 따라 다른 사람들도 서명했다. 쑨중산은 이 새로운 단체의 이름을 '중국혁명동맹회'로 하자고 건의했다. 또한 '대만동맹회(對滿同盟會)'라고 하자는 사람들도 있었다. 이번 제의에서 쑨중산은 혁명 사업을 지지하는 만족(滿族)들도 가입하게 해야 한다고 했다. 황싱은 이 조직은 아직 비밀활동을 해야 하기에 '혁명'이라는 글자를 넣지 말아야 한다고 했다. 토론을 거쳐 황싱의 의견이 채택되었다. 이렇게 '민주동맹회'라는 이름이 결정되었다. 이를 간략히 해서 '동맹회'라고 말한다.

동맹회 회원들의 가입 서언(誓言)은 쑨중산이 초안을 작성했다. 황싱은 이 서언에 동의했으며 이를 사용하기로 했다. 서언의 내용은 이러했다.

"오늘 동심협력하여 만주족을 내쫓고 중화를 회복하며, 민국을 건설하여 평균 지위를 쟁취하기를 선서한다. 시작이 있으면 끝을 맺어야 한다. 만약 신의를 저버리고 충성을 저버리면 처벌을 받을 것이다."

간사부(干事部)가 성립하기 전 모든 회원들의 서약은 쑨중산이 보관했다. 쑨중산의 서약은 황싱이 보관했다. 회의가 끝나기 전 황싱을 포함한 7명이 동맹회 규정 초안을 작성하여 성립대회에서 토론 후 통과시키기로 했다. 8월 13일 도쿄 후지미루(富士見樓)에서 유학생들이 쑨중산을 환영하는 대회가 열렸다. 이는 일본에서 진행된 제일 열렬한 학생대회였다. 소식에 의하면 약 700여 명의 학생들이 참가했다고 한다. 후지미루 앞거리에는 미처 입장하지 못한 사람들로 빼곡했다고 한다. 일본 손님 중 미야자키 도텐과 스에나가 세쯔가 연설을 했다. 쑨중산은 연설에서 혁명자의 한 사람인 자신을 환영하는 일본 유학생들에게 감사의 인사를 했다. 그는 이렇게 말했다.

"소인이 다년간 민족주의를 제창하고 있지만 큰 호응을 받지 못했습니다. 중산층과 그 이상의 사회에서는 한층 더 없습니다. 언젠가는 사상이 진보적이며 민족주의를 따르는 사람들이 사회 각 계층에 나타나게 될 것입니다. 혁명의 필요성을 모르는 사람이 없는 날이 올 것입니다."

그는 유신파(維新派)의 "중국은 군주입헌제가 적합하며 다른 공화제는 실시할 수 없다."는 황당무계한 논리를 반박했다.

일주일 후인 8월 20일 오후 2시 경 동맹회의 정식 성립대회가 사카모토 킨야(阪本金弥)의 자택에서 진행되었다. 이 날짜를 동맹회 성립일로 하고 있다.

【마오쩌둥의 미야자키 도텐에 대한 총평 및 해설】

1917년 봄 미야자키 도텐(宮崎滔天)은 특별히 창사에 와서 황싱의 장례에 참가했다. 이 소식을 들은 마오쩌둥은 학우 샤오즈판(肖植蕃, 肖三)과 함께 연명으로 만나고 싶다는 편지를 썼다.

백랑도천(白浪滔天, 시라나미[白浪]은 미야자키 도텐의 호) 선생 각하: 오랫동안 숭고한 정으로써 흠모했습니다. 그동안 만나 뵈려 했지만 기회가 없었습니다. 그러나 멀리서 소식만 들어도 격동되곤 했습니다. 선생은 황(黃) 선생 생전의 정신적 친구였고, 황 선생이 돌아가시니 이렇게 눈물로 조문 오셨습니다. 오늘은 장례식을 치르는 날입니다. 천리 길 마다하시고 이렇게 작별인사를 하시러 오셨습니다. 숭고한 정성에 세월과 더불어 빛나고 귀신도 감동할 겁니다. 이는 세상에서도 보기 드문 일이고 고금왕래에 없었던 일입니다. 즈판(植蕃)과 쩌둥을 비롯한 후난에 있는 학생들은 당신의 시를 읽고 포부를 키웠습니다. 오늘 당신의 풍채를 만나 뵙고 공손히 가르침을 들으려 합니다. 선생께서 우리의 요청을 허락해 주신다면 참으로 행운일 것입니다. 행운일 것입니다!

후난성립 제1사범학교 학생
사오즈판과 마오쩌둥 올림.

후난 제1사범학교에서 공부를 하고 있던 마오쩌둥은 배울 수 있다면 어떠한 기회든 모두 놓치려 하지 않았다. 나라를 구하고 인민을 구하는 진리를 찾기 위해 세상을 이해하고 세계를 개조하기 위한 지식을 얻기 위해 그는 열심히 학습했고 부지런히 사고를 진작시켰다. 동시에 그는 광범하고 허심탄회 하게 사람들을 찾아다니면서 지식을 배웠고, 문제를 토론했으며, 학습을 통해 느낀 바를 교류했다. 마오쩌둥은 이렇게 청소년 시기에 성실하게 지식 기초를 쌓았던 것이다.

미야자키 도텐은 중국의 반청(反淸)혁명을 지지했으며, 황싱(黃興) 선생의 친한 친구였기에 마오쩌둥은 그를 경모했던 것이다. 미야자키 도텐이 마오쩌둥을 만났고, 마오쩌둥이 가르침을 받았다고 하는 기록은 없다. 하지만 청년 마오쩌둥은 허심탄회하게 배우는 것을 좋아했기에 이런 미담이 전해졌을 것이다.

1956년 5·1절 전야에 미야자키 도텐의 아들 미야자키 류스케(宮崎龍介)가 초청되어 중국을 방문했다. 4월 30일 저녁 저우언라이 총리가 개최하는 성대한 만찬에서 류스케는 처음으로 저우 총리를 만났다. 저우 총리는 그에게 이튿날 톈안먼(天安門) 성루에서 경축행사를 관람하자고 초청했다. '5·1절' 날 오전에 저우언라이 총리가 톈안먼에서 류스케를 마오쩌둥에게 소개했다. 마오쩌둥은 류스케를 보고 학창시절에 도텐 선생에게 편지를 썼었다고 했다. 이 말을 들은 류스케는 흥분에 쌓였다. 그는 그의 아버지에게 이 일을 들은 적이 없었으며 그 편지가 집에 있는지도 몰랐다고 했다. 베이징에서 도쿄로 돌아간 그는 아버지의 유물에서 마오쩌둥이 붓으로 쓴 편지를 찾아냈다.

류스케의 딸은 이 편지에 두 사람의 서명이 있으나 필체로 볼 때 마오쩌동이 쓴 것이 틀림없다고 했다. 원본에는 날짜가 적혀 있지 않았으나 도텐이 창사(長沙)에 와서 황싱의 장례에 참가했다는 내용으로부터 보아 민국 6년 즉 1917년에 쓴 것이라고 단정할 수가 있었다. 당시 도텐은 황싱의 장례에 참가한 후 창사 학생계의 환영 집회에 참가했었다. 아마 그 때에 도텐이 이 편지를 전달 받았을 것으로 생각된다.

4

도조 히데키(東條英機, 1884~1948)

【마오쩌둥의 촌평】

"중국을 침략하는 전쟁에서 도조 히데키는 하늘에 사무치는 죄를 지었다. 그는 내가 증오하는 몇 명의 주요 중국 침략자 두목 중 한 명이자, 파시즘[10]의 두목이다."

【도조 히데키 약전】

도조 히데키(1884~1948년)는 일본 내각 총리대신이며 중국 인민의 적으로 불렸다. 제2차 세계대전의 1급 전범으로 마오쩌둥은 글에서 여러 차례 그를 언급하면서 꾸짖었다. 그는 도쿄의 한 대 군벌가정에서 태어났는데, 아버지 도조 히데노리는 갑오전쟁(甲午戰爭, 청일전쟁)

---

10) 파시즘 : 결속(結束)주의 혹은 전체주의라고 하는 것처럼 모든 국가주의적 전체주의 운동이나 그 정부를 가리킬 때 사용하는 용어로 이탈리아어 파쇼(fascio)에서 유래했다. 파시즘의 가장 중요한 특징은 국가의 절대 우위이다. 개인들은 국가가 명시한 국민의 통합된 뜻에 따르고, 국가를 상징하는 카리스마적인 지도자에게 완전히 복종해야 한다. 또한 군사적 가치관을 찬양하고, 자유주의적 민주주의 등의 가치관은 낮게 평가해야 했다.

을 발동하고 지휘하여 중국 인민을 도살한 폭력자였다. 육군사관학교와 육군대학을 졸업하고 독일 주재 일본대사관 무관, 육군성 군무국 동원과 과장, 참모본부 작전과 과장을 지냈고, 1931년 9.18사변(만주사변)을 계획하고 일으켰다. 1935년 관동군 헌병사령관으로 임명되어 중국의 동북인들을 무자비하게 살해했다. 후에는 관동군 참모장으로 승진했다. 1937년 77사변 후 '도조 병단'을 거느리고 중국 청더(承德), 장자커우(張家口)와 따통(大同) 등 지역을 점령했다. 1938년 일본 육군차관에 임명되었고, 1940년부터 육군대신에 임명되어 중국 침략전쟁을 확대시켰으며, 영국·미국과도 전투할 수 있게 준비해야 한다고 주장했다. 1941년 10월 고노에 후미마로(近衛文麿) 내각에서 육군대신, 내무대신, 군수대신과 참모총장 등의 요직을 맡았다. 같은해 12월 태평양전쟁을 발동하여 침략전쟁을 중국대륙에서 태평양과 동남아시아 지역으로 확대시켰다. 1944년 7월 일본정국이 약화되고 국내 모순이 격화되자 부득이하게 사직했다. 일본이 투항한 후 자살미수로 극동국제법정에서 1급 전범으로 판결 받아 1948년 12월 23일 교수형에 처해졌다.

【도조 히데키의 성장과정과 전쟁광으로서의 최후】

　도조 히데키는 일본 군국주의 전쟁의 산물이다. 그는 일본정부를 주관하는 3년 동안 미친듯이 전쟁이라는 기계를 조종했다. 싸움을 좋아하는 일본 군벌의 전통과 메이지 이후의 대외 침략전쟁은 수많은 미친 군국주의자들을 배양했다. 1884년 12월 30일 도조 히데키는 이렇게 미치도록 무술을 중시하는 가정에서 태어났다.

도조의 집안은 무사의 세가였다. 히데키의 아버지 히데노리는 많은 전투를 경험했고, 수많은 공을 세워 하급군관으로부터 중장으로까지 승진한 인물이었다. 1877년 히데노리는 '세이난(西南) 전쟁'에 참가하여 사이고 다카모리(西鄉隆盛)의 반란을 평정하는데 큰 공을 세웠다. 1894년 그는 최고사령부의 고급 참모 신분으로 청일전쟁을 지휘하여 '지장(智將)', '천재(天才)'로 불렸다. 1904년에는 러일전쟁에서 큰 공을 세웠다. 제대한 후 도조 히데키는 군사 저작인 『전술녹지진(戰術麓之塵)』을 발표했다. 이 책은 일본에서 '육군의 보전(陸軍之宝典)'으로 불리고 있다.

이런 분위기의 가정에서 자란 히데키는 어렸을 때 도쿄에서 자랐다. 학생시절에 히데키는 공부는 뒷전이고 놀이만 탐했다. 히데노리는 아들을 엄격하게 단속해야겠다고 결심하고 아들을 군인처럼 훈련시켰으며 굶기는 방식으로 벌을 내렸다.

히데키가 좀 크자 귀족 자제학교에 입학시켰다. 히데노리는 아들이 사치스러운 습관에 물 들까봐 매일 아들에게 나무 도시락을 들고 먼 거리를 걸어서 학교에 가게 했다. 히데키의 무사적인 성품을 키우기 위해 히데노리는 히비노(日比野雷風)를 청해 아들 히데키에게 '신도유 검무(神刀流劍舞)'를 배워주게 했다. 전하는 바에 의하면 히데키는 검무에 소질이 있어서 빠른 발전을 가져왔고, '매서운 패기'를 보여주었다고 한다. 히데키의 어머니도 그에게 큰 영향을 미쳤다. 히데노리가 출정한 기간에 그녀는 혼자 힘으로 갖은 곤란을 겪으면서 아이들을 키웠다. 이는 히데키가 고생을 이겨내며 분투하는 정신을 키워주는 밑거름이 되었던 것이다.

1899년 도조 히데키가 16살이 되던 해에 도쿄 육군 지방유년학교에 진학하여 아버지의 뜻에 따라 군인생활의 첫 발을 내디뎠다. 학교에 입학하자마자 히데키는 싸움질을 해댔다. 비록 덩치는 작지만 영리하고 민첩하여 싸움에 능했다. 그리하여 '싸움왕 도조'라는 별명을 얻게 되었다. 하지만 2학년부터 그는 완전히 다른 사람이 되어 공부에 열중했다. 그의 변화는 한 차례의 싸움에서 연유되었다. 한번은 그 혼자서 7~8명의 학생들과 싸웠는데, 혼자 많은 사람을 상대하는 것은 어려웠기에 코에서 피가 흐르고 얼굴에 멍이 들도록 얻어맞았다. "아무리 강하다고 해도 혼자서는 한명의 적만 상대할 수 있다. 많은 수의 적을 이기려면 학문이 필요하다." 히데키는 이런 실패를 통해 이런 결론을 얻었다. 이렇게 되어 그는 열심히 공부를 하게 되었던 것이다. 1904년 도조는 희망하던 일본 육군사관학교에 진학했다. 이 학교는 군인으로서의 표준으로 학생들을 지도했다. 이 학교는 학생들에게 군주에 충성하는 사상을 근본으로 군국주의 사상을 주입시키고 무사도정신을 강화시켰다. 힘든 군사훈련 외에도 학생들의 의지와 어려운 환경에 적응하는 능력을 키우기 위해 학교에서는 종종 학생들을 햇볕이 쨍쨍 내리쬐는 운동장에서 완전무장을 하고 훈련을 시켰는가 하면, 웃옷을 입지 않고 겨울 엄동설한의 차가운 밤바람에 서 있게 했다. 당시는 일본과 러시아의 전쟁이 한창이던 시기였다. 노기 마레스케(乃木希典)가 발명한 육탄공격전술과 히로세 다케오(廣瀬武夫)

가 필사적으로 몸을 바쳐 배를 침몰시킨 사건은 학생들의 본보기라고 했으며, 두 사람을 '성장(聖將)', '군신(軍神)'이라고 부르게 했다. 후에는 이런 무사도 정신을 모방하는 경우가 점점 많아졌다.

1905년 도조 히데키는 사관학교를 졸업하고 천황에게서 소위 계급장을 수여 받았다. 전하는 바에 의하면 당시 그의 아버지는 이상할 정도로 감격했다고 한다. 도조는 아버지처럼 전쟁에서 큰 공을 세우고 싶어 했다. 이런 마음이 전해졌는지 그는 일본과 러시아 전쟁의 최전방으로 나가게 되었다. 하지만 그는 전투에 참여할 기회는 주어지지 않았다. 이후 그는 육군대학에 들어가 공부했으며 1915년에 졸업했다. 그 후 그는 육군성 부관, 주독일무관, 육군대학 교관, 육군성 동원과 과장 등을 역임했다.

1931년 일본은 9.18사변(만주사변)을 발동하여 중국 동북지역을 침범했다. 이 시기 도조는 참모본부의 작전 동원사업을 했다. 그는 미친 듯이 사업에 몰두하여 1933년에는 육군 소장으로 승진했다. 같은 해에 군사조사과 과장으로 임명되어 조사와 진압을 책임지고 "사상이 건전하지 못한" 사람들과 침략을 반대하는 사람들을 진압했다. 1934년 한해에만 군사조사부와 특무기관에서는 '반역'과 '국가안전 위협'을 구실로 체포하고 총살한 병사와 전쟁에 반대하는 사람들만 수만 명이 넘었다. 도조 히데키는 이런 '성과'로 '면도칼 장군'이라는 칭호를 갖게 되었다. 그의 맹렬하고 신속한 행동은 일부 군사지도자들의 높은 평가를 받았다. 군무국장 나가타 중장은 "도조는 이후에 일본 육군을 책임질 인물이다"라고까지 했다.

1935년 도조 히데키는 관동군 헌병사령관으로 임명되었다. 1936년 일본 국내에서는 '황도파(皇道派)' 군인들이 발동한 '2.26사변'이 일어났다. 30년대에 일본군인 내부에는 황도파와 통제파(統制派) 두 개의 파가 있었다. 이 두 파는 모두 군부 파시즘 독재를 주장했지만, 전자는 정변, 폭력, 암살 등의 테러방법으로 목표를 실현해야 한다고 주장했고, 후자는 합법적인 수단으로 군부를 위주로 하는 '총력전 체제'를 주장했다. 전자는 대부분 야전부대의 젊은 군관들이었고, 후자는 도조와 같은 육군 중앙기구 군관들이었다. 사변이 일어나자 도조는 동북 관동군은 긴급 상태에 들어간다고 선포하고 즉시 반란이 관동군으로 퍼지는 것을 막았다. 사변이 평정된 후 통제파 집권부는 주도권을 차지하고 군부 파시즘 독재를 수립했다. 반란과정에서 훌륭한 성과를 낸 도조는 1937년에 관동군 참모장으로 승진했다.

도조는 부임한 초기부터 동북을 반 소련 및 중국에 대한 침략기지로 건설하는 발걸음을 재촉했다. 그는 항일무장 세력에 대한 진압을 강화하고, 도시에서 특무통치를, 농촌에서는 '무인구역(无人區)', '인권(人圈)' 등의 방법으로 치안을 강화했으며, 특무(스파이)를 파견하여 내몽고를 분열시키는 활동을 하게 했다. 도조가 관동군에 있던 기간에 간차쯔(干岔子), 장꾸봉(張鼓峰) 등에서 소련을 도발하는 사건들을 획책하기도 했다. 관동군 참모장으로 취임한 초기 도조는 총사령부에 대해 전면적으로 중국을 침략해야 한다고 적극 피력했다. "우리 무력이 감당할 수만 있다면, 우선 난징(南京)정권을 공격하여 우리 뒤를 따르는 위협을 없애는 것이 제일 좋은 방법이다." 얼마 후 루꺼우교(盧溝橋, 77사변) 사변이 폭발하자 일본은 전면적으로 중국에 대한 침략전쟁을 도발했다. 도조는 부대를 거느리고 차수이(察綏)와 진뻬이(晉北) 지역을 공격하여 장자커우(張家口)와 따통(大同)을 점령하여 총사령부의 표창을 받았다.

1938년 5월 도조 히데키에게 귀국 명령이 내려지자 도조는 일본으로 돌아가 육군성 차관으로 임명되어 정식으로 중추적인 결책기구에 들어갔다. 이렇게 도조는 점차 일본의 군사대권을 장악하게 되어 그의 전쟁 이론과 주장을 실시할 수 있게 되었다.

이때부터 도조는 일관적으로 극단적인 반공산주의 사상을 주장했다. 그는 소련과 지나(중국) 양국에 대한 정면 작전을 동시에 시작하기 위해 군비를 확충해서 전쟁을 준비해야 한다고 주장했다. 도조의 주장이 발표되자 주식시장은 급락했고 경제계 인사들은 그를 전쟁 미치광이라고 욕했다. 1939년 5월 일본군과 소련·몽고 연합군은 중국과 몽고 변경의 눠먼칸(諾門坎)에서 접전했다. 소련·몽고 연합군의 강력한 공격에 일본군 제6병단이 전멸당해 5만여 명이 죽었다. 이렇게 되자 일본 육군은 당시의 상황을 다시 고려해야 했으며, 소련과의 전쟁 가능성을 다시 생각할 수밖에 없었다.

동북을 점령한 후, 여러 갈래의 문제가 엉켜서 복잡하게 된 국제형세에서 일본군과 정부는 이후의 전투방향이 남쪽인자 북쪽인지를 두고 끊임없이 토론했다. 1941년 6월 독일이 소련에 대한 침략전쟁을 발동하자 이런 논쟁은 더욱 격렬해졌다. 1940년 7월 이미 육군대신을 맡은 도조 히데키는 전쟁을 갈망하고는 있었지만, 이 문제에서는 명확한 주장을 하지 않았다. 도조는 북쪽으로 소련을 공격하면 독일과 함께 소련을 협공하는 상황이 되므로 일본과 독일의 협약정신에 부합되며 소련과 공산주의를 소멸시킬 수 있는 좋은 기회라 생각했다. 하지만 그는 북쪽으로 향하면 일본군이 독일의 희생물이 되어 많은 대가를 치루지만 별로 큰 것을 얻지 못할 것이라는 점을 걱정했다. 그러나 남쪽으로 동남아까지 내려간다면 일본은 석유, 고무, 주석광과 같은 그들이 절박하게 필요로 하는 전략물자들을 얻을 수 있다고 보았다. 하지만 남쪽으로 내려가면 영국과 미국의 이익을 침범하게 되어 영국·미국과 충돌이 일어날 수 있는 위험성이 있었다. 독일이 소련을 공격하기 전에 그들의 주요한 적은 영국이었다. 때문에 히틀러는 동남아시아에 있는 영국의 중요기지인 싱가포르를 공격하라고 일본을 설득했다. 소련에 대한 침략전쟁이 일어난 후 일본이 극동지역에서 소련의 세력을 견제해줄 필요가 있었기에 히틀러는 일본이 북쪽으로 소련을 공격하라고 적극 요구했다. 독일의 이런 태도변화는 도조 히데키의 경각성을 불러일으켰고, 그는 남하를 결심했다. 그는 당시의 총리인 고노에 후미마로에게 「목전 형세 하의 국책 제강」을 통과시키라고 독촉해 남쪽으로 공격하는 정책을 확정하려 했으며, 첫 번째 목표를 프랑스 소속의 인도지나반도(지금의 베트남, 라오스, 캄보디아를 포함)로 정했다.

1941년 7월 일본은 비시 프랑스 정부에게 일본군대는 7월 24일에 인도지나반도로 들어갈 것이며, 만약 저항을 한다면 무력을 사용할 것이라고 알렸다. 최후통첩 기한은 공격 하루 전이었다. 비시 프랑스정부는 일본군이 평화적으로 인도지나반도에 진입하는 것에 동의했다.

일본의 행동에 미국은 분노했다. 루즈벨트 대통령은 미국에 있는 일본의 모든 자산을 동결하라는 명령을 내렸다. 미국의 반응에 도조를 위주로 하는 파시즘 군관들은 광적으로 하루라도 빨리 공격하려고 했다. 하지만 고노에 후미마로(近衛文麿) 총리는 미국의 실력을 고려하여 주춤했으며 심지어 루즈벨트와 정상회담을 하려고까지 했다. 그러나 도조는 이를 견고히 반대했다. 고노에는 총리직에서 물러날 수밖에 없었다. 비록 여러 대신들이 도조가 대표하는 육군집단이 제일 완고하고 전쟁을 좋아하는 모험적인 집단이긴 했지만, 대신들과 천황은 도조를 총리로 선택했다. 그들은 전쟁에 미쳐있는 청년군관들과 우파를 통제할 수 있는 사람은 오직 도조뿐이라고 여겼던 것이다. 1941년 10월 18일 도조가 정식으로 총리가 된 이튿날 시정강령을 선포하여 "중국 사변을 완성하고 남하방침을 실행하려는 의도"를 강력하게 암시하고 "대동아공영권"을 제기했다.

도조 히데키는 총리, 육군대신, 대정대신을 모두 겸했다. 이런 신분은 더욱 빨리 그의 야심을 실현할 수 있는 편리한 조건이 되었다. 그는 쉬지 않고 군정 수뇌회의를 열어 육해군의 관계를 조정하였고 남쪽으로 공격할 준비를 재촉했다. 해군은 'Z계획'을 제정하여 미국 태평양함대가 정박하고 있는 하와이의 진주만을 습격하여 태평양에 있는 미국의 해상역량을 한번에 격파시키고자 했다. 이를 위해 연합함대 사령관 야마모토 이소로쿠(山本五十六) 대장은 편제를 재정비하고 가고시마(鹿兒島)에서 해군을 비밀리에 연습시켰다. 동시에 육군도 하이난(海南) 섬에서 열대작전을 준비했다. 전쟁의도를 감추기 위해 도조는 미국의 경각심을 늦추도록 특사를 파견해 미국과 평화담판을 하는 척했다.

모든 준비가 끝나자 1941년 12월 8일 일본의 특파함대는 진주만을 습격하여 미국의 여러 종의 군함 18척을 격침시키거나 큰 타격을 주었고, 300여 대의 비행기를 폭파시켰다. 이 습격에서 미군은 4천여 명이 죽거나 중상을 입었다. 다음날 일본은 영국과 미국, 네덜란드에 대해 선전포고를 했다.

진주만을 공격하기 전 일본 남방군은 이미 동남아에서 작전을 개시했다. 말레이시아를 공격한 부대는 곧바로 기지를 점령했고, 공군은 마닐라에 있는 미국 극동항공대대를 격파시켰으며, 영국 극동함대도 전멸시켰다. 얼마 지나지 않아 일본은 마닐라, 싱가포르, 앙곤괴 네덜란드에 속했던 동인도(지금의 인도네시아)를 포함한 동남아 전체를 거의 점령하여 놀라운 '전과'를 거두었다. 전 일본 열도는 기쁨의 도가니에 빠졌다. 도조는 더욱 득의양양해서 미국과 영국을 굴복시킬 때까지 계속 전쟁을 할 것이라고 했다.

산호해해전"에서 일본군은 처음으로 큰 손실을 입었다. 이 일이 있기 전에 일본 본토는 처음으로 공습을 받아 정부와 민간은 모두 충격에 휩싸였다. 1942년 6월 5일 미드웨이해전이 폭발했다. 일본은 큰 타격을 받았고 항공모함 4척, 비행기 400대, 병사 3,500명을 잃었다. 이는 태평양전쟁의 전환점이 되었다. 도조도 할 수 없이 "태평양의 주도권은 적에게 넘어갔다"고 인정했다.

1942년 8월부터 다음해 1월까지 일본과 미국 양국은 중요한 전략적 위치에 있는 과달카날 섬에서 힘든 전투를 벌였다. 참혹한 일진일퇴의 긴 싸움에서 일본군은 5만여 명을 잃고 전투에서 패망했다. 이로 인해 태평양에서 일본의 세력은 더욱 줄어들게 되었다.

야마모토가 탄 비행기는 미군에 의해 추락했다. 미군의 전면적인 반격이 시작되었고 일본은 연속 실패했다. 국내 생산은 늦어져 갔고 인력과 물력은 바닥을 보였다. 험준한 형세에서 도조는 다시 한 번 '대

---

11) 산호해 해전(The Battle Of The Coral Sea) : 1942년 5월 4일부터 8일까지 치러진 이 전투는 제2차 세계 대전 태평양 전쟁의 주요 전투 중 하나로, 일본 해군과 미국·호주 연합해군 간에 벌어진 전투이다. 산호해 해전은 양측 항공모함이 서로를 발견하면서 시작되었고, 그 직후 서로를 향해 직접적인 공격을 가했다. 당시 일본은 남태평양에서 일본의 방어를 강화하려는 시도의 일환으로, 일본군은 뉴기니의 수도 포트 모레스비, 그리고 남동 솔로몬 제도의 툴라기를 소유하고자 하였다. 미국 항공모함이 근처에 있음을 알아차린 일본함대는 연합군의 함대를 수색, 격멸하기 위해 산호해로 진입하였다. 당시 전투에서 일본군은 경 항공모함 1척 침몰, 정규항공모함 1척 대파, 정규항공모함 1척의 일부 파괴 등의 피해를 입었고, 미국-호주 연합군은 정규항공모함 1척 침몰, 정규항공모함 1척 대파 등의 피해를 입었기에 일본의 승리였다고 할 수 있었다. 하지만, 이후의 전쟁전개상황을 고려해 보았을 때 역사가들은 이 전투를 미국의 승리로 판단했다. 그 이유중 가장 중요한 것은, 일본항공모함 쇼카쿠가 대파당했고, 즈이카쿠는 항공기의 손실이 막심하여 이후 미드웨이 전투에 참가하지 못하였으며, 그에 따라 미국은 미드웨이에서 일본을 이길 수 있었기 때문이었다. 이후 남태평양에서 일본의 방어선이 무너졌고, 2차 세계대전에서 일본이 항복하는데 크게 기여하고 있는 것이다. 그리하여 산호해 해전은 일본이 전술적으로는 승리하였으나 전략적으로는 미국이 이겼다고 판단하는 것이다.

동아공영권'의 불씨를 꺼내 들고 이미 점령한 나라에게 '독립'시켜준다는 명목으로 일본과 '단결 협력' 하도록 유혹하는 "전쟁으로 전쟁을 공급하는 방법"을 실행했다. 이와 동시에 미국, 영국, 소련 3개국 정상회담이 테헤란에서 열렸다. 이 회담에서는 먼저 함께 독일을 처리 한 후 일본을 처리하기로 결정했다.

중국침략 전쟁에서 도조 히데키는 하늘에 사무치는 죄를 지었다. 그는 마오쩌둥이 강력하게 비난하는 몇 명의 중국을 침략한 주요 두목의 한 명이 되었다. 1943년 7월 1일 마오쩌둥은 「용맹하게 투쟁한 22년」이라는 글에서 도조를 '왜구의 두목'이라고 지적했다. 1943년 7월 7일 마오쩌둥은 도조를 다시 '파시즘 두목'이라고 했다. 7월 12일 마오쩌둥은 「국민당에 질문한다」는 발표문에서 히틀러, 니토 무쏠리니, 도조 히데키 등 세 명을 '파시즘 마왕'이라 부르며 같은 한 부류라고 했다. 시간이 흐르면서 전쟁의 '마왕'들은 서서히 궁지에 빠져 들어갔다. 1943년 9월 도조는 「전쟁 지도 대강」을 제정하여 태평양에서 전력방어권을 형성하고자 했다. 미국은 "교차 섬 공격"이라는 작전으로 일본과 첨예하게 대립했다. 미국은 중태평양을 목표로 일본군의 "절대 방어권"을 돌파하기 시작했다.

도조는 참모장 스기야마를 압박하여 참모장 자리를 내놓게 했다. 총리, 육군장관, 참모장 등 세 가지 군정요직을 겸한 그는 독재를 강화했으나 전쟁의 국면은 아무런 변화가 없었다. 일본 통치집단 내부에서 도조에 대한 불만이 날로 높아져 갔다. 지치부 노미야(ちちぶの

みや, 秩父宮)[12]는 그를 '도조 천황'이라고 불렀고, 해군은 "도조를 죽일 것이다"라고 외쳤으며, 육군은 도조를 '상등병'이라고 불렀다. 전 총리 고노에도 적극적으로 도조내각을 무너뜨리려고 여러모로 노력했고, 내각대신과 여러 대신들도 도조의 해임을 결정했다. 1944년 7월 18일 도조 히데키는 모든 직무에서 물러나야 했다.

일본의 패배는 이미 정해진 상황이었다. 도조가 내려간 후에도 일본 2기 내각은 전쟁정책을 계속 진행해 일본의 패망속도는 더욱 빨라져 갔다. 1945년 5월 독일이 항복했고, 6월에는 오키나와가 함락되었다. 7월에 동맹국은 포츠담에서 선언을 발표하여 일본의 투항을 독촉했다. 8월에는 미국이 원자탄 두 개를 일본에 투하했다. 동시에 소련은 일본에 대해 선전포고를 했다. 그러자 8월 14일 일본은 무조건 항복함으로써 도조와 그의 수하들의 '본토 결전'의 꿈은 완전히 파멸되었다. 8월 26일 맥아더는 군사적으로 일본을 점령했다고 선포했고, 9월 2일 일본은 정식으로 항복을 서명했다.

9월 12일 도조를 체포하러 간 헌병들이 도조 집의 문을 두드렸다. 이때 도조 히데키는 자신의 심장을 향해 방아쇠를 당겼다. 하지만 총알이 심장을 뚫지 못해 자살 미수로 목숨을 건졌다. 도조 히데키는 극동국제군사법정의 심판대에 섰다.

도조 히데키 등 7명의 전쟁범에게 사형을 선고하는 것은 그리 순조롭지 않았다. 당시 극동국제군사법정에서 도조 히데키 등 일본 전범

---

12) 지치부 노미야(ちちぶのみや, 秩父宮) : 다이쇼(大正) 천황의 둘째 동생. 후계자의 부재로 1995년에 단절된다.

에 형벌을 정하는 데에만 반년이라는 시간이 걸렸다. 이는 11명의 판사들 의견에 큰 차이가 있었기 때문이었다. 이는 극동국제군사법정이 공동으로 준수하는 소송절차를 제정했지만 공동의 양형방법을 정하지 않았기 때문이었다. 각 나라의 법률은 사형에 대해 서로 다른 해석을 가지고 있었다. 이렇게 되어 중국, 미국, 프랑스, 소련, 인도, 캐나다, 오스트레일리아, 뉴질랜드, 네덜란드, 필리핀, 영국 등 11개 나라의 판사들은 자기 나라의 법률 조항을 예를 들면서 자기의 주장을 굽히지 않고 얼굴이 붉어질 정도로 논쟁했다.

법정의 재판장이었던 웨버는 오스트레일리아 사람이었다. 오스트레일리아에서는 사형제를 취소하고 없었기에 그는 도조 히데키를 무인도로 유배를 보내자고 했다. 미국 판사는 사형에 동의하나 그의 관심사는 대평양전쟁에서 영국과 미국의 포로들을 학대한 전범들을 사형하는데 있었다. 인도 판사의 태도는 더욱 완고했다. 그는 모든 전범을 석방시키자고까지 했다. 그 이유는 "세상 사람은 응당 넓은 아량으로 양해하고 자비로운 마음을 가져야 하기에 정의의 이름으로 보복하지 말아야 한다"는 것이었다.

판사들의 논쟁에서 사형을 주장하는 판사들이 적다는 것을 알 수 있었다. 법정의 규정에 따라 전범의 형량을 정하려면 적어도 6명 판사의 동의가 있어야 했다. 중국 판사 메이루(梅汝)는 양손에 중국 인민의 선혈이 묻어 있는 전범 도조 히데키를 엄중히 처벌하지 못한다면 고향의 백성들을 볼 면목이 없으며, 그렇게 된다면 자신은 바다에 몸을 던지겠다고 했다. 이를 위해 그는 밤낮없이 각국 판사들과 협상했다. 마침내 그는 6표의 찬성표를 얻을 수 있었다. 이로써 도조 히데키 등 7명의 극악무도한 전범들은 사형을 언도받게 되었던 것이다.

1948년 11월 12일 극동국제군사법정에서는 도조 히데키의 판결이 있었다. 재판장이 도조 히데키에게 사형을 선언했다. 도조 히데키는 얼굴이 새파래졌을 뿐 한마디 말도 없이 재판관에게 허리를 굽혀 인사하고는 몸을 돌려 법정을 나갔다.

법정 판결이 있은 후 도조 히데키는 스가모 구치소(巢鴨拘置所)의 단독 감방에 갇히게 되었다. 단독 감방은 길이가 8.8피트, 너비가 5피트, 높이가 10피트이며 책상이 있고 세면대와 화장실이 달려 있었으며 바닥에는 볏짚을 깔아놓고 있었다. 감방의 전등은 24시간 켜져 있었고, 감방마다 헌병 한 명이 지키고 있었다. 감옥을 담당하는 의사는 정해놓은 시간마다 도조 히데키의 호흡과 맥박을 검사했다.

극동국제전범재판장에 들어선 도조 히데키가 국제변호인들의 조언을 듣고 있다.

12월 21일 저녁 9시 도조 히데키는 이틀 후에 사형을 집행한다는 통지서를 받았다. 감옥에서 참회사 역할을 하고 있던 하나야마 노부카츠(花山信勝) 박사와 단독으로 대화를 나눌 때, 도조 히데키는 편지 한통을 하나야마 노부카츠 박사에게 건넸다.

"오늘 이렇게 나가면
현세의 높은 산은 머리 위로 지나가고
미륵불이 있는 곳이 갈 곳이니
어찌 기쁘지 아니한가!
내일부터
무서운 사람도 걱정할 일도 없고
미륵 불 옆이 잠자리니
무엇이 근심인가!"

도조 히데키는 하나야마 노부카츠에게 이렇게 말했다. "백 와트가 넘는 전등이 밤낮으로 머리위에서 내리 비치고 있지만 신경쇠약에 걸리지 않은 것은 신앙이 있기 때문이며, 이 때문에 마지막까지 몸과 마음이 건강할 수 있었다."

7명의 사형자 중 오직 도조 히데키만 죽기 전에 일본식 식사를 하게 해달라는 특별 요구를 했다. 12월 23일 저녁 12시 도조 히데키와 도이하라 겐지(土肥原賢二), 히로타 고키(广田弘毅), 이타가키 세이시로(板垣征四郎), 기무라 헤이타로(木村兵太郎), 마쓰이 이와네(松井石根), 무토 아키라(武藤章) 등은 함께 교수대에 올랐다. 죽기 전 도조 히데키가 제안했다. "마쓰이 군이 '천황폐하 만세'를 선창하면 우리도 만세를 세 번 합시다."

마쓰이가 외쳤다.

"천황폐하 만세!"

도조 등 기타 사람들도 외쳤다.

"만세! 만세! 만세!"

0시 1분 30초, 집행관의 명이 내렸다. 0시 10분 30초 도조 히데키는 숨을 멈추었다. 그날 밤 도조 히데키 등 7명의 일급 전범의 시체는 비밀리에 요코하마시 서구 구보야마 화장터에서 화장되었다. 일본 군국주의자들이 이들을 추모할 수 없도록 하기 위해 미국 군함은 유골을 백리 밖의 바다에 뿌렸다. 정의는 반드시 승리하고 사악은 반드시 멸망하게 된다. 파시즘 전쟁광이었던 도조 히데키는 이렇게 역사의 심판을 받았던 것이다.

【마오쩌둥의 도조 히데키에 대한 총평 및 해설】

"일본 내부의 극단적인 친독일파는 이미 기타 파벌의 배척을 받고 있다. 히틀러가 스탈린그라드와 북아프리카에서와 같은 타격을 한두 번 더 받으면 일본 통치 진영 내의 어떠한 파벌도 히틀러에 의존하지 않고 감히 파시즘과 동맹을 맺지 못할 것이다. 이때가 되면 파시즘의 침략동맹은 외부적으로 완전히 고립되고 내부적으로도 고립될 것이다. 일본 파시즘이 국제적으로 고립될 수 있는 위협을 감안하여 일본 파시즘 두목 도조는 지난 1년 사이에 중국 함락지역과 남양 점령지역의 민족 반역자들에게 뻔뻔하게 '새로운 정책'을 시행하여 현지 반역자들에게 '독립'의 허울을 씌어 자신의 위신을 높이고 항일을 견지하는 중국 인민과 인도 인민들을 기만하려고 했다. 두목 도조가 말하는 소위 '새로운 정책'은 일본 파시즘의 상황이 유리함을 의미하는 것이 아니라 일본 파시즘의 국제적 지위가 이미 고립되고 있음을 증명해주는 것이다."

(「항일 전쟁 6주년을 위한 중국공산당 중앙의 기념
선언중국공산당 중앙」, 『마오쩌동문집』, 제3권 39쪽.)

"국민당에 질문할 것이 있다. 세계에서 그리고 중국 경내에서 '파산'해야 하는 것이 오직 마르크스·레닌주의뿐이고 다른 것들은 모두 좋다는 것인가? 왕징웨이(汪精衛)의 삼민주의는 앞에서 이미 말했으나, 히틀러, 베니토 무쏠리니, 도조 히데키와 같은 파시즘은 어떠한가? 장디페이(張滌非)의 트로츠키주의는 또 어떠한가? 중국 경내의 장(제스) 씨, 이(종런, 李宗仁)[13] 씨 등 반혁명 특무기관의 반혁명주의는 또 어떠한가?"

(「국민당에게 묻는다」, 『마오쩌동 선집』, 제3권, 908쪽.)

---

13) 리종런(李宗仁, 1891~1969) : 광시성(廣西省) 페이린(桂林)에서 태어났다. 중국 국민당원으로 중화민국 육군 장군이 되었고, 중화민국 첫 번째 부통령이자, 후에는 대통령이 되었다.

도조 히데키가 교수대에 오를 때 마오쩌둥이 영도하는 중국혁명은 이미 결정적인 승리를 거두고 있었다. 10여 년이 지난 후 마오쩌둥은 중국을 침략한 일본군에 대해 평가했다. 1960년 6월 21일 마오쩌둥은 일본 문학대표단과의 담화에서 이렇게 말했다.

"나는 수많은 일본 친구들과 이 이야기를 했다. 그중 일부 사람들은 일본이 중국을 침략한 것은 좋지 않은 일이라고 했다. 침략은 당연히 안 좋은 일이다. 하지만 나쁜 것만 보지 말아야 한다. 일본은 중국을 도와준 것도 있다. 만약 일본이 반 이상의 중국을 점령하지 않았다면 중국 인민은 각성하지 못했을 것이기 때문이다. 이 점에서 우리는 일본 '황군'에게 '감사'를 해야 한다."

매우 의미심장한 말이라 하지 않을 수 없다.

5

기시 노부스케(岸信介, 1896~1987),
이케다 하야토(池田勇人, 1899~1965년)

【마오쩌둥의 촌평】

"기시 노부스케 내각의 대외정책은 두 가지 특징이 있다. 하나는 공산당을 적으로 여기고 공개적으로 장제스의 '대륙 반격'을 지지하는 것이고, 다른 하나는 일미안보조약을 수정하여 일본과 미국 간의 결합을 강화하려 했다는 것이다. 이케다 하야토와 사토 에이사쿠(佐藤榮作) 두 내각 모두 기시 노부스케의 정책을 계속 유지하며 군국주의 부활을 외치고 있지만, 모두 무섭지 않은 귀신들이다."

【기시 노부스케와 이케다 하야토의 약전】

기시 노부스케는 1957년 2월 25일에 내각을 조직하고서부터 1960년 6월 23일 사직하기까지 3년 4개월간을 집정했다. 기시 노부스케는 1896년 11월에 야마구치(山口)현에서 태어났다. 원래 성은 사토(佐藤)이다. 기시 노부스케와 사토 에이사쿠는 친형제이다.

외할아버지인 기시 노브스케와 생일케이크 앞에서 재롱 떠는 아베 신조.

　1920년에 도쿄제국대학 법학부를 졸업하고 농상성(農商省)에 취직했다. 1936년에는 만주국 실업농업부 차장, 총무청 차장 등을 역임했다. 1939년 10월에 귀국하여 아베, 요나이, 고노에 등 내각에서 차관으로 있었다. 1942년에 '대정익찬회(大政翼贊會)'의 지지 하에 하원의원으로 당선되었으며, 후에는 도조 내각 상공성(商工省) 대신으로 임명되었다. 1943년에는 도조 내각의 국무대신 겸 군수성(軍需省)차관으로 임명되었다. 일본이 투항한 후 갑급 전범으로 감옥에 들어갔다가 1948년에 석방되었다. 1952년에 '일본재건동맹'을 조직하여 다시 정계에 발을 들여 놓았다. 1954년에 일본 민주당을 창당하여 간사장(干事長)을 맡았다. 1955년에 자유당과 민주당이 합병한 후 제1대 자민당 간사장이 되었다. 1956년에는 이시바시(石橋) 내각의 외무대신으로 임명되었다. 기시 노부스케 집정시기의 주요 정치활동으로는 대내적으로 경찰법을 개선하고 경찰권 강화에 힘을 썼으며, 헌법조사회를 설립하여 헌법 개조를 위한 여론을 적극적으로 고취시켰다. 대외적으로는 "유엔을 중심으로 자유진영을 일치케 하고 아시아 일원이 되자"는 내용의 세 가지 외교원칙을 제기했다. 일본과 미국의 안전조약을 수정하여 일본과 미국의 결합을 강화했고, 중국을 적대시하고 중일관계를 악화시켰으며, 공개적으로 장제스의 '대륙 반격'을 지지했다. 동남아를 중시하여 동남아 시장에 진입하려고 노력했다. 1959년 3월부터 1960년 10월까지 일본에서는 「일미안전조약」에 반대하는 군중투쟁이 대대적으로 일어나자 기시 노부스케는 부득불 자리를 내놓아야 했다. 이케다 하야토(1899~1965년)는 기시 노부스케가 일본 국민의 반미투쟁이 고조되어 자리를 내려놓게 되자 그의 후임으로 이케타 하야토가 내각 수반이 되어 1960년 7월 19일에 내각을 조직했다. 1964년 11월 9일 암으로 사직하기 진까지 그는 4년 4개월긴을 집정했다. 이케다는 1899년 12월 히로시마에서 태어났다. 1925년 교토제국대학 법학부를 졸업한 후 대장성(大藏省)에 들어갔다. 1927년 홋카이도 하코다테(涵館)의 세무서장이 되었다. 그 후에는 세무부 관원을 역임했다. 1947년에 대장성 사무차관이 되었다가 1949년에야 비로소 하원의원에 당선되었다. 이후 요시다(吉田) 내각의 오쿠라성(大藏省)대신, 통산대신과 경제 심의정 장관을 역임했다. 1954년에 자민당 간사장이 되었고, 1956년에는 이시바시(石橋) 내각의 통산대신으로 재차 임명되었다. 1965년 8월 66세로 사망했다. 이케다는 집정시기 정치면에서는 "포용력과 인내"를 제기했으며, 낮은 자세로 국내의 정치적 모순을 완화시키고, 경제면에서는 "구민 수임을 배료 증가시키는 계획"

을 실시하여 일본경제가 빠른 속도로 발전할 수 있게 하였다. 외교
면에서는 경제외교를 펼쳐 일본의 국제적 영향력을 확대했고, 중일관
계에서 두 나라의 민간무역을 지지했으며, 중일관계의 개선에 적극적
인 태도를 보였다.

【마오쩌둥의 기시 노부스케와 이케다 하야토에 대한 총평 및 해설】
　1959년 3월 18일 마오쩌둥은 일본 우호인사와 일본사회당 서기 아
사누마 이네지로(淺沼稻次郎)와의 담화에서 이렇게 말했다.

　　"지금 일본정부는 미국과 한편이 되고 있습니다. 우리는 그다
　　지 기분이 좋지 않습니다. 하지만 우리는 이 상황이 오래가지
　　않을 것이라고 여깁니다. 언젠가는 변화가 일어날 것이기 때문
　　이지요. 그들은 중국의 존재가 오래가지 않고, 장제스가 오래
　　간다고 여길 수 있습니다. 그들의 관점에 따른다면, 우리의 공
　　동성명은 잘못된 것이고, 중국의 관점도 그릇된 것입니다. 우
　　리와 그들의 견해는 다릅니다. 우리는 시간과 역사가 우리의
　　관점이 정확하다는 것을 증명해 줄 것이라 믿습니다. 중일관계
　　는 일시적이라 하더라도 일시적으로 중단되는 것은 좋지 않습
　　니다. 하지만 이는 잠시적인 것이 아닙니다. 지금 우리는 잘 왕
　　래하고 있지 않습니까? 사회당이 교류의 길을 만든 것은 매우
　　정확한 일입니다. 언젠가는 무역을 재개할 날이 올 것입니다.
　　반년 동안 무역을 하지 않을 수는 없습니다. 하지만 지금과 같

은 일본정부의 태도에 대해서 우리는 이렇게 할 수밖에 없습니다. 이는 우리가 할 수 있는 유일한 선택입니다. 기시 노부스케는 정치와 경제를 따로 생각하면서 장제스와 교류하려 합니다. 그렇다면 좋습니다. 그의 뜻대로 장제스와 만나라고 하십시요. 우리는 몇 년이고 얼마든지 기다릴 수 있습니다. 나는 "예전에 랴오청즈((廖承志, 1908~1983) 동지에게 기시 노부스케가 중국을 적대시 하는 언론 리스트를 만들라고 했습니다. 지금 우리는 기시 노부스케 말대로 했습니다. 그와 장제스·미국은 한편이 되었습니다. 그러나 좋습니다. 그 사람 생각대로 하라고 하는데 동의해주세요"

박정희 최고회의의장이 정일영씨의 통역으로 이케다 하야토 일본 총리와 회담하고 있다.

일본과 미국의 일미안전조약은 1951년 9월 8일 샌프란시스코에서 체결하였고 군사동맹조약도 체결했으며, 1952년 4월 8일부터 효력이 발생했다. 조약은 일본의 '안전'을 수호한다는 이유로 미국이 일본에 군대를 주둔시키고 군사기지를 건설한다고 규정했다. 1960년 1월 일미는 이 조약을 수정하여 「일미공동합작과 안전조약」으로 다시 체결했다. 이 조약의 주요 내용은 일본의 '저항무장 공격능력'을 발전시키고 '공동위험에 대응' 시 일본은 일본에 주둔하고 있는 미군을 보호할 의무가 있으며, 미국은 계속 일본에 군사를 주둔시키고 군사기지를 사용할 수 있으며, "양국의 경제협력을 격려한다"는 것이었다. 새로운 조약은 5월 19일에 하원에서 겨우 통과되었으며 6월 23일부터 효력을 발생하기로 했다. 그러나 적지 않은 일본인들이 신구(新旧) 일미안전조약에 반대했다. 1959년 10월 18일 마오쩌둥은 일본공산당 대표단과의 대화에서 이렇게 예측했다.

"만약 일미 '안전조약' 수정을 반대하는 행동이 성공하지 못하고 수정되게 되면, 10년 후에 이 조약을 일본 인민 앞에 놓았을 때는 일본 인민을 더욱 단결시키고 투쟁할 수 있도록 교육해야 할 것입니다."

마오쩌둥은 말을 이었다.
"일본은 제1차 세계대전을 통해 식민지를 확대했고, 제2차 세계대전 후에는 식민지를 모두 잃었습니다. 그들은 마음이 내키지 않았습니다. 그들은 식민지를 보유하고 싶었으나 지금 미국의 통제를 받고 있어 아직 그럴 준비를 못하고 있습니다. 그들은 미국에서 벗어나 확장을 하려고 했습니다. 이런 나의 견해가 맞는지 여러분들과 의견을 교환하고 싶습니다.

우리는 모험집단을 예측해야 합니다. 미국은 제일 강대한 모험집단입니다. 그들이 지금 침략전쟁을 하기에는 무리가 있습니다. 그들은 아직 준비가 되어 있지 않습니다. 서독과 일본은 미국의 통제 하에 있기에 이들도 전쟁을 일으키기가 쉽지 않습니다. 기시 노부스케는 그들의 확장을 구속하는 헌법 제9항을 수정하려고 합니다. 그는 군국주의를 부활시키려고 합니다. 당신의 당 강령에는 평화와 독립이 들어있는데, 이는 실제에 부합된다고 봅니다."

1960년 5월 7일 마오쩌둥은 아프리카 12개국 및 지역사회 활동가·평화인사·노동자·청년·학생 대표단과 담화를 할 때, 기시 노부스케 정부와 미국과 새로운 안전조약을 체결하는 것을 반대하는 일본 인민들을 지지한다고 했다.

"우리는 연일 군중대회를 열어 남조선(한국) 인민을 지원하고 터키 인민들을 성원했습니다. 지금 일본 인민들이 일어나고 있습니다. 이제 이틀이 지나면 일본에는 군중운동이 진행될 것입니다. 소식에 의하면 수십만이니 수백만 인민들이 미국과 군사동맹조약을 체결하는 기시 노부스케 정부를 반대할 것이라고 합니다. 우리도 군중대회를 열어 일본 군중을 지지하려고 합니다. 남조선(한국), 일본, 터키는 미국과 멀리 있어, 이들 국가의 인민들은 미국을 두려워하지 않고 그들의 앞잡이를 반대할 수 있습니다."

1960년 5월 14일 마오쩌동은 일본의 일중우호협회·공회총평의회 등 중국 방문대표단과 쿠바, 브라질, 아르헨티나의 중국 방문대표단과 담화를 할 때, 정식으로 "일미군사동맹조약을 반대하는 일본 인민들의 투쟁을 굳건히 지지한다"고 했다.

"새로운 일미 '안전조약'은 일본의 광대한 인민을 압박하고, 중국·소련과 대적하고, 아시아 인민들과 대적하는 침략적 군사동맹입니다. 이 조약은 아시아와 세계의 평화를 심각하게 위협하고 있으며, 일본 인민들에게 엄중한 재난을 가져다 줄 것입니다. 중일 양국 인민과 아시아 인민 및 세계의 평화를 사랑하는 인민들은 응당 일미군사동맹 조약을 반대해야 합니다.
미 제국주의는 중일 양국 인민의 '공동의 적'이고, 아시아, 아프리카, 라틴아메리카의 '공동의 적'이며, 평화를 사랑하는 전 세계 인민들의 '공동의 적'입니다. 제국주의는 여러 나라에서 자기의 앞잡이를 만들고 있습니다. 해당국가 인민들은 이런 앞잡이들을 좋아하지 않습니다. 일본의 기시 노부스케 정부가 바로 이런 정부입니다. 일본 자유민주당과 나라를 사랑하는 애국인사들은 기시 노부스케의 반동정책에 불만을 표하고 있습니다. 지금 일본 인민은 대규모적인 투쟁을 진행하여 일미군사동맹조약을 반대하고 있습니다. 일미군사동맹조약을 반대하는 투쟁에서 각성하는 일본 인민들은 날로 많아지고 있습니다. 일본 인민은 희망이 있습니다. 중국 인민은 예전이나 지금이나 미래에도 일본 인민의 애국 정의투쟁을 끝까지 지지할 것입니다. 쿠바와 라틴아메리카 인민들도 일본 인민의 투쟁을 지지하고, 일본 인민도 쿠바와 라틴아메리카 인민의 투쟁을 지지하고 있습니다."

기시 노부스케 내각이 해산되기 이틀 진인 1960년 6월 21일 마오쩌둥은 일본 문학대표단을 만난 자리에서 "미 제국주의는 중일양국 인민의 공동의 적이다"라는 말을 했다. 마오는 작년 일본 사회당 지도자 아사누마 이네지로(淺沼稻次郎, 1898~1960년)가 중국을 방문했을 때, 베이징에서 미 제국주의는 중일 양국 인민의 '공동의 적'이라고 했다. 당시 일부 사람들은 이런 말이 도가 지나치다고 했다. 그러나 "지금 일본 인민의 투쟁규모는 상상할 수 없을 정도로 커졌습니다. 이번의 투쟁은 안전조약을 반대하기 위해 일어난 것이며, 그 기본 성격은 미 제국주의와 그의 일본 대리인 기시 노부스케를 반대하는 것입니다. 이 조약은 일미반동파가 하원에서 강압적으로 통과시킨 것이기에 일본 민중은 민족 독립과 민주를 요구하고 있는 것입니다"라고 했다. 1960년 7월 이케다 하야토가 일본 총리가 되었다. 1961년 1월 24일 일본 사회당 국회의원 구로다 히사오(黑田壽男)가 중국을 방문하자 마오쩌둥은 그와 이런 대화를 했다.

"마오쩌둥(이하 마오): 당신들은 중국에 며칠 있을 것입니까? 일본 친구를 보면 나는 기쁩니다. 아사누마의 불행한 조우(遭遇)에 심심한 애도를 표합니다.

구로다 히사오(이하 구로다): 아사누마 선생은 사회당 대표단 단장의 신분으로 중국에 와서 좋은 이야기를 많이 했었습니다 그는 미 제국주의는 중일 양국 인민의 '공동의 적'이라고 했습니다. 우리는 아사누마의 정신을 계승하고 발양시켜야 합니다.

마오: 아사누마 선생은 일미 관계의 본질을 파악했고, 중국과 아시아, 아프리카, 라틴아메리카와 북아메리카, 캐나다 등 각 민족문제의 본질을 잘 파악했었습니다. 이런 논점을 찬성하는 사람들이 때론 적고 때로는 많았습니다. 하지만 조금 지나면 대다수의 사람들은 이를 찬성하게 될 것이다.

미국은 어느 나라에서나 자기의 통치를 건립할 수 없기에 반드시 그 나라의 협조자가 필요합니다. 이것이 바로 동맹군이며, 각국에서 제일 반동적인 사람들의 일부분입니다. 중국은 장제스를 대표로 하는 사람들이 있고, 당신들 나라에는 기시 노부스케와 같은 독점자본주의 집단이 있습니다.

구로다: 작년에 일본에서는 대규모적인 '안전조약' 반대운동이

일어났었습니다. 독점자본주의 정부는 우리와 반대하는 입장
에서 우리를 반대하면서 폭력으로 '안전조약'을 통과시켰습니
다. 이 기간 중국에서는 규모가 큰 집회를 열어 우리를 지원했
습니다. 이에 우리는 감사를 표하는 바입니다.

마오: 우리는 서로를 지지하는 것입니다. 국제투쟁은 언제나
서로를 지지해 주어야 합니다. 우리는 최전방에 있습니다. 재
작년 아사누마 씨가 중국을 방문 했을 때, 미 제국주의는 중
일 양국 인민의 공동의 적이라고 했습니다. 당시 이를 동의하
는 사람들이 적지 않았지만, 사람들이 이해하게 되면 더 많은
사람들의 지지를 얻게 될 것이라는 이런 믿음이 필요합니다. 1
년이 지나 1960년이 되자 일본에는 큰 변화가 일어나지 않았습
니까? '안전조약'을 빈대하는 운동이 활발히 진행되어 이미 전
국민적인 투쟁이 되지 않았습니까?……"

이케다는 집권한 후 중일 민간무역을 적극 지지했으며, 중일관계 개
선에 적극적인 태도를 보였다. 하지만 마오쩌둥은 이케다와 기시 노
부스케를 같은 무리로 분류했다. 1961년 10월 7일 마오쩌둥은 일본우
호협회 중국 대표단·일본 민간교육가 대표단 등 일본 손님들과의 담
화에서 이렇게 말했다.

"당신들이 베이징에 왔다는 소식에 나는 매우 기뻤습니다. 우
리는 당신들을 열렬히 환영합니다. 하지만 당신들 그쪽은 상

황이 다릅니다. 이 책임은 여러분들 때문이 아니고 미국의 친
구인 일본사람에게 있습니다. 즉 일본의 독점자본주의 집단
이 그들입니다. 중국도 당신들을 반대하는 사람이 있습니다 바
로 장제스 집단입니다. 중국에는 "물건은 비슷한 것끼리 모이
고 사람은 비슷한 사람끼리 무리지어 다닌다."는 말이 있습니
다. 일본의 기시 노부스케와 이케다 하야토는 미 제국주의와
장제스 집단의 좋은 친구입니다. 그러나 일본 인민은 중국 인
민의 좋은 친구입니다. 우리는 단결 범위를 넓혀 전 아시아, 아
프리카, 라틴아메리카 및 제국주의와 각국의 반동파를 제외한
전 세계 90% 이상의 인민들을 단결시켜야 합니다. 만약 세계
에 27억 인구가 있다면 10%는 2억 7천만 명이 반대파이지만,
나머지 24억 3천만 명을 단결시킬 수 있습니다. 당신들은 우리
보다 뛰어나다고들 하던데 이 사실을 알고 있으리라 믿습니다."

(『마오쩌동 외교문선』, 382쪽.)

1962년 1월 3일 마오쩌동은 일본 원자탄·수소탄금지협회 이사장 야
스이 가오루(安井郁)와의 담화에서 일본 인민의 투쟁 상황에 대해 이
야기 했다.

"일본 인민들이 제국주의 압박을 반대하고 독점자본주의 압박
을 반대하기 위해 투쟁하는 것을 보니 너무 기쁩니다. 일본 인
민의 미일 「안전조약」과 「정치폭력행동법」을 반대하는 투쟁은

날로 발전하고 있으니 이는 참으로 기쁜 일입니다. 일본 인민의 투쟁이 1962년에 큰 발전을 가져온 것을 축하합니다. 1950년부터 거의 매년 일본 친구들을 만나는데 최근 일본 친구들의 정신적 면모는 1957년 이전과 비교했을 때 큰 변화가 있다는 것을 느꼈습니다. 첫 몇 년간 당신들 얼굴에는 근심과 곤혹과 투쟁의 기개가 억제당하고 있어 매우 부자연스러웠는데, 그 이후 특히 1959년·1960년부터 상황이 달라졌습니다. 일본 인민은 일어났고 미국을 두려워하지 않게 됐습니다. 예전에 미국이 당신들을 짓누르고 있어 당신들은 항상 조심해야 했다면, 최근에 당신들은 그런 미국에 대해 투쟁을 시작한 것입니다. 중국에 온 일본 친구들의 정신상태는 큰 변화가 일어났는데, 이는 일본 인민의 투쟁징서가 성징했고, 실제 투쟁에서 발전했다는 것을 보여주고 있는 것입니다. 일본사람들은 담대해졌습니다. 귀신을 무서워하지 않게 되었습니다. 미 제국주의라는 귀신도, 기시 노부스케라는 귀신도, 이케다라는 귀신도 두려워하지 않습니다. 일본 인민은 투쟁에 큰 믿음을 가지고 있습니다. 우리는 『귀신을 두려워하지 않는 이야기』라는 책을 출판했습니다. 랴오청즈(廖承志)를 바라보면서 "일본어 번역본이 있는가? 있으면 하나씩 선물하게나"라고 지시했다.(「중간지대 국가의 성질은 서로 다르다」, 『마오쩌동 외교문선』 489쪽.)

60년대 초 마오쩌동은 미국·소련은 제1세계이고, 일본 등 국가를 제2세계라고 구분하였는데, 이는 공동으로 미국과 소련 슈퍼대국을 반대하기 위해서였다. 이케다 내각에 대한 마오쩌동의 견해에도 조금씩 변화가 일어났다. 1964년 1월 마오쩌동은 일본공산당중앙정치국 위원과 회담을 가졌다.

"우리는 소련과 외교관계가 있습니다. 우리는 사회주의 진영의 두 국가입니다. 하지만 중국과 소련의 관계는 중국과 일본자유민주당의 관계보다 못하며, 중국과 이케다 파(派)와의 관계보다도 못합니다. 우리는 그 원인을 생각해볼 필요가 있습니다. 왜 그럴까요? 그 원인은 미국과 소련이 모두 핵무기가 있으며 서로 세계를 통치하려 하고 있기 때문입니다. 국제적 지위로 볼 때, 일본은 미국·소련의 뒤를 이어 제2위 실력을 지니고 있는 국가입니다. 이런 제2위의 국가 그룹에는 영국, 프랑스, 서독, 이탈리아 등이 있습니다. 우리는 단결할 여지가 있습니다. 일본 독점자본주의와 미국은 그렇게 단합되어 있지는 않은 것 같습니다. 영국은 미국과 비교적 가깝게 지내지만 밀접하게 단결된 것은 아닙니다. 더구나 프랑스 때문에 미국은 짜증을 내고 있습니다. 그리고 서독일의 지위가 중요합니다. 이들이 단결하게 되면 미국에 대항하게 될 것입니다. 때문에 중간지대는 아시아, 아프리카, 라틴아메리카 등 경제가 낙후한 여러 국가와 유럽을 대표로 하는 제국주의 국가·선진적인 자본주의 국가 두 가지로 분류할 수가 있습니다. 이 두 가지 분류는 모두 미

국의 통제를 반대하고 있습니다. 동유럽의 여러 국가는 소련이
통제하는데 문제가 있습니다. 이러한 상황은 더욱 명확해지고
있습니다."

 1964년 11월 9일 기시 노부스케의 친동생 사토 에이사쿠가 일본 총
리로 당선되었다. 사토 내각은 대외정책면에서 친미(親美)노선을 견
지했으며, 중국과는 냉정하게 관찰하는 정책을 실행했다. 1971년 7
월 16일 오전 11시 일본 총리 사토는 내각회의를 마치고 회의실을 나
서자 그의 비서가 비망록을 건넸다. 그 비망록에는 닉슨 대통령이 내
년 5월 전에 중국을 방문한다는 내용이 들어 있었다. 사토는 이 내
용을 보자 삽시간에 얼굴색이 변했다. 이 내용을 발표하는 시간은 오
전 10시 반이었다. 손목시계를 보니 10시 27분이었다. 발표시간이 겨
우 3분 남았던 것이다. 사토는 미국의 행동에 격분했다. 하지만 성내
는 일 외에는 다른 방법이 없었다. 이때 일본에서는 중일외교 정상화
를 요구하는 여론이 우위였다. 중국과의 외교 정상화에 별 관심이 없
었던 사토 총리는 곤경에 빠졌다. 중일관계에서 항상 소극적인 태도
를 보이던 사토정부는 국내외의 압력 하에 부득불 중국과의 관계를
개선할 태도를 보였다. 하지만 중화인민공화국과의 관계를 개선하려
는 생각은 그들의 진심이 아니었다. 얼마 후에 그들의 본심이 드러났
기 때문이었다. 소식에 의하면 미국 대통령 닉슨이 중국을 방문하는
날 사토의 얼굴이 일그러졌다고 한다. 대통령 전용기가 베이징공항에
착륙할 때, 사토와 그의 조수들은 TV 생중계를 보면서 미국 대통령

이 어떻게 중국 사람들을 대하는지를 지켜보았다고 한다.

닉슨이 전용기에서 내렸다. 그는 먼저 저우언라이에게 손을 내밀며 "I am very happy."라고 말했다. 3군 의장대의 열병식이 있었다. 사토는 더는 보고 싶지 않아 몸을 일으켰다. 한 무리의 기자들이 뒤를 따르며 닉슨 대통령의 중국 방문에 대한 견해를 끈질기게 물었다. 사토는 밖으로 나가면서 말했다.

"닉슨이 말하지 않았소? 이는 본 세기의 제일 위대한 사건이라고. 그가 이렇게 말했는데 다른 사람이 더 뭐라 하겠소?"

사토는 매우 성이 나 있었다는 듯이 퉁명스레 말했다. 닉슨 대통령의 중국 방문은 세계에 큰 충격을 주었다. 특히 이 소식은 일본에 있어서 마른하늘에 날벼락이 떨어지는 것과 같았다. 워싱턴에서 베이징과의 관계를 개선하려고 하면서 그 사실을 그들의 동맹국인 일본에 알리지 않았기 때문이었다. 이런 '월정외교(越頂外交)'는 일본을 자극시켰고 미국에 대한 믿음을 깨지게 했다. 더군다나 1971년 11월 중화인민공화국은 유엔에서의 합법적 지위를 회복했다. 이 모든 것은 중국과의 관계를 개선하려는 일본의 적극성을 가져왔다. 일본 국내에서는 대 중국정책을 개선하고 빨리 중국과의 관계를 정상화해야 한다는 목소리가 높아졌으며, 자민당 내부에서도 사토 내각을 비판하는 사람들이 나날이 많아졌다.

1972년 7월 5일 다나카 가쿠에이가 282표 대 190표로 자민당 제6기 총재가 되었다. 다음날 국회에서는 그를 총리로 임명했다. 9월 25일 다나카는 곧바로 베이징으로 날아갔던 것이다.

6

다나카 가쿠에이(田中角榮, 1918~1993)

【마오쩌둥의 촌평】

"중국과의 관계 개선에서 미국은 일본보다 늦었다. 그러나 중국과 정식 외교관계를 맺은 것은 일본이 미국보다 먼저였다. 그것은 다나카 가쿠에이의 결단성이 있었기 때문이다."

【다나카 가쿠에이의 약전】

다나카 가쿠에이(1918~1993)는 1936년 도쿄 중앙공업학교 토목과를 졸업한 후, 1937년 도쿄에서 공동으로 건축사무소를 개업했다. 제2차 세계대전시기에 군에 입대하여 중국 헤이룽장(黑龍江)에 주둔했다. 1940년 중병으로 귀국하여 치료를 받다가 1941년 의병제대했다. 1943년 다나카 토목건축공업주식회사를 창설하고 사장을 맡았다. 전쟁 후 부동산 가격이 폭등하여 하루아침에 부자가 되었다. 1947년 4월 이후 13번이나 하원의원에 당선되었다. 1948년 제2기 요시다 내각 법무성 차관으로 임명되었다. 후에는 탐오사건으로 사직하게 되었고, 미국 점령군에 체포되었으나 2년 반 후에 무죄석방 되었다. 1950년에는 나가오카(長岡)철도공사 사장을 맡았다. 1953년에는 리켄(理研)화학공사 이사, 1954년에는 자민당 부 간사장, 1955년에는 하원 공상위원회 위원장, 1957년부터 1958년까지는 시니 노부스케 내각의 우정대신, 1961년에는 자유민주당 정무조사회장 등으로 활동을 이어갔다. 1962년 7월 이케다 내각과 1963년 이케다 제2기 개조 내각 및 같은 해 12월에 시작된 제3기 이케다 내각과 1964년 11월 제1기 사토 내각 등에서 오쿠라성(大藏省)대신을 역임했다. 1965년 6월부터 1966년 12월까지는 자유민주당의 간사장을 지냈고, 1968년 11월에는 간사장으로 재 선임되었으며, 1971년 7월에는 사토 내각의 통상산업 대신, 1972년 7월에는 일본 총리와 자유민주당 총재가 되었다.

그런 위치에서 과감한 결단을 내려 9월에 중국을 방문하여 중일 연합성명을 발표하여 중일 외교의 정상화를 실현함으로써 중일 우호관계의 증진에 중요한 공헌을 했다. 1974년 11월 록히드 회사 뇌물사건 혐의로 인해 부득이 총리직과 자유민주당 총재의 직무를 내려놓아야 했다. 그러나 그는 자유민주당 다나카파의 영수였기에 1976년 7월 27일 록히드사건으로 체포되어 자유민주당에서 퇴당했어도 같은 해 12월에 진행된 하원의원 선거에서 무당파 후보로 계속 하원의원으로 당선되는 저력을 유지했다. 저서로는 『나의 이력서』, 『일본 열도 개조론』 등이 있다.

【다나카 가쿠에이의 중국 방문에 대한 결단과 목표】

일본이 전쟁에서 패배해 항복한 후에도, 국공 양당의 투쟁은 끝나지 않았기 때문에 중일 양국은 평화조약을 체결하지 않았다. 중화인민공화국이 성립한 후 일본은 중국 인민과 양호한 국가관계를 건립하는 것이 시급했지만, 일본정부는 미국을 따라 중국을 적대시하는 정책을 시행했기 때문에 일본과 중국의 관계는 냉전 상태가 지속되었다.

1952년 4월 28일 일본 정부와 타이완은 「일본·타이완 평화조약」을 체결했다. 그러자 저우언라이는 성명을 발표하여 강력하게 항의했다. 그 후 일본 지도자들이 지속적으로 타이완을 방문하는 바람에 중일 관계는 더욱 악화되었다. 그렇지만 문화체육이나 상업과 관련해서 중일 간 민간교류는 끊임없이 진행되고 있었다. 예를 들면, 1952년 6월 제1차 중일민간무역협정 체결, 1962년 11월 9일 중일무역 비망록 체결, 1964년 9월 25일 중일 양측 신문기자 상호 파견, 1970년 4월 15일 저우언라이 총리의 중일무역 4대원칙 제의 등 지속적으로 이어지고 있었다. 그러나 정부 차원의 우호적인 관계를 요구하는 중국과 일본 내의 목소리는 날로 높아져 갔다. 중국이 유엔에서의 지위를 회복하면서 중국의 국제적 지위는 날로 높아졌다. 중국과의 우호적인 관계를 형성하는 것은 역사의 흐름이 되었다. 프랑스·영국 등은 중화인민공화국과 속속 외교관계를 수립했다. 중일관계에서 특히 소극적이던 사토정부는 대내외적인 압력에 직면했다. 사토정부는 부득불 중국과의 관계 개선을 하려는 모습을 보여주었다. 하지만 중화인민공화국과의 관계를 개선하려는 마음은 진심이 아니었다. 이런 상황에서 다나카 가쿠에이가 자민당 총재로 당선되었다. 중일관계는 자민당 총재의 당선을 위한 공약에서 주요 문제가 되었다.

1972년 7월 5일 자민당 임시 대표대회가 열렸다. 이 대회에서 제6기 총재를 선거했는데다나카가 282표 대 190표로 당선되었다. 그날 그는 기자들과의 담화에서 "(중일 외교) 정상화를 진지하게 고려하겠다"고 하면서 "정성화의 시기가 이미 성숙되었다"고 했다. 다음날 다나카는 국회에서 총리로 당선되었다. 제1차 내각회의에서 다나카는 이렇게 말했다. "동란의 세계 형세에서 중화인민공화국과 외교정상화를 이룩하여 더욱 강력하게 평화외교를 추진해야 한다."

7월 13일 다나카는 자민당의 '중국문제조사회'를 '중일외교정상화협회'로 개조하고 구성원을 확대했다. 자민당 상하원 431명 의원 중 249명 의원이 이 협회에 가입했다. 같은 해 7월에 일본 공명당위원장 다케이리 요시카츠(竹入義勝)가 중국을 방문하여 저우언라이 총리와 여러 차례 회담을 가졌다. 『아사히신문』은 다케이리가 저우언라이·랴오청즈와의 회담에서 아래와 같은 내용이 포함된 중국의 기초방안을 받아들였다고 밝혔다.

1. 중화인민공화국과 일본국의 전쟁상태는 본 성명이 발표된 날부터 결속된다.
2. 일본정부는 중화인민공화국 정부가 제기한 중일 외교관계 회복의 세 가지 원칙을 충분히 이해하며, 중화인민공화국 정부를 중

국의 유일한 합법정부로 인정한다. 타이완은 떼어낼 수 없는 중화인민공화국 영토의 일부분이다. 일본의 침략으로 말미암아 맺은 중국과의 조약은 불법적인 것이기에 모두 무효이므로 반드시 폐지해야 한다.

3. 양측은 중일 양국 외교관계의 수립은 두 나라 인민의 장기적인 희망에 부합되는 것이며, 세계 각국 인민의 이익에 부합된다는 것임에 동의한다.

4. 양측은 주권을 서로 존중하고 영토완정, 상호 불가침, 상호 내정 불간섭, 평등호혜, 평화공존 5원칙에 따라 중일 양국의 관계를 동의한다. 중일 양국 간의 분쟁은 이 5원칙에 따라 평화협상을 통해 해결하며, 서로 무력을 사용하거나 무력으로 위협하지 말아야 한다.

5. 양측은 중일 양국 여러 방면에서 아시아 태평양지역에서의 패권 쟁탈을 하지 않으며, 양측 어느 나라도 기타 국가나 기타 국가집단에 패권을 행사하는 것을 반대한다고 성명한다.

6. 양측은 두 나라가 외교관계를 수립한 후 평화공존 5원칙에 따라 평화우호조약을 체결하는 것에 동의한다.

7. 중일 양국 인민의 우의를 위해 중화인민공화국 정부는 일본국에 전쟁 배상금을 요구할 권리를 포기한다.

8. 중화인민공화국 정부와 일본국 정부는 양국 간의 경제와 문화관계를 발전시키고 인적 교류를 확대하기 위해 평화우호조약을 체결하기 전에 양측의 협상에 근거하여 항해, 기후, 어업, 우정, 과

학기술 등의 협정을 따로 체결한다.

저우언라이는 다케이리에게 일부 문제는 연합 성명에 적지 않아도 되지만 반드시 '묵약(默約)'이 있어야 한다고 했다. 『다케이리 필기』에는 아래와 같은 세 가지 내용이 적혀있다.

1. 타이완은 중화인민공화국의 영토이며, 타이완이 해방되는 문제는 중국의 내정문제이다.
2. 연합성명이 발표된 후, 일본정부는 타이완의 영사와 영사관을 철수해야 하며, 효과적인 조치로 장제스 집단의 영사와 영사관을 일본에서 철수토록 해야 한다.
3. 타이완 해방시기 전쟁 후 일본의 단체와 개인이 타이완에 한 투자와 기업을 적당히 고려한다.

다케이리가 귀국한 후 중국의 초안을 다나카 정부에 전달했다. 다나카는 중국의 의견을 읽은 후 두 마디를 말했다. "내가 가는 것이 문제가 없다. 내가 가는 것은 문제가 없어."

베이징의 7월은 제일 무더운 계절이다. 일본 사회당 전 위원장 사사키 고조(佐佐木 更三)는 중일 양국의 외교 정상화의 견해를 전하기 위해 더위를 마다하고 7월 12일에 베이징을 방문했다. 중국으로 떠나기전 그는 다나카 총리를 먼저 만나 중국을 대하는 새 내각의 기본 태도를 이해했다. 사사키는 다나카 총리에게 솔직하게 물었다. "외교 정상화 3가지 원칙에서 일본과 타이완의 조약이 중요한데 이를 어떻게 처리할 생각입니까?" 다나카가 과단성 있게 말했다. "당연한 것은 나는 3가지 원칙을 인정한다. 따라서 타이완 문제를 처리할 수 있는 믿음이 생겼다." 사사키가 신중하게 다시 물었다. "만약 저우 총리가 물어보면 이렇게 전달해도 되겠습니까?" 다나카는 명확하게 말했다. "반드시 실행할 것입니다."

이와 동시에 중국도 중일관계의 문을 열기 위해 이를 책임진 저우언라이는 한 치의 착오도 없이 실행하기 위해 마오쩌둥의 동의하에 지펑페이(姬鵬飛), 차오관화, 랴오청즈, 한녠룽(韓念龍)으로 구성된 일본 소조를 구성하여 중일 외교 수립문제를 전적으로 연구했다. 때론 마오쩌둥의 거처에서 회의를 하고 마오쩌둥에게 회보했다.

7월 16일과 19일 저우언라이는 두 번 사사키를 회견했다. 사사키는 저우 총리에게 다나카 총리의 말을 전해 다나카 총리의 수교 결심과 여러 가지 계획을 이야기했다. 그는 이렇게 장담했다.

"나는 다나카의 말이 믿을 만하다고 생각합니다."

저우언라이가 말했다.

"그렇다면 다나카 총리를 베이징으로 초청할 수 있겠네요."

사사키는 얼른 대답했다.

"그 말씀은 아주 좋은 생각이라고 봅니다. 꼭 초청해주시기 바랍니다."

저우 총리가 말했다.

"만약 다나카 총리가 베이징에 온다면 정말로 환영할 것입니다."

그는 잠깐 생각을 하더니 다시 말을 이었다.

"다나카 총리가 중국을 방문한다면 닉슨 대통령과 같은 예우를 해 줄 것입니다."

다나카 총리가 중국을 방문할 때 전용기를 타고 온다면 홍콩을 경유하면 여정이 멀어지니 직접 베이징으로 오라고까지 했다.

7월 21일 사사키는 도쿄로 돌아가 즉시 다나카 총리에게 회보했다. 사사키의 보고를 통해 중국 측의 태도를 이해한 그는 중일 외교 정상화에 대한 결심을 더욱 확고히 했다. 동시에 중일 담판을 대하는 일본 측의 의견을 하루 빨리 중국에 전달해야 할 필요성을 느꼈다.

다나카 총리가 적극적으로 일중외교 회복을 위해 준비할 때, 중국 측에서는 자민당 총재 선거가 있을 무렵인 7월 3일 일본 상황을 잘 이해하고 있는 샤오샹첸(蕭向前)을 중국 무역 판사처 도쿄 주재 연락처의 새로운 수석대표로 임명했다.

9월 21일 중일 양국 정부는 동시에 공식 브리핑을 통해 "다나카 총리가 저우 총리의 초청으로 담판과 일중 외교정상화 문제를 해결하기 위해 9월 25일부터 30일까지 중국을 방문한다"고 발표했다.

1972년 9월 25일은 중일 관계사상 매우 중요한 날이었다. 높은 하늘과 구름 한 점 없는 쾌청한 맑은 하늘의 가을날에 다나카 가쿠에이를 대표로 하는 일본정부 대표단은 일본항공 DC-8형 전용기를 타고 8시 10분에 도쿄 하네다 국제공항에서 일중 외교정상화의 희망을 지닌 채 이륙했다. 비행기는 3,000여 킬로미터 떨어진 중화인민공화국의 수도 베이징을 향해 날아갔다. 다나카는 새 중국이 성립된 이후 중국을 방문하는 첫 일본 총리가 되었던 것이다.

9월 25일 저우언라이와 다나카 가쿠에이는 첫 회담을 가지고 좋은 시작을 알렸다. 9월 26일 오전 실질적인 회담에서 난관에 봉착했다. 오후에 제2차 정상회담이 열렸다. 저녁 회담에서 일본 측과 타협하기 위한 방안의 초안을 작성했다. 27일 오후 양측은 세 번째 정상회담을 가졌다. 서로 양해하고 서로 양보하는 기초 위에서 양국의 입장 차이는 줄어들었고, 문제점들이 하나씩 해결되어 나갔다. 점차 「연합성명」 내용에 대해 의견일치를 갖게 되었다.

9월 27일 저우언라이는 전용차를 타고 댜오위타이(釣魚台) 국빈관에 도착했다. 그와 다나카 가쿠에이는 이미 친숙한 사이가 되어 있었다. 다나카를 만나자 저우 총리가 말했다.

"총리를 모시러 왔습니다. 우리 마오 주석께서 당신을 만나자고 합니다." 중국과 일본의 국기가 달려 있는 훙치(紅旗) 승용차 대열이 댜오위타이 국빈관에서 출발하여 호위대의 호송 하에 창안(長安) 거리를 따라 중난하이(中南海)로 향했다.

【마오쩌둥의 다나카 가쿠에이에 대한 총평 및 해설】

승용차 대열이 붉은 성벽을 지나 중난하이에 들어섰다. 차는 마오쩌둥의 거처인 펑저원(丰澤園) 앞에 멈춰 섰다. 마오쩌둥은 다나카 총리가 들어서는 모습을 보고 마중을 나와 손님들의 손을 잡으며 인사를 나눈 후 손님을 소파로 안내했다.

"환영합니다. 이렇게 늦어서야 여러분을 만나게 됐습니다. 어땠나요? 다투지는 않았나요? 하지만 다툴 때는 다퉈야지요. 세상에 어찌 다툼이 없겠습니까?"

마오쩌동은 그의 독특한 유머로 손님들의 긴장을 풀어 주었다.

"다투긴 다퉜지만 문제는 기본적으로 해결됐습니다."

다나카 수상이 예의를 차리며 말했다.

"다퉈서 결과를 얻으면 앞으로는 다툼이 없어지지요."

마오 주석이 말했다. 저우 총리가 옆에서 거들었다.

"두 외교부장의 노력이 컸습니다."

"그렇습니다. 두 외교부장의 노력이 컸습니다."

다나카 총리가 보충해서 말했다. 마오 주석이 머리를 돌려 오히라 외무상을 보며 말했다.

"당신이 저 사람을 이겼나요?"

그는 저우 총리 옆에 있는 지펑페이 외교부장을 가리켰다. 말이 끝나자 그는 크게 웃었다. 이 웃음소리에 자리에 있던 사람들 모두가 함께 웃었다.

"아닙니다. 우리는 동등했습니다."

오히라 외무상은 멋쩍어 하면서 급히 변명했다. 다나카 총리가 오히라 외무상의 말을 이었다.

"우리는 아주 원만한 회담을 가졌습니다."

"좋습니다. 당신들은 우리에게 '폐를 끼쳤던 문제'를 어떻게 해결했습니까?"

마오 주석이 관심어린 어조로 물었다. 외교상으로 일본이 중국을 침략한 전쟁을 중국에 "폐를 끼쳤다"고 말했기 때문이었다.

"우리는 중국의 관습에 따를 준비를 하고 있습니다."

다나카 총리가 진심을 다해 말했다. 그러자 마오 주석이 말했다.

"중국과 일본은 2천여 년 간 교류했습니다. 역사의 기록에 의하면 후한(后漢) 시기부터 시작되었습니다."

마오쩌둥은 중국역사를 잘 알고 있었기 때문에 역사를 이야기할 때면 항상 흥미진진해 했다. 일본 총리도 흥미를 느끼며 말했다.

"그렇지요. 우리는 2천년의 교류역사를 가지고 있습니다."

마오 주석은 화제를 다나카 총리의 중국 방문으로 옮겼다.

"당신들이 이렇게 베이징에 오면 전 세계는 전전긍긍하게 됩니다. 주로 소련과 미국 두 대국이 그렇지요. 그들은 여기서 우리들이 뭐를 꾸미고 있을까 하고 마음을 놓을 수가 없지요."

다나카 총리가 그의 중국에 대한 미국의 입장을 말했다.

"미국은 우리의 중국 방문을 지지한다는 성명을 냈습니다."

그러자 마오쩌둥이 말했다.

"키신저도 중일의 교류에 대해 방해를 하지 않겠다고 우리에게 통지해 왔습니다."

다나카가 미국의 태도를 설명했다.

"그렇습니다. 나는 오히라 외무상과 하와이로 가서 닉슨 미국 대통령을 만났었습니다. 미국도 일본의 중국 방문이 시대에 부합되는 것이며, 시대 발전의 추세라고 했습니다. 그렇기 때문에 미국은 일중 양국의 관계 개선을 지지한다고 봅니다."

그는 차를 마시는 탁자에서 슝마오(熊猫)표 담배 한 대를 들고는 마오 주석에게 물었다.

"피워도 되겠습니까?"

그러자 마오는 작은 시가를 들어서 입에 물고는

"내 담배를 피워보겠습니까?"

"아니요 이거면 됩니다. 본인은 이미 금연을 하고 있었지요. 하지만 저우 총리와의 담판이 길어져서 다시 피게 됐습니다."

다나카 총리는 말을 하면서 성냥을 긋더니 몸을 일으켜 마오 주석의 담배에 불을 붙여 주고는 자신의 담배에도 불을 붙였다.

마오 주석은 영어로 "Thank you."라고 했다. 그 후 유연하게 담배를 피웠다. 부드러운 담배연기가 천천히 주위로 흩어졌다. 마오 주석은 고개를 돌려 저우 총리에게 물었다.

"언제 성명을 발표합니까?"

저우 총리가 답했다.

"되도록이면 내일 발표하려고 합니다. 오늘 저녁에 마지막으로 내용을 정리하고 중국어, 일본어, 영어로 된 성명을 만들어서 발표하려고 합니다."

마오쩌둥은 담배를 크게 한 모금 빨고는 다나카 총리에게 칭찬하는 말을 했다.

"당신들 속도가 매우 빠르네요."

"그렇습니다. 때가 왔을 때 얼른 해결해야 됩니다."

다나카 총리는 흥분한 표정으로 진심을 다 해 말했다.

"양 측이 외교수단으로 장난치지 않고 성심성의껏 담판을 하면 원만한 결과를 가져오게 되는 것이지요."

마오 주석은 다나카 총리의 말에 귀를 기울이며 재미가 있다는 듯이 물었다.

"지금은 서로를 필요로 한다고 닉슨 대통령이 나에게 한 말입니다. 그가 나에게 서로에게 필요하다고 생각하는가 하고 물었을 때 나는 그렇다고 답했습니다. 나는 그가 지금 우파와 놀고 있어서 명성보다는 별로라고 했지요. 닉슨에게 당신네 나라에는 두 개의 당이 있고, 그중에서 민주당이 비교적 진보적이고, 공화당이 우파적인 특징이 있다고 들었지만, 나는 민주당이 별로라고 했지요."

여기까지 말하고 마오쩌둥은 통쾌하게 웃으며 다나카 총리를 보고 말했다.

"이번에 우리는 당신을 지지했습니다. 당신이 말한 것처럼 미국 민주당의 지속적인 중일관계에 대해 애착심이 없었다면 우리 관계를 회복되기가 어려웠겠지요? 문제를 해결하기 위해서는 민주당이 있어야 했지요."

마오 주석은 자만스럽게 말한 것이 아니라 친절하고 자연적이었으며 매력이 넘쳤고 사람을 매료시켰다. 다나카 등은 친절하게 옛 친구 같은 마오쩌둥과 아무런 구속 없이 역사와 현재를 이야기하는 것을 들으며 재미있는 대목에서는 호탕한 웃음소리까지 터져 나왔다. 다나카 총리는 차분하게 말하고 정력이 왕성한 마오 주석을 보고 말했다.

"보아하니 마오 주석의 신체는 건강하십니다. 오늘 이렇게 마오 주석을 만나 뵈서 매우 영광입니다."

"아니오 매우 힘듭니다. 나는 거의 하느님 만날 때가 됐지요."

마오쩌둥이 웃으면서 말했다.

"주석님은 매일 수많은 문서를 읽습니다. 이렇게 많은 책을 보시지요."

저우 총리는 말하면서 옆에 있는 책장을 가리켰다. 다나카 총리는 저우 총리의 손을 따라 눈길을 돌렸다. 벽에 있는 여러 가지 책을 보고 감격해 했다.

"오늘부로 이젠 어떤 구실로도 책을 읽지 않으면 안 되겠습니다. 책을 더 많이 읽어야겠습니다."

책을 말하자 마오 주석은 더욱 흥분해 했다.

"나는 책에 중독되었습니다. 책을 떠날 수가 없습니다."

그는 주위 책장에 있는 책과 책상 위에 놓인 책을 가리키며 말했다.

"보세요, 이건 『가헌(稼軒)』이고 저건 『초사(楚辭)』입니다."

손이 닿는 대로 그는 『초사집주(楚辭集注)』(총6권)를 다나카 총리에게 넘겨주었다.

"다른 선물이 없으니 이걸 당신께 선물로 주겠습니다."

다나카 총리는 놀라고도 기뻤다. 그는 급히 몸을 일으켜 마오 주석이 건네는 책을 받고 마오 주석에게 허리 굽히며 말했다.

"정말 감사합니다. 마오 주석 감사합니다. 우리 셋은 반드시 열심히 공부하겠습니다. 마오 주석의 건강을 바랍니다."

마오 주석은 몸을 일으켜 일일이 악수하면서 손님들을 문밖까지 배

마오쩌동을 방문했을 때 그로부터 중국고전인 「초사집주(楚辭集註)」를 선물로 받으며 감사인사를 하는 모습.

응했다. 일본 보도기관에서는 마오쩌동과 다나카 가쿠에이의 회견을 보도했다. 그들은 중국이 마오쩌동 주석과 다나카 가쿠에이의 회견이 성사된 것은 일중관계 정상화 회담이 실질적인 협의를 달성한 것이라고 평론했다. 니카이도(二階堂)[14]는 이번 회담 이후에 다음과 같이 말했다.

"마오쩌동과 다나카의 악수는 역사적으로 큰 의미가 있는 때가 다가왔음을 의미하는 것이다."

마오쩌동과의 회담은 다나카 가쿠에이 총리에게 깊은 인상을 남겼다. 도쿄로 돌아간 그는 비서 하야사카 시게죠와 이렇게 마오쩌동을

---

14) 니카이도 스스무(二階堂進, 1909年~2000年) : 일본의 정치가로 중의원의원(16기), 과학기술청장관, 북해도개발청장관, 내각관방장관, 자민당 총무회장, 자민당 간사장, 자민당 부총재 등을 역임했다.

평가했다.

"그는 성인이고, 시인이며 철학가이자 지도자이다."

1975년 7월 마오쩌동은 중국을 방문한 태국 총리에게 말했다.

"나를 만나서 나를 좋아한다고 하면, 귀국 후에는 모두 재난이 닥쳤지요."

그는 닉슨, 다나카 가쿠에이 등 7명의 이름을 열거했다. 다나카 가쿠에이는 정부 스캔들에 휘말려 1974년 12월 9일에 부득이하게 총리를 사직했으며, 1976년 7월 27일에 도쿄 법원에 체포되었다. 다나카 가쿠에이가 보석된 지 얼마 후 마오쩌동이 1976년 9월 9일에 서거했다는 부고가 일본에 전해졌다. 소식을 들은 다나카는 즉시 주일본 중국대사관에 가서 애도를 표하고 싶었다. 하지만 금방 감옥에서 나온 지 얼마 되지 않은 그는 보도계의 주목을 받고 싶지 않았다. 그러다가 6일 후인 9월 15일 그는 조용히 대사관을 찾아 조문했는데, 이는 보석으로 풀려난 후 첫 외출이었다.

다나카 가쿠에이는 다음과 같이 마오쩌동을 높게 평가했다.

"수천 년의 우호 역사를 가진 이웃나라 중국의 대표인 마오쩌동이 서거했다는 부고를 받고 나는 큰 비통에 잠겼다. 일중 양국의 수십 년간의 불행한 역사를 끝내기 위해 나는 일본 측의 대표로 베이징을 방문했었다. 일중의 외교관계 회복은 역사적 의미가 있는 위대한 사업으로 사무적으로 해결할 수 있는 것이 아니었다. 일본과 중국의 영원한 평화를 위한 결단을 내릴 사람이 필요했다. 그는 바로 새 중국 8억 인민의 지도자인 마오 주석이었다. 그가 내린 이러한 결단은 일본·중국을 위한 위대한 결단이며, 전 인류를 위한 위대한 결단이었다."

7

모하마드 K 간디

(Mohandas Karamchand Gandhi, (1869~1948)

【마오쩌둥의 촌평】

"간디는 영국의 크롬웰이나 미국의 워싱턴이 그랬던 것처럼 인도 인민의 대표자이다."

【간디 약전】

간디(1869~1948) : 인도 인도국민회의 당수인 그는 1869년 인도 서부 포르반다르 관리의 가정에서 태어났다. 그는 1888년에 영국 런던 대학에서 법률을 전공했고, 졸업 후 남아프리카의 투쟁에 참가했으며 '비폭력주의'를 처음으로 개척했다. 1924~1934, 1939~1941년 사이에 인도 인도국민회의 주석으로 선출되었다. 그는 '비폭력 불복종'을 당의 강령으로 정했고, 여러 차례 '반 영국 불복종운동'을 촉발시킴으로써 인도 민족독립 투쟁에서 매우 중요한 작용을 했다. 1948년

1월 인도 민중해방운동의 지도자이며 마하트마로 불린 간디는 절식으로 종교 갈등을 평정해 파키스탄 시카(Sikha)족 난민이 점령한 이슬람교 사원을 이슬람교도에게 돌려주게 했다. 이 행동은 힌두교 광신도들의 분노를 샀다. 1948년 1월 30일 힌두교 광신도 Nathuram Godse는 다섯 명의 일당을 모아 간디가 기도하는 화원에 들어갔다. Nathuram Godse는 허리를 굽혀 절을 하는 척하면서 간디를 향해 연속해서 3번 총알을 발사했다. 반시간 후 간디는 78세의 나이로 숨을 거두었다. Nathuram Godse과 그의 일당들은 모두 체포되었고 Nathuram Godse와 다른 한명은 교수형에 처해졌다.

【간디의 비폭력운동사】

　모한다스 카람찬드 간디(Mohandas Karamchand Gandhi)는 19세기 말에서 20세기 초까지 인도 민족독립운동에서 제일 권위 있는 지도자로 활동한 인도국민대회당의 주요 지도자이다. 그는 일생을 인도의 민족해방 사업에 바침으로서 인도 국민들에게 추앙되고 사랑받았다. 그리하여 그를 '마하트마(위대한 영혼)', '성부(聖父)', '국부(國父)'로 부르며 존칭했다. 그는 우수한 정치 지도자였을 뿐만 아니라 걸출한 사상가였다. 그의 사상과 주장은 전 인도에 깊은 영향을 미쳤다.

　1869년 10월 2일 간디는 인도 서부 포르반다르에서 태어났다. 간디 가족은 인도 제3계급인 상인계급이었다. 계급사회인 인도에서 이런 제3계급의 지위는 높지 않았지만 그렇다고 제일 낮은 것도 아니었다. 이 계급은 대체적으로 상인계층이었다. 간디 가족은 대대로 상인이었다. 하지만 간디의 할아버지부터 정치를 하기 시작했다. 간디의 할아버지와 아버지는 포르반다르의 토후국 수장이었다. 간디 가족은 힌두교 중 비슈누를 신봉하며 가족은 소식을 하고 살생을 하지 않았다. 간디가 출생하고 생장한 연대는 인도 인민이 민족독립을 위해 반영 투쟁을 진행하던 시대였다. 유년시절의 간디도 시대적 영향을 받았다. "영국 사람은 거인이고 인도 사람은 마치 소인 같았다. 육식하는 자들은 사람을 통치하고 몸은 6척이다." 이는 간디가 학교 다닐 때 학교에서 애들이 즐겨 부르던 노래였다고 한다. 간디는 이 노래를 듣고 "우리나라 사람들이 모두 고기를 먹으면 영국 사람들을 이길 수 있겠다"고 생각했다. 그는 양고기를 삶아 파계하고 고기를 먹으려 했으나 고기를 입에 넣자마자 토해버렸다. 아마 이는 그의 일생에서 유일하게 소식의 계율을 깬 경우였을 것이다.

인도에서 유행한 동혼(童婚)의 풍습에 따라 간디는 13살 되던 해에 일자무식의 카스투르바이(Kasturbai)와 결혼했다. 간디는 인도에서 초등학교와 중학교를 다닌 후 1888년에 영국런던대학에서 법률을 전공했다. 이 때문에 그는 비슈누 교파 신도들이 바다를 건너 항행할 수 없다는 계율을 위배했다는 이유로 제3계급 성씨에서 제명당했다.

런던에서 공부를 하던 동안 간디는 여러 방면에서 우수하지 않았다. 특히 그는 연설에 약했다. 관련 과목을 선택했지만 별로 큰 효과가 없었다. 그는 영국신사가 되려고 열심히 노력했지만 여전히 성공하지 못했다. 하지만 당시 유럽에서 유행하는 사상관련 책을 많이 읽었다. 이 책들은 그의 사상형성에 큰 영향을 미쳤다. 간디는 각종 진보운동에 참가하여 영국 노동자의 파업에 동정의 태도를 보였고 소식주의에 깊은 흥미를 느꼈다.

1891년 간디는 변호사 자격증을 취득하고 그해 말에 귀국해 뭄바이에서 변호사로 일했다. 하지만 법정에서 변호를 할 때 경험이 없었던 간디는 긴장을 했고, 그런 상황을 두려워했기에 그의 변호는 매우 무기력하여 생계도 유지하기 어려울 정도였다.

그러나 모든 것은 운명이었는지 모른다. 변호사 사업의 실패는 그의 운명을 다른 방향으로 흐르게 했다.

1893년 4월 간디는 남아프리카공화국으로 가서 어떤 소송을 돕는 일을 맡게 되었다. 5월에 그는 남아프리카공화국에 도착해 프리토리아로 가는 열차에 몸을 실었다. 이 열차에서 그는 그의 일생에서 결정적 의미가 있는 사건을 마주하게 됐다. 백인 한 명이 일등석에 들어오더니 그에게 짐칸으로 옮겨가라고 명령했다. 그는 거절했고 상대방은 경찰을 불렀다. 그는 강제로 간디를 열차에서 내리게 했다. 이때 간디는 그의 일생에서 제일 중요한 결정인 인종차별과 굳건히 싸울 것을 결심하게 되었다.

간디는 소송을 원만히 해결한 후 현지 인도교민들의 만류 하에 남아프리카공화국에 남아서 변호사로 일하기로 결정했다. 그는 인종차별의 투쟁을 견지했다. 이렇게 하여 그는 남아프리카에서 21년을 머물게 되었다.

이 21년간은 간디의 비폭력사상이 형성되고 이를 실천한 시절이었다. 간디의 비폭력사상은 힌두교의 비슈누파 교의에서 온 것이다. 비슈누파는 인애를 주장하고 "악은 선으로 답하고 덕으로써 원한에 보답해야 한다"는 것을 교리로 하고 있다. 남아프리카공화국에서 간디는 『성경』과 『코란』을 읽었다. 그는 모든 종교에는 인애정신이 있다고 여겼다. 러시아 작가 톨스토이의 『천국은 네 마음 안에 있다』와 영국 작가 Lukins의 『이 마지막을 기다리다』 등을 읽은 그는 어떠한 정치투쟁도 '인애'를 주요 취지로 하고 있다고 믿게 되었다.

남아프리카공화국에서 간디는 자신의 생활방식을 철저하게 청교도적 금욕생활을 했다. 1904년 간디는 Lukins의 『이 마지막을 기다리다』라는 책을 읽었다. 그는 이 책에서 말하고 있는 세 가지의 계시를 이렇게 썼다.

"1. 개인에게 좋은 점은 여러 사람들의 좋은 점에 포함되어 있다.

2. 변호사의 일이나 이발사의 일이나 모두 일을 통해 생계를 도모하는 권리를 행사하기에 동등한 가치를 가지고 있다.

3. 노동으로 생활하는 사람들, 즉 농사를 짓는 사람들과 수공업을 하는 사람들의 생활은 가치가 있는 생활이다."

그 후 그는 세상의 모든 물질적인 향락을 포기하고 Lukins의 사상을 실천하기로 결심했다. 그는 성욕을 포함한 인류생활의 모든 향락을 끊고 시종 고행의 생활을 견지했다.

1904년 간디는 '봉황마을(鳳凰新村)'을 개설하여 아내와 친구들을 불러 마을에서 함께 생활했다. 모든 마을사람들은 노동을 하고 모두 매우 적은 생활비를 받았다. 1910년 간디는 이 시스템을 바탕으로 '톨스토이 농장'을 개설했다. 이런 지역은 간디가 비폭력저항 전사들을 훈련하는 기지가 되었다.

1906년 남아프리카공화국 트란스발주 주정부에서는 인도에서 남아프리카로 이민을 가는 것을 금지하는 「흑색법안」을 공포했으며, 8세 이상의 인도사람들은 등록증을 발급받아야 하며, 수시로 검사에 응해야 한다고 규정했다. 적나라한 인종차별에 간디는 인도교민들을 이끌고 비폭력 저항운동을 시작했다. 1908년 1월 10일 남아프리카의 영국 식민지정부는 부득이하게 간디와 담판을 했다. 양측 모두 일정한 양보를 하고 협의를 이끌어 냈다. 정부는 「흑색법안」을 철회했고, 인도사람들은 스스로 등록하기로 했다. 하지만 남아프리카정부는 이 법안을 실질적으로 취소하지 않고 「아시아인 등록 조례」를 제정했다. 간디는 재차 비폭력저항운동을 발동했다.

1913년 비폭력저항운동의 열기는 최고조에 달했다. 10월 28일 간디는 수천 명의 탄광노동자, 부녀와 아동들을 거느리고 인도사람들의 진입을 금지하는 지역으로 '평화진군'을 하여 인종차별법안을 취소하라고 요구했다. 남아프리카 당국은 진압조치를 내렸지만 운동은 계속해서 발전했다. 12월에 이르러 파업 노동자는 수만 명에 달했다. 간디는 이번 투쟁에서 연속해서 세 차례나 체포되었다가 석방되었다. 투쟁과 담판을 거쳐 남아프리카 당국은 부득이하게 양보를 했으며 비폭력저항운동은 어느 정도의 승리를 거두었다. 남아프리카에서의 용감한 투쟁을 거치는 가운데 간디는 인도인들 가운데서 큰 명성을 얻게 되었다.

1915년 1월 9일 그는 인도의 뭄바이로 돌아왔다. 제국의 아치형 개선문을 지나갈 때 사람들은 개선해서 돌아온 영웅을 맞이하듯이 그를 환영했다. 인도에 돌아온 후 그는 인도의 독립과 자치를 위해 투쟁했다. 당시 사람들이 그의 사회정치적 주장과 비폭력의 투쟁 책략을 받아 들였기에 얼마 지나지 않아 그는 인도 국민회의와 반영운동의 실질적 지도자가 되었다.

간디의 사상은 특별했다. 그는 인류의 모든 근현대 문명을 배척하고 혐오했다. "영국인들이 인도를 통치하는 것이 아니라 근대문명이 철로, 전보, 전화 및 모든 문명의 성공적 발명품이라는 물건들이 인도를 통치하고 있다.……인도는 50여 년 동안 배운 모든 것들을 잊어버려야 구제될 수 있다." 그는 극력으로 '진리의 법칙'인 비폭력, 우애, 독신, 훔치지 않는 것, 사유재산을 소유하지 않는 것과 절식 등을 선전한 탓에 매우 농후한 몽매주의적 경향을 띠게 되었다. 마르크스주의자들은 그의 사회관은 반동적이라고 했으며, 자산계급정치인, 지식인들도 모든 현대문명을 배척하는 그의 주장을 받아들이기 어려워했다. 하지만 그가 정치를 시작한 후 사람들은 그에게 매혹되었고, 성심성의껏 그의 의견과 지도를 받아들였다. 이런 현상은 보기에는 이상하지만 사실 이상하지 않은 것이었다. 그러한 원인은 그의 사상과 관념이 인도의 전통 종교사상의 기초 하에서 비롯된 것이며, 처음 대중들 앞에 나타났을 때에 영국식민주의 통치를 반대하고 민족의 자치를 쟁취하자는 구호를 외쳤기 때문이다. 이런 원인들로 인해 많은 사람들이 그의 사상을 받아들였다. 그의 비폭력투쟁 책략은 당시 민족독립을 쟁취하려 하지만 영국과 철저하게 결렬하려 하지 않으려는 신흥 자산계급의 요구에도 부합되었다. 간디가 당시 정치가들과 명확히 달랐던 점은 바로 광대한 인민들과 연결할 수 있는 장점을 가지고 있었다는 점이었다.

간디의 영국을 반대하는 투쟁은 비폭력저항과 비폭력불복종의 단계로 넘어가는 1919년이 분수령이었다. 1919년 이전에 그는 기본적으로 영국 당국에 협력하는 태도를 보였었다. 남아프리카공화국에 있을 때, 그는 영국의 '제2차 보어전쟁[15]과 영국에 대해 봉기를 일으킨 줄루족을 진압하는 전쟁을 지지했으며, 힌두교민 구호대를 보내 영국을 도와주게까지 했다. 제1차 세계대전시기 때 그는 전력으로 영국을 지지했다. 그는 그의 행동으로 인해 영국을 감동시켜 인도의 자치를 실현하려 했던 것이다. 하지만 전쟁이 끝난 후 영국은 인도가 요구하는 자치를 들어주지 않았다. 이렇게 되자 영국과 협력하려는 간디의

---

15) 제2차 보어전쟁 : 19세기 말 영국과 보어인(남아프리카 출신 네덜란드인) 사이에 벌어진 전쟁으로, 제1차 보어전쟁은 1880년 영국과 보어인들이 다이아몬드가 발견된 킴벌리 지역을 놓고 마찰을 빚으면서 시작되었다. 이 전투는 1년간 지속되었는데, 그사이 남아프리카공화국이 재건되었다. 그러나 평화는 오래가지 못했다. 1886년 트란스발에서 금광이 발견되자, 육지에서 이를 장악하지 못한 영국 군대가 해상에서 이들의 통로를 막아선 것이었다. 그러자 1899년 보어군과 트란스발이 연합해 영국을 상대로 싸움을 걸어왔다. 1902년까지 이어진 전쟁은 결국 보어 연합군이 패배하며 끝이 났다. 보어 전쟁 후, 트란스발은 영국 왕실의 식민지가 되었다. 그러나 영국은 이 전쟁으로 세계 여론의 공격을 받았고, 국내에서도 반전 운동이 고조되면서 보어인의 생활 부흥을 위해 보조금을 내주어야 하는 등 영국의 희생도 매우 컸다.

신념이 흔들리기 시작했고, 1919년에 발생한 암리차르 학살사건[16]에 이르러서 간디는 완전히 낙심했다.

1919년 식민 당국은 「롤라트법안(Rowlatt Act)」을 발표해 경찰은 임의적으로 의심되는 자들을 체포할 수 있으며, 심판을 거치지 않고도 장기적으로 구금할 수 있다고 규정했다. 식민 당국의 진압에 간디는 뭄바이에서 대회를 열어 전국 총파업을 일으켰다. 식민 당국은 이 운동을 참혹하게 진압했다. 4월 13일 영국 당국은 군대를 편잡 암리차르에 보내 1,200여 명을 죽이고, 3,600여 명에게 부상을 입히는 대 학살사건을 저질렀다. 암리차르 학살사건은 간디 일생의 중요한 전환점이 되었다. 1919년 11월 간디는 정식으로 영국에 대해 불복종할 것을 제기했다. 1920년 9월 인도국민회의에서는 이 운동을 전개할 결의안을 통과시켜 사람들이 식민지 정부의 공무원직과 작위를 사임하고, 영국의 교육을 받지 않으며, 영국 상품을 보이콧 하고, 수동 방직물을 사용하며, 영국은행에 저금하지 않으며, 영국의 공채를 사지 않는 것 등을 호소했다. 회의가 끝난 후 인도 전역에서는 불복종운동이 활발하게 진행되었다. 인도 사람들이 자신의 학교를 개설하고 상점을 개업했으며, 약 200만대의 수동 방직물을 짜는 수동 방직기를 생산했다. 이번 운동에서 간디는 솔선수범을 보여주었다. 1921년 7월 그는 앞장서서 영국의 천을 불살라 버렸다. 9월 19일 간디는 무명짜기운동

---

16) 암리차르(Amritsar) 학살사건: 인도 펀자브주의 도시로 인구 100여 만 명 남짓이고, 높이는 해발 218m에 위치한 도시이다. 1604년 시크교 사원인 황금사원이 들어서면서 시크교의 성지로 여겨졌으며 영국의 식민지 시절인 1919년 인도의 치안 부대가 이곳에서 벌어진 영국의 식민통치를 반대하는 시위를 무력으로 진압한 사건이다.

을 촉진시키기 위해 그 날부터 윗옷을 입지 않고 허리에 무명을 두르고 다니기로 했다. 그는 매일 반시간을 들여 천을 짜기 시작했는데, 하루도 이를 실행하지 않은 적이 없었다. 그는 방아 틀을 에워싼 군중들에게 그의 학설을 선전했다. 평범한 천을 짜는 임무는 장엄하고 신성한 사업이 되었다. 간디의 작은 방아 틀은 그의 지도와 평화혁명의 상징이 되었다. 1922년 2월 2일 인도의 연합성인 조리조라 농민들이 시위행진을 하자 경찰들이 사격을 가했다. 분노한 군중들이 경찰국에 불을 지르자 22명의 경찰들이 불에 타 죽었다. 이 사건을 보면서 간디는 여간 놀라지 않았다. 그는 운동이 이미 비폭력의 범위를 벗어났다고 여겨 즉시 운동을 중단하라고 요구했다. 2월 11일 인도국민회의집행위원회는 Bardori에서 긴급회의를 소집해 전국적인 불복종운동을 무기한 연기한다고 했다.

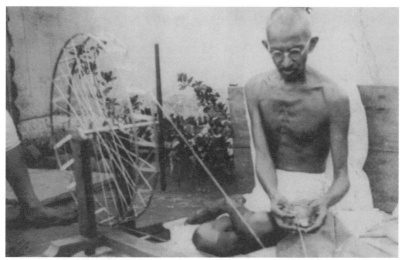

영국 상품 보이콧운동의 일환인 영국 옷감 대신 국산 무명옷 입기를 주창하기 위해 무명실을 짜는 물레를 돌리고 있는 간디.

간디의 이러한 결정은 인도국민회의 내외의 불만을 가져왔다. Bardori 결의에 인도 국민회의 지도자들(대부분은 감옥에 있었다)은 경악해 마지않았을 뿐만 아니라 일반 당원들도 분노했다. 돌연히 선포된 운동 중단 결정은 한참 운동에 열정을 보이던 사람들에게 큰 타격을 주었다. 간디는 각 방면에서 오는 질책을 받아야 했다. 간디가 불복종운동을 중단했지만 영국 당국은 이를 감사히 생각하지 않았을 뿐더러 형세가 간디에게 불리한 틈을 타서 그를 체포해 6년 형을 선고했다. 감옥에서 그는 그의 자서전인 『나의 진실 추구 이야기』를 완성했다. 1924년 5월 병으로 석방된 그는 12월 인도국민회의 주석으로 당선되었다.

1929년 12월 인도국민회의의 연회에서 간디는 자와할랄 네루를 인도국민회의 주석으로 추천했다. 또한 연회에서는 자와할랄 네루가 제안한 '완전독립'이라는 강령을 통과시켰다. 이 강령은 당 내외 급진세력의 옹호를 받았지만 간디와 큰 네루(자와할랄 네루 아버지) 등 온화파의 반대를 받았다. 그들은 인도에서는 응당 캐나다·오스트레일리아 등처럼 영국의 자치 영지가 되어야 한다고 했다. 자치의 목표를 달성하기 전까지 '완전독립'은 무책임한 공담에 불과하다고 했다. 이로 인해 간디는 인도국민회의의 지도자들과 일련의 문제에서 의견 차이가 있게 되었다.

영국 당국에서 인도의 자치 요구를 거들떠보지도 않자 간디는 부득이 1930년에 정부 식염법(食鹽法) 반대를 목표로 하는 불복종운동을 재개했다. 이번 운동의 규모는 매우 컸으며 많은 민중들이 바닷물로 바다소금을 채취하면서 정부의 식염 전매 통제에 항의했다. 영국 정부는 대대적인 체포를 통해 보복을 가했다. 간디를 포함한 수천 명이 체포되었다.

1931년 초 당국은 압박에 의해 간디를 석방하고, 인도국민회의에 대한 금지령을 취소했다. 3월 5일 간디는 영국 총독 오언과 담판을 진행해 "간디-오원 협정"을 체결했다. 양측 모두 양보하면서 인도국민회의 측에서는 불복종운동을 중단하고 영국에서는 진압을 중단한다는 것만 규정했다. 이 협정의 내용은 사람들의 기대와는 거리가 멀었다. 이 결과에 당 내외에서는 간디에게 큰 불만을 가지게 되었다. 많은 청소년들은 손에 검은 깃발을 들고 검은 꽃을 손에 쥔 채 간디가 영국에 굴복한 사실에 '애도'를 표하는 포퍼먼스를 했다.

하지만 영국은 이런 내용의 협정도 준수하려 하지 않았다. 협정이 체결된 지 얼마 되지 않아 당국은 인도인의 행동을 제한하는 법령을 공포했다. 간디는 영국과 다시 한 번 담판할 것을 요구했지만 영국은 이를 거절했다. 인도국민회의 집행위원회에서는 즉시 불복종운동을 회복하기로 결정했다. 당국에서도 즉시 대규모적인 체포를 진행했다. 1932년 1월 4일 간디 등 인도국민회의 주요 지도자들은 모두 체포되어 감옥에 들어갔으며 운동도 큰 영향을 받게 되었다. 1934년 4월 7일 간디는 비폭력불복종운동을 중단하기로 결정했다.

1934년 간디와 인도국민회의 기타 지도자들은 여러 문제에서의 의견 차이는 날로 커져만 갔다. 9월 17일 간디는 성명을 발표해 형식적으로 인도국민회의에서 퇴당할 것이라고 했다. 성명에서는 본인과 여러 당원들은 비폭력문제, 천민문제, 수동 방직 문제 등에서 의견 차이가 있다고 지적했다. 10월 28일 간디가 인도국민회의 뭄바이 대회에서 제기한 수정안은 여러 차례 수정되었거나 보류되었다. 간디는 정식으로 인도국민회의에서 나가겠다고 했다. 대회에서는 간디의 퇴당 요구를 받아 들였다. 그 후 몇 년간 간디는 농촌건설 사업을 진행해 농촌에 들어가 군중들과 함께 하면서 실제적 사업을 통해 군중들을 깨우쳤다.

1939년 제2차 세계대전이 전면적으로 발발했다. 이 전쟁을 어떻게 보아야 하는가 하는 문제에서 간디와 자와할랄 네루를 대표로 하는 인도국민회의 지도자들과 또 의견 차이가 발생했다. 간디는 무조건 영국의 작전을 저지해야 하는데 비폭력적으로 해야 한다고 했다. 당시 간디의 비폭력사상은 매우 가소로워 보였다. 그는 외래침략을 대할 때에도 비폭력을 견지하여 "죽더라도 침략자와 같은 폭력을 하지 말아야 한다"고 주장했다. 자와할랄 네루는 영국이 반드시 전쟁 후 인도의 독립 요구를 받아들이는 조건으로 영국을 지지해야 한다고 했다. 동시에 파시즘의 침략에 맞설 전쟁준비를 해야 한다고 했다.

1942년 봄 미얀마를 점령한 일본은 인도를 위협하고 있었다. 영국정부는 인도의 지지를 얻어 3월 11일에 리처드 크립스(Stafford Cripps)를 특사로 인도에 파견하여 간디 등 인도 각 당파 지도자들과 전쟁 후의 자치 헌법문제를 상의하게 했다. 간디와 각 당파 지도자들은 크립스가 가져온 방안은 '연장 용'일 뿐이라고 여겨 이 방안을 거절했다. 담판이 파열된 후, 간디는 신문에 영국이 "인도에서 퇴출해야 한다"는 구호를 제기했다. 8월 8일 인도국민회의는 뭄바이에서 회의를 열어 불복종 결의를 통과시켜 영국이 정권을 내놓을 것을 요구했다. 다음 날 간디와 인도국민회의 집행위원회 전체 회원들은 또 한 번 체포되었다. 그 뒤 인도 전역에서는 큰 동란이 일어났고 영국 당국은 이를 무력으로 진압했다. 1943년 5월 6일 감옥에 있던 간디와 인도국민회의 지도자들이 석방되었다.

1945년 세계 반파시즘 전쟁이 승리로 끝났고 영국 노동당이 대선에서 승리했다. 노동당 정부는 영국 입헌의 난국을 끝내게 하는 것에 급급해 했기 때문에 이를 이용한 인도인들의 독립을 요구하는 투쟁은 그 규모도 날로 커졌고 격렬해졌다. 그러자 영국정부는 부득불 양보할 수밖에 없었다. 1947년 8월 15일 영국은 정권을 인도와 파키스탄에 인도했다. 이로써 인도는 정식으로 독립되었다. 인도국민회의 지도자들은 이는 세계상에서 유일하게 폭력 없이 실현된 사건이라고 했다. 인도국민회의가 발표한 「국민에게 고하는 글」에서 마하트마 간디의 중요한 역할에 큰 천사를 보냈고, 그를 인도의 '국부(國父)'라고 불렀다.

하지만 전체 인도가 자치를 경축할 때 이 '국부'는 비애에 잠겨 있었다. 그는 이는 승리가 아니라 "우리의 환상이 파멸될 것'이라고 여겨 이를 실패라고 생각했다. 그 원인은 1946~1947년 사이에 영국정부 대표와 인도 인도국민회의, 이슬람교 연맹 및 기타 당파 지도자들의 담판이 끝나자 각 교파들마다 자치를 강조하는 열풍이 일어났기 때문이었다. 이슬람교 연맹은 이슬람교도들이 "직접적인 행동"으로 이슬람교도가 파키스탄을 건립하도록 호소했다. 인도 각 지역에서는 대규모의 종교 파벌 유혈사건이 일어났다. 힌두교도들과 이슬람교도들이 함께 거주하고 있는 펀잡에서는 약 50만 명의 사망자가 발생했다. 이 투쟁의 결과 인도는 인도와 파키스탄 두 나라로 분열되었다.

간디는 시종 힌두교와 이슬람교의 단결을 주장했으며 그들의 관계를 완화시키기 위해 노력했다. 하지만 여러 가지 원인으로 그의 노력은 별로 효과가 없었다. 이보다 더 중요한 것은 그가 일생동안 추구해오던 인간세상에서 우애, 화목, 비폭력의 세계를 건립하려던 환상이 파멸되어버렸다는 것이었다. 이로 인해 그가 일생 동안 추구해왔던 이상과 원칙이 깨져버렸던 것이다. 그는 인도국민회의 지도자들에게 "진솔하고 완전하게" 권력의 이전에 의해 나타난 여러 가지 발전상황은 그가 일생 동안 선전한 원칙의 실패를 말해주는 것으로서 이는 승리가 아님을 인정했던 것이다.

인도와 파키스탄 두 나라로 갈라져 각자의 자치를 실시하게 된 후, 간디는 힌두교도와 이슬람교도 간의 충돌을 줄이기 위해 투쟁했다. 하지만 그의 이런 노력은 힌두교 중의 일부 극단적 종교 광신도들의 불만을 초래했다. 이는 1948년 1월 30일 78세의 간디가 광신교의 총탄에 맞아 사망하는 결과로 이어졌다.

한시대의 마하트마 간디의 서거는 인도 인민을 비통에 잠기게 했다. 정부에서는 그를 위해 성대한 장례를 치렀고 수십만 명이 거리에 나서서 그의 영구와 작별인사를 했다.

마하트마 간디는 사심도 없고 두려움도 없는 일생을 보냈고, 그는 생명의 마지막까지 인도 국민들을 위해 봉사했던 것이다.

【마오쩌둥의 간디에 대한 총평】

1960년 5월 27일 마오쩌둥은 영국의 육군원수 몽고메리와 이야기를 할 때 인도 독립의 아버지 마하트마 간디를 높이 평가했다.

"인도의 간디는 암살을 당했다. 하지만 그는 인도 인민을 대표한다."

「몽고메리 원수와 국제형세를 담론하다」, 『마오쩌둥 외교문선』 435쪽.

8

쟈바하를랄 네루(Javāharlāl Nehrū, 1889~1964)

【마오쩌동의 촌평】

 "1954년 10월 인도 총리 네루가 중국 방문 후 귀국 직전에 굴원(屈原)의 시귀(詩句)인 "생이별만한 슬픔이 없고, 새로운 친구를 만난 것만큼의 쾌락도 없다(悲莫悲兮, 生別离. 樂莫樂兮, 新相知.)"는 말로 그를 배웅하면서 헤어지기를 매우 아쉬워했으나 8년 후 중국과 인도는 첨예하게 대립했다. 그는 애매한 평화주의자였다."

【네루 약전】

 네루(1889~1964)는 인도 첫 총리로 원래 이름은 자와할랄 네루이다. 그는 북방 알라하바드 브라만 귀족가정에서 태어났다. 인도 국민회의 원로이며, 인도의 유명한 변호사인 모틸랄 네루(Motilal Nehru)의 아들이다. 16살에 영국에 유학하였는데 해로스쿨(Harrow School)과 케임브리지 대학에서 공부했다. 1912년 귀국 후 정계에 입문했는데, 1918년에는 알라하바드 고등법원에서 변호사로 일했다. 같은 해에 인도국민회의 전국위원회 위원이 되었고, 1921년에 처음으로 체포되어 감옥에 들어갔다. 인도의 독립을 위한 27년 동안의 운동기간 중에서 그는 10년을 감옥에 있었다. 1929년, 1936년, 1937년과 1946년에 인도국민회의 전국위원회 총서기로 임명되었다. 1946년 임시정부 부주석 겸 외교부장을 맡았다. 이후에는 입헌회의 의원, 임시국회의원, 인민원 의원을 지냈다. 1947년 8월 인도 독립 후, 그는 인도 초대 총리로 당선되었으며, 죽기 직전까지 총리직을 맡았다. 그는 국제 개발위원회 주석, 전국 통일위원회 지도자, 국방자금위원회 주석과 국방위원회 지도자를 지냈다. 1953년 12월 그와 저우언라이 총리는 공동으로 '평화공존 5원칙'을 제기했으며, 비동맹운동과 반둥회의 칭도자의 한 사람이 되었나. 그러는 가운데 1954년 10월 중국을 방문하였다. 그는 1964년 5월 27일에 서거했다. 저작으로는 『인도와 세계』, 『소비에트 러시아』, 『인도의 18개월』, 『네루 자서전』, 『세계사 일별(世界史一瞥)』, 『인도의 통일』, 『인도의 발견』, 『독립이후』 등이 있다.

【마오쩌동과 네루의 대화와 의견 일치】

　1954년 네루는 처음이자 마지막으로 중국을 방문했다. 방문 기간에 마오쩌동은 그를 매우 열정적으로 환대했으며 진심어린 대화를 나누었다. 1954년 10월 19일 오후 4시 10분 중난하이 친정전(勤政殿)에 들어선 네루를 마오쩌동은 열정적으로 마중을 나와 네루 총리의 손을 굳게 잡았다.

"당신을 환영합니다. 열렬히 환영합니다."

얼굴에 웃음을 머금고 있는 네루 인도 총리가 말했다.

"중국을 방문할 수 있어서 너무 기쁩니다. 나는 이 날을 오래전부터 기다려왔습니다. 나는 베이징에 도착한 후 열렬한 환영을 받았습니다. 이런 환영에 나는 매우 감동했습니다."

회담에서 마오쩌둥은 남쪽의 이웃인 대국의 귀빈을 솔직하고 진심으로 대했다. 그는 중국과 인도 모두 강대한 세력을 가진 대국이며 오래된 세계문명을 가진 나라이고, 또한 모두 제국주의 국가의 오랜 억압을 받은 치욕적인 역사를 가지고 있다고 했다. 그렇기 때문에 이제부터는 절대로 다시 제국주의 식민지의 압박을 받지 말아야 한다고 말했다. 그는 네루 총리에게 다음과 같이 종합해서 말했다.

"우리 동방 사람들은 단결해야 하는 정서를 가지고 있으며, 자신을 지켜야 한다는 정서가 있습니다. 비록 우리의 사상과 사회제도가 서로 다르기는 하지만 우리에게는 공통점도 많습니다. 그것은 바로 제국주의를 상대해서 싸워야 한다는 점입니다."

마오쩌둥은 그의 전략사상을 바탕으로 한 가지 문제를 설명했다.

"단결해야만 외래의 위협과 억압을 이겨내고 평화를 가져올 수 있습니다."

중국과 인도 두 대국은 비록 빈곤하지만 단결되어 있고 우호적이며, 또한 무궁한 역량을 가지고 있기 때문에 어느 누구의 경멸도 두렵지 않다는 자신감에서 한 말이었다.

탄생한지 겨우 5년 밖에 되지 않는 새 중국이 승계한 것이라고는 빈곤과 낙후였다. 농업국가인 중국에는 공업이란 거의 존재하지 않았다. 사회가 철저히 변화된 후, 사람들은 나라를 건설하고 생활을 개선하는데 하늘을 찌를 듯한 열정을 보여주었다. 이는 매우 소중한 것이었다. 이를 제대로 이용하여 나라를 발전시키고 인민 군중들이 새 나라의 새 제도를 통해 생활수준을 제고케 하는 것은 새 중국 지도자들이 긴박하게 해결해야 할 문제 중의 문제였다. 이 목표를 실현하려면 평화적인 국제환경이 필요했다. 중국은 평화를 필요로 하며 평화기간이 길면 길수록 중국의 발전에 유리했다. 마오쩌둥은 네루 총리에게 말했다.

"우리는 지금부터 수십 년 동안 평화가 필요합니다. 적어도 수십 년의 평화기간에 국내의 생산력을 높이고 인민들의 생활을 개선시켜야만 합니다. 만약 이런 환경을 창조할 수 있다면 참 좋은 일이지 않겠습니까? 이 목표를 찬성하는 측과 우리는 합작을 할 수 있습니다."

인도 헌법에 서명하는 네루.

1954년 6월 중국 총리 저우언라이는 인도와 미얀마를 방문하여 인도, 미얀마 총리와 연합을 위한 '평화공존 5원칙'을 제창했다. 즉 "주권과 영토보전의 상호존중, 상호 불가침, 상호 내정불간섭, 평등호혜, 평화공존" 등의 5항목 내용은 중국과 인도, 중국과 미얀마 사이의 관계에 적용될 뿐만 아니라 모든 나라 간의 관계에도 적용된다고 했다. 이후 이 5원칙은 국제사회의 광범위한 환영을 받았고 승인을 얻어 국가 관계를 처리하고 세계평화를 수호하는 준칙이 되었다.

중국은 중국과 인도의 장기적인 우호 협력관계를 건립하고 발전시키는데 노력을 경주했다. 또한 이를 선린정책의 중점으로 삼기도 했다. 1951년 1월 26일 마오쩌둥은 친히 인도 주중 대사가 주최한 국경 연회에 참석하여 연설했다.

"인도민족은 위대한 민족이다. 인도인민은 훌륭한 민족이다. 중국, 인도 두 민족과 두 나라의 인민은 수천 년 동안 우호적이었다. 오늘 인도의 국경일을 경축하면서 우리는 중국과 인도 두 민족이 계속 단결하여 평화를 위해 노력할 것을 희망한다."

마오쩌둥의 열정은 네루를 감화시켰고, 그와 마오쩌둥은 공감대를 형성했다. 인도 독립운동의 지도자였던 네루는 영국의 식민지 통치에서 벗어나기 위해 불요불굴의 투쟁을 진행했다. 1921년부터 1945년까지 10여 차례 체포되어 감옥에 갇혔으며 차가운 감옥에서 많은 시간들을 보냈다. 그는 평화를 수호해야 하는 중요성을 잘 알고 있었다. 평화가 있어야만 승리의 성과를 보호하고 확고히 할 수 있으며 강대한 국가만이 굴욕과 치욕에서 영원히 벗어 날 수 있음을 잘 알고 있었던 것이다. 따라서 평화의 기회를 창조하고 발전에 유리한 조건을 모색하는 것이 인도 총리 네루의 분투목표가 되었다. 그는 중국 저우언라이 총리와 함께 처음으로 국제관계의 준칙인 '평화공존 5원칙'을 제기했다. 또한 그는 반둥 아시아-아프리카 회의와 비동맹운동의 발기인 중 한 사람이었다. 중국을 방문하기 한 달 전, 인도 국회에서 네루 대통령은 이렇게 말했다.

"인도의 정책은 아시아에서 평화지역을 구축하려는 것이다. 가능하다면 다른 지역에서도 이런 평화지역을 구축해야 한다."

이런 상황에서 중국과의 관계를 잘 처리하는 것은 그들의 목표를 달성함에 있어서 매우 중요한 부분이 되었다. 중국을 방문하기 전, 그는 러크나우에서 있은 집회 연설에서 이런 말도 했다. "우리와 중국과의 관계가 날로 가까워지고 있음에 나는 정말로 기쁘다."

그는 만약 모든 국가들이 인도와 중국 두 나라 총리가 제창하는 '평화공존 5원칙'을 인정한다면, 세상에는 공포와 근심과 서로에 대한 불신임의 문제가 없어지고 비교적 건전한 관계가 형성될 것이라고 했다. 중국과 인도는 오래전부터 세기를 내려오면서 문화와 경제면에서 교류가 있었고 깊은 우정을 쌓아왔다. 인도는 제일 먼저 새 중국과 외교관계를 수립한 나라 중의 하나였다. 중국과 인도는 수교 초기에 양 측은 일련의 중대한 국제문제에 같거나 비슷한 견해를 가지고 있었으며, 적지 않은 외교투쟁 장소에서 서로 협력하고 적극적으로 합작했다. 예를 들면 중국은 인도가 고아를 수복할 때 이를 성원했으며, 인도는 중국이 유엔에서 합법적 지위를 회복할 것을 주장했다.

또한 인도는 타이완이 중국과 분리될 수 없는 영토라는 것을 주장했다. 한국전쟁 시기에 인도는 유엔에서 중국을 침략자라고 모함하는 결의에 찬성하지 않았다. 중국은 인도의 믿음을 기초로 인도를 통해 미국에 경고 메시지를 보냈다. 후에 중국은 인도를 조선 중립국 송환 위원회 주석으로 추천했다. 중국은 미국에 있는 중국 평민 송환문제에 관해 인도에게 협조를 요청했다. 중국과 인도의 관계는 우호적이고 평화적이며 서로의 믿음이 충분했다.

평화와 우호를 주제로 중난하이 친정전에서 마오쩌동 주석과 네루 총리는 회담했다. 회담은 매우 좋은 분위기에서 진행되었으며 그들의 관점은 일치했다. 대국이나 가난한 나라라는 여러 가지 공통점에 두 신흥 국가의 지도자들은 본국의 이익과 세계의 형세와 지역적 전략에서부터 출발해 흥미진진한 이야기를 나누었다.

마오쩌동은 인도 친구에게 중국은 어렵게 평화를 실현했다고 특별히 강조해서 말했다. 미국은 각종 방법으로 중국을 배척하고 있었다. 뿐만 아니라 그들은 제7함대를 타이완 해협에 보내 무력을 과시했다. 미국의 비행기는 중국대륙 상공에서 특무활동을 했다. 미국은 장제스가 중국대륙을 향해 교란작전을 할 수 있도록 지원을 강화했다. 이에 마오쩌동은 전략적으로는 경멸하는 태도를 보였지만 전술적으로는 절대 소홀히 하지 않았다.

마오쩌동은 특유의 유머를 이용해 신랄하게 지적했다.

"미국이 행하는 공포에 가까운 위협은 확실히 너무 지나칩니다. 그는 전선을 한국, 타이완, 인도차이나까지 멀리 확장하려고 합니다.

이곳들은 미국 본토와 멀리 떨어져 있고 우리와는 너무 가까이 있습니다. 이렇게 되면 우리는 편히 잠을 잘 수가 없습니다."

네루는 미소를 지으며 고개를 끄덕였다. 네루도 미국이 자신의 이익이 손해를 볼까 두려워하고 있다는 것을 알고 있었다. 네루의 모습은 교양 있는 신사와 같았다.

날씨 좋은 어느 늦가을의 오후, 수도 베이징 중산공원에는 명절을 맞이하는 분위기로 들끓었다. 2만여 명의 베이징 시민들은 이곳에서 진행되는 네루 대통령의 중국 방문을 환영하는 대회에 참가했다. 음악당에는 중국과 인도의 국기가 나부끼고 있었다. 문을 열고 들어서면 짙은 녹색 바탕에 흰색으로 중국어와 인도어로 쓰여 진 '중·인 우호만세!', '평화만세!'의 표어가 높이 걸려 있었다.

'평화만세!'라는 표어를 네루는 자세히 보았다. 평화는 당연히 필요한 것이고 필수적인 것으로 국가의 이익과 인민의 이익과 관련되어 있다. 이 표어를 보면서 그는 마음으로부터 우러나오는 기쁨을 느낄 수 있었다. 마오쩌둥과의 평화 관련 회담에서 그들은 인식을 완전히 일치했다. 그는 인도도 평화를 필요로 하고 중국도 평화를 필요로 하며, 누구나 수많은 위험을 가져다주는 전쟁을 필요로 하지 않는다는 것을 느꼈다. 네루는 짧은 시간에 많은 생각을 하면서 마오쩌둥과의 대화에 대해 사유(思惟, 어떤 일에 대해 두루 생각하는 일)했다. 그는 전쟁을 이야기 하는 것은 평화를 위해서 하는 것임을 잘 알고 있었다. 이 점에서 그는 마오쩌둥을 믿었다.

마오쩌둥은 중난하이의 비좁아 보이는 서재에서 네루와 전쟁문제를 담론했다. 회담이 거의 끝날 무렵 그는 네루에게 전적으로 전쟁에 대해 토론해보자고 제안했다. 제2차 세계대전의 상황을 토론하려 할 때, 인도 총리에게 식민주의자들이 왜 전쟁을 발발했는지를 서술했으며, 제2차 세계대전 이후 누가 제일 이득을 얻었고, 누가 손해를 보았는가를 설명했다. 또한 그는 전쟁을 피하도록 해야 하지만, 전쟁이 그렇게 무서운 것만은 아니며, 침략자들은 언젠가는 약해지고 벌을 받게 된다는 등 여러 가지 문제를 말했다.

마오쩌둥은 네루에게 저우언라이와의 회담 진행상황을 물으며 충돌은 없었는지를 물었다.

"회담은 순조롭게 진행되고 있으니 어찌 충돌이 있을 수 있겠습니까?"

하고 말하자 마오쩌둥이 말을 이었다.

"우리와 인도는 별로 싸울 일이 없지 않습니까?"

두 사람은 곧바로 미리 약속했던 화제들을 토론하기 시작했다.

변호사 출신인 네루는 마하트마 간디의 독실한 신자이며 꾸준히 간디의 비폭력 불복종운동을 계승하여 진행했다. 마오쩌둥과 전쟁문제를 담론하면서 네루는 큰 흥미를 느꼈다. 그는 마오쩌둥을 이 방면의 전문가라고 느꼈으며, 마오쩌둥의 의견은 응당 최상의 존중을 받아야 한다고 생각했다.

마오쩌둥은 전쟁을 너무 무섭게 생각하지 않았다. 그는 전쟁의 마지막 결말을 결정짓는 것은 사람이라고 믿어 의심하지 않았다. 그는

"무기에 대해 그는 선진적인 무기를 보유한 쪽이 처음에는 우세한 위치를 점할 수 있다고 하지만 이는 일시적인 현상이며, 시작하자마자 한 번에 상대방을 완전하게 격퇴시키지 않는 한은 선진적인 무기만으로 철저한 승리를 가져온다는 것은 불가능합니다. 현대 전쟁의 의미는 원자탄·수소탄으로 이를 실현할 수도 있지만 큰 모험이 아닐 수 없습니다. 침략자도 자신이 생존할 수 있는 권리와 기회를 잃게 되니까 말입니다. 누가 중국이나 인도와 같은 대국을 한 번에 완전히 뒤집어 태평양이나 인도양에다 버릴 수 있겠습니까? 파괴를 한 다음 철저하게 정복한다는 것은 허무한 꿈일 뿐 실현될 수 없는 일입니다. 전쟁은 인민들의 저항성을 가속화시켜 인민들이 결국 저항하도록 합니다. 이러한 인민들의 지속적인 저항은 반드시 침략자를 약화시키고 궤멸시키게 됩니다. 제2차 세계대진은 일본을 약화시켰기에 중국은 제국주의 마수에서 벗어날 수가 있었습니다. 영국이 약화되자 인도도 독립할 수 있었습니다."고 말했다.

이에 대해 동의했던 네루도 빈틈없는 논리적 사유를 가지고 있었고 인도주의 색채도 다분한 인물이었음을 알 수 있다. 그는 전쟁 승패의 마지막을 결정하는 요소는 사람이라는 마오쩌둥의 관점을 인정하면서도 다른 각도인 "전쟁이 인간에 미친 영향"이라는 관점에서도 전쟁의 후과를 다음과 같이 분석했다.

"전쟁은 사람을 각성시켜 해방을 실현시키기도 하지만, 전쟁은 인류를 더욱 잔혹하게 변하고 타락시키게 됩니다. 만약 전쟁이 지식이 있고 훈련이 잘 되어 있는 사람들을 궤멸시켰다면 모든 것은 처음부터 다시 시작해야 되므로 인류는 크게 퇴보할 것입니다. 그렇기 때문에 우리는 결과적으로 공동으로 전쟁을 방지하고 지속적인 평화를 쟁취토록 해야 하는 것입니다."

이에 마오쩌동이 특유의 유머 감각을 통해 말했다.

"아주 좋은 견해입니다. 언젠가 세계는 협의를 거쳐 평화를 위한 조정을 완성하는 날이 올 것입니다. 그러면 세계의 평화가 조정되기 전에 지금부터 10년 내에 전쟁이 일어날 가능성은 있을까요?"

네루는 여전히 영구적인 평화를 바라는 아름다운 염원을 견지했다.

"언젠가는 사람들이 전쟁이 일어나면 양측 모두가 궤멸되어 전쟁을 할 수 없다는 것을 알게 될 날이 올 것입니다. 하지만 나는 어떠한 것도 장담할 수가 없네요."

마오쩌동은 누구도 이에 대해 장담하는 것을 바라지 않았다. 누가 이런 일을 장담할 수 있다는 말인가? 그는 다만 전쟁은 침략자들을 약화시키고, 중국은 전쟁을 두려워하지 않는다는 점을 설명하려 했을 뿐이었다.

"만약 전쟁이 일어나면 우리는 경제와 문화를 발전시키는 계획을 중단하고, 전쟁에 대한 대비를 해야 하는 전쟁계획을 짜야 할 것입니다. 이렇게 되면 중국의 공업화 과정은 늦어질 것입니다. 하지만 중국을 완전히 궤멸시켜 바다로 보낸다는 것은 쉬운 일이 아니지요. 중국 사람들은 영원히 존재할 것입니다."

전쟁문제에 관한 토론은 중난하이 이녠당(頤年堂)에서 진행되었다. 마오쩌둥과 네루는 깊이 있고 날카롭게 전쟁이라는 잔혹한 화제를 가지고 담론했다. 그들은 견해가 일치했기에 유쾌한 분위기에서 초연하게 이야기를 이어나갈 수 있었던 것이다.

일주일간의 배이징 방문을 끝내고 네루 총리는 화동(華東)·화남(華南) 등 지역을 참관한 후 귀국하게 되었다. 베이징을 떠나기 전 네루는 그의 딸이며 미래 인도의 총리인 인디라 간디 및 그와 함께 중국을 방문한 기타 수행인원들과 함께 중난하이 친정전에 와서 마오쩌둥을 비롯한 간부들에게 고별인사를 하러 왔다. 이곳은 네루 총리와 마오쩌둥 주석이 처음으로 만난 곳이기도 하고, 두 사람이 작별 인사를 한 곳이기도 했다. 작별하러 온 네루 총리는 감개무량하다는 듯이 말했다.

"여기서 나는 많은 친구들을 만났고 큰 우정을 쌓았습니다. 비록 이곳을 떠나지만 나의 일부는 중국에 남겨져 있다고 할 수 있습니다."

열정적이고 박학다식한 마오쩌둥은 중국 고대의 저명한 애국 시인 굴원(屈原)의 시구를 네루에게 선물로 증정했다.

"생이별만한 슬픔이 없고, 새로운 친구를 만난 것만큼의 즐거움도 없다.(悲莫悲兮, 生別離, 樂莫樂兮, 新相知)"

이 말은 "이별은 마음 아픈 일이지만 새로운 지기(知己)를 얻었으니 어찌 기쁜 일이 아니란 말인가?"라는 의미였다.

네루는 마오쩌둥이 읊은 시를 매우 마음에 들어 했다. 그는 두 사람의 우정을 정확하게 대변하고 있다고 생각했다. 뿐만 아니라 그는 이를 높은 차원으로 승화시켰다. "주석께서 읊은 시는 우리들에게 적합할 뿐만 아니라 나라와 나라사이의 관계에도 적절합니다. 특히 두 번째 구절이 더욱 절절하게 마음에 다가옵니다."

이런 상황에서는 누구나 두 사람·두 나라는 친구가 되어 서로를 이해해 할 수 있기에 그들 사이의 어떠한 곤란이나 장애물도 큰 문제가 아니고 쉽게 해결할 수 있다고 생각할 수 있을 것이다. 그래서인지 마오쩌동은 1959년 5월 13일 일기에 이렇게 썼다.

"종합적으로 인도는 중국과 우호적인 나라이다. 우리는 천여 년 전에도 그러했고 이후 천년, 만년이 지나도 여전할 것이라고 믿는다. 중국 인민의 적은 동방에 있다. 미 제국주의는 타이완, 조선, 일본, 필리핀 등 여러 지역에 군사기지를 가지고 있는데 모두 중국을 겨냥한 것이다. 중국의 주요 주의력과 투쟁방침은 동방에 있고, 서태평양지역에 있으며, 흉악한 침략자는 미 제국주의이지 인도, 동남아 및 남 아시아의 국가가 아니다. 비록 필리핀, 타이, 파키스탄이 중국을 겨냥한 동남아조약에 참가는 했지만, 중국은 이 세 나라를 주요 적으로 여기지 않는다. 우리의 주요 적은 미 제국주의이다. 인도는 동남아조약에 참가하지 않았다. 인도는 중국의 적대국이 아니라 우리의 친구이다. 중국은 아둔하게 인도라는 적을 만들지는 않을 것이다. 티베트 반란을 평정하고 평화적으로 민주개혁을 진행하는 것은 인도에 위협이 되지 않는다. '길이 멀면 말의 힘을 알

수 있고, 시간이 오래되면 사람의 진심을 알 수 있다."(중국 속
담) 금후 3년, 5년, 10년, 20년, 100년이 지나다 보면……중국의
티베트 지방과 인도의 관계는 우호적인가 아니면 적대적인가
를 알게 되는 날이 올 것이다. 우리에게는 두 가지 중점이 있
을 수는 없다. 우리는 친구를 적으로 간주할 수 없다. 이는 우
리의 국책이다. 수년간 특히 최근 3개월 동안 우리 두 나라는
다툼이 있었으나 천년만년 우호적인 과정의 에피소드였을 뿐이
다. 때문에 우리 두 나라의 수많은 인민과 정부 당국에서 이를
가지고 크게 놀랄 필요는 없다. 우리는 이 글의 앞에서 언급한
말들과 원칙, 입장은 시비를 가르는 경계선이다. 어떤 말들은
꼭 해야 하는 말들이 있다. 그렇지 않으면 두 나라의 의견 차
이를 해결할 수가 없다. 하지만 그 말들의 범위는 일시적이고
국부적인 것으로 티베트라는 지역에 관한 의견 차이는 일시적
인 것이다. 인도 친구들의 생각은 어떠한가? 당신들은 우리의
이런 견해에 동의하는가? 중국의 주요 주의력을 중국의 동방
에 두어야지 동방과 서방 양쪽에 둘 필요는 없다는 관점에 대
해 네루도 이를 이해하고 이런 중국의 방식을 마음에 들어 했
다. 우리는 당신들도 두 갈래의 전선이 있지 말아야 한다고 생
각하는데 그렇지 않은가? 만약 그렇다면 양측의 의견이 일치
하는 부분이 바로 이것이다. 당신들은 이를 고려하기 바란다.
나는 이 기회에 인도 지도자 네루 선생에게 문안을 전달하고
싶다. 이는 마오쩌둥이 1959년 5월 13일 외교부의 한 문서에 추

가한 글이다.

(『마오쩌둥 외교문선』 376~377쪽 참고.)

【희망과 현실의 괴리-중·인 변경전쟁의 시말】

하지만 마오쩌둥의 아름다운 희망은 네루를 회견한 8년 후에 완전히 다른 변화를 가져왔다. 1962년 7월 중순의 어느 아침, 저우언라이 총리는 문서 몇 부를 들고 총망히 마오 주석의 서재에 들어섰다.

최근 몇 달 동안 중국과 인도 변경의 형세가 날로 엄중해지고 있었는데, 인도군이 중국의 영토를 조금씩 침범하고 중국의 영공과 주권을 침략한다는 전보가 신장(新疆), 티베트 변방부대에서 베이징에 전해졌다. 중국공산당 중앙 지도자들은 중국과 인도 변경의 형세가 발전하는 추세를 주시했다. 군사위원회 원수들은 매우 격분해 있었다. 그들은 최근에 들어 부단히 자위 차원에서 반격을 해야 한다고 중앙에 건의했다.……마오쩌둥은 문을 들어서는 저우언라이의 표정에서 그가 찾아온 이유를 대략 알 수 있었다.

"주석, 상황이 매우 엄중합니다. 그들에게 너무 당한 우리 변방부대 전사들이 자위 차원의 반격을 요청하고 있습니다."

저우언라이는 잠깐 숨을 고르더니 말을 이었다.

"며칠 전, 인도군 40여 명이 우리나라 러완(勒万) 하곡에 진입하여 거점을 구축한 후, 우리나라 변방부대 전사들을 향해 총격을 가했으며, 우리 변방초소의 퇴각로를 차단했답니다."

저우언라이는 전보문을 펼쳐 주석에게 건넸다.

"최근에 인도군이 우리나라 경내로 병사들을 많이 파견하고 있으며 점점 우리 측으로 밀고 오고 있습니다. 우리는 정상적인 순찰과 일상 근무를 진행할 수가 없습니다. 인도군은 이미 서쪽지역 전역을 침식하고 있어 우리 변방부대 초소 병사들의 안전이 엄중하게 위협받고 있습니다."

"네루는 우리와 대화를 하려 하는데, 이는 필시 다른 사람의 꼬드김에 넘어간 것이라고 할 수 있습니다. 보아하니 우리하고 무장충돌을 일으키려고 하고 있는 것 같네요."

마오쩌동은 수중의 전보문을 내려놓고 저우언라에게 말을 이었다.

"군부 동지들의 의견은 어떠합니까?"

"인도정부와의 담판이 거듭 거절을 당하게 되니 평화적 해결에 희망이 없다고 느끼고 있습니다. 군부의 동지들은 반격하는 일에 동의해 줄 것을 요청하고 있습니다."

저우언라이가 대답했다.

마오쩌동은 전보문을 내려놓고는 담배에 불을 붙이면서 몸을 일으켰다. 그는 서재에서 천천히 왔다갔다 걸으며 깊은 사색에 잠겼다.……그는 담배를 크게 한 모금 들이 쉬더니 저우언라이에게 몸을 돌리며 말했다.

"그들이 괴롭혀도 그냥 놔두게 하세요. 어찌하든지 전쟁은 하지 말아야 하는 것 아닙니까?"

저우언라이는 분노와 냉정이 느껴지는 마오쩌동의 태도에서 그의 깊은 뜻을 알 수 있었다. 중국과 인도 변경에서의 싸움이 깊어갈수록

이는 복잡한 국제정치적 이해관계가 깔려 있음을 대변했다. 인도군대는 중국과 인도 변경에서 변경을 중국 쪽으로 밀고나오고 있음과 동시에 "중국이 인도를 침략한다"고 모함을 하면서 "중국이 전쟁을 좋아한다"는 유언비어를 퍼뜨리고 있었다. 사실을 잘 알지 못하는 일부 나라에서는 중국을 강력하게 비난하고 질책하였다.……비동맹운동의 선두자로 자칭하는 인도는 개발도상국에서 일정한 영향력을 가지고 있었다. 중국이 반격을 하지 않는 것은 인도의 영토 확장정책을 폭로하는데 유리하며, 전 세계 인민들이 진정한 침략자가 누구인지를 확실하게 알게 해주는 기회가 된다는 것을 마오쩌동은 알고 있었다. 그러나 마오쩌동은 개발도상국 인민들의 단결을 출발점으로 해야만 국제정치투쟁에 유리하다는 기본적인 문제를 고려하여 이런 결정을 내렸던 것이다. 또한 마오쩌동은 제국주의·패권주의에 굴복하지 않고 그들을 멸시하며 그들과 굳건히 투쟁을 해왔다. 하지만 광대한 개발도상국에 대해 중국은 줄곧 단결과 포용정책을 취했다. 이웃 나라들에 대해서는 더욱 더 선린우호정책을 진행했다. 바로 이런 방침이 있었기에 주변의 일부 국가들과 우호 협상을 진행하고 평등한 태도로 역사적인 국경선 문제를 해결하려 했던 것이다.

"어찌하든지 전쟁은 하면 안 됩니다."

이 말은 마오쩌동이 중국과 인도 국경선 문제에 대한 일관적인 태도였다. 국경선의 평화를 위해 중국 변방부대는 치욕을 참아가며 10여년간 중임을 이어가고 있었다.

1951년 인도는 중국의 한국전쟁 참전을 틈타 불법으로 '맥마흔 선[17]
남쪽으로 진격했다. 그들은 영국 제국주의의 중국과 인도 침략으로
인해 형성되고 남겨진 역사적인 문제의 사실을 뒤로 하고 중국의 영
토 9만 헥타르의 토지를 침범했다. 1954년부터 1957년까지 인도는 중
국과 인도 국경선의 중부 지대인 쥐와(巨哇), 추러(曲惹), 샹자(香扎),
보린싼뒤(波林三多), 라부디(拉不底)와 서쪽지대인 바리자스(巴里加斯) 구
간 2천여 헥타르의 토지를 또 침범했다. 중국정부는 인도의 영토 확
장 행동에 대의적으로 담판을 통해 해결하려고 노력했다.

1959년부터 중국 티베트에서 반란을 평정하겠다는 개혁이 있은 후
인도 총리 네루는 공개적으로 영토를 요구했다. 마오쩌동은 여전히
평화담판의 방식으로 국경선 문제를 해결하려고 했으며, 서부 변경
을 평화적이고 안정적인 변경지대로 건설하도록 노력하라고 지시했
다. 저우언라이 총리는 중국정부를 대표하여 국경선 문제를 평화적으
로 해결할 수 있는 방법을 찾기 위해 힘들게 노력했다. 저우언라이는
여러 차례 인도 총리 네루에게 편지를 보내 중국과 인도 국경선 문제
의 진실을 설명했으며, 중국과 인도 변경선 문제에 대한 중국정부의
입장을 설명했다. 1960년 4월 그는 직접 인도 뉴델리로 가서 국경선
문제의 평화해결을 위한 방법을 위해 인내를 가지고 섬세한 작업을
했다. 1959년 8월 10월 인도군이 도발한 랑주(朗久)와 콩커(空喀) 고
개 사건이 일어 난 후 마오쩌동과 중국공산당 중앙에서는 변경지역

---

17) 맥마흔 선: 1914년 인도의 심라회의에서 영국, 중국, 티베트의 대표에 의하여 히말라야에 확정된
　　국경선. 영국 대표 맥마흔(McMahon, A. H.)의 이름에서 유래했다.

의 긴장 형세를 완화시키기 위해 중국과 인도 양측 군대가 변경에서 각각 뒤로 20킬로미터 뒤로 후퇴하자고 건의했다. 이와 같은 합리적인 건의에도 인도정부는 거절했다. 그 후 중국정부는 중국 군대에게 일방적으로 실제 통제선에서 20킬로미터 이내는 순찰을 하지 말고, 표적 사격을 하지 않으며, 반란을 평정하지 않으며, 군사훈련을 하지 않고, 수렵을 하지 않는다는 지시를 내렸다.

1961년에 중국 인민해방군이 티베트 반란에 대해 평정을 마무리하자 인도의 '완충국' 꿈은 철저하게 파괴되었다. 히말라야 산맥을 통제하려는 군사전략을 실현하기 위해 인도정부는 중국영토를 침범하는 '전진정책'을 제정하여 평화적으로 국경선 문제를 해결하려는 중국정부의 건의와 주장을 무시하고 중·인 국경선을 또 다시 조금씩 침범했다. 1932년 국제적 투쟁형세의 영향 하에서 인도는 더욱 중국을 경시했으며, 전혀 거리낌이 없이 제멋대로 중국을 침략했다.

인도 당국은 중국이 국제투쟁의 심각한 형세에 처해있으며, 미국이 중국 남쪽과 동쪽에서 군사적으로 위협하고 동쪽 연해지역에서 중국 대륙을 넘보는 장제스를 지지하고 있으며, 소련이 중소의 모순을 중국의 국가적 차원의 고압정책 때문이라고 하는 등 여러 가지 방면에서 불리한 문제에 직면해 있다고 여겼다. 또한 당시 중국 국내는 심각한 경제적 곤란에 직면해 있었을 뿐만 아니라 티베트 반란 토비 잔여 무장세력이 수시로 소란을 피우고 있었다. 이렇게 여러 가지 원인으로 중국은 전략 중심을 티베트 문제 해결에만 둘 수가 없게 되었다. 더구나 중국은 미국과 소련이 연합으로 반 중국 여론을 조성했기에 인도가 중국 서남부 일대를 견제하는 것을 지지했다.

　마오쩌둥은 저우언라이와 진지하게 인도군의 중국 침략에 대처하는 기본원칙을 연구하여 변방부대에게 지시했다. 인도군의 침략 행동에 우리는 여전히 "총알 하나도 날리지 않는다"는 원칙을 견지하여 "인도 측에게 중국의 어떠한 약점도 잡을 수 있는 기회를 주지 않으며, 그들이 우리를 포위하면 우리가 더 큰 범위에서 그들을 포위하고, 어떤 한 곳에 거점을 두면 우리는 다른 한쪽에 거점을 두어 인도군의 진군을 막으며, 번거롭지만 귀찮아하지 말아야 한다. 우리가 주도적으로 싸우지 않는 것이 바로 우리의 방침이다."고 확고히 하였다.

　마오쩌둥과 중국공산당 중앙에서는 "자제하고 참고 양보하며 유혈을 피하고 경계선을 유지하며 장기적인 무력 공존"의 반침략 방침을 제정했다. 중국정부와 중국 군대가 자제하고 양보하는 정책을 취하자 인도군은 더욱 득의양양해 했다. 1962년 10월 거만한 '리보르노 작전 계획'이 중·인 변경에서 시작되었다. 10월 5일 인도 국방부에서는 이 군사계획을 실행하기 위해 동방 군사지역에서 전으로 '리보르노 계획'을 실행할 새로운 부대인 제4군단을 설치했다. 제4군단의 군단장은 젊고 오만한 브리즈 모한 카울(Brij Mohan Kaul)이 맡았다. 네루는 그에게 중국을 향해 "자유적으로 제한적인 전쟁을 발발할 수 있는 권한"을 주었다. 14일 국방장관 크리슈나 메논(Krishna Menon)은 "중국과 마지막 한 명이 남고 마지막 하나의 총알이 남을 때까지 전쟁을 끝까지 한다"고 하면서 중국과 군사적으로 겨뤄보려는 결심을 표명했다. 16일 네루는 내각회의와 국방위원회의를 소집해 중국에 대한 정책을 연구했으며, 고급 군관들을 불러 직접 공격을 위한 준비 사업을 검열하는 등 전쟁이 일어나지 전부터 선동을 했다. 10월 20일 인도군대는 1개 군단, 1개 사단, 4개 여단, 21개 보병 대대 총 2만 2천여 명의 병력을 집중시켜 중·인 변경지역의 동, 서 구간에서 중국을 향해 침략전쟁을 발발했다.

인도정부와 군대의 침략에 중·인 변경선은 마침내 전쟁을 면할 수 없게 되었다. 인도정부의 결사적인 군사적 침범에 대해 중국 변방부대는 더 이상 참을 수 없는 상황이 되었다. 10월 중순 중앙군사위원회에서는 작전회의를 열어 정치국은 군부의 중·인 변경선의 상황 보고를 들었다. 마오쩌둥은 회의에서 조금씩 점령하면서 중국의 영토를 침범하고 있는 군사상황을 지도로 보면서 인도 군대가 침략한 거점을 가리키면서 팔을 힘껏 휘두르며 강력하게 말했다.

"이제 이거 제거해버리세요!, 3년간 참아 왔으니 이젠 우리가 반격할 차례입니다."

마오쩌둥은 동부와 서부전선 지휘관들에게 어차피 공격하는 것 확실하게 공격하라고 했다. 전쟁은 평화를 위한 것이기에 전쟁을 피하려 하니 평화가 어렵고, 전쟁을 제대로 하지 못해도 평화를 지키기는 어려운 것이라는 논리였다. 그렇다고 그들이 라사(拉薩)까지 쳐들어오도록 놔둘 수도 없었다. 20일 중국 변방부대는 인도군의 공격을 격파한 후 동서 양쪽으로 인도 침략군을 향해 자위반격전을 실시했다.

중국변방부대의 반격은 순식간에 인도군의 침략계획을 무너뜨려 심각한 타격을 주었다. 중국변방부대가 첫 전투에서 승리한 후, 중국정부는 국경선 분쟁 관련 입장에 따라, 10월 24일 인도정부에 충돌을 중단하고 담판을 재개하여 평화적으로 국경선 문제를 해결하려는 세 가지 건의에 관한 성명을 발표했다. 저우언라이 총리는 네루 총리에게 전보를 보내 인도정부에서 중국정부의 세 가지 건의에 적극 호응해줄 것을 요청했다.

하지만 인도정부와 군부는 참패를 당했음에도 불구하고 패배를 인정하지 않고 중국정부의 세 가지 건의를 거절했다. 네루는 전국에 비상상태를 선포하고 "긴급 상황 응대내각"을 구성해 병력을 재배치하면서 중국과 군사적으로 겨루려고 계획했다. 11월 중순 인도군은 동쪽지역에 2개 사단, 9개 여단과 포병, 장갑부대 등 총 3만여 명을 파견했다. 11월 14일과 16일에 인도군은 중·인 변경 동서지역에서 중국 변방부대를 향해 맹렬한 공격을 개시했다.

중국 변방부대는 중·인 국경선 문제의 담판에 유리도록 자위반격전을 진행했다. 전황은 곧 인도군에게 불리하게 돌아갔고 인도정부는 공황에 빠지게 되었다. 중국 변방부대가 와농(瓦弄)을 점령했다는 소식이 뉴델리에 전해지자 인도정부와 민간에서는 인도 군부의 무능을 지적하면서 인도의회는 아수라장이 되었다. 특히 테즈푸르는 더욱 공포에 휩싸이면서 여간 혼란스럽게 되지 않았다. 주민들은 앞 다투어 도시를 떠나고 있었다. 인도 테즈푸르에 있는 영국의 제일 큰 차(茶)회사는 남쪽으로 이전했다. 인도정부는 필요할 경우 모두 폭파시켜 중국 군대에 폐허를 넘겨주라고 인도 공병부대에 명령했다. 변경선 서쪽의 딩루쩌(丁如澤)와 추수러(楚舒勒) 등 지역의 군중들도 혼란에 빠져 멀리 떠날 준비를 하고 있었다. 이렇게 되자 네루는 국내 반대파의 질책을 받아야 했다. 공황에 빠진 그는 자신의 운명을 돌려놓을 유일한 희망인 미국에 도움을 요청했다. 이 시기 그는 비동맹운동의 선두자라는 타이틀까지도 고려할 틈이 없었다. 그는 미국에서 군대를 보내 중국의 침략을 제지해달라는 내용의 전보를 작성하여 비서에게 급히 백악관에 보내라고 했다.

각 나라에서 중국이 테즈푸르를 점령할지에 대해 예측할 때, 마오쩌둥은 반격을 할 때에는 강력하게 하고 적당한 상황에서는 멈추라는 전략대로 과단성 있게 반격 중단을 결정했다.

11월 21일 이른 아침 중국정부는 전 세계에 아래와 같은 내용의 성명을 발표했다. "1962년 11월 21일 0시부터 중국 변방부대는 중·인 변경 전선에서 전면적으로 공격을 중단하며, 1962년 12월 1일부터 중국 변방부대는 1959년 11월 7일의 중·인 실제 통제선을 기준으로 뒤로 20킬로미터 물러날 것이다.……" 이런 내용의 성명에 네루는 자신의 귀와 눈을 의심할 정도였다. 중국정부의 성명을 바라보던 네루는 마치 무거운 짐을 내려놓은 듯 했다. 또한 이런 내용의 성명은 그에게 군사적 타격보다 더 큰 타격을 주었다. 그러자 그는 불현듯 그는 급히 중단해야겠다는 생각이 들었다.

"미국에 출병을 요구하는 전보를 보내지 말도록 빨리 전하게."

그는 급히 명령했지만 이미 때는 늦어버렸다. 전보는 미국에 전해졌고, 네루는 만회 조치를 내릴 수밖에 없었다.(비공개적인 소식에 의하면 크게 화가 난 네루는 전보가 어떻게 전해졌는지에 대해 조사하라는 명령을 내렸다고 한다.)

중국 변방부대는 한 달 동안의 반격작전을 벌여 서쪽 구간의 인도군이 침범한 거점 전체를 회복했고, 동쪽 구간에서 '맥마흔 선' 남쪽까지 접근한 인도군 3개 여단을 전부 궤멸시켰으며, 인도군 3개 여단도 거의 궤멸시켰고, 5개 여단의 일부도 궤멸시켰다. 또한 인도군 제62여단 여단장 Hosier Singh 준장과 이하 4,800명을 사살하고 제7여단 여단장 John Dalvi 준장과 이하 3,900여 명을 생포했으며, 300여 문의 각종 포, 5대의 비행기, 10대의 탱크를 포획했으며, 자동차 400여 대, 경기관총과 중기관총 600여 정, 소총과 권총 5,700여 자루 및 약간의 기타 군용물자를 포획했다.

마오쩌둥의 현명한 결단으로 중국은 군사, 정치, 외교 투쟁에서 매우 유리하고 주도적인 위치를 차지하게 되었다. 인도정부와 군대는 타격을 입었을 뿐만 아니라 어찌해야 할 방법도 찾을 수 없게 되었다. 네루는 휴전이 달갑지 않았지만 이를 반대할 수도 없었다. 인도 신문에서는 부득이하게 인도는 "진퇴양난의 경지에 몰리게 되었다"는 것을 인정할 수밖에 없다고 했다. 중국정부는 평화적으로 변경선 문제를 해결한다는 취지하에 군사적인 승리를 얻었을 뿐만 아니라 정치외교에서도 주도적인 위치에 서게 되었다.

그 후 마오쩌둥은 포획한 모든 무기와 물자 및 포로들을 인도에 돌려주라고 명령했다. 그 후 40여 년간 중·인 변경지대는 평화를 가져오게 되었다.

【마오쩌둥의 네루에 대한 총평】

"네루는 어떤 사람인가? 그는 인도 자산계층의 중간파로 우파와도 다르다. 내 생각에 인도의 형세는 전반적으로 좋다. 인도에는 4억의 인민이 있고, 네루는 4억 인민의 의지를 반영하지 않을 수가 없다. 우리의 책략은 아시아, 아프리카, 라틴아메리카의 노동인민들이 교육을 통해 공산당을 귀신처럼 두려워하지 않도록 배우게 하는 것이다."
「1959년 5월 6일, 마오쩌둥과 소련 등 11개 국가 대표단과 주중 사절들과의 담화 내용」, 『마오쩌둥 외교 문선』 375쪽.

9

호치민(Ho Chi Minh, 胡志明, 1890~1969)

【마오쩌둥의 촌평】

"호치민은 걸출한 무산계급혁명가이며, 중국 인민의 친밀한 전
우이다"

『마오쩌둥 국제왕래 실록』 64, 65쪽.)

【호치민의 약전】

호치민(1890~1969) : 베트남과 국제공산주의 운동의 저명한 활동가
로 베트남 노동당(현 베트남 공화당)과 베트남 민주공화국의 창시자
이다. 마오쩌둥과는 여러 차례 회담을 가졌었다. 본명은 응웬 닷 탕
(Nguyen Tat Thanh)이고, 후에는 응웬 싱 콘 호치민으로 개명했다.
그는 베트남 응혜안주에 있는 호앙쭈(Hoang Tru)라는 작은 마을에
서 태어났다. 젊은 시절에는 교사, 선원, 잡부로도 일했다. 1911년 말
혁명을 추구하기 위해 프랑스 증기선에서 선원으로 일하면서 유럽,

아프리카와 아메리카 등 여러 국가와 지역을 여행했는데, 1915년부터 1917년까지는 런던에서 생활했다. 1917년에는 프랑스로 건너가 프랑스 노동자운동에 참여했고, 같은 해에는 프랑스 사회당에 가입하여 '베트남 애국자' 친목회를 창설했다. 1919년에는 베르사유회의에 베트남 대표로 출석하여 베트남 민족의 자유·민주·평등과 자결권을 승인해 달라는 '베트남 인민의 8항목 요구'를 제출하여 일약 유명해졌다. 1920년 12월 프랑스 사회당이 분열되자 제3세계의 프랑스공산당에 가입하여 프랑스 공산당 초기 당원의 한 명이 되었다. 그는 베트남의 첫 공산당원이 되었던 것이다. 1921년에 창립한 '식민지 각 민족 연합회'의 집행위원회 상무위원으로 당선되었다. 1922년에 이 연합회의 기관지인 『르 파리아』를 창간하여 주임, 편집장과 관리원으로써 일했다. 1923년 6월에는 모스크바 동방대학에서 학습하면서 마르크스주의를 연구했고, 같은 해 10월 농민국제회의에 참석하여 농민국제집행위원회 위원으로 당선되었다. 1924년 6월에는 공산국제(제3 인터내셔널) 제5차 대표대회에 참석하여 각 식민지 혁명운동을 추진할 것을 건의해 세계 공산주의운동의 중요한 대표인물이 되었다. 1924년 10월에는 중국 광저우에 들렀다. 1925년에 '베트남청년혁명동지회'를 창립하여 『청년』이라는 기관지를 출간했다. 동시에 황포군관학교에서 훈련반을 열어 베트남 혁명을 위한 간부들을 훈련시켰다. 1927년 장제스가 공산당을 숙청할 때 광저우를 떠나 모스크바로 갔다. 그러다가 1928년에는 지금의 태국으로 가서 공산국제 주동남아 대표의 신분으로 태국공산당, 말레이시아공산당의 성립에 공헌했다. 1929년 공산국제의 위탁을 받고 홍콩에서 일했다. 1930년 2월 주롱(九龍)에서 세 개로 나눠져 있던 베트남 공산주의조직을 통일시키기 위한 통일회의를 열었고, 그는 베트남공산당(1930년 10월의 제1차 회의에서 인도차이나공산당으로 명칭을 고쳤다.)의 성립을 영도했으나 1931년 6월 홍콩에서 체포되었다. 1933년 출소한 후 소련으로 가서 레닌대학에서 공부를 했다. 1935년 7월 공산국제 제7차 대표대회에 출석했다. 1938년 가을 옌안(延安)을 방문하여 마오쩌동 등 중국혁명지도자들을 만났다. 1941년 2월에는 베트남으로 돌아갔고, 5월에 '베트남 독립동맹회'를 창건했으며 주석으로 당선되었다. 1942년 8월에 다시 중국을 방문했으나 국민당에 체포되었다. 1943년 9월에 석방되었으며 이 때『옥중일기』를 완성했다. 1945년 베트남 인민들을 영도하여 8월 혁명의 승리를 거두었다. 같은 해 9월 2일 하노이 바딘광장에서『독립선언』을 발표하여 전 세계에 베트남민주공화국의 성립을 선포했다. 이와 동시에 그는 정부 주석과 외교부장으로 당선되었다. 1946년 3일 베트남 제1기 국회에서 베트남 민주공화국 주석으로 당선되었으며 1955년까지 정부 총리를 겸했다. 1951년 2월 인도차이나공산당이 베트남노동당으로 개명된 후 줄곧 당의 중앙위원회 주석을 맡았다. 1946년부터 1954년까지 베트남의 민족독립과 해방을 위해 베트남 당과 인민들을 영도하여 항미구국전쟁을 진행하여 탁월한 공헌을 했다. 1969년 9월 30일 하노이에서 서거했다. 주요저서로는『호치민 선집』1, 2, 3권이 있다.

【호치민의 혁명투쟁사】

1926년은 중국공산당과 국민당이 제1차 합작을 하던 시기였다(제1차 국공합작). 1월 1일부터 20일까지 중국 국민당은 광저우에서 제2차 전국대표대회를 열었다. 마오쩌둥은 국민당 후난성(湖南省) 대표의 신분으로 대회에 출석하여 국민당 선전부를 대표하여 사업보고를 했다. 호치민도 회의에서 연설을 하게 되었다. 리푸춘(李富春)이 통역을 했다. 호치민은 연설에서 베트남에서의 프랑스 식민주의자들의 각종 죄행을 강력하게 비난했으며, 베트남 인민들이 일어나 투쟁할 것을 호소했고, 중국 인민들이 베트남 혁명을 지원해주기를 호소했다.

항일전쟁이 발발한 후, 호치민은 1938년 말에 모스크바를 출발하여 신장(新疆), 시안(西安)을 거쳐 옌안에 도착해 마오쩌둥과 중국공산당 중앙 영도기관의 소재지인 짜오원(棗園)에 머물렀다. 얼마 후 중국공산당 중앙은 호치민의 의도와 요구에 따라 중국공산당 당원, 팔로군 사업일꾼이라는 신분으로 헝양(衡陽)과 서남지역 각 성시(城市)를 고찰하도록 했다. 당시 예젠잉(叶劍英)은 초청을 받고 헝양에서 국민당 병사들의 유격훈련 교육을 지도하고 있었다. 헝양에 도착한 호치민은 예젠잉과 함께 생활하면서 학습하였고, 항일전쟁과 게릴라전쟁의 투쟁경험을 교류하는 등 두 사람은 멋진 합작을 보여주었다.

1940년 프랑스 파리가 함락된 후, 호치민은 베트남공산당 해외부문을 소집해 형세를 분석하고 대책을 연구하여 사업 중점을 중국·베트남 변경지역과 베트남 국내에 두기로 했다. 그는 중국 옌안항일대학에서 학습하고 있는 팜반동·보응우옌잡을 포함한 모든 중국에 있는 베트남 간부들을 광시(广西)에서 사업하도록 했다. 변경에 위치한 광시는 국민당 감시 하에서 활동조건이 편리하고 비교적 느슨한 현지의 정치적 조건을 이용하여 이름을 바꾸어 합법적인 활동을 할 수 있었다. 호치민은 꿰이린(桂林)에서 활동하면서 롱쩌우(龍州) 농촌에 훈련반을 설치했으며, 까오핑(高平) 변경 베이퍼(北坡)를 베트남 혁명을 지도하는 비밀 근거지로 선택했다. 또한 징시(靖西)에다 비밀 교통 중추 기구를 건립했다.

1942년 8월 호치민은 충칭(重慶)의 중국공산당 동지들을 찾으려고 중국에 들어오던 도중 광시 변경에서 체포되어 감옥에 들어갔다. 1년 후 저우언라이는 펑위샹(馮玉祥) 장군에게 부탁하여 호치민을 석방하게 한 후 광시에서 활동하도록 했다. 1944년 9월 베이퍼 부근으로 돌아간 그는 직접 베트남혁명을 영도했다. 1945년 8월 일본이 패전하여 투항한 후 베트남 당은 하노이 북부에서 전국회의를 열어 부장혁명을 일으키기로 결정했다. 8월 19일 베트남 수도 하노이기의(起義)는 성공시켰고, 9월 2일 호치민은 임시정부를 대표하여 『독립선언』을 발표해 베트남 민주공화국의 탄생을 선포했다.

[마오쩌동과 호치민의 교류]

호치민과 마오쩌동은 1940년대에는 직접적인 연락이 거의 없었다. 1949년 10월 1일 마오쩌동은 톈안먼 성루에서 전 세계에 중화인민공화국의 탄생을 선포했다. 프랑스와의 투쟁을 진행하는 베트남 인민과 호치민 주석에게 중국혁명의 승리는 큰 고무와 격려가 되었다. 12

월 5일 호치민은 베트남민주공화국 정부를 대표하여 마오쩌동 주석에게 축하 전보를 보냈다. 다음해 1월 18일 중국과 베트남은 정식으로 수교했다. 이때 베트남은 여전히 프랑스의 통치하에 있었고, 주요 도시와 교통의 중추는 여전히 프랑스 식민주의자들이 통제하고 있었다. 호치민은 마오쩌동과 프랑스와의 투쟁 형세를 토론하기 위해 그가 중국을 방문할 수 있도록 중국에서 경제와 군사적으로 지원해줄 것을 요구했다. 중국의 지원 하에 그는 비밀리에 도보로 17일을 걸어 마침내 중국·베트남 변경에 도착했다. 큰 결심과 강한 의지력이 있었기에 이미 60세임에도 이런 결정과 행보를 보여줄 수 있었다. 그 후 중국 관련 부문의 안배 하에 1월 말에 베이징에 도착했다. 하지만 당시 마오쩌동과 저우언라이는 소련을 방문한 시기여서 베이징에 없었다. 당시 중국공산당 서기처 서기이며, 중국 인민정부 부주석인 류사오치(劉少奇)는 열정적으로 고난을 무릅쓰고 멀리에서 온 옛 친구를 환영했다. 류사오치는 호치민 주석이 베이징에 도착한 소식을 마오쩌동에게 알렸다. 2월 3일 호치민은 소련으로 가서 스탈린·마오쩌동과 저우언라이를 만나겠다고 희망했다. 마오쩌동에게 이를 알린 후 류사오치는 적극적으로 소련과 연락하여 호치민의 모스크바행이 실현되도록 했다.

모스크바에서 호치민 주석은 마오쩌동을 방문했으며, 스탈린·마오쩌동과 베트남의 중대한 문제를 진지하게 토론했다. 3월 4일에는 마오쩌동·저우언라이와 함께 베이징으로 돌아왔다.

베이징에 도착한 후, 마오쩌동은 호치민 주석이 제기한 경제·군사

지원문제를 진지하게 고려했다. 당시 미국을 대표로 하는 제국주의는 중국 대륙에서의 실패를 만회하려고 한반도와 인도차이나반도로부터 중국을 포위하여 중국의 안전을 위협하려 했다. 베트남은 이 전략의 중요한 부분이었다.

마오쩌동은 전체 국면을 조망하면서 심사숙고한 끝에 결연히 호치민의 요청을 받아들여 인력·물력과 군사적으로 베트남 인민을 무상으로 지원하는 국제적 의무를 진행할 것을 결정했다.

중국공산당 중앙 연락 대표 뤄꿰이버(羅貴波)가 이미 베트남에 도착한 상황에서 마오쩌동은 웨이꿔칭(韋國淸)을 군사고문단 단장으로 메이자썽(梅嘉生), 덩이판(鄧逸凡)을 조수로 임명한 군사고문단이 베트남으로 파견됐다. 그 후에는 천껑(陳賡)을 대표로 파견하여 국경선 전역에서의 전투에 협조하도록 했으며, 베트남 지원의 여러 사항들을 통일적으로 처리하게 했다.

중앙 연락 대표단과 군사고문단을 베트남에 파견한 것은 중국공산당 역사상에서 처음 있는 일이었다. 이는 베트남 인민의 반 프랑스 투쟁과 연관된 것이며, 중국·베트남 양 당 및 양국 관계의 발전과 관련된 일이었다. 마오쩌동과 당 중앙은 이를 매우 중요시했으며, 고문단의 사업임무, 지도사상 및 사업방법을 연구하고 규정했다. 고문단이 베트남으로 출발하기 전 마오쩌동은 친히 베이징에서 고문단 단원들을 접견했다. 그는 고문단에 두 가지 임무를 규정해주었다. 첫째는 베트남에서의 전쟁을 승리로 이끌어 프랑스 침략자를 쫓아내라는 것이었고, 둘째는 베트남을 도와 정규군을 건설하라는 것이었다. 마오쩌동은 고문단을 파견하는 것은 호치민이 요구한 것으로 국제주의 정신을 발양하여 베트남인민의 해방을 자기사업처럼 간주하여 베트남 지도자들과의 단결을 도모해야 하며, 특히 베트남 지도자들과의 단결을 중요시해야 한다고 했다. 단결이 되지 않은 상황에서는 다른 사업들을 하지 말라고 했다.

"도와줄 때, 주관적 희망으로부터 출발하지 말고 사실에 근거하여 적당한 도움을 해야 한다. 그들과 잘 상의하여 성실하고 신중한 태도로 임해야 한다. 그들에게 경험과 교훈을 이야기 할 때 자신의 용맹했던 과거를 적게 말하고 자신의 언행을 자주 검토해야 한다."고 마오쩌동은 훈계했다.

특히 마오쩌동은 베트남 민족은 우수한 민족으로 몇 년간 그들의 혁명 형세는 빠른 발전을 가져왔다고 했다. "우리의 도움은 유일한 방법이 아니며, 베트남이 자력갱생을 할 수 있도록 해야 한다." "당신들이 가게 될 곳은 매우 힘든 곳이지만, 막중한 임무는 반드시 완성해야 한다. 희생의 위험도 있지만 어떤 곤란이라도 극복해야 한다."고 마오쩌동은 의미심장한 말을 했다.

베트남에 도착한 뤄꿰이버는 호치민 주석의 접견을 받았다. 그들은 적아 양측의 형세를 열심히 분석하고 베트남 지도자들과 함께 상황을 조사 연구했다. 그들은 중국으로 통하는 주요 도로가 모두 프랑스 식민군의 엄밀한 봉쇄에 있기에 지원 물자가 들어 올 수 없는 상황에서 교통운송 문제를 해결하는 것이 우선이라고 여겼다. 또한 그들은 조금 늦게 베트남에 도착한 고문단·천경 등은 함께 전투형세를 전환시키는 작용을 한 국경선 전투계획을 수립했다. 중국과 베트남 두 나라 국민들의 공동 노력으로 국경선 전투를 성공적으로 이끌어 엄청난 성과를 거두었다.

국경선 전투의 큰 승리는 마오쩌동과 호치민 및 두 나라 국민의 혁명 친선관계를 강화시켰다. 1951년 2월 호치민은 베트남당 제2차 전국대표대회 정치 보고에서 이렇게 말했다. "지리, 역사, 경제, 문화 등 방면의 조건이 있기에 중국 혁명은 베트남 혁명에 큰 영향을 미쳤다." "중국 혁명의 경험에 근거하고 마오쩌동 사상에 근거하여……우리는 많은 승리를 거두었다." "이는 우리 베트남 혁명자들이 영원히 잊지 말고 감사히 여겨야 할 일이다."

1955년 6월 23일 이른 아침 호치민 주석은 예복을 입고 예모를 쓰고 위엄 있는 모습으로 무난관(睦南關)[18]에 섰다. 그는 예모를 벗고 웅장한 무난관을 보면서 수염을 쓰다듬었다. 중국 외교부장 지펑페이(姬鵬飛)와 베트남 주중국대사 Hoàng Văn Hoan의 배동 하에 무난관에 들어섰다. 이번에 호 주석은 마오쩌동 주석의 초청으로 처음으로 중화인민공화국을 방문하게 된 것이다. 65세의 호치민은 흥분과 희열로 희색이 만연했다. 지난 1년 동안 호치민이 이끄는 베트남 인민들은 디엔비엔푸전투에서 승리했고, 제네바협정에 사인했다. 9년 동

---

18) 무난관(睦南關) : 원 이름은 유이관(友誼關)인데, 중국과 베트남의 중요한 관문중 하나로 중국의 고대 10대 관문 중의 하나였다. 기원전부터 있었던 관문이고 현재는 국경통상구(口岸)로 지정되어 있어서 수많은 물자들이 베트남과 중국 사이를 오가고 있다. 베트남 랑선 성 까오록현(Cao Lộc)과 맞대고 있으며, 흐우응에 국제통상구(Cửa khẩu Quốc tế Hữu Nghị)가 설치되어 있고 위치는 광시성 쫭족자치구 수부(首府) 난닝(南寧)시에서 약 150km, 베트남 수도 하노이에서 약 160km 에 위치해 딱 중간지점에 있다.

안 프랑스에 저항했던 전쟁은 베트남의 승리로 끝났고, 프랑스의 식민통치는 원만하게 마침표를 찍었다.

6월 25일 호치민 주석은 비행기 편으로 베이징에 도착해 마오쩌동 주석 등 중국의 당과 정부 지도자와 수만 명 군중들의 열렬한 환영을 받았다. 호치민이 비행기에서 내리자 마오쩌동이 마중나와 열렬히 환영했다. 류사오치, 주더(朱德), 저우언라이 등 당과 국가 지도자들도 호찌민과 악수하며 인사를 나누었다. 호 주석은 마오쩌동의 안내로 주위를 한 바퀴 돌면서 환영하러 나온 군중들을 만났다. 삽시간에 공항에는 우레와 같은 환호소리가 터져 나왔다. 알록달록한 깃발이 나부끼는 공항에서 윈난(云南), 광시(广西)에서 온 장족, 요족, 묘족, 하니족 등 소수민족 청년들이 민족 복장을 입고 민족 춤을 추면서 이웃나라에서 온 귀한 손님을 환영했다.

그날 점심 마오쩌동은 호치민 주석을 회견하여 베트남 인민들이 진행하고 있는 외래 침략자를 반대하는 전쟁과 독립 국가를 건설하기 위한 투쟁을 진심으로 칭찬했다. 호치민 주석은 마오쩌동 주석에게 중국 인민들의 도움에 진심으로 감사의 인사를 보냈다. 두 지도자는 화기애애하게 대화를 나누었다. 그들은 아무런 사심 없이 두 당, 두 나라의 관계와 아시아 및 세계의 형세에 대해 공동적 관심이 있는 문제를 이야기 했다.

6월 26일 저녁 저우언라이 총리는 베이징 호텔 홀에서 성대한 연회를 열어 호치민 주석과 베트남정부대표단 전체 단원들을 초대했다. 연회는 시종 화기애애하고 고난을 함께한 형제의 정으로 넘쳤다. 호치민 주석은 연회의 축사에서 특히 중국·베트남 두 나라는 우호적인 이웃 나라일 뿐만 아니라 고난을 함께한 형제라고 강조했다.

7월 8일 호치민 주석은 베이징을 떠나 몽고와 소련을 방문했다. 2일 호치민이 베이징을 경유하여 귀국할 때 마오쩌동은 친히 공항으로 배웅을 나갔다.

호치민의 이번 방문은 중대한 의미가 있는 방문이었다. 중국 방문 기간에 마오쩌동과 중국 정부는 8억 위안(元)을 베트남국민에게 무상으로 지원하여 베트남의 새로운 철도, 부두, 도로와 다리를 건설하고, 방직, 제혁, 의료기기, 전기재료, 농기구, 제지 등 방면에 사용하도록 했다. 그 외에도 기술협력과 문화교류 등에 관한 협의도 이루어졌다.

1960년 8월 호치민 주석은 재차 중국을 방문하여 베이다이허(北戴河)에서 마오쩌동 주석과 회견을 가졌고 중국공산당이 이용하는 별장에 묵었다.

당시 소련은 일방적으로 중국과 소련이 체결한 관련 협정을 파기하고 중국에서 일하고 있는 모든 전문가들이 설계도를 가지고 중국에서 철수하도록 했다. 이렇게 되어 40여 개 부문의 250여 개 건설항목이 부득이하게 중단되었으며, 경제적으로 중국은 거대한 손실을 입게 되었다. 1960년 소련공산당은 부쿠레슈티회의[19]에서 갑자기 습격하는 방식으로 중국공산당을 공격했다. 이렇게 중국과 소련의 불화는 공개화 되었고 더욱 확산되었다. 이에 호치민은 매우 불안해했다.

19) 부쿠래슈티 : 1960년 루마니아 수도에서 열린 회의로 코메콘의 통합 계획에 정면으로 충돌한 회의.

그는 중국과 소련 두 당과 두 나라가 하루 빨리 대화를 나누어 거리감을 줄이고 단결을 회복하기를 희망했다. 그는 이런 목적으로 중국을 방문했던 것이다.

8월 10일 호치민은 일찍 일어났다. 전날 중국과 소련의 관계 문제로 생각이 많아진 그는 잠을 제대로 자지를 못했던 것이다. 그는 빨리 마오쩌둥과 대화를 나누고 싶었다. 마오쩌둥의 방안이 조용한 것을 보고 호치민은 마오쩌둥의 휴식을 방해하지 않으려고 혼자 해변으로 나갔다.

마오쩌둥도 별로 잠을 자지 못했다. 아침에 일어난 그도 호치민을 찾아 대화를 나누려고 했다. 호치민 주석이 해변에서 산보를 한다는 말을 들은 그도 해변으로 나왔다. 통역과 기타 일꾼들이 오자 두 노인은 중국·소련 관계를 담론했다. 호치민이

"소련은 중국이 경제건설에서 소련에게 의지하지 않고 독자적으로 완전한 시스템을 가지는 것을 좋아하지 않습니다. 하지만 모든 면에서 다른 사람의 능력에 의존한다는 것은 말도 안 되는 일입니다. 더구나 외국의 지원이나 도움을 받는 것은 좋지만 내정을 간섭하지는 말아야 합니다."고 하자 마오쩌둥은

"경제건설에서 자신의 의견을 남에게 강압적으로 요구하지 말아야 하며, 이는 정치적으로도 마찬가지입니다."

대화를 나누면서 마오쩌둥은 격동되었다. 그는 부쿠레슈티회의에서 소련의 행동을 에로 들면서 이런 방법은 부자간에나 있을 법한 행동이라고 했다. 동시에 그는

"단결-비평-단결의 방식으로 소련을 대할 것이고, 우리는 광명정대한 도리가 있기에 두렵지 않습니다. 하늘은 무너지지 않습니다."

마오쩌둥은 중소 양국을 화해시키려는 호치민을 충분히 이해하고 인정했으며, 그를 평화의 사자라고 했다. 호치민 주석은 원칙상으로 마오쩌둥의 의견에 동의했지만 중국 동지들이 일을 할 때 서방 동지들의 성격을 잘 이해하고 있지 못하기에 효과가 좋지 않다고 했다.

"좋은 말입니다. 우리도 비판하는 방식에 주의할 것입니다."

하고 마오쩌둥이 말했다. 호치민은 자신의 관점을 설명하기 위해 손에 담뱃갑을 들고 말했다.

"담배를 권할 때에도 담배를 손으로 권한다면 고맙게 받을 것이고, 탁상에 던지면서 '피워라!'고 한다면 좋아하는 사람이 없을 것입니다."

라고 말하면서 그는 담배를 탁상에 던졌다. 호치민이 말을 이었다.

"사실 담배를 권하는 것이지만 사람마다 습관이 다르지요. 서방에서는 두 번째 방법을 좋아하지 않습니다. 비판의 원칙은 감추지 않고 남김없이 말하는 것입니다. 하지만 거부감이 있는 방식을 취한다면 효과가 좋지 않지요."

마오쩌둥은 고개를 끄덕이며 호 주석의 견해에 동의했다.

"과학적인 언어로 마르크스, 엥겔스, 레닌처럼 비판해야 합니다. 거칠지 말아야 하며, 정확하고 선명하고 생동적으로 비판해야지요."

이에

"동지애 같은 마음이 들어가야 하는 것이지요."

하고 호치민이 보충했다. 이 대화에서 두 지도자는 11월에 열리게 될 각국 공산당. 노동당 회의와 중·소 회담 시간, 방법 및 소련이 "동풍이 서풍을 앞도 한다"는 말을 오해하는 상황 등에 대해 의견을 나누었다. 태양이 서서히 떠올랐다. 마오쩌동과 호치민은 옷을 벗고 나란히 바다로 향했다. 두 사람은 아침 햇살을 맞으며 넓은 바다에서 자유롭게 수영을 했다. 마오와 호가 바다에서 나와 그들을 만나러 내려온 류사오치, 저우언라이, 덩샤오핑, 양상쿤(楊尚昆) 등과 함께 아침 식사를 했다.

호 주석은 중국 당대표단의 베트남 국경 기념활동과 당의 대표대회 참석을 초청하면서 마오쩌동에게 말했다.

"명년 봄 류사오치 동지를 꼭 보내주십시오. 그에게 진 빚을 명년 봄에는 갚아야 하니까요. 마오쩌동 동지도 꼭 참가하여 빚을 갚게 해야 합니다. 시간은 당신이 정하면 됩니다."

마오쩌동이 가장좋아했던 운동은 수영이었다. '양쯔강' 과 '명십삼릉저수지' 에서 자주 헤엄을 즐겼다.

"그쪽 겨울 날씨는 어떠한가요? 최저 몇 도까지 내려가나요?"

옆에 있던 응우옌 쑤언 투이(阮春水-Nguy n Xuan Thuy)가 말했다.

"춥지 않습니다. 비밀리에 오셔서 홍강(紅河, 베트남 북부를 흐르는 강)에서 수영할 수도 있습니다."

"공개하지 않고 비밀리에 당신이 말한 방식으로 비공식 방문을 해야겠군요."

마오쩌동이 유머스럽게 답했다.

"홍강은 물이 너무 혼탁해서 수영하기 마땅치 않으니, 그때 다시 보고 결정합시다."

호 주석이 웃으며 말했다.

8월 19일 마오쩌동은 종난하이 친정전에서 소련을 방문하고 귀국하는 길에 베이징을 들린 호치민 주석을 회견하여 호치민 주석과 후루시초프 등 소련공산당 지도자들과의 회담 상황을 들었다. 호 주석은 진심으로 중·소 두 당이 빨리 회담을 가지고 장벽을 허물고 단결을 강화하여 위기의 국제공산주의운동을 구제할 수 있기를 희망했다. 마오 주석은 호치민 주석의 이런 정신에 감동했다. 그는 호치민의 두 손을 잡고 감격에 겨워 말했다.

"고맙소, 호치민 동지, 단결을 위해 만 리 길도 마다하지 않는 당신의 행보에 감사드립니다!"

하지만 소련은 대국이라는 배타적 애국주의를 고집했다. 중·소 두 나라 두 당 사이에 존재하는 각종 의견 차이는 날로 커졌다. 11월 모스크바에서 열린 제81차 공산당과 노동당이 참가하는 회의에서 중국

공산당은 국제공산주의운동의 단결을 위해 격렬한 논쟁과 필요한 타협을 거쳐 '모스크바 선언'을 통과시켰다. 하지만 소련공산당은 여전히 '오랜 당'이라는 틀을 지키려고 했다. 특히 소련공산당 22차 대표대회 이후 연속해서 중국공산당과 기타 일부 당을 공격하는 결의, 성명, 문장을 발표해 더욱 큰 논쟁을 불러 일으켰다. 그 결과 국제공산주의 운동사상 제일 큰 대 논쟁이 벌어졌다. 호치민 주석이 극력 권고했지만 중·소 두 당의 관계가 파열되는 것은 막지 못했다.

1969년 9월 2일 호치민의 뜨거운 심장은 박동을 멈추었다. 그는 마지막까지 중국과 소련의 화해를 잊지 않았다. 그는 선량한 희망을 가지고 세상을 떠났다.

【베트남 전쟁과 중국의 지원】

1954년 7월 프랑스와 베트남은 인도차이나반도 평화와 관련된 제네바협의를 체결한 후, 미국은 프랑스를 대신해 베트남 남방에 대한 식민통치를 시작했다. 호치민은 미국을 쫓아내기 위해 항미투쟁을 시작했다.

1964년 8월 3일 미국 정부는 통킹만사건[20]을 빌미로 미국 함대가 통킹만에서 계속 '순양(巡洋)'하라고 명령을 내렸다. 동시에 대량의 전함을 베트남 남부 해역에 파견했다. 미국 비행기는 베트남 하이퐁의 순양함 공급시설을 습격했다. 8월 5일에는 수많은 비행기를 베트남 북

---

20) 통킹만사건 : 베트남어로는 바크보만이라고 하는데 1964년 8월 2일 통킹만 해상에서 북베트남 해군의 135편대 소속 어뢰정 3척이 미 해군 구축함인 USS 매독스함을 선제공격하여 양국 함대가 교전한 사건이다.

방의 응예안성(Nghệ An)·타인호아성(Thanh Hóa)·혼가이(Hongay) 등의 항구를 폭격해 베트남 침략전쟁을 북방으로 확대시켰다. 8월 10일 미국 국회에서는 통킹만 결의안을 통과시켰다. 결의안에 따라 존슨 대통령은 "보든 방법을 동원하여 미국 군대를 겨냥한 모든 무장 습격을 격퇴하라"고 선포했다. 이는 미국이 공개적으로 베트남을 침략하는 선전포고와 같았다. 다음 해 3월 미국의 첫 3,500명의 해병대가 남베트남 다낭 해공군기지에 상륙하여 더 큰 규모의 군사행동을 준비하기 시작했다.

미국의 공격에 호치민은 마오쩌동에게 지원을 요청했다. 그는 레주언을 중국에 보내 의논하게 했다. 마오쩌동은 베트남 전쟁의 형세와 당시 국제형세를 상세하게 분석하고 진지한 생각을 거쳐 "무조건 베트남의 요구를 만족하게 할 것"을 결정했다. 동시에 류사오치와 레주언의 회담을 통해 베트남 지원 사항에 대한 의견을 통일했다.

전쟁 중이던 1965년 5월에 마오쩌동은 창사(長沙)에서 중국을 방문한 호치민 주석을 회견했다. 호 주석은 마오쩌동에게 이렇게 말했다.

"이번 중국 방문은 세 가지 목적이 있습니다. 첫째는 당신과 중국공산당 중앙 기타 동지들의 건강을 문안하는 것이고, 둘째는 베트남노동당, 베트남 인민을 대표해 당신들이 우리의 항미투쟁을 위해 여러 가지 지원을 해준 중국공산당과 중국 인민에 감사를 표하기 위한 것이며, 셋째는 중국이 성공적으로 세 번째로 원자탄을 성공적으로 만든 것을 축하하기 위해서입니다."

이에 마오쩌동이 답했다.

"첫 번째와 세 번째는 받겠으나, 두 번째는 안 됩니다. 전 세계인민들이 당신에게 감사하고 있습니다. 우리가 베트남에 감사해야지 우리에게 감사해야 할 일은 아닙니다."

호치민이 만류하며

"아닙니다. 우리는 중국에게 감사해야만 합니다. 나 개인뿐만 아니라 전체 베트남 인민들이 감사해야 한다고 생각합니다."

그는 마오쩌동에게 이런 예를 들었다. 중국 동지 두 분이 무기명으로 각각 백 위안과 수십 위안을 보내왔는데 월급에서 절약해 보내준 것으로 미국과의 투쟁에 사용하라고 했습니다.

"우리 두 나라의 관계는 이와 입술의 관계로 우리 양 당과 양국 인민은 진정한 형제의 정을 함께 나누는 사이입니다."

호치민이 또 말했다.

"미국은 10배의 병력을 증가시켜 전쟁을 강화하여 베트남의 공장을 폭파시키고 하이퐁을 폭격하고 심지어 하노이를 폭격하려 하고 있습니다. 우리는 적들이 바다 제방을 폭파시켜 여러 지방을 물에 잠기게 한다고 해도 우리 당·우리 정부와 전국 인민은 여전히 전투를 견지할 것이라고 결심했습니다. 베트남 인민들은 미국을 타도하지 않으면 허리를 펴고 살 수 없다는 것을 누구보다 잘 알고 있습니다. 우리는 5년, 10년, 20년의 전투를 준비하고 있습니다."

이에 마오쩌동이

"미국은 20년을 싸울 수 없습니다. 미국은 당신들을 이길 수 없습니다. 그들은 당신을 두려워하고 있습니다. 당신들은 미국을 이길 수 있습니다. 미국 사람보다 당신들 인구가 더 많으니까요. 그들은 많아야 10여 만 명을 파견할 수 있을 겁니다."

하고 분석했다. 호치민은 마오쩌둥의 분석에 동의했다.

"미국이 십여 만 명을 파견한다고 해도 걱정하지 않습니다. 우리는 미국 육군을 이길 수 있으니까요. 우리는 정규군이 있을 뿐만 아니라 유격대와 인민이 있으며, 기후, 말거머리, 말벌, 개미, 습지와 같은 자연도 우리의 동맹군입니다. 또한 우리는 막강한 후견인인 중국도 있습니다."

두 지도자는 베트남 전쟁의 형세와 구체적인 전략 전술 등에 대한 문제를 담론했다.

밥을 먹는 자리에서 마오쩌둥은 기발한 생각이 떠올라 호치민에게 말했다.

"나는 당신 나라에 가보고 싶습니다. 비밀리에 말이죠."

"당연히 환영합니다. 하지만 지금은 적군 비행기가 마구 폭격하는 상황입니다."

호치민은 환영한다고 했지만, 마오쩌둥의 안전을 고려하여 사실은 동의하지 않았던 것이다.

"바로 그런 지역에 가보고 싶습니다. 다년간 그런 상황을 보지 못했거든요."

마오쩌둥은 여전히 자신의 의견을 견지했다. 그러나 호치민은 이런 상황에서 절대적으로 양보해서는 안 된다는 것을 누구보다 잘 알고 있었다.

"형세가 호전되면 초청하겠습니다."

마오쩌둥은 누구보다 호치민을 잘 이해하고 있었다. 하지만 여전히 희망을 견지했다.

"형세가 호전되면 나는 안 갑니다. 지금 상황을 보러 가고 싶을 뿐이에요. 예전에 나는 국민당, 일본, 미국의 비행기 폭탄을 수십 번, 수백 번 겪었으나 매번 살아남았습니다. 지금같은 상황에서 베트남에 가보고 싶습니다. 가까운 곳이라도 좋습니다. 비밀리에 가도 좋습니다."

호치민의 고집도 대단했다.

"당신의 목표는 너무 큽니다. 베트남 아이들도 당신을 알아봅니다."

"중국 전문가로 분장하면 되지 않나요?"

"변장한다고 해도 티가 납니다. 적당한 시기에 제가 초청할께요."

"아니요. 나는 지금 가고 싶습니다."

"그럼 반년 후에 상황을 보고 결정하지요."

호치민이 여러 번 마오쩌둥의 요구를 거절했지만, 마오쩌둥이 계속 요구를 했고, 호치민은 이에 "절대 안 된다"고 했다. 하지만 베트남의 항미전쟁이 끝나기도 전에 호치민은 베트남에서 그의 오랜 친구를 접대하기도 전에 세상을 떠났다.

중국 인민의 사심 없는 지원에 호치민과 베트남 인민들은 진심으로 감사했다. 베트남 지도집단에서 중국으로 망명한 Hoàng Văn Hoan(黃文歡)은 1979년 11월에 글을 발표해 이렇게 회억했다.

"호 주석의 요구에 따라 두 나라 정부는 협상을 통해 1965년 10월부터 중국의 방공, 공정, 철도 등의 부대 총 30여 만 명을 베트남 북방에 보내 사업을 하게 했다. 중국 동지들은 여러 대의 적 전투기를 격파시켰고, 수천 킬로미터의 운수선로를 부설하였으며, 도로 수송을 보장해 주었다. 수천 명의 중국 전사들이 베트남 땅에 묻혔다. 1970년 7월 임무를 완성한 부대는 이미 모두 중국으로 철수했다."

물자 방면에서 중국·베트남이 정식으로 수교한 후 "중국의 지원 물자 총액은 200억 달러를 넘어 각국의 지원 중에서 제일 많은 비중을 차지했다. 여기에는 육, 해, 공군과 민병유격대 2백여 만 명의 경무기, 탄약과 기타 군용품 및 수백 개의 생산기업과 수리공장, 3억여 미터의 옷감, 3만여 대의 자동차 등이 포함된다. 중국은 베트남을 도와 수백 킬로미터의 철로를 건설했으며, 모든 레일, 기관차와 자동차 객실을 지원했다. 중국은 베트남에 500여 만 톤의 식량을 지원했다. 중국은 겨우 자급자족할 수밖에 없는 석유까지도 베트남에 3천여 킬로미터의 송유관을 지원해 베트남의 송유관 건설을 지원했으며, 중국의 석유를 베트남 남방까지 수송해주었다."

전쟁 기간에도 베트남 국민들의 일용품을 중국은 지원해 주었다. "중국은 수억 달러의 현금을 지원하여 베트남이 사용할 수 있도록 했다. 하지만 그 시기에는 중국도 외화가 매우 필요했던 상황이었다."

마오쩌동을 비롯한 중국 지도자들은 호치민을 매우 존경했다. 1960년 5월 호치민 탄생 70주년에 마오쩌동과 기타 지도자들은 연명으로 축하 전보를 보내 그는 "국제공산주의운동의 걸출한 전사이며, 중국 인민의 제일 친밀한 친구"라고 했다. 이와 동시에 마오쩌동은 저우언라이 총리와 천이(陳毅) 외교부장을 베트남에 보내 호치민의 생일을 축하하게 했다.

호치민은 만년에 병이 많았다. 마오와 저우언라이는 그의 건강을 염려하여 여러 차례 그를 중국 광동과 베이징에 초청했으며 제일 좋은 의사를 파견했고, 1969년 초에는 호치민의 병세가 위중하다는 소식을 접하고 전용기를 파견해 의사와 간호사를 베트남에 보냈다. 8월 23일 호치민의 병세가 악화되자 중국은 또 두 번째 전문가 팀을 베트남에 보냈으며, 26일에는 세 번째 전문가 팀을 베트남에 파견했다. 당시 호치민의 병세는 더욱 악화되었다. 비행기가 베트남 공항에 착륙하자마자 응급처치를 실시했다. 9월 1일 호치민의 병세가 더욱 악화되자 중국은 네 번째 전문가팀을 보냈다. 9월 2일 9시 47분 네 번째 전문가팀이 미처 베트남에 도착하기 전에 호치민의 심장은 박동을 멈추었다.

부고는 베이징에 전해졌다. 마오쩌둥은 큰 비통에 잠겼다. 중국은 오랫동안 시련을 겪은 전우를를 잃었고, 베트남은 걸출한 혁명지도자를 잃었다. 비통한 가운데서도 저우언라이는 호치민의 서거일와 베트남 민주공화국 탄생일이 같은 날임을 알고 중국 주베트남 대사 왕유핑(王幼平)에게 전보를 보내 현지에 있는 의료팀과 연락하지 말고, 베트남에서 사실을 공포하기 전에는 조문을 가지 말라고 지시했다.

저우언라이가 예견한 대로 베트남이 공포한 호치민 서거 날자는 9월 3일이었다. 베트남당은 명절의 경축활동과 기일 맞춘 기념활동이 같은 날이면 활동을 통제하기가 어려운 것으로 생각하여 호 주석의 서거일과 공화국의 탄생일을 겹치지 않게 하려 조치했던 것이다.

9월 4일 저우언라이는 마오쩌둥의 부탁을 받아 중국공산당 대표단을 거느리고 호치민 주석을 추모하러 베트남으로 갔다. 저우언라이는 베트남 지도자를 회견할 때 비통에 겨워 이렇게 말했다.

"늦었습니다. 내가 너무 늦었어요. 일찍 왔었다면 이리 빨리 떠나지 않았을 지도 모르는데 말입니다.……"

【마오쩌둥의 호치민에 대한 총평】

"베트남의 반 프랑스 저항, 알제리의 반 프랑스 저항을 우리는 공개적으로 지지했다. 이는 프랑스 정부의 미움을 사는 행동이라고 할 수 있다. 그러나 그것은 아니다. 호치민은 승리했고 아메드 벤 벨라(알제리 공화국 초대 대통령)도 승리했다. 그럼에도 프랑스는 중국을 인정했다. 그만큼 세상의 일들은 변화하고 있다. 지금 프랑스는 미국이 프랑스의 교훈을 받아들여 베트남 남부에서 전쟁을 하지 말라고 미국을 훈계하고 있다. '우리 프랑스는 실패했다. 당신네 미국이 전쟁을 하면 우리와 같이 실패할 것이다.' 미국은 아마 프랑스의 말을 들을지도 모른다. 그들은 이미 3년간이나 전투를 치렀다. 더 이상 견지하기 힘들기에 그들은 끝낼 수밖에 없다. 두고 보라! 3년이어도 좋고, 더 길어도 좋으나 미국은 언젠가는 베트남을 떠날 것이다. 미국은 타이, 라오스, 필리핀, 한국, 일본 등 지역에서도 나가게 될 것이다. 또 타이완에서도 나갈 것이다. 그 시간이 언제일지는 모르지만 언젠가는 떠날 것이다. 때문에 아시아 주, 아프리카 주와 라틴아메리카 주를 압박하는 모든 제국주의, 식민주의는 인민들이 단결하여 투쟁을 강화한다면 언젠가는 떠날 날이 있을 것이다. 그들이 떠나면 조금이라도 문명해질 것이다. 그들을 떠나라고 해도 안 가면 어찌할 것인가? 그러면 카스트로, 아메드 벤 벨라, 호치민의 방법이나 중국의 방법을 따를 수도 있다. 왜냐하면 우리는 역사에서 미래를 볼 수 있기 때문이다."「역사로부터 아시아, 아프리카, 라틴아메리카 인민 투쟁의 앞날을 보다」, 『마오쩌동 외교문선』 536~537쪽.

10

죠지 워싱턴(George Washington, 1732~1799)

【마오쩌동의 촌평】

"그는 8년간의 힘든 전쟁을 거쳐 나라를 건립한 위대한 인물이다."

【조지 워싱턴 약전】

조지 워싱턴(1732~1799)은 미국 독립전쟁시기의 저명한 영도자이고 아메리카합중국의 창조자이며 미국의 초대 대통령이다. 그는 미국 버지니아에서 출생했다. 어린 시절에 그는 당시 영국 식민지였던 미국의 토지 측량관이 되어 토지 측량기사로 활동했다. 1752년에 8천 에이커(약 1000만 평)나 되는 마운트버넌농원을 유산으로 상속 받아 버지니아의 대 농장주가 되었다. 같은 해에 그는 민병(民兵)의 부관 참모가 임명되었다. 이렇게 조지 워싱턴의 정치생애가 시작되었다. 1755년 8월 육군 소령의 직함으로 전 버지니아군의 지휘관이 되어 군대를 이끌고 인디언과 전투를 진행했다. 영국과 프랑스와의 7년 전쟁시기인 1756~1763년 사이에 그는 프랑스군을 물리치는 전쟁에 참가하여 큰 성과를 거두었다. 1759년 버지니아 주 의회 의원으로 당선되어 북아메리카 식민지에서 유명인사가 되었다. 1765년 3월 인지세(印紙稅)를 반대하는 항의 집회에 참가해 영국의 폭력정치를 반대했다. 1774년 9월 버지니아주를 대표하여 제1기 식민지대회에 참석했다. 그는 회의에서 식민지와 종주국이 완전히 분리되어야 한다고 주장하면서 필요한 시기에 무력을 동원해서라도 영국과 맞서야 한다고 했다. 1775년 5월 필라델피아에서 진행된 제2기 대륙회의에 참가한 그는 영국에 청원하고 타협하는 것을 굳건히 반대했다. 그는 회의에서 새로 편성된 대륙군 총사령관으로 당선되었다. 1776년 10월 그는 대륙군을 거느리고 보스턴을 포위했고, 이에 버티지 못한 영국군은 성을 버리고 철퇴했다. 그는 첫 전투에서 큰 승리를 거두어 북아메리카 인들의 투지와 사기를 크게 높여 주었다. 1777년 10월 새러토가 전투에서 영국군 5천여 명이 투항했다. 이 전투는 미국 독립전정의 전환점이 되었다. 그 후로 영국군은 연속해서 패전했다. 조지 워싱턴의 지도하에 북아메리카 독립전쟁은 승리로 끝나면서 1789년 4월 그는 미국 초대 대통령으로 당선되었다. 4년 후 그는 재선에서 다시 한 번 대통령으로 당선되었다. 그는 미국을 건설하는 과정에서 수많은 창의적인 사업을 했다. 1796년 9월 그는 대통령 재선에 참가해달라는 요청을 거절하고 고향으로 돌아갔다. 미국의 정치체계에 중대한 영향을 미친 조지 워싱턴은 1799년 12월 14일 병으로 사망했다.

【마오쩌둥의 조지 워싱턴에 대한 총평 및 해설】

샹샹(湘鄕)현 동산(東山)학당에서 공부를 하던 시절, 마오쩌둥은 스스로 책을 골라 읽는 경우가 많았다. 그는 중국 역사 관련 서적들을 읽기 좋아했으며 일부 외국역사와 지리에 관한 책들도 읽었다. 이 외에도 누군가에게서 선물 받은 캉여우웨이(康有爲)의 유신운동(維新運動)과 무술변법(戊戌變法) 관련 도서와 량치차오(梁啓超)의 『신민총보(新民叢報)』를 거의 외울 정도로 읽고 또 읽었다. 그는 이들을 매우 숭배했다. 비록 그들은 사회개량주의자이지만 량치차오와 캉여우웨이는 모두 중국 구제에 관해 고민했고, 량치차오의 글 솜씨는 아주 좋았기 때문에 마오쩌둥은 그들을 특히 숭배했다.

어느 날 저녁 무렵 휴식시간이 끝나고 자습하라는 종이 울렸다. 학생들이 운동장을 가로질러 교실로 우르르 몰려들었다. 교실 문으로 달려가던 마오쩌둥은 한 학생의 손에 책이 쥐여져 있는 것을 보았다.

"무슨 책이니?"

하고 마오쩌둥이 상냥스레 물었다.

"이거 『세계영웅호걸전』이야"

"그것 좀 빌려줄 수 있니? 나도 그 책 읽고 싶은데……"

며칠이 지난 후 그는 미안한 얼굴로 말했다.

"미안해. 책을 어지럽혀서!"

책을 돌려받은 학생은 책을 훑어보았다. 책에는 수많은 동그라미들이 그려져 있었다. 조지 워싱턴·나폴레옹·표트르 1세·예카테리나 2세·웰링턴·윌리엄 클래드스턴(William Ewart Gladstone)·장자크

루소(Jean-Jacques Rousseau)·샤를 드 스콩다 몽테스키외 남작 (Charles de Secondat, baron de Montesquieu)과 링컨의 이야기에 제일 많은 동그라미가 그려져 있었다.

마오쩌동이 말했다.

"중국에도 이런 인물들이 필요하다고 생각해. 나라가 부유하고 강한 군사력을 가져야만 안남(安南, 중국이 베트남을 이르는 말), 조선, 인도처럼 중국이 멸망하지 않을 수 있는 거야. '지난 일에서 경험을 얻어야 한다'는 말이 있는 것처럼 우리의 모든 국민은 응당 노력해야 해. 고염무(顧炎武)는 '천하의 흥망은 모두의 책임이다'라는 명언을 남기지 않았었니."

그는 이어서 이렇게 말을 했다.

"중국은 오래된 쇠퇴로 인해 부진한 상태에 처했으니 독립하려면 많은 시간이 걸릴 거야. 하지만 시간이 문제가 아니야. 너 여길 봐봐!"

그는 책을 펼치면서 말을 이어갔다.

"워싱턴은 8년간의 힘든 투쟁을 거쳐 미국을 건립했다."[21]

나라를 구제하려면 신체가 따라주어야 한다.

1915년 9월 6일 마오쩌동은 샤오쯔성(蕭子升)에게 보내는 편지에 체육단련의 좋은 점에 관련해 이렇게 썼다.

"몸을 보양하는 일이 쓸모없는 일 같지? 하지만 고대부터 양생(養生)에 주의한 선인들이 많았다. 도간(陶侃)·올리버 크롬웰(Oliver Cromwell)·조지 워싱턴 모두 신체를 건강하세 달련시키는데 유의했

---

21) 『마오쩌동 자술』 24, 25쪽.

다. 도간은 직접 벽돌을 옮겼고, 크롬웰 장군은 산속을 뒤지며 사냥을 했고, 워싱턴은 화원에서 나무를 베면서 단련했다."

이런 글에서 마오쩌둥이 조지 워싱턴이 신체를 단련시키고 보양하는 방법에 탄복했음을 알 수 있다.

조지 워싱턴은 아메리카합중국의 민족영웅이며, 미국의 창시자이고, 미국의 초대 대통령이다. 그의 역사적 공훈을 기억하기 위하여 미국 인민과 미국 정부는 미국의 수도 워싱턴의컬럼비아 특별구 내 셔널 몰(National Mall)에는 높이 550피트의 조지 워싱턴의 기념비를 세워 미국 독립에 일생을 바친 위대한 영웅을 기념하고 있다.

1732년 2월 22일 조지 워싱턴은 버지니아 주 웨스트모얼랜드의 한 농장주의 아들로 태어났다. 그의 증조부인 존 워싱턴은 1657년에 영국에서 북미로 이주했다. 그의 할아버지 로렌스는 의원으로 당선되었었다. 아버지 어거스틴은 영국에서 공부를 했으며 항운업을 하였고 6개 농장을 가진 농장주였을 뿐만 아니라 공장과 철광을 가지고 있었다. 어거스틴은 두 아들(조지 워싱턴과 그의 이복 형)을 영국에 보내 공부를 시켰다.

조지 워싱턴의 어린 시절에 대해 알려진 이야기는 별로 없다. 19세기 워싱턴 인물전에는 이런 일화가 적혀 있다. Mason Locke Weems 이 쓴 『워싱턴』 5판(1806)에는 『도끼와 체리나무』의 이야기가 수록되었다. 어린 조지 워싱턴은 도끼로 체리나무를 베어버렸다. 아버지가 누가 한 짓이냐고 묻자 워싱턴은 성실하게 자신이 한 것이라고 말했다. 그의 아버지는 용감하게 자신의 잘못을 인정하는 것도 용감한 행위라고 하면서 성실한 아들을 얻은 것은 천 그루의 체리나무보다 값진 것이라고 했다. 이 일화는 확실한 역사적 근거가 없어 많은 역사학자들은 이 이야기의 진실성을 의심하고 있지만 이 이야기는 교육적 가치가 있다. 이 이야기는 조지 워싱턴의 "거짓 없는 성실함"을 잘 보여준다. 조지 워싱턴의 체리나무는 뉴턴의 사과, 와트의 주전자, 콜럼버스의 계란과 함께 지금까지 널리 전해지고 있다.

하지만 마오쩌동은 "조지 워싱턴과 체리나무"를 '노동'이나 '신체단련'으로 해석했다. 물론 이 역시 "거짓 없는 성실"과 마찬가지로 미덕인 것이다.

조지 워싱턴은 어린 시절에 아버지를 여의였다. 당시는 장자가 가업을 물려받던 시기라 대부분의 재산은 형에게로 돌아갔다. 그는 나루터 농장을 유산으로 가질 수 있었는데 그것도 그가 성년이 되어서야 물려받을 수 있었다. 당시 조지 워싱턴은 겨우 11살이어서 그의 이복형인 로렌스 워싱턴이 그를 부양했다. 로렌스는 현지 명문가족인 페어팩스 상교의 딸과 혼인을 했다. 페어팩스 상교는 서인도제도에 가본적도 있었고, 버넌 해군제독이 지휘하는 스페인 공격전투에도 참가했었다. 이 장군을 매우 존경했던 워싱턴은 자신의 농장을 페어팩스로 이름 지을 정도였다. 로렌스는 그의 동생 워싱턴을 각별히 아껴주었다. 로렌스의 사회경험과 사회관계는 워싱턴의 미래에 큰 영향을 미쳤다.

1752년 워싱턴은 소령 직함으로 민병대에 들어갔다. 이듬해 총독은 그를 프랑스인들이 오하이오주에서 물러나게 하는 담판에 참가하도록 했다. 프랑스사람들은 이 요구를 거절했다. 1754년 워싱턴은 민병군 중령의 신분으로 200여 명의 대오를 거느리고 프랑스인들과 전투를 했다. 처음 전투에서 능력을 인정받은 그는 대령 지휘관으로 진급했다. 그러나 결과적으로 민병군이 실패하자 워싱턴은 버지니아로 돌아갔다. 이번의 군사행동은 7년 전쟁의 서막이었다. 런던과 파리는 이 전쟁을 매우 중요시했다.

1755년 조지 워싱턴은 지원병 신분으로 버릭 장군의 참모가 되었다. 그는 세 번 오하이오 지역에 갔다. 같은 해 8월 23세인 워싱턴은 전 버지니아 주 민병군 대령으로 임명되어 변경수비의 임무를 맡았다. 1758년 워싱턴은 Faubus 장군을 따라 네 번째로 오하이오 주로 갔다. 프랑스 사람들은 Duques에 불을 지른 후 퇴각했다. Faubus는 이곳에 이후의 피츠버그를 건립했다. 워싱턴은 버지니아주 의원으로 당선된 후 군에서 물러났다.

워싱턴은 군사학교에서 공부를 한 적이 없었다. 다만 다년간의 군 생활에서 젊은 지휘관은 북미 전쟁터에 필요한 전략과 전술을 터득했다. 그는 지휘관이 응당 갖추어야 할 덕목인 "이겼다고 교만하지 말고, 졌다고 낙심하지 않는 우수한 품성"을 지니고 있었다. 냉정했고 침착한 워싱턴은 절대로 굽히지 않는 결심과 강인한 의지를 보여주었다. 이렇게 훌륭한 성격 때문에 궤멸의 위기에 처한 부대를 여러 차례 구할 수 있었으며, 최후의 승리를 가져올 수 있었다. 워싱턴은 군기를 엄격히 하고 공정하게 병사들을 보살폈기에 부하들의 존중과 신임을 얻었으며 그들의 지지를 얻을 수 있었다. 병사들은 이런 워싱턴을 그들의 지휘관으로만 생각한 것이 아니라 '친한 파트너' 혹은 '진실한 친구'로 여겼다. 워싱턴의 이런 우수한 품성과 행동은 독립전쟁시기에 큰 역할을 했다. 워싱턴의 일생을 기록한 책에 의해 그의 이야기는 미담으로 전해 내려오며 칭송되었다.

1759년 1월 6일 군에서 물러난 워싱턴은 커티스의 미망인인 마샤 댄드릿지와 결혼했다. 부유한 마샤는 수많은 노예와 1만 5천여 에이커의 토지를 가지고 워싱턴과 결혼했다. 이렇게 워싱턴은 버지니아의 제일 큰 농장의 농장주가 되었고, 버지니아 의회 의원이 되었으며, 페어팩스현의 치안판사가 되었다. 그는 그의 저택인 마운트버넌(Mount Vernon)에서 파티 열기를 좋아했다. 그는 이런 파티를 통해 버지니아 주의 사회 유명 인사들과 친분을 쌓았다. 그는 자신의 농장을 열심히 운영하면서도 제분(製粉)을 하고, 천을 짜고, 벽돌을 제조하고, 술을 빚는 공방을 운영했다.

1765년 영국에서 북미 식민지역에서의 인지세를 높이는 법안을 발표하자 식민지 사람들은 강렬히 반대하고 나섰다. 워싱턴은 인지세를 종주국의 식민지 '억압법'이라고 했다. 그는 영국의회에 이렇게 경고했다. 만약 "반대를 무릅쓰고 기어고 인지세법을 강행한다면……이는 조국과 식민지에 매우 나쁜 후과를 초래하게 될 것이다. 이는 어떤 경우보다도 더욱 두려운 일이 될 것이다." 그는 식민지 사람들에게 영국 국왕과 의회에 청원서를 제기하라고 호소했다. 이런 항의가 별다른 효과가 없으면 응당 주저 없이 '마지막 방법'으로써 무기를 들고 "모든 생명이 의존하는 보귀(寶貴)한 천부적 자유를 지켜야 하며, 우리의 위엄 있는 주인인 영국에 반격을 해야 한다"고 했다. 워싱턴은 격한 심정으로 "조국이 필요하다면 즉시 총을 메고 적을 무찌르는 전투에 참여할 것이다"라고 했다.

1774년 영국은 보스턴 차 사건(Boston Tea Party)을 빌미로 다섯 가지 고압적인 법령을 발표 했다. 영국은 이런 방법으로 식민지 사람들을 굴복시키려고 했다. 워싱턴은 각 지역 식민지 인민들은 응당 연합하여 공동의 적을 상대해야 하며, 어떤 지역이든 독재제도의 희생물이 되는 것을 묵시하지 말아야 한다고 호소했다. 그는 "천 명의 병사들을 모집하여 직접 보스턴으로 가서 지원할 것이다"라고 성명을 발표했다. 버지니아 의회의 추천에 따라 조지 워싱턴은 회의에 참석하는 7명 대표 중 한명이 되었다. 워싱턴은 회의에서 『서퍽 결의안』[22]을 채택하여 다섯 가지 고압정책을 반대하도록 인민들을 동원했다. 또한 13개 주 식민지 연합정부를 성립하고 종주국과의 모든 상업거래를 중단하고 무력으로 영국 식민지통치에 저항하기로 했다. 회의가 끝난 후 워싱턴은 버지니아로 돌아와 민병군 훈련을 조직했으며 직접 페어팩스현 치안위원회 주석을 맡았다.

1775년 4월 19일 미국 독립전쟁의 첫 총소리가 렉싱턴에서 울렸다. 5월 10일 제2기 대륙회의가 열렸다. 워싱턴은 다시 한 번 버지니아 대표의 신분으로 이 회의에 참가했다. 남색 사슴가죽 군복을 입고 군

---

22) 서퍽 결의안(Suffolk Resolves) : 참을 수 없는 법에 의해 대의제에 입각한 매사추세츠 식민지 정부가 해산되었기 때문에 보스턴 및 그와 인접한 서퍽 군의 여러 마을에서 온 대표자들은 필라델피아에서 열린 제1차 대륙회의를 통하여 마지막 수단으로 무력 지항에 호소할 수도 있다는 '결의안'을 채택했는데, 이 때의 결의안을 말한다.

인 모습으로 나타난 워싱턴은 침착하고 과단성이 있었고 판단력도 있어 수많은 회의 참가 대표들에게 좋은 인상을 남겼다. 6월 15일 워싱턴은 메사추세츠 대표 존 아담스의 추천으로 만장일치로 대륙군 총사령관으로 당선되었다. 아무런 보수도 요구하지 않은 그는 모든 힘을 다해 책임을 성실히 완성하겠다고 했다.

식민지 최고 군사지휘관을 맡은 워싱턴은 첫 반년 동안에는 여전히 낡은 전통 관념을 가지고 있었다. 종주국의 속박을 벗어나 독립해야 된다는 사상이 아직 형성되지 않았던 것이다. 식민지 개척자들의 연속된 야만적 도살과 혁명형세가 급속히 발전하게 되면서 독립을 요구하는 식민지 사람들이 점차 늘어났다. 1776년 1월 토마스 페인(Thomas Paine)의 『상식론』이 정식으로 출판 발행되면서 독립의 목소리가 북미 각 지역에서 울러 퍼졌다. 워싱턴의 사상도 크게 변화했다. 독립을 망설이던 그도 혁명의 길에 들어섰다.

인도 총독을 지낸 콘월리스는 미국혁명을 진압하기 위해 미국 남부지역의 영국군 사령관으로 부임했으나 버지니아 동부 저지대에 있는 항구 요크타운에서 미국과 프랑스 군에 포위되어 투항하자 조지 워싱턴이 승리한 연합군을 사열 하고 있다.

워싱턴은 격앙된 어조로 호소했다. "자유의 정신은 우리의 마음으로부터 끓어오르고 있다. 우리는 노예의 삶에 굴복하지 않는다. 폭군과 악마와 같은 그의 대신들이 우리를 노예로 부리는 것으로 만족을 얻는다면 우리는 이런 불공평과 비인도적인 나라와 모든 관계를 전면 중단해야 한다."

대륙회의에서 토마스 제퍼슨(Thomas Jefferson)이 초안을 작성한 『독립선언』을 통과시킨 이튿날인 1776년 7월 5일 조지 워싱턴은 대륙군 총사령관의 명의로 명령을 내렸다. 그는 명령에서 당일 오후 6시에 "전군 각 여단은 각자의 연병장에서 병사들에게 회의에서 통과한 선언을 명백하게 설명하고 독립정책의 이유와 근거를 설명하라"고 했다. 그는 전군 장병들이 이 기회에 미국의 평화와 안전은 "전쟁이 승리해야 만 가능하다"는 당시의 형세를 정확하게 인지하게 하고 독립선언을 통해 장병들을 격려하였다. 그는 또한 나라를 사랑하는 병사들은 응당 민족의 독립을 위해 전투에 용맹하게 임해야 하며 최선을 다해야 한다고 했다. 워싱턴이 총사령관으로 취임한 이튿날인 6월 17일 보스턴 부근에서 일어난 빙커힐 전투에서 반수 이상의 침략군에게 큰 타격을 주었다. 영국은 게이지(Thomas Gage) 장군을 귀국시켰다. 영국군 지휘관은 하우 장군을 영국군 총사령관으로 임명했다. 빙커힐 전투의 승리는 전략적으로 중요한 승리이며 강대한 영국 침략군을 이길 수 있다는 가능성을 보여준 전투였다. 이번 승리를 통해 미국 인민들은 최후의 승리에 믿음을 가지게 되었다.

1776년 초 워싱턴의 부대는 보스턴을 포위하였고 도체스터 고지를 점령했으며, 대포로 보스턴 시내와 항구를 통제했다. 3월 17일 하우 장군은 부득불 보스턴에서 철수하여 핼리팩스지역으로 후퇴했다. 대륙회의에서는 워싱턴 장군에게 감사와 경의를 표시하는 의미로 그에게 금 훈장을 수여했다. 기적 같이 전투를 승리로 이끈 워싱턴의 영웅적 업적을 칭송했다. 워싱턴은 전 국민이 칭송하는 영웅이 되었다. 트렌턴 전투와 프린스턴 전투는 워싱턴이 거둔 위대한 군사적 성과였다. 그는 게릴라전술을 이해했고, 이를 이용하여 적들을 강력하게 무찔렀으며, 민족정신을 불러일으켜 미군의 사기를 북돋아 주었다.

1781년 워싱턴은 미국·프랑스 군과 협동하면서 버지니아의 요크 카운티를 향해 진군했다. 전투를 거쳐 영국군 최전방의 보루를 탈환하고 방어공사를 무너뜨렸다. 10월 19일 콘월리스 장군은 8천명의 병사를 거느리고 미군에 투항했다. 여기에는 재미있는 일화가 있다. 영국군이 투항할 때 영국군 군악대는 군악을 연주하면서 무기를 내려놓았다고 한다. 실패한 침략자들이 궁지에 빠지자 난감해 했던 모양새였다. 요크타운전투는 미국 독립전쟁이 마무리되었음을 의미한다.

이로써 미국의 독립전쟁은 승리로 끝났고, 영국은 부득불 미국의 독립을 승인할 수밖에 없었다. 1783년 12월 23일 워싱턴은 아나폴리스에서 열린 대륙회의에서 대륙군 총사령의 직무를 사직했다. 이튿날 그는 자신의 농장으로 돌아가 3년간의 전원생활을 시작했다.

1787년 필라델피아에서 진행된 헌법제정회의에서는 워싱턴을 집행주석으로 천거했다. 3분의 1의 대표들은 군주제를 주장했으며 왕위를 워싱턴에게 줄 것을 건의했다. 워싱턴은 이런 지나친 건의를 반대했다. 역사적인 잘못을 다시 되풀이하지 않기 위해 그는 여러 번 제퍼슨에게 모든 힘을 다해 헌법이 규정한 정치체제를 반대하고 공화제를 옹호해야 한다고 말했다. 1787년의 헌법에는 보수적인 내용이 적지 않았는데, 보통 선거권도 명시되어 있지 않았고, 노예제도도 유지했다. 이런 헌법의 내용은 자산계급·지주 등 계급에만 유리했던 것이지 군주제를 확실히 폐지한다고 하지는 않았다. 군주제의 복벽(復辟)을 반대하고, 공화정을 주장하는 투쟁에서 워싱턴은 군주제를 반대하는 미국인들의 요구에 순응했으며, 이 투쟁에서 중요한 작용을 했다. 워싱턴은 탁월하고 위대한 공적을 남겼으며, 미국의 모든 민중들은 그를 민족해방의 영도자로 받들었다. 워싱턴의 명성만이 방금 연합한 13개 주로 구성된 새로운 나라를 단결시키고 안정시킬 수 있었다. 1789년 초 새로운 헌법에 의거하여 조지 워싱턴은 거의 만장일치로 아메리카합중국의 초대 대통령으로 당선되었다.

 1796년 미국 대통령 선거가 진행되었다. 비록 워싱턴에게도 여러 가지 과실이 있었지만 다른 사람과 비교 했을 때 그래도 더욱 많은 존경을 받았다. 만약 워싱턴이 계속 대통령 선거에 나간다면 연임할 가능성도 높았다. 하지만 워싱턴은 차기 대통령 선거에 나가지 않았다. 이미 나이가 많고 몸도 허약했으며 정치적으로 타격을 받았었기에 워싱턴은 세 번째 대통령을 연임하지 않기로 결정했다. 1796년 9월 17일 아래와 같은 대국민『고별사』를 발표했다.

 "나는 응당 여러분들에게 나의 의사를 표명해야 합니다.……나는 내가 대통령 선출 대상에 포함되는 것을 사양하기로 한 나의 결심을 알리는 바입니다. 나는 정직한 열정으로 이 나라를 위해 45년간 근무했습니다. 내가 영원히 다시 일어나지 못할 때, 나의 박약한 능력으로 인해 범한 과실이 모든 사람들에게서 잊혀 지기를 희망하는 바입니다."

대통령직을 연임하지 않고 종신 대통령이 되려고도 하지 않은 워싱턴의 결정은 거대한 영향을 일으켰다. 이는 미국 대통령이 한번만 연임한 선례를 남긴 것이며, 이는 이후 법률로 규정되었다. 종신 대통령이라는 전통을 보류하지 못하게 했고, 군주제를 회복시키려는 시도를 차단했다. 하지만 당시의 워싱턴은 이후에 나타나게 될 이러한 영향들을 전혀 예상하지는 못했었다.

1793년 3월 조지 워싱턴은 미국 제2대 대통령인 존 애덤스의 취임식에 참가한 후 오랜만에 마운트버넌으로 돌아가 전원생활을 새롭게 시작했다. 그의 생명의 마지막 2년 10개월 동안의 일기에는 개임, 비, 추위, 따사로움 등의 날씨와 농장 시찰, 기마 수렵, 손님 접대, 파티 등으로 일관했던 세월의 흔적이 고스란히 담겨져 있다. 1799년 12월 12일 워싱턴은 큰 비바람 속에서 5시간이나 말을 타고 농장을 시찰했는데, 13일 심각한 후두염에 걸림으로써 그의 일생에 마침표를 찍었다. 14일 저녁 10시 미국 건국의 아버지이며, 초대 대통령인 조지 워싱턴은 영원히 이 세상과 작별을 했다.

마오쩌둥은 조지 워싱턴을 여간 경복(敬服)해 마지않았다. 그는 여러 차례나 문장에서 조지 워싱턴을 언급했다.

『왜 백서를 토론해야 하는가?』라는 글에서 마오쩌둥은 애치슨·트루먼·마셜 등은 모두 그들의 선배인 워싱턴보다 못하다고 썼다.

"미국정부에는 아직 민주가 남아 있다. 하지만 미국 반동파에 의해 남아 있는 민주는 얼마 되지 않을 뿐만 아니라 이미 퇴색했고, 워싱턴·토머스 제퍼슨·링컨의 시대와 큰 차이가 있다. 이렇게 퇴보한 민주는 계급투쟁을 긴박하게 필요로 한다. 이대로 방치하면 미국의 민주는 모두 사라지게 될 것이다."(『왜 백서를 토론해야 하는가?』,『마오쩌둥선집』4권 제1503쪽)

『유심론 역사관의 파멸』에서 마오쩌둥은 중국인구가 너무 많아 혁명이 일어난다고 한 애치슨의 말을 반박하면서 이렇게 썼다.

"고금중외에 많은 혁명 사건들이 발생했다. 이런 혁명이 모두 인구가 너무 많아서 일어난 것인가? 수천 년의 중국 역사에서 수많은 혁명들이 일어났다. 이런 혁명이 모두 인구가 많아서 일어난 것인가? 1774년 전 미국에서 일어난 반 영국혁명도 인구가 많아서 일어난 것인가? 애치슨은 역사지식이 전무한 듯하다. 미국의 독립선언의 내용도 제대로 알지 못하고 있다. 워싱턴·토머스 제퍼슨이 반 영국혁명을 일으킨 원인은 영국인이 미국인을 압박하고 착취하였기 때문이지 미국의 인구가 많아서가 아니다. 중국 인민이 여러 차례 자신의 봉건통치 조정을 뒤엎은 것은 이런 봉건왕조가 인민들을 압박하고 착취하였기 때문이지 인구가 너무 많아서가 아니다. 러시아에서 2월 혁명과 10월 혁명을 하게 된 원인도 러시아 황제와 러시아 자산계급의 압박과 착취 때문이지 과잉인구 때문이 아니다. 넓은 영토를 가지고 있는 러시아 인구가 인구과잉 수준이 되려면 아직도 턱없이 부족하다. 또한 몽고의 토지는 얼마나 광활한가. 하지만 그들의 인구밀도는 여간 낮지 않다. 애치슨이 말한 대로 따른다면 이런 나라에서는 혁명이 일어나지 말았어야 한다. 하지만 여전히 혁명은 일어났었다."

마오쩌동은 중국공산당 제7차 전국대표대회에서 자신은 어린 시절에 이미 조지 워싱턴과 관련된 이야기를 알고 있었다고 했다. 그는 "어린 시절에는 세상이 얼마나 큰지 몰랐으며, 제국주의나 마르크스주의가 무엇인지 하나도 몰랐다. 학교에 다닐 때에 비로소 워싱턴·나폴레옹 등 몇 안 되는 자산계급 영웅들을 알게 되었다."고 했던 것이다.

11

에이브러햄 링컨(Abraham Lincoln, 1809~1865)

【마오쩌둥의 촌평】

"링컨은 선진적인 역할을 했으며, 진보적인 영향을 미친 선구자였다."

【링컨 약전】

링컨(1809~1865)은 미국의 혁명가이며 제16대 대통령이다. 에이브러햄 링컨은 켄터키 주 호젠빌의 한 농민가정에서 태어났다. 어린 시절에 그는 농사일을 했다. 뱃일과 우체부, 측량원으로 일했다. 1834년부터 1842년까지 그는 연속해서 네 번이나 일리노이주 의회의 회원으로 선출되었고, 노예제 폐지운동을 지지했다. 1836년에 그는 변호사가 되었다. 1847년 12일에는 국회 하원의원으로 당선되었으며, 노예제 폐지의 확대를 위한 조례에 여러 차례 찬성하고 멕시코에 대한 침략전쟁을 반대했다. 1856년에 그는 노예제를 옹호하는 더글라스를 반대하는 유명한 연설을 했다. 같은 해 그는 새로 성립된 공화당에 가입했다. 1860년 11월 그는 공화당 후보로 대선에 참가하여 미국 대통령에 당선되었다. 1861년 남북전쟁이 폭발한 후 지원군을 모집하여 연방군을 결성한 후 남부 노예주들의 반란을 진압했다. 1862년 5월에는 『홈스테드법』[23]에 서명했다. 이 법에는 미국 공민이 10달러의 등록비를 지불하면 160에이커 이하의 토지를 가질 수 있으며, 연속해서 5년간 이 토지에서 농작을 할 경우 개인 소유가 될 수 있다고 규정했다. 같은 해 8월 4일에는 미국 역사상 처음으로 실행되는 의무병역제도를 발표했다. 9월 22일에는 유명한 「흑인노예해방선언」을 반포하여 1863년 1월부터 영원한 자유를 얻는다고 규정함과 동시에 연방군에 참가할 수 있다고 규정했다. 이 선언의 발표는 전 미국인 특히 흑인들의 혁명투지를 높여주어 전쟁의 승리를 보장했다. 1863년 7월 연방군은 게티스버그 전투에서 완승을 거두어 남북전쟁의 형세를 바꾸어 놓았다. 1863년 9월 저명한 『게티스버그 연설』을 했다. 연설에서 그는 자유·평등·민주는 전투를 통하거나 심지어 목숨으로 바꾸어야 한다고 명확하게 지적했다. 1864년 11월 미국 대통령을 연임했다. 1865년 4월 14일 저녁 워싱턴 포드극장에서 연극을 관람하던 링컨은 노예제를 지지하는 암살자에 의해 피살되었다.

【마오쩌동의 링컨에 대한 총평 및 해설】

에드가 스노(Edgar Snow)는 1936년에 처음으로 마오쩌동을 만났

---

23) 홈스테드 법(Homestead Act): 1862년 미국에서 제정된 법률로 미국 서부의 미개발 토지를 한 구역당 160 에이커(약 20만평) 씩 무상으로 제공한다는 내용으로 자영 농지법이라고도 불린다.

을 때의 첫 인상을 이렇게 썼다.

"야윈 얼굴에 이마 뼈가 조금 튀여 나오고, 더부룩한 머리는 길게 내려왔으며, 두 눈에는 광채가 돌고 높은 콧마루를 가진 마오쩌동의 모습은 링컨과 비슷했다. 일반 중국인들보다 큰 키를 가진 그는 등이 구부정했다. 첫 인상에 그는 재치 있는 지식인의 모습이었다. 하지만 며칠이 지나도 나는 이를 증명할 수 있는 근거를 찾지 못했다. 두 번째로 그를 만난 것은 어느 황혼 무렵이었다. 마오쩌동은 모자를 쓰지 않았다. 그는 두 젊은 농민과 손짓을 해가면서 열심히 이야기하고 있었다. 나는 첫눈에 그를 알아보지 못했다. 옆에 있던 누군가가 마오쩌동이라고 해서야 겨우 알아보았다. 비록 난징(南京)에서 25만 위안의 현상금으로 그의 수급을 얻으려 하고 있었지만, 그는 아무런 두려움도 없이 일행들과 함께 걷고 있었다.

마오쩌동을 중국의 '구세주'라고 여기는 것은 터무니없는 소리일 뿐이다. 어느 한 사람이 중국을 구할 수 있는 '구세주'가 될 수는 없다. 하지만 그는 천명의 힘을 가지고 있는 듯하다. 이런 힘은 한순간 나타나고 사라지는 것이 아니라 실질적으로 존재하는 힘이다. 그에게 남들과 다른 특별한 점이 있다면 아마도 그로 인해 중국 인민대중에게서 나타나는 시너지효과일 것이다. 중국 인구의 절대 다수를 차지하는 농민은 기아에 허덕이고 압박과 착취하에 있는 일자무식이지만, 너그러운 성품을 지닌 용감하고 빈곤한 농민들이 반란을 일으키려는 절박한 요구가 그의 효과로 인해 종합적으로 나타나고 있으니 이런 현상은 불가사의한 일이 아닐 수 없다."

마오쩌동과 링컨은 여러 가지로 비슷한 점이 많다. 스노가 말한 외형적인 면 외에도 마오쩌동과 링컨은 모두 농민가정에서 태어난 농민의 아들이다. 이들 모두 명문대를 졸업한 것도 아니다. 이들은 대부분의 시간을 농촌에서 보냈다. 물론 서로 다른 일들을 겪기도 했다.

1809년 2월 12일 링컨은 미국 켄터키 주 하딘의 한 농민가정에서 태어났다. 세상을 떠난 할아버지를 기념하기 위해 링컨의 이름을 에이브러햄이라 지었다. 링컨의 가족들은 전대를 이어온 전형적인 이민가정이었다. 식민지 초기 직포공장에서 일하던 한 선조가 영국에서 북미로 이민해 왔던 것이다. 증조부 존은 버지니아 주 중남부에 있는 셰넌도어 계곡에서 210에이커의 처녀지를 개간했다. 할아버지 에이브러햄은 이 토지를 팔고 컴벌랜드 산을 지나 켄터키 주에 위치한 하딘 지역으로 이사하기까지 부단히 새로운 토지를 개간했다. 1811년 링컨의 아버지 토마스는 노브강 유역에서 220에이커의 토지를 사 집을 지었다. 당시 링컨은 2살이었다. 이는 링컨 기억속의 첫 번째 집이었다. 1816년 토지소유권 문제로 소송이 시작되자 링컨 일가는 당시 흑인노예가 허용되던 켄터키를 떠나 인디애나주로 이사를 했다. 1830년과 1831년에 연속 두 차례나 이사를 하게 되면서 일리노이주의 메이컨 카운티의 상거먼강(The Sangamon River)지역으로 이사를 갔다가 후에는 스프링필드로 이사했다. 이때 링컨은 이미 성년이 되어 자신의 길을 가고 있었다. 링컨의 가정은 당시 수천만 이민자들과 같은 소농생활의 축소판이라고 할 수 있었다. 미국의 영토가 확장되던 시기 링컨 가족과 같은 이민자들은 미국 서부의 '자유'토지를 위한 투쟁에서 탐욕스러운 노예주들과의 모순이 더욱 첨예화되어 갔다. 그렇기 때문에 이런 이민자들은 노예제도를 반대하게 되었으며, 특히 노예제도의 확장을 반대했다.

빈곤했던 가정환경에서 링컨은 노동을 사랑했고 노동인민들을 존중했으며 노예제도를 증오했다. 링컨은 황무지를 개간하고 나무 집을 짓고 땔나무를 베는 등 여러 가지 농사일을 했다.

유년시절의 링컨은 켄터키주에 거주하던 시기에 처음으로 노예제도를 접하게 되었다. 흑인들과 친구로 지낸 링컨은 그들의 비참한 처지를 동정했고 가끔 노예제도에 대한 불만을 토로하기도 했다. 청년시기의 링컨은 고용 노동자, 점원, 선원 등의 일을 했다. 그는 미시시피 강을 따라 남방 노예무역의 중심지인 뉴올리언스까지 도착하곤 했다. 그는 그 곳에서 차마 눈뜨고 볼 수 없을 정도로 활발하게 거래되고 있는 노예시장과 번영한 남방식 상업의 광경을 목격했다. 이런 광경을 본 링컨은 노예제도를 더욱 증오하게 되었다. 링컨은 동행한 친구에게 "언젠가 내가 이 제도를 무너뜨릴 기회가 오면 노예제도를 철저하게 붕괴시킬 것이다"라고 말했다. 당시 링컨은 정치가도 아니었고, 문제의 실질도 알지 못했을 뿐만 아니라 어떤 방법으로 노예제도를 폐지해야 하는 지도 몰랐다.

링컨은 지식을 탐욕스럽도록 추구하여 수많은 책을 읽어 유식한 사람이 되고자 했다. 하지만 빈곤한 가정형편에서 자주 이사를 하는 상황이라 링컨은 집과 멀리 떨어진 정규 학교에 가서 수업을 들을 수가 없었다. "학교에 다닌 시간을 모두 더해도 1년이 채 안 됩니다."라고 링컨은 자신의 학교생활에 대해 말하곤 했다. 그는 자습으로 지식을 습득했다. 6살 때 링컨은 저녁이면 난로 불 옆에서 목판에 글씨 연습을 했다. 집에 있는 책이라고는 성경, 성경의 교의 문답, 자모표(字母表)가 전부였다. 그는 이 책을 줄줄 외울 정도로 읽었다. 링컨은 휴식 시간을 이용하여 책을 열심히 읽었다. 그는 이웃들을 도와 편지를 써 주고 그들이 받은 편지를 읽어 주었다. 그는 변호사들의 변호와 전도사들의 전도도 열심히 들었다. 이렇게 링컨은 어떠한 기회도 놓치지 않고 지식 탐구에 열중했다. 링컨은 자신의 학문은 "주어온 것"이라고 했다.

1831년 22살의 링컨은 부모 곁을 떠나 독립을 했다. 그는 상거먼(Sangamon)강 연안에 거주했다. 그는 점원, 우체부, 측량원 등의 일을 닥치는 대로 했다. 이런 직업들은 그에게 사회 하층민들과 접촉할 수 있는 기회를 마련해주었다. 그는 그들의 질고를 이해할 수 있었고, 그들을 위해 더욱 많은 유익한 일들을 해야 한다고 다짐하곤 했다. 그러한 마음으로 생활하자 점점 더 많은 사람들이 곤란한 일만 있으면 그를 찾아왔다. 그는 현지의 보통 군중들로부터 깊은 신뢰와 우의를 갖게 되었다. 마을 사람들은 그를 '성실한 아버지'라고 불렀으며, 그를 "우리들 가운데서 제일 깊은 학문을 가지고 있고, 제일 지혜롭고 제일 착한 친구"라고 했다.

1832년 23세의 링컨은 처음으로 정치에 발을 들여 놓았다. 그는 일리노이주 의원선거에 참가했다. 선거 연설에서 처음으로 사회에 진입한 청년은 겸연쩍은 어조로 이렇게 말했다. "저는 비천한 신분입니다. 돈 많고 세력 있는 친척이나 친구도 없습니다." 하지만 "저는 여러 동포들이 존경할 수 있는 사람이 되기 위해 노력을 다 할 것입니다."

1834년 25세의 링컨은 4차례나(1834~1842년) 일리노이주 의원을 연임했으며, 의회 휘그당에서 영도작용을 하는 인물이 되었다. 그는 강연과 성명을 통해 노예제도를 비난하기 시작했다. 그는 노예제도는 비 정의적이고 그릇된 정책에서 제정된 '죄악의 제도'라고 했다.

의원으로 활동하던 시기 링컨은 법률을 배우기 시작했으며, 변호사 자격시험을 통과하여 일리노이주의 변호사 허가증을 갖게 되었다. 모든 정력을 변호하는 업무에 바친 그는 많은 사람들의 신임을 받는 유명한 변호사가 되었다. 그는 순회법정을 따라 일리노이주의 여러 향진과 농촌을 돌아다녔다. 이 과정에서 그는 새로운 농지를 개간하는 사람들과 여러 각양각색의 인물들과 접촉했으며, 그들의 사업과 상황을 이해하게 되었다. 링컨은 성실하고 정직했으며 아무런 사욕 없이 공익에 힘을 다했다. 그는 폭력정치의 압박을 받는 평민들과 흑인들을 동정했으며, 수시로 한 푼의 보수도 없이 그들을 도와주었다.

그는 1847~1849년 사이에 연방국회 하원의원으로 있으면서 노예제도에 더욱 큰 관심을 갖게 되었다. 링컨은 클레이(Henry Clay)[24]와 마찬가지로 노예들을 구매하여 그들을 아프리카주로 옮기는 일에 희망을 걸었다.

1830~50년대 미국 자본주의는 진일보 발전했다. 노예제도의 존폐문제는 당시 미국정치의 주요문제가 되었으며, 노예제도 폐지운동은 활발하게 진행되었다. '지하철도협회'는 비밀리에 수만 명의 흑인 노예들을 남부에서 탈출시켜 캐나다로 보냈다. 해리엇 비쳐 스토가 쓴 『톰 아저씨의 오두막』은 흑인 노예주의 하에서 압박과 착취에 처참하게 생활하는 노예들의 생활을 그대로 보여주었다. 누군가는 이 소설이 전쟁의 발단이라고 말한다.

1856년 링컨은 공화당에 가입했다. 얼마 지나지 않아 그는 당의 영도자로 자리매김했다. "노예제도가 서부지역으로 확장하는 것은 그릇된 것이다. 노예가 허용되는 노예주의와 자유주의의 지리적 분계선을 결정한 『미주리 타협』[25]은 반드시 회복되어야 한다. 캔자스주는 반드시 노예제도를 폐지해야 한다."는 것은 링컨의 분명한 태도였다.

1858년 링컨은 연방 상원의원 선거에 참가했다. 노예제도를 주제로 오타바, 프리포트(Freeport), 존즈버러, 찰스턴, 제일즈버그, 퀸시, 얼

---

24) 헨리 클레이(Henry Clay's Quotes) : 휘그당(공화당의 전신)의 창시자이자 위대한 중재자라는 별칭을 가진 인물로 흑인 노예제에 대한 타협을 성사시켰다.
25) 미주리 타협(Missouri Compromise) : 1820년에 미주리주(州)의 연방 가입에 관해 북부의 자유주와 남부의 노예주 간에 타협한 협정을 말한다. 1819년 미주리를 연방에 가입시키는 문제가 생겨 매사추세츠주(州)의 일부인 메인 지방을 자유주로 하고, 미주리를 노예주로 할 것, 미주리주(州)의 남부 경계인 북위 36도 30분 이북에는 노예주를 설치하지 않을 것, 자유주와 노예주의 수를 동수로 유지할 것 등을 결정하였다.

턴 등 지역에서 노예제도 관련 토론을 7차례 진행했다. 링컨은 생동적이고 설득력 있는 언어를 구사해 노예제도를 반대하는 자신의 주장을 명확하게 표명했다. 그러나 링컨은 이번 상원의원 선거에서 실패했다. 하지만 정치활동에서 진행된 대 토론은 중대한 승리를 거두었다. 링컨은 노예제도 확장을 제한해야 한다는 주장을 설득력 있게 실례를 들어가면서 설명해 나가자 흑인 노예해방 사상이 점차 퍼져나가게 했다. 매번의 대 토론은 수많은 관중들을 동원했으며, 이런 군중들의 열정은 그 전의 북미대륙에서 찾아 볼 수 없는 광경이었다.

대토론의 내용은 상세하게 각 대도시의 신문에 실리게 되어 수백만 명의 독자들이 이를 읽게 되었다. 노예제도의 확장을 굳건히 반대하는 링컨은 전국 인민들의 지지를 얻었고 자산계급의 신임을 얻었다. 1860년 대통령 선거에서 그는 더글러스를 이기고 대통령에 당선되어 백악관에 입성하게 되었다. 1861년 3월 4일 링컨은 워싱턴에서 미

노예제 폐지를 주장하는 연설을 하는 링컨.

국 제 16대 대통령에 취임했다. 신속하게 발전한 혁명 분위기 하에 링컨 정부는 노예해방 정책을 제기하지 않던 정책을 변화시켰다. 링컨 정부는 규제를 강화하고 평화적으로 노예를 해방시켜야 한다는 정책을 제기했다. 1862년 3월 6일 링컨은 국회에 제출한 국정보고에서 링컨은 평화적으로 노예를 해방시키려는 주가 있다면 연방정부는 반드시 이런 주와 협력할 것이라고 했다. 또한 제도의 변화로 인해 발생하는 공적인 혹은 사적인 여러 방면의 '손실'을 보상할 것이라고 말했다. 국회에서는 대통령의 건의에 동의했으며 그러한 결의안을 통과시켰다. 4월 16일 국회에서는 컬럼비아 특별구 흑인 노예해방 법안을 통과시켰으며, 1명의 노예를 해방시키면 정부에서 300달러를 지원하기로 했다. 링컨의 3월 국정보고를 전제로 4월의 법안을 시범적으로 실시하는 방안으로 변방에 있는 '완고한' 노예주들로 하여금 정부의 평화해방 방침을 수락하도록 설득했지만 이런 노력은 실패했다. 이와 동시에 링컨 정부는 '포위권을 좁히는' 일련의 정책으로 노예제도 규제를 강화했다. 여기에는 노예도망법을 폐지하고, 노예제도의 존폐를 결정하지 않은 주에서의 노예제도 실행을 금지하며, 반란에 참가했거나 반란을 지지한 노예주들의 노예를 몰수하여 해방시킨다는 정책이 포함되었다. 1862년 5월 20일에 반포된 『홈스테드 법』[26]은 노예제도의 확장을 제한하는 투쟁에서 큰 역할을 했다. 이 법은 1863년 1월 1

---

26) 홈스테드 법(Homestead Act): 1862년 미국에서 제정된 법률이다. 미국 서부의 미개발 토지를 한 구역 당 160 에이커(약 20만평) 씩 무상으로 제공한다는 내용으로 자영 농지법이라고도 불린다. 토지를 불하 받고자하는 신청자는 21세 이상이어야 하며, 파티션을 설치하고 12피트×14피트 (3.6×4.3m) 이상 크기의 집을 짓고, 최소 5년 동안 농사를 지어야 한다는 내용이다.

일 이후부터 반란에 참가하지 않은 호주(戶主)는 10달러의 비용을 지불하면 160에이커의 토지를 얻을 수 있고, 5년간 농작을 하면 이 토지의 소유권을 얻게 된다고 규정해 민주적으로 토지문제를 해결했다. 이 법의 반포는 농업자본주의의 '미국'에 더욱 큰 발전 가능성을 제시했을 뿐만 아니라, 노예제도가 서쪽으로 확장되는 통로를 막음으로써 노예제도에 큰 타격을 주었다. 1862년 9월 22일 링컨은 내각회의에서 『해방선언』 초안을 낭독했으며, 1863년 1월 1일부터 반란을 일으키는 주나 지역의 흑인 노예들은 "영원한 자유를 얻는다"고 예고했다. 선언은 노예제도를 폐지하려는 링컨의 굳건한 의지를 표명하고 있지만 평화적 해결을 완전히 포기하지는 않았다. 만약 100일 이내에 반란이 일어난 주에서 평화적으로 노예를 해방하는 조건을 받아들이고 반란을 중단한다면 그에 상응하는 보상을 받을 수 있다고 규정했다. 그러나 100일이 지나도 정부의 조건을 받아들여 노예를 평화적으로 해방시키려는 주는 하나도 없었다. 1863년 1월 1일 백악관 대통령 사무실에서 링컨은 손에 펜을 들고 좌우를 둘러보면서 말했다. "내 일생 중에 오늘 이 문서에 사인을 하는 것만큼 자신이 정확한 일을 하고 있다고 확신해 본 경우는 없었다." 그는 조심스레 『해방선언』에 자신의 이름인 에이브러햄 링컨이라고 썼다. 선언에는 "반란이 일어나고 있는 주의 노예는 지금으로부터 영원한 자유를 얻는다고 했으며, 해방된 흑인들은 합리적인 월급을 받으면서 자신의 노동에 충성해야 한다"고 했다. 또한 조건이 적합한 흑인들은 합중국 무장부대에 참가할 수 있다고도 했다.

이 선언은 전보·신문·서신을 통해 전국 각지에 알려졌다. 각 지역의 여러 계층에서는 서로 다른 반향을 일으켰다. 수많은 군중들은 이 선언을 열렬히 환영했다. 피츠버그, 버펄로, 보스턴 등 지역에서는 100여 발의 예포가 울렸고, 여러 도시의 시민들은 집회를 열어 밤새 노래하고 춤추며 선언의 발표를 경축했다. 반대로 북방의 민주당은 링컨을 "급진파와 한배를 탄 격이다"라고 비판했다. 남방의 노예주들과 그들 편에 있는 정치인들은 링컨을 자신들의 사유 재산을 침범한 '마귀'라고 하며 욕설을 퍼부었다. 또한 이 선언은 "미국 역사상 제일 소름 돋게 하는 정치적 죄행이다"라고까지 비평했다. 이는 노예주 계급의 멸망을 알리는 마지막 발악이었다. 선언은 노예 노동제를 폐지하고 고용노동제를 극력 옹호하며, 미국 흑인들이 노동을 판매할 수 있는 '자유'를 주었지만 그들에게는 토지를 주지 않았으며, 미국 흑인들에게 인신에 대한 '자유'를 주었지만 선거권을 주지는 않았다. 비록 이 선언이 미국의 흑인들을 철저하게 해방시키지는 못했지만 선언 자체는 뚜렷한 혁명성을 띠고 있었다. 선언은 미국 『독립선언』 이후에 발표한 제일 중요한 역사적 문건이 되었다. 이 선언은 두 세기 반 동안 미국에 존재했던 노예제도를 무너뜨림으로써 혁명전쟁의 승리를 가져오게 하였을 뿐만 아니라, 미국의 자본주의가 신속하게 발전할 수 있는 커다란 가능성을 제시해 주었던 것이다. 『해방선언』의 발표는 링컨 정부의 노예해방 정책이 무상으로 흑인노예를 해방하는 마지막 단계에 접어들었음을 의미했다. 이는 미국의 내전이 두 번째 단계에 진입했음을 의미했다. 『해방선언』의 발표는 전국 대중들의 혁명에 대한 적극성을 최대로 끌어 올렸다. 노동자, 농민, 흑인들이 적극적으로 군에 가입한 관계로 연방군은 방어태세에서 전략적으로 공격할 수 있는 태세로 진입하게 하였다. 그러나 링컨은 1865년 4월 14일 워싱턴의 포드극장에서 존 윌크스 부스에 의해 암살당하여 4월 15일 오전 7시에 링컨은 57세의 나이로 세상을 떠나야 했다. 링컨의 유해는 고향인 스프링필드로 옮겨졌고 오크리지 묘지에 안치되었다. 묘지에는 "합중국 제16대 대통령 에이브러햄 링컨"이라고 새겨진 비석이 세워져 있다. 빈곤한 가정에서 태어난 링컨은 대중에 의해 성장했고, 투쟁을 거쳐 부단히 전진하면서 혁명의 길에 들어서게 되어 위대한 혁명 지도자로 성장했다. 그는 노예제도를 수호하려는 악랄한 마귀의 손에 희생된 첫 순국자였다. 대중들은 더할 나위 없이 그를 그리워하고 존경했다. 마르크스는 국제노동자협회에 보내는 공개적 편지에서 다음과 같이 말했다.

"인민들은 링컨을 그리워하고 존경하고 있습니다. 링컨은 곤란을 두려워하지 않고, 성공에 현혹되지 않는 사람이었습니다. 그는 불요불굴의 의지로 자신의 위대한 목표를 향해 나아가는 분이었으며, 한 치의 동요도 없이 착실하게 전진하며 결코 뒤로 후퇴하지 않았습니다.……그는 위대한 경지에 이르렀어도 여전히 자신의 우수한 품성을 유지했던 현실적으로 찾기 어려운 인물이었습니다. 이처럼 출중하면서도 겸손한 위인이 순직한 후에야 이 세상은 그가 진정한 영웅임을 알게 되었습니다."

마오쩌둥도 자신의 저서에서 여러 차례 링컨을 언급했다. 1944년 미국에서 온 헤리슨 포만을 접견할 때 그는 이렇게 말했다.

"우리는 소련의 사회형식과 정치적 공산주의까지 바라지는 않습니다. 우리는 우리가 지금 하고 있는 사업이 당신들 국가(미국) 내전에서 흑인노예를 해방시킨 링컨과 같은 작용이기를 바랄 뿐입니다. 오늘날의 중국에는 수억 명의 노예가 있습니다. 이런 노예들은 자본주의 족쇄에 손과 발이 꽁꽁 묶여있습니다. 우리 인구의 80%이상은 얼마 되지 않는 토지에 의거해 생활하는 농민들입니다. 대부분의 토지는 극도로 사치스럽고 탐욕스러운 대지주들이 차지하고 있지요."

마오쩌둥은 시종일관 링컨을 진보적 인사라고 했다. 1965년 1월 9일 마오쩌둥은 에드가 스노와 국제문제를 담론할 때 이렇게 말했다.

"마오: 압박이 있는 곳에는 혁명이 따르기 마련입니다. 사회주의 혁명이 바로 이 때문에 일어난 것입니다. 자산계급 역시 자본주의가 일정한 정도로 발전한 뒤에는 봉건주의를 반대했습니다. 미국은 봉건제도가 없었지만 영국의 식민지여서 식민주의가 존재했습니다. 미국은 자본주의가 어느 정도 발전하자 영국을 반대하고 나섰습니다. 압박이 없다면 이 세상 누가 혁명을 하려 하겠습니까? 미국에서 독립전쟁이 일어나게 된 원인은 영국의 압박 때문입니다. 미국 독립전쟁은 아마 2백년 가까이 진행되지 않았습니까?

스노: 미국 독립전쟁시기 많은 혁명가들이 제기한 구호는 이후 일어난 프랑스 대혁명시기에 제기한 구호와 같습니다. 당시 미국은 세계에서 유일한 공화국을 건립했습니다. 당시 유럽의 여러 나라들이 미국을 보는 시선은 지금의 중국을 보는 시선과 같았습니다.

마오: 조지 워싱턴의 명성은 그다지 좋지 않았지만 우리는 그를 '공산당인'으로 추인할 수 있습니다.

스노: 중국공산당은 그를 반동자로 여기므로 그를 공산당에 가입시키는 것은 어렵지 않을까요?

마오: 당시에는 공산당이 없었기에 공산당에 가입할 수 있는 여부를 논할 가치는 없습니다. 우리는 응당 조지 워싱턴의 혁명적 작용을 인정해야 합니다. 당시 그는 선진적인 작용을 했으며, 이런 작용은 매우 진보적인 것이었습니다. 물론 링컨도 마찬가지였지요.

스노: 링컨은 모순적인 사람이지만 여전히 위대한 인물입니다. 그는 인도주의자였습니다. 내가 이 곳을 떠나기 전에 주석께서 미국 인민들에게 몇 마디 해주시기 바랍니다. 미국 인민들은 중국에 우호적입니다.

마오: 미국인민들이 진보하기를 기원합니다. 만약 내가 그들이 해방되기를 원한다면, 일부 사람들은 아마 별로 찬성하지 않을 것입니다. 그렇다면 나는 자신이 아직 해방되지 않았다고 여기는 사람들과 생활이 어려운 사람들만이라도 해방되기를 기원하겠습니다.(『스노와 국제문제를 담론』, 『마오쩌동 외교문선』 559~560쪽.)

12

토머스 우드로 윌슨

(Thom4as Woodrow Wilson, 1856~1924)

【마오쩌동의 촌평】

"윌슨은 중국에 도움을 주려 했지만, 여러 열강들 사이에서 어찌할 방법이 없었던 '가련'한 정치가이다."

【윌슨 약전】

윌슨(1856~1924)은 미국의 버지니아주 스탠턴에서 태어났다. 1875년 부터 윌슨은 버지니아대학교의 로스쿨에 다녔고 박사학위를 취득했다. 1888년 프린스턴대학교에서 법률과 정치경제학 교수로 활동했고, 1890년에는 프린스턴대학교 총장이 되었다. 8년 후 그는 총장을 사임하고 정치에 입문하면서 뉴저지주 지사에 당선되었다. 그러다가 1913년 3월 4일 미국 대통령에 당선되었다. 그는 대통령의 권력을 강화할 것을 주장했으며, 대통령이 진정한 국가의 지도자가 되어야 하며, 명령을 집행하는 관리인은 되지 말아야 한다고 했다. 대통령 임기 내에 그는 누진소득세법, 철도노동자 8시간 근무제, 관세 절감 등의 법률을 실행했다. 1917년 4월 독일과 선전포고를 했고, 전쟁을 마무리하기 위한 14가지 강령을 제기했다. 1919년 1월에 파리 평화회담에 참가하여 국제연맹을 창설할 것을 제의했으며, 일본과 타협하여 중국에서의 이익을 취하지 않기로 했다. 미국 상원 '고립파'가 「베르사유조약」[27]을 반대하면서 국제연맹에서의 활동을 반대하고 나서자 그는 전국을 돌면서 자신의 주장을 알려 국민들의 지지를 얻으려 했으나 전국 각지를 돌며 연설하는 과정에서 병을 얻어 성공하지를 못했다. 1924년 2월 3일에 서거한 윌슨 대통령은 워싱턴 묘지에 안치되어 있다. 주요 저서들로는『조지 워싱턴』,『미국인민사』,『국가론』,『국회정부』,『미국입헌정부』,『행정연구』 등이 있다.

【마오쩌둥의 윌슨에 대한 총평과 해설】

1914년 8월 제1차 세계대전이 폭발한 후 윌슨 대통령은 미국 사람들이 중립을 유지할 것을 호소했다. 하지만 독일의 잠수함전이 발생하게 되자 워낙 영국에 호감이 많은 미국은 협약국에 가입하게 되었다. 1915년 5월 한 독일의 잠수정은 아일랜드 연해에서 어뢰로 영국 정기함인 "루시타니아 호"를 격침시켰다. 이 공격에 배에 타고 있던 미국 여행객 120여 명을 포함한 1200여 명의 선원과 승객들이 전원 사망했다. 이 사건을 계기로 미국 국내 언론은 전쟁에 참가해야 한다는 쪽

---

27) 베르사이유 조약 : 1919년 6월 독일 제국과 연합국 사이에 맺은 제1차 세계대전의 평화협정이다. 협정은 1919년 6월 28일 11시 11분에 베르사유 궁전 거울의 방에서 서명했으며, 1920년 1월 10일 공포했다. 조약은 국제연맹의 탄생과 독일 제재에 관한 규정을 포함했다.

으로 기울어지게 되었다. 하지만 윌슨은 여전히 중립을 견지하려고 했다. 미국의 항의로 인해 독일은 잠시 무제한적인 잠수함전을 중단하기로 했다. 하지만 배가 침몰하는 사건은 여전히 발생했다. 윌슨은 방어를 위주로 하는 참전을 준비함과 동시에 평화담판을 통해 문제를 해결하려고 했다. 1917년 1월 미국 상원에서 진행한 연설에서 교전국에 "승자가 없는 평화"를 건의했지만 이런 노력은 당연히 실패했다.

1917년 2월 영국은 그들의 정보기관에서 해독한 독일의 전보문을 윌슨에게 보냈다. 이 전보문은 독일 외교부장 짐머만이 독일 주멕시코 공사에게 보내는 전보였다. 이 전보에서 독일은 만약 미국이 제1차 세계대전에 참가하면 멕시코와 동맹을 맺을 것을 건의하겠다는 내용이 적혀 있었다. 짐머만은 전보에서 "우리는 멕시코에 확실한 경제적 지원을 할 것이다. 멕시코가 미국에 빼앗긴 뉴멕시코, 텍사스, 애리조나의 영토를 얻을 두 있도록 할 것이다"라는 내용도 있었다. 1917년 3월 이 전보의 내용이 대중들에게 공개되자 미국 국민들의 반독일 감정은 높아져갔다.

그러자 독일에서는 무제한 잠수함 작전을 재개되었고, 윌슨은 1917년 4월 2일에 열린 상하원 연석회의에서 독일에 선전포고를 내릴 것을 요구했다. 4월 4일 미국 상원에서는 82대 6이라는 절대적인 우세로 독일에 대한 선전포고가 통과되었다. 4월 6일 미국 하원에서도 373표 대 찬성 50표의 반대로 선전포고 건이 통과되었다.

존 조셉퍼싱[28]은 협약국의 통제를 받지 않고 미국 원정군을 거느리

---

28) 존 조셉퍼싱: 미군 최초의 현역 원수 이자 세 명 뿐인 대원수(조지 워싱턴과 해군 조지 듀이)이다.

고 해외에서 독립적으로 작전했다. 이와 동시에 윌슨 대통령은 1918 년 1월에 14가지의 평화조항을 제기했다. 그는 이런 조항이 지속적인 평화를 실현할 수 있는 유일한 방법이라고 강력하게 주장했다. 그 결과 1918년 11월 11일 정전협정이 체결되었다. 미국은 30만여 명의 사상자가 발생했는데 전쟁터에서 5만 3천여 명이 사망했고, 전쟁관련 질병 혹은 사고로 사망한 인원은 6만 3천여 명에나 달했다.

윌슨 대통령은 직접 미국 대표단을 거느리고 파리평화회의에 참가 했다. 회의는 미국의 윌슨 대통령, 프랑스 총리 조지 클레망소, 영국 총리 데이비드 로이드 조지와 이탈리아 총리 비토리오 오를란도 등 네 명의 지배하에 진행되었다. 1919년에 체결한 『베르사이유 조약』에 는 전쟁의 책임은 응당 독일이 져야 한다고 했으며, 독일이 점령한 모 든 식민지를 박탈하고 자르 유역의 석탄 산지와 알자스로렌을 프랑

윌슨이 선거 유세 도중 유권자들에게 승리를 자신하는 퍼포먼스를 취하고 있다.

스에 돌려주고, 주데테란트 지역을 체코슬로바키아에 돌려주며, 일부 지역을 벨기에에, 폴란드 회랑을 폴란드에 주어 라인란트지역을 비군사지역으로 규정했다. 이는 사실상 독일의 무력을 폐지시켰던 것이다. 또한 전쟁 배상금 150억 달러를 받았고 이후에 추가로 받을 배상금도 있었다. 협약에서는 국제연맹을 성립할 것에 관한 규정도 포함되어 있었다. 1919년 9월 윌슨은 전국적인 순회강연을 시작하면서 강연을 통해 국회에서 평화조약 체결을 통과시키고 국제연맹에 가입하는 것을 허락해 주기를 희망했다. 3주 동안 그는 29개 도시에서 수십 차례의 강연을 진행했다. 콜로라도 주에 도착한 윌슨은 몸이 허약해져서 급히 워싱턴으로 돌아왔다. 며칠 후 그는 중풍으로 쓰러졌다. 그럼에도 몸이 완전히 회복되지 않은 윌슨은 대통령 직위를 부대통령에게 물려주거나 임시로 물려주지 않았다. 하지만 당시 미국 헌법에는 대통령이 대통령의 직책을 다하지 못하여 국가가 영도위기에 처할 때의 행동방안이나 선례가 없었기에 누구도 그의 권력에 이의를 제기하지는 못했다. 윌슨은 병상에서 여러 가지 결정을 내렸다. 윌슨 부인이 어떤 사안을 대통령이 직접 결단해야 하는지를 결정했다. 미국 상원 외교관계 위원회 주석이며 공화당 상원의원인 헨리 로지는 평화조약에서 일정한 조항을 유보시키기 위한 투쟁을 진행했지만 윌슨은 이런 조건을 굳건히 반대했다. 그 결과 미국 상원에서 평화조약을 허가하지 않는 바람에 미국은 줄곧 국제연맹에 가입하지를 못했다. 그러나 세계평화와 국제연맹의 성립을 위한 윌슨의 노력은 인정을 받아 1919년에 윌슨은 노벨평화상을 받았다.

1921년 미국은 독일과 단독으로 평화조약을 체결했다. 제1차 세계대전은 독일 인민들에게 복수의 씨앗을 심어 놓았고, 이는 히틀러가 정권을 차지하는데 유리한 조건이 되었다. 미국과 일본은 이번 전쟁을 통해 더욱 강한 국력을 가지게 되어 세계의 주요 강국으로 성장했다.

리따자오(李大釗)는 유럽 전쟁의 승리는 "서민들의 승리"이며 "볼셰비키주의의 승리"라고 했다. 반대로 베이징대학(北京大學) 영문학과 과주임인 후스(胡適) 교수는 이렇게 말했다. "이번 전쟁에서 협약국이 승리할 수 있었던 것은 미국의 원조가 있었기 때문이다. 미국이 이번 전쟁에 참여하게 된 원인은 '무력 해결'의 방법을 찾기 위해서이다. 미국 대통령이 주장하는 협약국 국가들이 찬성하는 '무력 해결'의 방법은 무엇인가? 바로 각 국가의 무력을 세계 각국에서 공유하는 무력으로 변화시키는 것이다. 바로 세계의 국제경찰로써 지니는 무력을 통해 해결하는 방법이다."

1918년 11월 30일 저녁 베이징(北京) 학계는 제등(提灯)시위를 했다. 참전 감독관인 돤치뤠이(段祺瑞)의 주택 앞에서 축하하는 학생들도 있었다. 심지어 미국 주중대사관 대문 앞에서 "윌슨 대통령 만세!"를 외치는 학생들도 적지 않았다.

유럽 대전이 끝난 후 미국은 중국의 베이징 정부와 광쩌우의 군정부에서 10월 10일에 발표한 윌슨의 정전 제안을 받아들일 것을 요구했다. 무력보다 문치에 힘을 쓰는 새로운 대통령 쉬스창(徐世昌)은 미국 주중공사인 Paul Samuel Reinsch와 광쩌우 영사의 조정 하에 광저쩌 군정부와 정전 평화담판을 진행했다.

전승국에서는 1919년 1월에 파리 베르사이유 궁전에서 독일과의 평화조약 초안과 전쟁 후 세계평화를 논의하기 위한 회의인 '파리평화회의'를 진행했다. 1월 12일 영국, 프랑스, 미국, 일본, 이탈리아 등 5개 국가는 이번 회의에 참가할 국가에 대해 토론했다. 그들은 전승국뿐만 아니라 전쟁 중에 동맹국과 절교를 한 국가에서도 참가할 수 있다고 결정했다. 이 결정에 따라 총 32개 국가에서 이번 회의에 참가했다. 중국은 협약국의 일원으로 파리평화회의에 초대받았다. 이렇게 중국 근대사에서 처음으로 전승국의 신분으로 국제회의에 참가하게 되었는데, 이 회의에는 5명의 중국 대표가 참가했다.

파리평화회의 개막 하루 전인 1919년 1월 17일 미국, 영국, 프랑스, 이탈리아 등 네 개 국 지도자들로 이루어진 '4인회의'에서는 회의에 참가하는 각 나라의 참가 인원을 결정했다. 회의에 참가하는 나라를 두 가지로 분류하고 네 개 등급으로 나누었다. "일반 이익의 교전국"과 "개별이익의 교전국"으로 나누었다. 그중 "일반 이익의 교전국"은 또 두 개의 등급으로 나누어지는데 첫 등급에는 세계 5대 강국인 영국, 프랑스, 미국, 이탈리아, 일본으로 이 나라들에서는 각 5명의 대표를 파견할 수 있고, 두 번째 등급은 벨기에, 브라질, 세르비아인데 이 나라들에서는 3명의 대표를 파견할 수 있다고 규정했다.

두 번째 분류인 "개별이익의 교전국"도 두 개 등급으로 나누었다. 첫 등급은 캐나다, 오스트레일리아, 남아프리카공화국, 인도, 중국이 포함되는데 이 나라들에서는 각 2명의 대표를 파견할 수 있었다. 두 번째 등급은 뉴질랜드, 쿠바 등 20개 국으로 각 나라마다 1명의 대표를 파견하기로 되었지만, 이 등급에 속하는 나라는 당시의 세계 5대 강국에서 요청이 있어야만 회의에 참가할 수 있었으며, 자신의 의견을 진술할 수는 있었다.

평화회의의 요구에 따라 참가 명단을 통보했다. 베이징정부에서는 당시 외무상인 루정샹(陸征祥)과 주미 공사 꾸웨이쥔(顧維鈞-Wellington Koo) 외에도 주영 공사인 스자오지(施肇基-Alfred Sao-ke Sze), 주벨기에 공사 웨이겅쭈(魏庚組)를 파견하기로 했다. 그 후 미국 등 주중공사들의 요구에 따라 남방의 호법정부 주미 대표인 왕정팅(王正廷, 구 국회 상원 부의장)을 추가로 파견했다.

1919년 1월 18일 파리평화회의는 베르사이유 궁전에서 정식으로 개막되었다. 요청에 따라 20여 개 국가에서 대표를 파견하여 파리평화회의에 참가했는데 참가 인원은 천여 명이 넘었다. 회의 개막 후 회의 주최국인 프랑스의 총리 클레망소를 평화회의 주석으로, 이탈리아 총리 오를란도를 부주석으로 선거했다. 회의의 정책기구는 여전히 미국 대통령 윌슨, 영국 총리 로이드 조지, 프랑스 총리 클레망소와 이탈리아 총리 오를란도로 이루어진 최고의 '4인회의'였다.

중국 대표단은 파리에서 총통부 외교위원회가 작성한 중국의 평화회의 제안서를 제출했다. 이 제안서에는 「7가지 희망 조건」이 포함되었는데 그 내용을 이러했다. (1) 열강들은 중국에서의 세력을 포기한다. (2) 중국에 주둔하고 있는 외국군대와 경찰을 철수한다. (3) 중국에 있는 외국의 우정(郵政)기구와 유선·무선 전보기관을 철수한다. (4) 영사재판권을 취소한다. (5) 조차지를 반환한다. (6) 조계지를 반환한다. (7) 관세 자주권을 유지한다.

「7가지 희망 조건」의 비준을 기다리는 동안 파리평화회의 소식을 듣고자 유럽에 있던 중국 유학생들은 단체를 만들고 대표를 파견하여 그들의 의견을 제기했다. 그들은 중국 대표단에서 윌슨 대통령의 「평화조항 14조」의 내용에 근거하여 평화회의에 일본이 중국에 대한 '21개조 요구'[29]를 폐지하도록 요구해야 한다고 건의했다. 중국 대표단은 애국 역량의 압박 하에 1915년 5월 25일에 서명한 중일협약과 중일양국의 양해 각서인 「중·일·민국 4년조약」을 폐지하기 위한 「진정서」를 제기했다.

중국 대표단은 이 두 가지 문서를 파리 강화회의의 최고 '4인회의'에 보내 심사를 요청했다. 하지만 중국 대표는 산동(山東) 반환과 '21개조 요구" 취소를 '절박한 요구'로 결정하여 이 목적을 실현하기 위해 기타 의제는 '희망조건'으로 평화회의에서 의논 심사하기를 요구했다. 중국 대표단의 이렇게 한 것은 주요 목적을 위해 어쩔 수 없이 취한 결정이었다.

하지만 최고 회의에서는 상술한 두 가지 제안을 모두 거절했다. 다만 산동문제는 독일의 해외식민지 처리 범위에 속하는 문제이기에 회의일정에 포함되었다. 협약국의 승리와 윌슨 대통령의 「평화조항 14조」가 있었기에 중국은 큰 희망을 가졌다. 1840년 이후에 처음으로 전승국의 일원으로 국제무대에 나타난 중국은 지난날의 모든 굴욕과

---

29) 21개 조 요구: 제1차 세계 대전 중 일본이 중국에 요구한 것으로, 독일이 가지던 이권을 일본이 양도 받는다는 내용이다. 일본은 21개 조 요구를 통해 만주 남부의 이권 확대, 독일의 산동 반도에 대한 이권을 일본에 양도할 것, 일본인 고문 초빙 등을 요구하였다.

고난·불공평을 깨끗이 씻고 시기를 당하던 시절을 되풀이 하지 않을 것이라 여겼다. 하지만 중국의 모든 희망은 물거품이 되고 패전국 독일의 수중에서 산동의 주권을 찾을 수 있는 하나의 가능성만 남게 되었다.

1월 27일 오후 1시 꾸웨이쥔은 그의 친구인 미국 극동 사령국 국장이며 미국 대표단 고문인 Edward T. Williams의 연락을 받았다. Edward T. Williams은 "10인 회의는 오전에 독일 식민지의 귀속문제를 토론했는데, 일본대표는 산동의 독일 조차지를 보유해야 한다고 제기했기에 오후 3시에 산동문제를 다시 토론하기로 했으니 중국 대표단이 오후 회의에 참가하여 산동문제에 대한 입장을 표명하라"고 했다. 뜻밖의 소식에 대표단은 크게 중시했다. 그들은 급히 대책을 상의했다. 중국 대표단의 수석대표인 루정샹은 위안스카이(袁世凱), 집권시기 쑨바오치(孫宝琦)를 대신하여 외교총장을 맡았었고, 외교차장 차오루린(曹汝霖), 사법총장인 장종샹(章宗祥)과 함께 일본 주중국공사 히오키 에키(日置益)와 '21개조 요구'에 대한 문제를 담판한 이력이 있었다. 그는 중국 대표단에서 일본 문제를 유일하게 상세하게 알고 있었으나 몸이 불편하다는 이유로 혼자 방안에서 휴식을 취하며 회의에 참석을 회피했다.

이런 상황에서 4명의 대표는 루정샹의 침실에서 대책을 상의했다. 그들 모두는 왕정팅과 꾸웨이꺼우(顧維鈞)를 대표로 추천했다. 왕정팅은 꾸웨이쥔이 중국을 대표하여 발언하라고 했다. 꾸웨이쥔은 위험한 시기에 막중한 임무를 받았지만 거절하지 않았다.

'10인회의'는 미국 대통령 윌슨, 국무장관 Robert Lansing, 영국 총리 로이드 조지, 외무상 Arthur James Balfour, 프랑스 총리 레망소, 외무 장관 Stephen Pichon, 이탈리아 총리 오를란도, 외무 장관 Sidney Sonnino과 일본의 전임대표 사이온지 긴모치(西園寺公望) 마키노 노부아키 등 10명이 참가하는 회의였다. 생각에 잠겨 있던 꾸웨이쮠은 곧바로 Robert Lansing를 방문하여 중국을 지지해 줄 것을 부탁했다. 이에 Robert Lansing은 "미국은 '문호를 개방하고 이익을 고루 나눈다'는 방침에 따라 전권대표와 긴밀히 합작할 것이다"고 대답했다. 이 말에 꾸웨이쮠은 이번에는 일본을 이길 수 있을 것이라 믿었다. 시간이 긴박했기에 꾸웨이쮠은 곧바로 Robert Lansing과 헤어져서 중국 대표단이 투숙한 여관으로 돌아와 왕정팅과 함께 최고 회의장소인 프랑스 외교부로 이동했다. 5대 강국 대표들은 이미 회의장소에 와 있었다. 자리에 있던 마키노는 중국 대표인 왕과 꾸가 총망히 들어오자 중국 대표들이 미처 준비를 하지 못했을 것이라 여겨 회의가 시작하자마자 선제공격을 가해왔다. "산동지역은 일본이 참전한 후 큰 사상자를 내면서 독일의 손에서 받아낸 영토이다. 우리는 전쟁 후 이 지역에서 독일군은 계속 주둔하게 할 수 없다. 따라서 독일은 응당 산동에서의 모든 권익을 무조건 일본국에 넘겨야 한다. 이렇게 해야만 공평한 것이다."

일본이 처음부터 마지막까지 산동의 주권문제를 제기하지 않자 꾸웨이꺼우가 발언했다. "이 자리에서 일본 수석대표인 마키노 선생이 자오쩌우만(膠州灣) 조차지와 철로 및 산동에서 독일의 모든 권리를 일본에 넘겨야 한다고 했다. 이에 대해 나는 전권을 부여 받은 대표의 신분으로 일본이 중국 산동에 있는 독일의 세력을 몰아내기 위해 적지 않은 희생을 한데 대해 진심으로 감사한다. 하지만 중국 인민의 이익을 대가로 보수를 지불 할 수는 없다. 이렇게 한다면 분쟁의 씨앗만 만드는 것으로 전권대표인 내가 우리의 권리를 보장해야 한다고 주장한다."

말이 끝나기 바쁘게 마키노는 자리에서 벌떡 일어서며 반박했다. "일본이 자오쩌우만을 점거한 후부터 이 지역은 이미 우리의 영토가 되었다. 이 점에 관해 중일 양국은 이미 자오쩌우만 조약을 교환했으며 철도 관련 조약도 있다." 마키노가 말한 조약의 체결과정은 이러했다. 1918년 9월 24일 일본 외무상 고토 신페이는 일본 주재 중국공사 장쭝샹에게 전보를 보내 산동문제를 다시 한 번 제기하면서 지난(濟南) 등 지역의 군대 주둔권과 자오지(膠濟)철로 소유권을 강요하면서 철로 연선의 경비권까지 요구했다. 하지만 불법으로 설치한 민정 기구의 철수나 폐지에 대해서는 명확한 기한을 정하지 않았다. 이처럼 막무가내로 중국을 침범하려는 요구에 장쭝샹은 예상 외로 '기꺼이 동의'한다고 대답했다. 이는 일본이 산동을 돌려주지 않으려는 근거 문서가 되었다.

마키노의 말에 중국 대표는 크게 놀랐다. 꾸웨이쥔은 이렇게 말했다. "산동문제는 우리나라와 큰 관련이 있는 문제이기에 중국에 일정 시간을 주어 중국 대표단에서 정식으로 산동문제에 관한 의견을 제기한 후 토론하기를 바란다."

10인 의회는 중국 대표단의 의견에 동의해주었다. 1919년 1월 28일 오후 왕정팅, 꾸웨이쮠은 요청에 의해 다시 한 번 '10인 회의'에 참가했다. 시간이 촉박했기에 산동문제에 대해 서면으로 의견을 제기할 수가 없었다. 그들은 적수공권으로 회의 장소에 도착했다.

　　회의 주석은 "중국 대표가 발언할 것"을 요구했다. 몸을 일으켜 강단에 오르려던 꾸웨이쮠은 왕정팅에게 중일간의 지난 관계를 떠나 산동에 대한 중국의 절대적인 주권을 서술하겠다고 말했다.

　　중화민국의 전권대표인 꾸웨이쮠은 왕정팅과 공동으로 제정한 작전에 따라 사전의 구상대로 다년간의 외교업무에서 얻은 경험과 지혜를 바탕으로 당당하게 중국의 뜻을 서술했다. "3천 6백만 산동 민중들은 역대로 내려오면서 줄곧 중화민족의 일부분이며, 그들 모두는 중국의 언어를 사용하고, 중국의 종교를 믿고 있다. 더욱 문화적으로 산동은 중화문화의 성인인 공자와 맹자의 탄생지이며 중화민족문화의 발생지이다. 지리적으로, 국방의 각도로 볼 때 산동의 자오저우만은 중화민족 북쪽의 관문이기에 수도 베이징의 안전과 연관된 주요한 지역이다." 그는 침착하고 태연하면서도 대범하지만 거만하지 않게 순리적으로 서술했다. 그는 종이 한 장 없이 반시간 넘게 발언했다. "위에서 상술한 바와 같이 대회에서 자오쩌우 조차지와 기타 권리를 처리할 때 중국의 정치적 독립과 영토 완정이라는 근본 권리를 존중해주기를 바란다. 이는 중국 전권대표의 절대적인 주장이다."라고 하며 마지막으로 중국의 입장을 명확하게 표명했다.

　　그는 유력한 논증으로 조리 정연하고 명확하면서도 적당한 단어들로 발언을 했기에 시종 주도권을 가지고 있어 큰 성공을 거두었다.

그의 발언이 끝나자 미국 대통령 윌슨과 국무장관 Robert Lansing 은 몸을 일으켜 단상에서 내려오는 꾸웨이꺼우를 마중 나가 악수를 하며 축하했다. 영국 총리와 외무장관도 악수를 청해왔다. 회의 주석이며 프랑스 총리인 클레망소도 축하 인사를 건넸다. 이탈리아 총리 오를란도는 그를 향해 손을 흔들며 호의를 보냈을 뿐만 아니라 회의가 끝난 후 루정샹에게 귀국 전권대표 꾸 선생의 발언을 극히 높이 평가한다고 했다.

일본 전권대표 마키노는 회의 분위기가 한쪽으로 기울어지자 무척 당황해했다. 그는 급히 일어나 이렇게 말했다. "조금 전 중국 대표는 자오쩌우 조차지와 자오쩌우 철로 및 기타 권리를 응당 중국에 돌려주어야 한다고 했으며, 칭따오는 중국의 영토여서 한 치의 손실도 있어서는 안 된다고 했다. 이에 대해 본인은 전에 말했던 똑같은 사실을 중복하기는 싫다. 하지만 이 장엄하고 커다란 회당에서 세계 주요 국가대표들과 중국친구에게 전하고 싶은 말이 있다. 귀국과 우리나라는 오래전 이미 산동문제를 의논했으며 관련 협약도 있다. 이 사실을 회피하거나 잊지 말기를 바란다."

꾸웨이꺼우가 즉시 반박했다. "일본 전권대표가 말하는 조약은 1915년의 '21개조 요구'에 의거한 양해각서를 말하는 것이다. 세계적인 범위에서 도리를 따지고 정의를 도모하는 여러 강대국 대표 앞에서 나는 사실의 진실을 덮으려는 생각이 없다. 이 조약의 양해각서는 일본 측에서 최후통첩을 보내오는 등 압박 하에서 우리 정부가 부득이하게 따른 것이다. 때문에 국제법의 관례에 따라 이런 상황에서 체결된 조약은 효력이 없다고 할 수 있다. 나는 귀국에서도 이런 사실을 잊지 않았을 것이라 여긴다."

미국 대통령 윌슨이 말을 이었다. "나는 정의와 도의를 위한 국제회의의 공정한 평가를 위해 중·일 양국은 반드시 산동에 대한 각항의 조항을 공포하기를 바란다." 프랑스 총리는 회의 주석의 신분으로 이를 지지했다. "우리는 미국정부의 제의를 지지한다. 양국에서 이를 받아들이기를 바란다."

이를 희망했던 꾸웨이쥔은 즉각 이 건의를 받아들였다. "우리나라 정부는 미국, 프랑스 지도자들의 제의를 존중하며 산동 관련 조약을 제출하고자 한다." 하지만 마키노는 "저의 국가 지도자가 이 자리에 없으므로 반드시 보고하고 지시를 받아야 답변할 수 있다."고 얼버무렸다. 산동문제에 대한 2차토론 회의도 끝났다. 꾸웨이쥔의 발언은 1919년 1월 18일부터 6월 28일까지 반년동안 진행된 파리평화회의에서 한 중국 대표단의 제일 주요한 발언이며, 중국의 명성을 높인 발언이었다. 꾸웨이쥔의 발언으로 산동문제는 국내외에서 제일 관심을 갖는 중국관련 문제가 되었다. 이렇게 산동문제는 국내외 각계인사들의 깊은 관심사가 되었다. 이후 중국 대표단의 주요 활동은 산동문제를 에워싸고 진행되었다. 일본정부 대표는 평화회의에서 두 가지 내용의 의안을 제기했다. 하나는 산동에서 독일의 권익을 일본이 넘겨받는 것이고, 다른 하나는 독일과의 평화조약에 '인종 평등' 추가하는 것이었다. 두 번째 의안은 겉으로는 멋있어 보이나 미국에 압력을 가하는 행동이었다.

꾸웨이쥔의 발언이 있었기에 중·일 양국이 과거에 맺은 비밀조약이 세상에 알려지게 되었고 이로 인해 서방의 열강들은 중국을 동정하기에 이르렀다. 이번 발언 직후 꾸웨이쥔과 왕정팅은 산동문제에 관한 제안을 작성했다. 그들은 중일 비밀조약의 내용과 함께 이를 평화회의에 제출하려고 했다. 그러나 미국·프랑스 등은 처음에는 중국의 처지를 동정하였으나 일본과는 공동의 이익이 있었기에 최종적으로는 중국의 요구를 재차 거절했다. 4월 30일 영국, 프랑스, 미국 세 나라는 중국 대표단이 결석한 상황에서 『베르사이유 조약』을 체결했다. 이 조약은 독일이 가지고 있던 산동의 모든 권익을 일본에 넘겨준다고 규정했다. 열강들은 중국의 주권을 무시하고 중국 인민들의 이익을 일본에게 '선물'로 주는 행동에 중국 인민들은 강력히 저항했다. 이 조약의 체결은 중국 5.4운동의 도화선이 되었다. 중국 베이징정부는 인민들의 압박에 의해 감히 이 조약에 서명을 하지 못했다.

파리평화회의의 소식은 "도의가 강권을 이겼다"고 환호하는 중국 민중들에게 큰 타격으로 다가왔다. 1918년 12월 22일 『매주평론』은 "미국 대통령 윌슨의 발언은 광명정대하기에 세계에서 제일 좋은 사람이라 할 수 있다"는 문장을 발표했던 천두슈(陳獨秀)[30]는 1919년 2월 9일 『매주평론』의 「수감록(隨感彔)」에 "'도의가 강권을 이기다'라고 하는 뜻은 국력의 강약에 따라 권력을 분배하는 뜻인가?"라고 탄식했다. 그

---

30) 천두슈(陳獨秀): 중국공산당 초대 중앙위원회 의장, 유교 도덕을 비판하며 문학혁명론을 주장했고, 이는 이후 5.4 운동의 사상적 기초가 되었다.

는 "윌슨 대통령이 제기한 「평화의견 14조」의 대부분 조항은 지금 현시대에서는 실현하기 어려운 이상일 뿐이다. 우리는 이런 윌슨을 '거짓 대포쟁이'라고 부를 수밖에 없다."고 했다.

　20세기 제일 큰 영향을 가진 2대 강국의 하나인 미국은 세계 각계 사람들이 관찰하고 분석하는 주요 상대국이었다. 1916년 7월 25일 마오쩌동은 친구 샤오쯔성에게 보내는 편지에 처음으로 중미관계와 관련한 의견을 이야기 했다.

　"멕시코 반란이 끝날 무렵 미국은 병력으로 간섭할 것이라고 한참 떠들었지만 행동에 옮기지는 않았다. 반대로 멕시코 반란군들이 미국 남부를 침입하여 민중들을 살해하는 일들이 발생했다. 윌슨은 첫 대통령 임기가 만료된 후 차기 대통령 선거에 참가했다. 이번 대통령 선거 후보는 윌슨, 찰스 에번스 휴스 그리고 루즈벨트였다. 윌슨을 지지하는 사람도 있었고 휴스를 지지하는 사람도 있었다. 대판사인 휴스는 윌슨과 마찬가지로 평화를 주장했다. 당시의 미국 사람들은 루즈벨트를 크게 지지하지 않았기에 그는 대선 후보를 사퇴했다. 나도 미국 사람들이 유럽전쟁에 참가하기 싫어하고 미국이 군비를 늘일 수 있는 상황이 아니기에 평화를 주장하는 윌슨 아니면 휴스가 가능하다고 여긴다. 정책이 변하지 않는 조건 하에 윌슨이 연임하는 것도 나쁘지는 않다. 민국 원년에 루즈벨트는 윌리엄과 경쟁하면서 공화당은 공화당과 진보당으로 분열되자 민주당의 윌슨은 어부지리로 대통령에 당선되었다. 지방에서 연설을 하던 윌슨은 반대파에 습격당했지만 여전히 자신의 연설을 끝마친 후에야 병원으로 향했다. 가히 이런 행동은 영웅적이라 하겠다! 이미 연세가 많다고 들었는데 속세를 초월한 대범함은 혈기왕성한 청년들과 다름이 없다. 지금은 무력을 사용할 시기가 아니고 유럽은 그들이 무력을 사용할 지역이 아니라는 뜻이다. 아마 10년 이후가 그 시기일 것이고 무력을 사용할 수 있는 지역은 태평양일 것이다. 오래전부터 일본과 미국이 전쟁을 할 것이라는 소문이 무성했다. 십년 후 중국이 대륙으로부터 공격하고, 그들이 바다로부터 공격하여 일본 3개 섬을 점령하면 동서 두 공화의 경제에 유리하다. 천년 대업을 완성한다면 오늘의 양보가 빛을 보게 될 것이다!"(『샤오쯔성에 보낸 편지』, 『마오쩌둥의 조기 문고』 52쪽.)

이 편지에서 당시의 국제 형세와 중미관계에 대한 마오쩌둥의 견해를 알아 볼 수 있다. 그는 미국이 유럽의 세계전쟁을 포기하고 이후 태평양에서 군사력이 필요할 때 일본과 승패를 겨뤄야 한다고 여겼다. 그는 일본은 중국의 적대국이기에 일본문제에서 중국과 미국은 연합하여 일본을 상대할 수 있는 중미 친선이 이루어질 수 있다고 했다. 당시 마오쩌둥은 미국의 대외확장 정책과 미국과 일본의 모순에 대한 본질적인 인식이 부족했기에 미국에 희망과 환상을 가지고 있었다. 하지만 그는 중·미 관계가 우호적이기를 진심으로 희망했던 것이다. 마오쩌동은 미국의 정세에 유의하고 미국을 연구하여 미국의 역사와 정신에서 중국사회의 출로를 찾으려고 했다. 그는 융통적으로 미국정신을 선택하고 개조하였다. 그러나 얼마 후 마오쩌동은 미국의 정책을 비판하는 태도를 보였다.

1919년 7월 14일, 마오쩌동은 『상강평론(湘江評論)』창간호에 실린 「각국의 파업열기」라는 글에 이렇게 썼다.

"6월 7일 미국 시카고 전보기사들은 11시에 약 6만 명이 참가하는 파업을 진행하기로 했다. 그중 2만 5천명은 전보회사 연합회 회원들이다. 이 협회 회장은 전국 파업을 계획하고 있었다. 같은 날 전국 전화회사 노동자들은 전보기사들의 행동을 지지하는 의미로 16일부터 파업하라는 명령을 받았다. 8일 전보회사 노동자연합회는 전보를 보내고 받는 기사들을 포함한 전체 전보 노동자들도 파업에 참가한다고 선포했다. 그들이 파리로 오가는 전보를 중단하기로 결정한 것은 윌슨 대통령이 그가 파리회의에서 한 주장을 국민들이 찬성하지 않는다는 것을 유의하도록 하기 위해서였다. 12일 각 전보회사에서는 전보기사들의 파업이 성공하지 못했다는 보고를 받았다."(「각국의 파업 열기」, 『마오쩌동의 조기 문고』 298~299쪽.)

마오쩌동은 『상강평론』에 발표한 글에 제1차 세계대전은 제국주의 나라들이 패권 쟁탈 때문에 일어난 전쟁이며, 중국 인민들뿐만 아니라 미국 인민들도 윌슨의 식민정책을 반대한다고 썼다. 윌슨이 급급히 국제연맹을 구축하려는 행동에서 마오쩌동은 세계의 패왕이 되려는 미국의 야심을 처음으로 알게 되었으며, 자산계급 정책을 독단실행하려는 허위적이고 기만성을 띤 미국의 행동을 경계하게 되었다. 여러 제국주의 국가 간 투쟁의 본질을 더욱 명확하게 알게 된 마오쩌동은 제국주의 대국이 세계 인민들의 운명을 지배하던 '대국정치' 시대는 이미 지나갔고, 향후의 세계는 각국 인민들이 자신의 운명을 지배할 수 있는 시대라고 확신했다.

마오쩌동은 처음에 윌슨을 정의감이 넘치는 용사라고 여겼었다면, 이때에 와서는 "윌슨은 가련한 사람이다"라고 생각했던 것이다.

"파리에 있는 윌슨은 불가마에 오른 개미와도 같아 어찌할 바를 몰랐다. 그의 주위에는 클레망소, 로이드 조지 그리고 마키노 노부아키(牧野伸顯)와 오를란도 같은 강도들이 일정한 토지를 얻고 약간의 금전적인 보상을 하겠다는 말만 하는 자들이었다. 그가 할 수 있는 것이라고는 자신의 의견이 반영되지 못하는 여러 회의에 참가하는 것뿐이다. 어느 날 로이터통신의 보도에 의하면, 윌슨 대통령은 독일이 국제 동맹체에 참가하지 못하게 해야 한다는 클레망소의 의견에 동의했다고 보도했다. 나는 '동의'라는 단어를 보고 윌슨 때문에 온 종일 답답했다. 참으로 '가련한 윌슨'이라 하지 않을 수 없었다."(『가련한 윌슨』, 『마오쩌동의 조기 문고』 318쪽.)

1920년 말 마오쩌동은 마르크스주의자가 되었다. 1921년 7월 중국 공산당이 성립되었다. 같은 해 말 마오쩌동은 미국의 주도 하에 미국, 영국, 일본 등이 참여하여 중국문제를 토론한 워싱턴회의[31]의 반동적인 모습을 폭로했다. 마오쩌동은 워싱턴회의는 중미관계사상 큰 의미가 있는 회의로 이번 회의는 미국이 여러 열강들과 협력하여 중국을 침략하려는 회의이며, 중국의 사회위기를 악화시킨 회의라고 했다. 1923년 4월 13일 마오쩌동은 이번 워싱턴회의로 인해 중국사회는 향후 일정기간 동안 "정치는 더욱 어둡게 될 것이고, 재정도 어려워지고, 군대는 더 많아 지며, 실업률은 급증하게 되는 등 인민들은 가혹한 압박에 처하게 될 것이다"고 했다. "무엇 때문에 이런 예측을 할 수 있는가? 지금 국제 자본주의 정치형세만 보더라도 완전한 반동이 아닌가! 그들은 중국을 침략할 계획을 조율하고 있다. 워싱턴 회의를 거쳐 일치하지 않았던 외국 열강들은 통일된 행동을 계획하고 있다." 마오쩌동은 워싱턴회의는 자본주의가 모순을 조율하는 회의이며, 힘을 모으기 위한 회의라고 했다. 회의를 거쳐 각 제국주의 국가들은 더 큰 이익을 위해 중국 각 군벌들을 부추겨 정부를 반대하게 하거나 그들과 결탁하여 중국에서 군벌들 간의 투쟁을 이용하여 중국에서 제국주의의 침략도구로 삼았다. "외국과 군벌들이 서로 결탁을 하니 극히 혼란스러운 반동적인 정치가 될 것이다." 이것이 바로 중국 정치가 더욱 어두워지게 된 원인이었다.

---

31) 워싱턴회의: 1921년 해군 군비확장 경쟁을 제한하고 태평양 지역에서의 안전보장협정을 구체화시키기 위하여 미국이 소집한 국제회의.

이어 마오쩌둥은 워싱턴회의는 미국이 기타 국제주의 국가와 함께 중국 침략을 공모하는 회의였지만, 미국은 자신의 행위를 그럴듯한 말로 포장하여 중국 사람들을 기만했으므로 중국 민족자산계급은 미국을 맹목적으로 믿고 천진스레 미국에 환상을 품고 있다고 했다. "그들은 미국이 중국을 지원해줄 중국에 우호적인 나라라고 굳게 믿고 있다." 마오쩌둥은 중국 민족자산계급, 소자산계급, 학술계 등은 미국에 미련을 가지고 있어 중국의 현대사에 큰 영향을 미쳤고 이는 매우 위험 일이라고 했다.

이런 마오쩌둥의 관점은 오랜 기간 동안 변하지 않았다. 그러다 1970년대 초에 이르러 중미관계가 완화되고 닉슨 대통령이 중국을 방문하게 되면서 '미국 위협론'이 조금은 흔들리게 되었다. 이때는 중국을 '동정'한다고 하던 '가련한 윌슨'이 서거한지 벌써 반세기가 지난 뒤였다.

13

제임스 먼로(James Monroe, 1758~1831)

【마오쩌둥의 촌평】

 "먼로주의의 기본 관점은 '아메리카주는 아메리카인의 주(州)다'라는 것이기에, 아시아는 당연히 아시아인들의 아시아가 되어야 하고, 후난(湖南, 마오의 고향)은 자연스레 후난인들의 후난이어야 한다."

【먼로 약전】

 제임스 먼로(James Monroe, 1758~1831)는 미국 제5대 대통령으로 버지니아주 웨스트모어랜드에서 출생했다. 16세에 윌리엄 앤 메리대학에 입학하였다가 1776년에 퇴학하고 대륙군에 가입한 뒤에는 다시 학교에 돌아가 학위를 취득하지 않았다. 1780년부터 1783년까지 그는 토머스 제퍼슨에게 법률을 배웠다. 1776년 3월부터 1778년 12월까지 그는 미국 독립전쟁에 참가하여 중위에서 행정장교로 진급했다. 1780년 토머스 제퍼슨 주지사는 그를 버지니아 군사 특파원으로 임명하고 행정장교로 진급시켰다. 독립전쟁시기 총사령관은 오랫동안 모범적인 행동을 보여준 제임스 먼로를 매우 아꼈다. 1782년~1783년 제임스 먼로는 버지니아주 의회 의원으로 당선되었고, 1783년~1786년에는 주 대표로 대륙회의에 참여하였으며, 1786년~1790년에는 버지니아 프레데릭스버그에서 변호사 사무소를 개업했다. 1790년~1794년에는 연방 상의원을 역임했고, 1794년~1796년에는 주프랑스 공사. 1799년~1802년에는 버지니아 주지사에 당선되었으며, 1803년~1807년에는 주영국 공사, 1811년 1월~3월에는 버지니아 주지사, 1811년~1817년에는 국무장관, 1814년~1815년에는 국무장관 겸 육군부장, 1816년에 미국 대통령으로 당선되었다. 1820년 미국 대통령 재선에 성공했고, 1817년~1818년에는 제1차 세미놀 전쟁, 1819년에는 스페인과 「애덤스-오니스 협약(Adams-Onís Treaty)」을 체결했는데, 이 협약에 따라 스페인은 플로리다(Florida)를 미국에 돌려주게 되었다. 1818년 미국과 영국은 「Rush-Bagot 협정」을 제정하여 북아메리카 오대호지역을 비군사 지대로 정했다. 1820년에는 미주리주(州)를 노예주로 하고, 매사추세츠주(州)를 자유주로 하여, 자유주와 노예주의 수량을 균형맞추는「미주리 타협」을 체결했다. 1823년 먼로 대통령은 「먼로주의」를 제기하였고, 1825년 3월 4일 대통령을 퇴임했다. 먼로 대통령은 퇴직 후 회고록과 미국과 고대 그리스, 고대 로마와 비교한 책을 집필하기 시작했으나 완성하지는 못했다. 1831년 7월 4일 오후 3시 15분경 뉴욕시티에서 서거했다.

【마오쩌동의 면로에 대한 총평과 해설】

젊은 시절 마오쩌동은 오랜 기간 후난(湖南)과 중국을 개조시키는 문제에 대해 탐색하고 고심했다. 청년 마오쩌동은 우선 성 별로 연합 조직을 결성한 후 전국적으로 보급하는 방법으로 중국사회를 개조하려 했다. 그가 후난자치운동(湖南自治運動)³²을 일으킨 행동은 중국사회를 개조하려는 사상을 지닌 이래 첫 번째 행동이었다.

그는 먼저 후난성 독군(督軍)이던 장징야오(張敬堯)를 추방하자는 운동을 전개했는데, 이는 후난자치운동의 준비과정이고 발단이었다. 1919년 말 마오쩌동은 장징야오를 추방하자는 대표단을 이끌고 베이징으로 갔다. 베이징에서 그는 각계 대표들과 베이징에 있는 후난인사들과 빈번한 접촉을 가졌으며, 각계에서 선거한 6명의 대표로 뽑혀 총리 관저로 가서 총리와 면담을 요구했으며, 장징야오를 후난에서 몰아내 후난을 개조해야 한다는 의견을 제기했다.

그렇다면 "후난을 어떻게 개조해야 할 것인가?" 하는 문제는 마오쩌동이 반복적으로 사고한 문제였으며, 이번 베이징 행에서 베이징에 있는 후난인사들과 반복적으로 토론한 문제이기도 했다. 심사숙고를 거쳐 그는 「후난 건설문제 조건」이라는 초안을 작성했다. 1920년 3월 12일 그는 리진시(黎錦熙)에게 이 초안과 함께 편지를 보냈다. 마오쩌동은 리진시에게 "이후 상하이(上海)에서 일을 진행하기 쉽도록 여러

---

32) 후난자치운동: 한 성의 일은 그 성 스스로가 처리한다." 라는 정치적인 목표를 나타낸 것으로 각 성의 군사지도자 즉, 군신(軍紳)정권이 그 성을 다스린다는 것을 말한다. 이렇게 각 성에서 토론방식에 의해 각 성의 문제를 해결하고, 성 헌법을 제정하여 성의 통일을 달성한 이후에 통일된 각 성끼리 다시 토론을 거치고 입헌방식으로 전국의 통일을 달성하자는 연성자치운동으로 이어진다.

조항을 검토해 달라"고 부탁했다. 이 편지는 후난자치운동의 발단이 되었다. 리진시에게 보낸 편지는 마오쩌둥의 심리를 그대로 보여주었다. 그는 후난자치운동이 승리한다고 해도 "좋은 점은 별로 많지 않다"고 하면서도 장징야오 추방운동이 이미 어느 정도 진행된 상황에서 단김에 일을 끝맺지 않으면 장징야오 추방운동이 별 의미 없이 끝나게 된다고 여겨 반드시 마무리해야 한다고 여겼다.

리진시가 초안을 검토하자 마오쩌둥은 이 글을 즉시 상하이로 보냈다. 4월 1일 상하이의 『톈원(天問)』 잡지는 마오쩌둥이 초안을 작성한 후난 건설의 조건과 중심 내용을 쓴 「후난개조촉성회발기선언(湖南改造促成會發起宣言)」을 실었다. 같은 날 마오쩌둥은 베이징에서 「후난건설문제의 조건(湖南建設問題的條件)」을 「후난건설문제 조건 검토(湖南建設問題條件商權)」라는 이름으로 베이징 『평면통신사(平民通訊社)』에서 인쇄하여 전국에 배포했다. 마오쩌둥은 4월 11일에 베이징을 떠나 5월 6일 상하이에 도착했다. 8일 프랑스로 가는 신민학회(新民學會) 회원 환송회가 열린 반쑹원(半淞園)에서 후난과 관련한 일들의 진행 문제를 토론했다.

1920년 5월 16일 마오쩌둥의 「후난인민자결회선언(湖南人民自決會宣言)」은 『톈원』 잡지에 발표되었다. 「선언」은 중국을 재난의 구렁텅이에 빠지게 한 군벌들의 죄를 분노한 어조로 성토했다. "후난의 일은 전체 후난 사람들이 해결해야 한다. 이를 찬성하는 사람들은 후난의 벗이고, 이를 반대하는 사람들은 후난의 적이다. 우리 후난사람들의 유일한 희망과 책임은 자유와 책임을 회복하는 것이다. 전국 동포들이 이런 우리 후난을 지지해주기 바란다." 이렇게 하여 후난자치운동의 서막이 열렸다.

마오쩌둥은 상하이에서 후난자치운동을 위해 언론계와 연락을 하면서 각항의 준비사업을 했다. 6월 9일 그는 『시사신보(時事新報)』에 개인의 이름으로 「후난사람들은 인격을 위해 싸운다(湘人爲人格而戰)」는 제목의 글을 발표하여 전체 후난 인민들이 장징야오 추방운동의 승리를 위해, 또 후난 인민들의 인격을 위해 결전할 것을 요구했다. 6월 11일의 『시사신보』에는 「후난 사람들은 다시 한 발 더 나아가자(湖南人再進一步)」라는 글을 발표하여 장징야오 추방운동의 승리를 환호하며, 이는 후난 건설에 유리한 기회이므로 후난 사람들은 응당 즉각 "독군(督軍)을 폐지하고 민치(民治)를 건설해야 한다"고 했다. 또한 그는 20년 내에 중국을 성(省) 단위로 개조하고 건설 하면, 20년 후에는 "전국의 문제가 해결된다"는 가설을 제기했다. 6월 23일 『신보(申報)』에 실린 「청이(曾毅)에게 보내는 후난개조촉성회의 회신」에서 마오쩌둥은 다시 한 번 후난 개조에 관한 자신의 주장을 서술했다. 그는 후난의 자치는 인종주의도 아니며, 다른 성에서 후난에 와서 일을 하지 말라는 것이 아니라 "후난지역에서 적당한 직업이 없는 사람을 배척하자는 것"이라 강조했다. 후난의 자치는 할거주의가 아닌 사회 환경에 적합한 조건을 창조하여 "후난사람들이 여유롭게 발전하고 새로운 이야기를 만들어 나가자는 것"으로 후난자치주의는 비저항주의가 아닌 폭력이 닥치면 반드시 "정식으로 저항하자"는 자치이념이라고 했다. 마오쩌둥은 후난의 자치는 대체적으로 "자주 결정권을 가진 민간 자치주의"라고 했다. 그는 민치(民治)의 방식으로 후난을 개조해야 한다고 주장했다. (1) 정치의 민치주의는 헌법으로 권한을 보장받고, 의회제도로 민의를 표현함을 말한다. (2) 민권의 민치주의는 언론자유, 출판자유, 신앙자유, 거주자유 등 인민의 권리를 중시하는 것을 말한다. (3) 사회의 민치주의는 불평등한 계급을 없애고, 불평등한 사상을 지워 인격의 평등을 추구하는 평등주의를 말한다. (4) 생계의 민치주의는 불평등한 생계를 타파하고, 빈부계급을 없애는 것을 말한다. 이것이 바로 존 듀이(John Dewey)의 민치주의이며 마오쩌둥이 생각하는 민치주의였다. 마오쩌둥은 후난 군벌들이 손에 든 칼을 내려놓고 개과천선하여 "자주 결단의 자결주의를 준수하여 아무나 불러들이지 말며, 이미 후난에 들어온 사람들은 규정에 따라 후난을 떠나고 민치주의를 준수하여 군인·관료·신사 등 기존의 사상을 버리고 자신을 평민이라 생각해야 하며, 스스로 3천만 평민의 이익을 저버리지 말아야 한다."고 했다.

마오쩌둥은 베이징에서 상하이로 이동하는 과정에서 후난자치운동을 위한 여론 준비를 충분히 했다. 당시 그는 후난 군벌에 조금이라도 희망을 가지고 있었기에 후난국(湖南國)을 건립해야 한다는 구호를 제기하지는 않았다.

1920년 7월 8일 마오쩌둥이 후난으로 돌아오면서 후난자치운동은 실행단계에 들어섰다. 7월부터 8월 말 사이에 마오쩌둥은 후난자치운동을 잠시 미루어두고, 문학회의 성립과 경영하는 일로 바빴다. 그는 허수형(何叔衡), 펑황(彭璜)과 함께 러시아 연구회를 조직했다. 그는 창사(長沙) 여러 각계 인사들이 후난자치운동에 별로 관심을 보이지 않자 후난자치운동을 잠시 미루기로 했다. 8월 중순 마오쩌둥은 사오산(韶山)으로 갔다.

8월 18일 장징야오의 후임인 탄옌카이(譚延闓)는 민심과 후난 각계 유명 인사들의 지지를 얻기 위해 「후난 관리 전보(治湘電)」라는 글을 발표했다. 그는 지방자치를 실시하여 국가 차원에서 후난성의 자치를 실시하여 민중들이 선도하는 민중자치운동을 대체하려 했다. 이렇게 되자 마오쩌둥의 주의력은 러시아문화사 연구회에서 다시 후난자치운동으로 옮겨졌다.

9월 1일 사오산에서 창사로 돌아온 마오쩌둥은 『대공보(大公報)』의 후난 자치 토론에 참가했다. 9월 3일에 발표한 「후난 건설문제의 기본문제—후난공화국」에서 마오쩌둥은 처음으로 후난이 후난공화국이라는 하나의 국가로 독립해야 한다는 주장을 제기했다. 이는 그의 후난 자치사상이 크게 발전했음을 의미한다. 이 글에서 마오쩌둥은 압박받는 각 국가의 민족해방 독립운동과 중국 인민들이 군벌통치를 반대하는 혁명운동을 불합리하다는 식으로 비유하면서 각 성은 응당 나라로 독립해야 된다는 결론을 내렸다.

"세계의 대부분 대국들이 와해되고 있다. 러시아에는 붉은 깃발이 나부끼고 세계주의 평민들의 천하가 되었다. 독일도 붉어가고 있다. 폴란드는 독립했고 체코도 독립했으며 헝가리도 독립했다. 유대인, 아랍인, 아르메니아도 새로운 나라를 건립하기 위해 노력하고 있다. 아일랜드는 영국의 통치에서 벗어나려 노력하고 일본에 점령당한 조선도 해방을 위해 분투하고 있다. 우리나라 동북의 시베리아 극동지역에 세 개의 정부가 있다. 격변하고 있는 세계 형세에 '민족자결(民族自決)'이 주류가 되고 있다. 야망가들의 말도 안 되는 대국의 허황된 꿈을 버려야 한다. 제국주의를 무너뜨려 다시는 사람들을 해치지 말게 해야 한다. 세상의 많은 사람들은 이미 이를 깨달았다.

그렇다면 중국은 어떠한가? 물론 중국 사람들도 각성했다.(정치인들과 관료 군벌들을 제외하고) 공화의 명목으로 9년 동안 지속된 대란을 경험한 사람들은 각성하지 않을 수가 없다. 단기간 내에 전국적으로 통일된 나라를 건설할 가능성이 없다. 통일된 나라가 아니라면 아예 분열하여 각 성에서 각자가 건설을 하는 "각 성 인민의 자결주의"를 실행하는 것이 좋은 방법이다. 22개 행성(行省), 3개 특별구, 2개 번지(藩地)가 있기에 총 27개 국으로 나뉘는 것이 좋다.

후난은 어떤가? 3천만 우리 후난 사람들도 각성해야 한다! 후난은 자결자치(自決自治) 외에는 별다른 방법이 없다. 후난에다 '후난공화국'을 건설해야 한다. 나는 후난과 중국의 구제 방법을 여러 가지로 고려해보았다. 이미 해방된 세계 여러 민족과 협력하려면 이 방법뿐이다. 후난 사람들은 후난을 나라로 건설할 결심과 용기가 없다면 후난은 별다른 발전을 가져오기 어렵다."

여기서 마오쩌둥은 후난자치운동을 '후난공화국'을 만들자는 경지로까지 끌어 올렸다. 당시 여러 성에서 일어난 자치운동 중 독보적인 행보를 보인 마오쩌둥의 '공화국' 건설 제의는 후난 학술계와 신문계의 큰 반향을 일으켰다. 9월 5일 마오쩌둥은 자신의 주장을 더욱 명확하게 설명하기 위해 「아무런 기초가 없는 중국에서 큰 중국을 건설하려면 먼저 중국에 여러 개의 후난을 건설하는 것으로부터 시작해야 된다」는 글을 발표하여 러시아 혁명의 경험을 상세하게 설명했다. 그는 러시아의 경험은 "철저한 총체적 혁명"에 적합하기에 아직 철저한 총체적 혁명을 진행할 조건이 마련되지 않은 중국의 실정에는 맞지 않는다고 했다. "중국의 문제를 전체적 차원에서 해결하지 못하면 부분적으로 먼저 해결해야 한다." 러시아의 방법이 중국에 적합하지 않으므로 지금 유일한 방법은 "아무런 기초가 없는 대 중국에서는 먼저 여러 개의 작은 중국을 건설하는 것"이라고 했다.

이 문장이 발표된 후 마오쩌둥의 친구이자 『대공보』의 주필인 롱젠공(龍兼公)도 『대공보』에 「후난의 먼로주의」라는 글을 발표하여 후난국의 취지를 보충 설명했다. 그는 후난 먼로주의를 이렇게 해석했다. "우리가 우리의 일에만 열중하고, 다른 일에는 절대로 간섭하지 않을 뿐만 아니라, 다른 사람도 우리 일에 간섭하지 않아야 한다." 9월 6일 마오쩌둥은 즉각 「절대 찬성 '후난 먼로주의」라는 제목의 글을 발표하여 후난먼로주의는 대다수 후난 사람들의 지지를 이끌어 낼 것이라고 긍정적으로 생각했다. 마오쩌둥은 후난의 공농상학(工農商學: 노동자, 농민, 상인, 학생) 등 각계 시민들이 "투표함은 우리 '최대 다수당'의 수중에 있어야 한다."는 먼로주의를 지지해 주기를 호소했다.

젊은 시절의 마오쩌둥은 먼로주의로 후난자치를 실현하고자 했다. 그렇다면 먼로주의 탄생 배경은 어떠한 것이었나?

먼로주의는 미국 먼로 대통령이 1823년에 처음으로 제기했다. 당시 스페인이 다시 원래 라틴아메리카 지역의 식민지를 되찾으려 했고, 알래스카지역을 점령하고 있던 러시아가 오리건의 주권도 탐을 내자 먼로 대통령은 유럽 열강들이 서반구에 절대 발을 들여 놓지 말라고 강력하게 경고하는 국정 보고서를 국회에 제출했다. 이 국정 보고서 내용이 바로 '먼로주의'인 것이다. 독립적인 라틴아메리카주가 영국의 상업이익에 유리했기 때문에 영국은 미국과 함께 연합성명을 발표하고자 했다. 하지만 애덤스 국무장관은 "영국에 빌붙어서 다니는 것 같다"고 대통령을 설득하여 단독 성명을 발표했다. 이렇게 미국이 단독으로 발표한 성명이지만 미국이 먼로주의를 실행했다는 것을 뜻하였다. "아메리카대륙은……이후 결코 여러 유럽 열강의 식민지가 되어서는 안 된다"는 내용의 먼로 성명은 19세기 미국 외교정책의 기초가 되었다. 제26대 대통령인 시어도어 루즈벨트의 「루즈벨트 추론」과 제32대 대통령인 프랭클린 델라노 루즈벨트의 '목린정책(睦隣政策, 선린외교정책)'도 먼로주의의 복사판이라 할 수 있다. 따라서 먼로주의는 미국 외교정책의 초석이 되었던 것이다.

먼로주의로 후난을 개조하고 중국을 변화시키려는 마오쩌둥 사상은 젊은 시기 성숙하지 못한 마오쩌둥의 정치사상을 보여주었다.

"후스(胡適)선생은 20년 가까이 정치를 논하지 않았는데, 나는 20년 동안 중앙정치를 논하지 않을 것이다. 각 성은 자기 성의 먼로주의를 실현하여 성외의 모든 상황에 관계하지 말고, 자기 성의 발전만 생각하기를 바란다. 국경일은 중화민국의 국경일이라 나는 이를 정말로 싫어한다. 이번 국경일을 계기로 통일을 반대하고 '국경일 생략'을 희망하는 나의 의견을 표명하는 바이다."

(「통일반대」, 『마오쩌동 조기 문고』, 533쪽.)

마오쩌동이 '후난국'을 제기하자 찬성파와 반대파는 격렬한 토론을 진행했다. 마오쩌동의 친한 친구 펑황(彭黃)은 「후난공화국 건설문제의 근본문제는 비(非)중국식·비(非)미국식의 공화국이라는 점이다」, 「어떻게 후난국을 건립해야 할 것인가?」, 「후난국 건국에 대한 해석」 등의 글을 발표했다. 마오쩌동의 학생인 장원량(張文亮)도 「당연한 '후난국'」이라는 제목의 글을 발표하여 마오쩌동의 후난공화국 주장을 지지했다. 반드시 집고 넘어가야 할 것은 이 시기 마오쩌동 등이 후난국을 성립하려는 주관적 동기는 분열이 아니라 중국이라는 나라의 통일을 실현하기 위한 방법이었다는 점이다. 후난국이라는 이름만으로 후난독립으로 여겨 분열주의라고 생각하면 잘못된 생각이다.

마오쩌동은 후난국을 건국해야 한다는 생각을 견지했다. 9월 6일과 7일에 「중국과 어려움을 함께한 후난의 역사와 현황 증명」이라는 글을 발표하여 후난국 건국의 이유를 다시 한 번 명확하게 해명했다.

"근대역사상 후난은 중국의 사회발전에 큰 기여를 했으나 가장 어려운 지역이라고 생각한다. 민국 이후 9년 사이에 3차례나 시련을 겪었다. 지금 중국의 상황이 악화 된지 7~8년이 지났지만, 무력을 가진 자들이 더욱 행패를 부리고 정치는 날로 부패해지고 있다. 이런 상황에서 중국의 전체 상황을 한꺼번에 호전시킨다는 것은 불가능하다. 골수까지 부패해진 중국은 군부와 관료들이 각 지역에서 자치를 하고 있는 실정이다. 각 성의 인민들은 지방의 군부와 관료들의 압박에서 벗어나기 위해 분투해야 한다. 후난사람들은 후난에서, 광동사람들은 광동에서, 쓰촨사람들은 각자의 성을 변화시키는 상황을 나타나도록 해야 한다. 이렇게 하여 10년~20년이 지나 능력을 가진 군대가 나타나면 전국적인 혁명이 시작될 것이다."

마오쩌동의 후난국 건립 생각이 그 당시 상황에 적합하지 않고 실행 가능성도 없었지만, 그는 이미 중국의 혁명을 생각하고 있었던 것이다. 이 시기의 마오쩌동은 제국주의 전쟁을 국내 혁명전쟁으로 변화시키는 레닌사상을 중국에 응용하여 중국도 군벌세력의 분열전쟁을 각 성의 인민들에게 나누어 자치 자결할 수 있다고 판단했다. 마오쩌동의 부분적인 변화로부터 시작하여 전체적인 변화를 이끌어 내는 방법은 중국 형세에 대한 반복적인 관찰을 거쳐 내린 판단이라고 할 수 있다. 중국공산당 성립 초기에도 마오쩌동은 이러한 생각의 합리적인 부분을 여전히 발전시키고자 했다. 로버트 스칼라피노(Robert

Scalapino Robert A. Scalapino)의 말처럼 "놀랍게도 10년이 지난 뒤 마오쩌둥은 사면초가이긴 하지만 완전히 독립적인 장시(江西) 소비에트공화국을 건립했으며, 그들은 그들의 선택이 전국의 본보기가 되기를 희망했다. 그 외에도 중국공산당은 주요 도시가 아닌 농촌에서 활동을 전개하고, 한 개 혹은 여러 성에서 성공적으로 사업을 전개하여 적절한 타이밍이 오면 전국적인 운동으로 추진해 나가는 혁명 전략을 격렬하게 토론했다." 세계 각국의 학자들은 마오쩌둥의 후난국 건국 주장이 내포하고 있는 적극적인 의미를 부정하지는 않았다.

후난자치운동의 여론이 조성되고, 마오쩌둥이 후난국의 건립을 제기하자 후난 독군이던 탄옌카이는 여간 조마조마하지 않았다. 사실 후난 자치는 탄옌카이가 후난에서의 입지를 공고히 하기 위한 수단일 뿐이었다. 비록 '백성들의 정권'을 만들고 '백성을 위하는 정부'를 만들 것이라고는 했지만 이 역시 공수표일 뿐이었다. 후난자치운동이 통제 불가능한 상태로 발전하자 탄옌카이는 9월 13일에 '개인명의'로 "관료와 지방세력의 자치회의"를 소집해 성 정부 11명과 성 의회가 파견한 인원으로 구성된 '후난자치회'를 만들어 헌법제정의 권리를 장악하고자 했다. 탄옌카이가 정부의 자치회를 계획할 무렵 마오쩌둥도 민중들이 참여하는 자치회를 추진하고 있었다. 탄옌카이가 정부 자치회의를 소집한 이튿날 마오쩌둥, 펑황, 롱젠공 등 세 사람은 377명이 서명한 「'후난혁명정부'에서 소집하고 '후난인민헌법회의'에서 제정한 『후난헌법』으로 '신 후난'을 건설하는데 필요한 건의」를 10월 5일과 6일에 『대공보』에 발표하기로 결정했다.

마오쩌동 등 377명이 제안을 제기하게 되면서 후난자치운동은 실행 단계에 들어섰다. 9월 27일부터 10월 10일 사이에 마오쩌동은 연속적으로 다섯 편의 글을 발표하여 후난자치운동과 관련한 중요한 문제를 깊이 있게 설명했다.

9월 28일 마오쩌동은 「"농민운동 촉구"를 재 논의하다」는 글에서 자치운동 과정에서 "소수의 관리나 '지방 토호'들의 선심"을 기대하지 말고 될수록 많은 사람들의 참여가 있어야 성공할 수 있다고 설명했다.

9월 30일 마오쩌동은 『대공보』에 「후난 사람이 후난을 다스리는 후난사람의 자치」라는 글을 발표하여 "후난 사람이 후난을 다스려야 한다"는 주장을 견결히 반대했다. 왜냐하면 그는 "후난 사람이 후난을 다스린다면, 후난남 출신 군벌들의 통치에 합리성을 부여하여 특권을 가진 소수자들이 일반 평민들을 노예로 통치하는 상황이 나타나게 된다"고 생각했기 때문이었다. 그는 우쯔위(吳子玉)가 주장하는 국민대회도, 량치차오의 민국 제헌과 쑨중산(孫中山)의 남북 평화담판 등도 모두 강력하게 반대했다. 그는 이런 방식으로는 군벌통치 문제를 해결하지 못하며, 오직 각 성이 자치권을 가져 각 성을 개조한 후 전국을 개조한다면 중국의 개조를 이끌어 낼 수 있다고 생각했던 것이다.

10월 7일 마오쩌동은 「후난 자치를 위해 창사 삼천만 시민에게 고하는 글」을 발표했다. 그는 이 글에서 이번 후난자치 운동의 주인공은 시민들이기에 후난 사람들의 각성을 이끌어 내려면 먼저 창사 시민들이 각성해야 한다고 했다. 그는 서방의 역사로부터 서양 각국의 정치

개혁과 사회개혁은 모두 시민운동으로부터 시작되었다고 생각했다. 즉 당시의 러시아와 독일의 변화가 시민운동으로부터 시작했을 뿐만 아니라, 독재자들의 통치에서 '자유민'의 신분을 되찾은 중세의 자유 도시도 시민운동으로부터 시작되었다고 생각했던 것이다. "시민들은 참으로 큰 권위를 가지고 있다! 시민이야 말로 진정 하늘의 총애를 받고 있다!"고 믿었던 것이다. 마오쩌둥은 글에서 이렇게 호소했다.

"후난 자치는 지금 단계에서 제일 중대하다. 왜냐하면 후난사 람들의 생사와 영광, 치욕과 관계되는 일이기 때문이다. 친애 하는 후난의 3천만 동포들이 부모님의 생사보다 중요한 우리의 자치를 제대로 구축하는데 최선을 다하기를 권고한다. 지금은 거센 폭풍우가 닥치기 직전이기 때문이다."

10월 10일 마오쩌둥은 상하이 『시사신보』에 「통일반대」라는 글을 발 표하여 전 중국에서 자치운동을 의논하는 것은 필연이며 "매우 좋은 현상"이라고 했다. 그러면서 그는 각 성에서 먼로주의를 실행해야 한 다고 건의했다. "쌍십절(双十節)"인 이날 마오쩌둥은 글에서 국경일이 "즐겁지 않고" "국경일을 경축하는 일을 생략하는 현상"이 나타나기 를 희망했다.

자치운동을 추진하기 위해 마오쩌둥은 분주히 움직였고 많은 일들 을 했다. 10월 6일 펑황이 주석을 맡고 있는 성(省) 학생연합회에서는 10월 10일에 있을 시위행진에 관련한 사항을 상의하기 위해 10월 7일성(省) 교육회에서 진행하게 될 회의에 대표를 보내라는 편지를 각 단체에 보냈다.

10월 7일 수많은 대표들이 회의에 참석했다. 회의에서는 10월 10일에 탄옌카이 정부에 『탄원서』를 제출하기로 결정했다. 또한 회의에서는 마오쩌둥과 롱젠공이 초안을 작성하도록 하고 각 신문계 연합회, 학생 연합회, 상회, 공회, 교육협회 등 다섯 개 단체 대표들로 구성된 준비위원회를 성립하여 쌍십절 시위행진에 대한 사항들을 준비하기로 했다.

10월 10일 큰 비가 내렸지만 만여 명의 학생들은 기세 드높이 독군부(督軍府)를 향해 행진했다. "호남자치!" "통일진행!" "신 호남을 건설하자!"는 행진대오의 우렁찬 외침 소리는 창사의 상공에 울려 퍼졌다. 시위대오가 독군부에 도착한 후 펑황 등 대표들은 탄옌카이에게 「탄원서」를 제출했다.

비록 탄옌카이가 「탄원서」를 받았지만, 시위대가 주장하는 내용을 절대로 받아들일 수는 없었다. 특히 정부가 독단적으로 헌법을 제정하지 못하며 인민들이 헌법제정에 참여해야 한다는 내용과 관리와 군인들이 헌법의 대표가 될 수 없으며, 후난에서 민치주의와 사회주의를 실시한다는 내용에 대해서 탄옌카이는 노발대발했다. 사후에 그는 단호하게 「탄원서」에 있는 각항의 요구를 거절했다. 그는 각종 유언비어로 이번 자치운동의 지도자인 마오쩌둥을 박해하려고 했다. 12월 5일 탄옌카이는 『대공보』에 글을 발표했다. 그는 마오쩌둥을 비롯한 일당은 "교활하고 시비를 가리지 못하며 무책임한 말을 떠들면서 진실을 외면하는 비방자"에 불과하므로 경찰청에서 "사건을 제대로 수사하여 사악한 행위를 경계"하라고 요구했다. 그러나 탄옌카이의 반동정부와 날카롭게 맞서 싸웠던 마오쩌동이 발기한 민중의 호남자치운동은 이를 계기로 중단되고 말았다.

Ross Terrill가 집필한 『마오쩌동전』에는 마오쩌동의 후난자치운동과 면로주의를 이렇게 평했다. "1920년에 마오는 후난자치에 관한 내용의 글을 발표했다. 이는 마오의 지방주의사상이 다시 나타난 것이라 할 수 있다. 생동감 넘치는 그의 글에서 마오라는 사람을 이해할 수 있다."

마오의 후난자치문제에 대한 의견은 그의 반제국주의 사상을 보여준다. 그는 후난 이외의 지방을 외국이라고 불렀다. 그는 '대중국사상'은 재앙이며, 사회생활의 '자연적인 발전'을 저해한다고 생각했으므로 "27개의 작은 중국"을 건립할 것을 호소했다.

마오가 27개 성(省)의 자치를 찬성하게 된 원인은 각 성을 단위로 하는 건설이 성공해야 더욱 강대하고 번영하는 중국이 있을 수 있다고 여겼기 때문이었다. 즉 "이것이 바로 분리되었던 독일이나 미국이 다시 통일을 위해 선택한 길이다."라고 보았던 것이다.

나라와 민족을 절대적으로 신봉했던 마오가 각 성의 자치를 지지했다는 것은 놀라운 일이 아닐 수 없다. 그의 이러한 생각을 보여주는 침통한 글이 있다.

"4천년의 역사에서 후난사람들은 허리를 펴고 살았던 적은 없었다. 후난의 역사는 어둠의 역사이고, 후난의 문명은 회색의 문명이다! 이는 4천년 동안 후난이 중국이라는 무거운 짐을 짊어지고 있었기에 자연적인 발전을 가져오지 못한 결과이다."

베이징의 연약하고 무능한 국민정부는 마오의 비난 대상이었던 것이다. 그러한 그의 생각은 1921년 봄에 이르러 후난독립자치에 대한 열정이 사라졌다. 군벌의 빈번한 경질이 마오의 급진적인 사상을 동요시켰기 때문이다. 1920년 9월에 탄옌카이가 내려가고 다른 통치자가 왔다. 새 통치자는 자치를 찬성했으나 자치를 통해 백성들을 해방시키는 어떠한 사항에도 동의하지 않았다.

몇 주가 지나 마오는 사람들을 이끌고 성 의회에 쳐들어가 눈에 뜨이는 곳에 걸려있던 현수막과 깃발들을 떼어냈다. 그는 개량 정치의 한계를 인식했던 것이다. 그는 기존의 정치 구조 외에서 활동을 조직해야 할 필요성을 느꼈던 것이다.

아메리카는 아메리카인들의 아메리카주이다. 이는 먼로주의의 기본 관점이다. 그러한 관점에서 아시아 주는 당연히 아시아인들의 아시아 주이고, 후난은 후난사람들의 후난이다. 후난자치운동을 발기한 마오쩌둥은 후난공화국이라는 가설을 제기했다. 그는 미국이나 독일의 경험을 바탕으로 "선 연방, 후 연합"의 방법으로 나라의 통일과 부강을 실현하고자 했다. 그러나 이것은 온화한 유토피아적 개량주의였다. 그것은 느끼게 된 마오쩌둥은 1920년 말에 이 주장을 포기했다.

그러나 이후 국제관계를 처리할 때에도 마오쩌둥은 먼로주의를 인용했다. 1959년 3월 18일 일본 사회당 당서기 아사누마 이네지로(淺沼稻次郎)를 만난 자리에서 "서태평양지구는 서태평양 지역 국가에서 관리해야 한다"고 말한 데서 알 수 있는 것이다.

14

프랭클린 델러노 루스벨트

(Franklin Delano Roosevelt, 1882~1945)

【마오쩌동의 촌평】

"루즈벨트는 미국 정부, 인민, 해륙공군 장병들의 뛰어난 지도자이다."

【루즈벨트 약전】

플랭클린 델라노 루즈벨트(1882~1945)는 뉴욕에서 태어났고, 1904년 하버드대학을 졸업하였으며, 1907년 뉴욕 변호사계에 발을 들여놓았다. 1910년~1913년에 뉴욕주 의회의 상원 의원, 1913년~1920년에는 미국 해군성 차관보로 근무했지만, 1921년 8월에 두 다리가 불구가 되는 소아마비에 걸려 치료 후 루즈벨트-오코너 변호사 사무소에서 다시 사업을 시작했다. 그러다 다시 정치계에 들어가 1928년~1932년 뉴욕주 주지사를 하다가 1933년은 미국 대통령에 당선되었다. 그 후에는 미 대통령 임기의 전통을 파기하고 세 번이나 대통령에 연임

되어 12년 동안이나 대통령직을 수행했다. 대통령 취임 초기인 1929
년에는 자본주의 사회가 경제위기에 처하는 위기상황을 맞아야 했
다. 그는 이를 극복하기 위해 '뉴딜정책'을 실시했는데, 그 정책의 일
환으로 경제에 대한 정부의 개입을 강화하여 중하층 인민의 처지를
개선함으로써 미국 내 극우세력이 득세하는 것을 막았다. 동시에 '뉴
딜정책'은 독점자본주의와 국가 간 연합을 촉진시켰다. 이를 위해 '선
린외교정책'을 표방하여 미국과 라틴아메리카 각 국가 간의 긴장관계
를 완화시키는데 힘썼다. 1933년 소련과 외교관계를 맺어 과거 소련을
고립시키던 강경책을 변화시켜 제2차 세계대전시기 독일, 이탈리아
그룹의 침략전쟁을 반대하는데 협력했다. 1941년 8월 영국 총리 처
칠과 공동으로 자본주의세계 정치 강령을 의미하는 「대서양헌장」 제
시하여 같은 해 12월 일어난 태평양전쟁에서 반파시즘 동맹을 이끌
었다. 전쟁 시기 동안에 중요한 국제회의와 활동에 참여했는데, 1942
년 1월 1일에 발표한 추축국(樞軸國, Axis Powers)[33]을 반대하는 26개
국 공동선언, 1943년 1월에 처칠과 진행한 카사블랑카 회담과 8월에
진행한 퀘벡 회의, 1943년 11월에 진행한 중국, 미국, 영국 등 3개국
이 참가한 카이로회의와 소련, 미국, 영국 3개국이 참가한 테헤란회
의, 1945년 2월 소련, 미국, 영국 3개국의 얄타회담에 참가하여 세계
반파시즘전쟁의 승리를 위해 큰 공헌을 했다. 그러다가 과로로 인해

---

33) 추축국(樞軸國) : 제2차 세계대전 때, 연합국에 대항한 나라들인 독일·일본·이탈리아의 동맹을
   말하는데, 이 말은 무솔리니가 비밀동맹을 체결하면서 11월 1일 연설에서 독일과 이탈리아의
   관계를 추축(axis)으로 표현하면서 추축국이라는 용어가 등장했다. 베를린·로마를 연결하는
   추축의 형성은 이탈리아의 에티오피아 전쟁에 대한 국제연맹의 결정을 반대한다는 의미였다.

1945년 4월 12일 뇌출혈로 사망했다. 저작으로는 『정부-정치가 아니다.』(1932년), 『Looking Forward』(1933년), 『우리의 전쟁을 논함』(1931년) 등이 있다.

【마오쩌둥의 루즈벨트에 대한 총평 및 해설】

연속해서 3선에 당선된 미국 대통령 루즈벨트는 제2차 세계대전이 일어난 후, 국내에서는 '뉴딜정책'을 실시했고, 대외적으로는 '선린외교정책'을 실시하여 독일, 이탈리아, 일본 그룹의 침략전쟁에 반대했다. 특히 제2차 세계대전이 일어난 후 루즈벨트는 동맹국의 명실상부한 주요 지도자였다.

비록 교통이 막힌 중국 서북의 옌안에 있었던 마오쩌둥이지만 여전히 세계의 정치형세를 이해하려고 노력했다. 그는 중국을 방문한 미국인을 통해 루즈벨트를 알아갔고, 루즈벨트도 주중 미국 군관, 미국 외교관과 미국 기자를 통해 마오쩌둥을 이해했다.

마오쩌둥과 루즈벨트는 사실 상 서로 다른 진영의 지도자였지만 반파시즘 통일전선에서 같은 진영의 동지가 되었다. 대통령 경호팀 부팀장 에반스 포다이스 칼슨(Evans Fordyce Carlson)이 옌안에 갔었다. 당시 그의 신분은 미국 해군 관찰원(사실은 첩보원)이었다. Evans Fordyce Carlson은 그의 저작인 『중국의 두 개 별』에서 그와 마오쩌둥의 대화 상황을 이렇게 썼다.

"우리의 대화는 깊은 밤까지 계속되었다. 유럽전쟁, 미국의 정치형세로부터 역사적으로 나타난 사상의 변화, 종교가 사회에 미치는 영향과 효율적인 국제조직을 설립할 수 있는 여러 조건 등을 이야기 했다. 그는 이상가(理想家)인 동시에 사실적인 생각을 가지고 있었던 인물이었다. 그는 나에게 이렇게 말했다. '우리 인민들이 곤란을 이겨내고 항일전쟁을 견지할 결심이 있다면 중국은 절대로 패하지 않는다. 지도자는 응당 인민들을 믿고 밝은 미래로 인도해야한다. 오직 이런 지도자가 되어야만 인민들은 건강한 의지를 가질 수 있다. 이런 선결조건을 마련하기 위해서는 지도자들인 우리가 근검 소박한 생활을 견지하고 공정한 일처리를 견지해야 하며, 인민들의 질고에 관심을 가져야 한다. 민주를 견지하고 인민이 인민을 관리해야 한다고 교육해야만 아름다운 미래를 만들 수 있다. 우리는 합작사가 경제생활의 기초라고 여긴다. 공산주의는 하루아침에 이루어지는 것이 아니고 수십 년의 발전과정이 필요하다. 이를 위해 무엇보다 충분한 민주가 필요하다. 그다음 일정 기간의 사회주의 과도기를 거쳐야 한다.' 그는 계속해서 이렇게 말했다. '중국은 큰 물통과 같다. 일본은 물 한 컵으로 이 물통을 채우려하고 있다. 그들이 한 곳을 점령하면 우리는 다른 곳으로 이전하면 된다. 만약 일본이 우리 뒤를 따라 오면 우리는 다시 방향을 바꾸면 된다. 일본은 전 중국을 점령할 병력이 충분하지 않다. 중국 인민이 항일전쟁을 견지한다면 일본은 정치적으로 중국을 통제할 수가 없다.'"

Evans Fordyce Carlson은 중국 전선을 고찰한 후 『중국병사』라는 제목의 군사 저작을 발표했다. 그는 많은 사실을 예로 들면서 팔로군이 강한 전투력을 가질 수 있는 원인을 설득력 있게 설명했다. 이 책은 중국의 실정을 정확하게 외부에 전달했다. 1937년 미국으로 돌아간 그는 루즈벨트에게 중국의 상황을 설명하면서 변구와 마오쩌동의 상황을 특별히 소개했다. 루즈벨트는 Evans Fordyce Carlson를 통해 중국공산당·팔로군 그리고 마오쩌동을 정확하게 이해하고 인식하게 되었다.

루즈벨트는 일본 때문에 흔들렸지만 그는 중국이 일본을 견제해 주기를 바라고 있었다. 중국이 일본을 막으려면 먼저 장제스가 항일을 견지하는 것이 첫 번째이고, 두 번째는 장제스가 공산당을 반대하는 내전을 일으키지 말아야 한다고 보았다. 이는 루즈벨트가 통일되고 단결된 중국을 희망했음을 알 수 있다.

마오쩌동은 세계형세의 변화에 맞추어 아래와 같은 외교방침을 제기했다.

"비록 공산당은 모든 형식의 제국주의를 반대하지만, 중국을 침략하려는 일본제국주의와 중국을 침략하지 않은 제국주의를 구분해야 한다. 또한 일본과 결탁한 '만주국'을 승인하는 동맹인 독일, 이탈리아 제국주의와 일본과 대립하는 영국, 미국 제국주의를 같은 제국주의로 대하지 말아야 한다. 예전에 극동뮌헨정책으로 중국의 항일을 방해했던 영국·미국과 지금 중

국의 항일을 지지하는 정책을 실시하는 영국과 미국은 구분해
야 한다. 우리는 모순을 이용하는 원칙을 견지하고 다수를 쟁
취하고 소수를 반대하는 방법으로 하나씩 쳐부숴야 한다. 우
리의 기본 방침은 독립전쟁과 자력갱생의 원칙하에 외부의 지
원을 이용하는 것이다."

마오쩌동은 유럽의 전쟁터에서 독일 파쇼가 유럽을 점령하고 영국
을 공격하고 있기에 중국에서 영향력이 있는 나라는 유럽국가가 아
닌 미국이라는 것을 알게 되었으며, 장제스 정부에 영향을 미칠 수
있는 나라도 미국이라는 것을 알게 되었다.

총칭(重慶)에 있던 저우언라이도 미국에 대한 사업을 중시했다. 그
는 주중 미국 외교관인 Davis, John S. Service 등과 우호적인 관계
를 맺었다. 1940년 Anna Louise Strong이 총칭에 왔을 때 저우언라
이는 그녀에게 1939년 이후부터 국민당과 공산당의 군사충돌은 2년
넘게 지속되었지만, 외국에는 이에 관한 보도가 하나도 없다고 했다.
그러자 그녀는 이런 사실을 보도하겠다고 했다. 그러나 저우언라이
는 그녀에게 보도를 잠시 보류하고 절대 허락 없이 보도하지 말라고
했다. 1941년 1월 Anna Louise Strong이 미국으로 돌아 간 후 환남
사변(皖南事變)[34]이 일어났다. 그때서야 저우언라이는 사람을 보내 그

---

34) 환남사변: 1941년 1월에 중국 안훼이성(安徽省) 남부에서 발생한 국민 정부군과 공산군의 무력충돌
사건으로 공산계의 신사군(新四軍)이 안훼이성 남부에 이르렀을 때에 국민 정부군이 습격하여
양당의 합작이 깨질 뻔하였으나 공산당의 냉정한 대처로 위기를 넘겨 공산당의 위상이 높아지게
한 사건.

녀에게 "그녀가 알고 있는 사실에 대해 보도"하라고 통지했다. Anna Louise Strong의 보도를 통해 외부에서는 환남사변의 발생이 우연이 아님을 알게 되었고, 다년간 신의를 저버리며 무장충돌을 일으켜 공산당이 영도하는 항일부대를 제거하려고 한 국민당의 본질을 알게 되었던 것이다. 환남사변의 진실은 Anna Louise Strong, 애드가 스노 등 서방 기자를 통해 미국에 알려졌고 큰 여론을 일으켰다. 2월 8일 루즈벨트는 장제스에게 편지를 써서 국공(國共, 국민당과 공산당)이 계속 협력하기를 요구했다. 그래도 마음이 놓이지 않자 루즈벨트는 또 특사를 총칭에 보냈다.

1943년 11월 이란 수도 테헤란에서 회담하고 있는 프랭클린 루즈벨트(가운데) 미국 대통령과 윈스턴 처칠(오른쪽) 영국 총리, 이오시프 스탈린 소련 공산당 서기장.

Lauchin Currie와 저우언라이의 만남은 미국 고급관리가 처음으로 중국공산당 지도자와 한 담화였다. Lauchin Currie는 저우언라이에게 미국은 중국이 내전보다는 힘을 합쳐 일본에 반대하는 것을 찬성하며 정부개혁을 진행해야 한다고 말했다. 그는 장제스가 환남사변의 진실과 장개석이 혹시 투항할 마음이 있는지를 문의했으며, 중국공산당의 민주적 주장과 각항 정책을 이해하게 되었다. 저우언라이는 일일이 대답한 후, Lauchin Currie에게 장제스의 죄상을 폭로하는 자료들을 넘겨주면서 만약 장제스가 공산당을 반대하는 정책을 변화하지 않으면 국내전쟁이 일어나게 되는데, 이렇게 되면 항일전쟁을 견지할 수가 없어 일본이 중국의 남부지역을 공격하게 된다고 했다. 그후 Lauchin Currie는 장제스를 만난 자리에서 만약 중국의 국공문제가 원만히 해결되지 않으면, 미국은 대량으로 중국을 지원할 수 없으며, 중미간의 경제와 재정교류도 진행될 수 없다는 미국의 입장을 전달했다. 같은 시점에 소련 측에서도 장제스에 대한 지원을 중단했다. 소련, 미국, 영국의 압박 하에 장제스는 공산당과 협력할 수도 내전을 일으킬 수도 없었다.

1941년 12월 8일 일본이 진주만을 공격하게 되면서 태평양전쟁이 시작되었고, 미국은 전쟁에 참여하게 되었다. 같은 날 마오쩌동은 정치국회의를 개최하여 세계의 형세와 공산당의 정책을 연구했다. 9일 중국공산당 중앙에서는 「태평양전쟁을 위한 선언」을 발표했다. 선언에는 아래와 같은 내용이 포함되고 있었다.

"태평양전쟁은 일본 파쇼가 미국, 영국 및 기타 국가를 침략하기 위해 일으킨 비정의적인 약탈 전쟁이다. 미국, 영국 및 기타 국가에게 있어서 이번의 태평양전쟁은 일본의 침략을 반대하고 독립 자유와 민주를 지키기 위한 정의로운 해방전쟁이다. 세계는 침략 전쟁을 일으킨 파시즘진영과 해방전쟁을 견지하는 반파시즘진영으로 날로 명확하게 구분되고 있다. 중국과 영국, 미국 및 기타 항일국가는 군사동맹을 형성하여 협동작전을 해야 한다."

루즈벨트는 신속하게 응답했다. 1942년 1월 1일 중국, 소련, 미국, 영국, 폴란드 등 26개 국가는 공동으로 성명을 발표하여 공동으로 독일, 이탈리아, 일본의 파시즘 침략전쟁을 반대하는 자유, 독립, 인권, 정의적인 전쟁을 할 것이라고 했다. 3일 미국은 반추축국 제1 고급 지역 지휘부 및 서남태평양 지역 지휘부 구성을 완성했으며, 장제스를 중국 작전구역(태국, 베트남 등 지역 포함)의 육공군 최고 지도자로 임명한다고 했다. 루즈벨트는 조셉 스틸웰(Joseph Warren Stilwell)을 중국 작전구역 총 참모장 겸 주중미군 사령관으로 임명했다. 루즈벨트는 장제스를 믿지 못했기에 조셉 스틸웰을 중국을 지원하는 미국 물자와 버마로드(滇緬公路) 건설의 감리인으로 임명했던 것이다.

2월 24일 루즈벨트는 백악관에서 스노를 접견했으며 한 시간 동안 극동지역 형세에 대해 담론했다. 장제스가 인민들의 지지와 성원을 받지 못하는 상황을 루즈벨트도 알고 있었다. 그는 미국의 지원 하에 중국의 사회, 경제, 정치가 진보하기를 진심으로 희망했다. 그는 스노에게 중국정부에 대한 지원 외에도 미국이 어떤 방법으로 중국 인민을 도울 수 있는지를 물었다. 당시 스노는 Rewi Alley과 함께 '공업합작협회'를 운영하고 있었다. 그는 루즈벨트에게 적십자회 외에 '공업합작협회'는 전쟁 시기에 국민당 통치지역과 공산당 지역에서 모두 활동할 수 있는 조직이라고 소개하면서 만약 전쟁 시기에 중국에서 강력한 협력운동을 조직하려면 '공업합작협회'를 통해 새로운 방식을 개척하여 국민당의 일당독재와 내전을 대체할 수 있을 것이라고 했다. 루즈벨트는 애드기 스노의 소개에 귀를 기울였고, 경제적으로 게릴라전 근거지 건설을 도울 수 있는 방안에 관심을 가졌다. 루즈벨트는 장제스에게 편지를 쓸 때 '중국공업합작사'에 큰 관심이 있으니 공업합작사 진행 보고를 듣고 싶다는 내용을 추가하라고 했다.

"나는 당신이 쓴 『중국의 붉은 별』을 읽었소." 이는 루즈벨트가 애드가 스노를 접견했을 때 한 첫 마디였다. 그 뒤로 루즈벨트는 두 번이나 스노를 접견했다. 스노를 통해 마오쩌둥 등 중국공산당 지도자들을 이해한 루즈벨트는 1940년대에 이미 미국과 중국공산당이 일정한 관계를 수립할 수 있는 가능성이 있음을 예견했다.

1943년 12월 미국, 영국, 중국 세 나라 지도자들은 카이로에서 일본을 상대로 연합작전 계획을 상의했다. 루즈벨트는 친히 장제스 부부에게 이렇게 말했다. "당신들은 공산당과 협력할 수 있는 방법을 강구하십시오. 미국은 중국의 어떠한 내전에도 개입할 생각이 없습니다. 우리는 중국이 일제히 항일전쟁을 진행하기를 희망합니다."

항상 민주적인 조셉 스틸웰은 얼마 지나지 않아 부패하고 암담한

국민당 군대의 모습을 보았다. 분노한 그는 이렇게 말했다. "우리는 전쟁을 하러 왔다. 우리의 승리를 가로막는 사람들은 걸림돌이다. 우리는 우리의 적들과 우리를 가로막고 있는 걸림돌을 함께 제거할 것이다." 그는 장제스가 중국에서 피 흘리며 싸우고 있는 미국을 배반했다고 여겼다. 그는 장제스에게 '소인(小人)'이라는 별명까지 붙여주었다. 조셉 스틸웰은 공산당의 게릴라전술과 청렴한 정신을 여간 감탄해 마지않았다. 그는 일기에 이렇게 썼다.

"직접 눈으로 보고 느낀 국민당과 공산당은 이러했다. 국민당은 부패하고 무능하며 경제가 혼란스럽고 가렴잡세를 마구 징수하며 언행이 불일치하고 투기를 하고 암시장을 열어 적대국과 사통하고 있다. 공산당의 강령은……세금, 토지세와 고리대를 줄이고 생산을 발전시키고, 생활수준을 향상시키며, 정권을 인민들에게 돌려주는 등 말한 것은 반드시 실행하여 신뢰를 쌓았다."

조셉 스틸웰은 미국의 대 중국 지원에 팔로군(八路軍)과 신사군(新四軍)도 포함시킬 것을 요구 했으며, 변구를 포위하고 있는 후쭝난(胡宗南)의 부대를 산시(山西)로 보내 일본군을 방어할 것을 건의했다. 하지만 그의 건의와 계획은 국민당의 방해로 실현되지 못했다. 크게 노한 그는 때때로 중국어와 영어로 국민당 장령들을 향해 큰 소리로 욕을 하곤 했다. 장제스는 이런 조셉 스틸웰을 눈에 낀 가시처럼 여겼다.

장제스와 조셉 스틸웰의 모순은 루즈벨트 앞에서도 여전했다.

처음에 루즈벨트는 조셉 스틸웰을 지지했다. 이는 국민당의 부패와 무능과는 별개로 태평양전쟁에서 승리를 거두기 위해 중국의 연해지역에 상륙해야 했기 때문이다. 당시 국민당은 서남과 서북에 있었고, 팔로군(八路軍)과 신사군(新四軍)의 유격대는 연해지역에 있었다. 중국 상륙을 위해 1944년 6월에 루즈벨트 대통령은 부 대통령 윌리스(華萊士)를 특사로 중국에 보냈다. 윌리스의 압박 하에 장제스는 부득불 조셉 스틸웰의 건의에 따라 미군 관찰단이 옌안으로 가는 것을 동의했다. 그 전에는 기자들의 옌안 취재만을 허락했다.

1944년 6월 마오쩌동은 옌안에 도착한 Israel Epstein, Harrison Forman 등 서방의 기자들을 만났다. 마오쩌동은 Harrison Forman 에게 중국공산당 중앙의 정치 강령과 소련 정치 강령의 다른 점을 해석해 주었다.

"우리는 소련식의 공산주의 사회와 정치를 실현하기 위해 노력하는 것이 아닙니다. 우리가 지금 하고 있는 일은 링컨이 당신 나라의 남북전쟁시기에 했던 흑인 노예를 해방하는 일을 하려는 것이나 마찬가지 일입니다. 오늘의 중국에는 수억 명의 노예들이 봉건주의의 속박으로부터 벗어나지 못하고 있습니다. 수천 수백만의 농민을 해방시키고 농업개혁을 통해 그들의 생활을 개선할 때에도 우리는 소련처럼 급진적으로 지주들의 토지를 몰수해 인민들에게 나누어주고 싶지는 않습니다. 우리는 지주들이 토지세를 합리적인 정도로 낮추라고 설득하는 한편 줄어든 토지세를 제때에 받을 수 있도록 보장해 주려고 합니다. 경제적인 측면으로 볼 때 우리의 방식은 소련의 방식과는 완전히 다릅니다. 정치적 측면에서도 우리는 그들과 다릅니다. 우리는 무산계급의 독재정치를 요구하지 않을 뿐만 아니라 이를 실행하려는 계획도 전혀 없습니다. 우리는 집체주의를 주장하지 않습니다. 우리는 경쟁과 개인투자를 지지하며 상호 이익을 도모하는 전제 하에서 외국자본이 우리가 통제하고 있는 지역에서 무역과 공업에 투자는 것을 환영합니다. 우리는 낙후한 나라이기 때문에 우리는 외국의 투자를 절실히 바라고 있습니다. 우리의 정부는 민주정치를 믿고 따르고 실행할 것입니다. 우리는 '3·3제'를 이용하여 국민당의 일당 독재와 같은 모든 독재를 규제하고 있습니다. 이런 정부는 소련의 소비에트제도와 크게 다른 것입니다."

Harrison Forman이 "그렇다면 왜 다른 명칭을 쓰지 않습니까?"하고 묻자 마오쩌둥은 "중요한 것은 내용과 실천이 이름이 아니기 때문이지요"라고 재치 있게 답했다.

마오쩌둥의 이 말은 Harrison Forman 한 사람에게만 말한 것이 아니라 그의 펜을 통해 세계에 알려주고자 한 것이며, 기타 서방의 정치가들처럼 공산주의를 마귀라고 생각하지만 중국의 항일전쟁에 큰 관심을 보이고 있는 루즈벨트 대통령에게 전해지기를 희망했던 것이다. 미국은 중국공산당을 연구할 때 중국공산당과 소련은 어떤 관계이며, 중국공산당이 어떠한 공산당인가 하는 두 가지 문제에 관심을 두고 있었던 것이다.

미군 관찰단이 옌안에 도착하게 된 것은 7년간의 꾸준한 노력이 있었기 때문이었다. 1944년 8월 15일 마오쩌둥은 「미군 관찰단 전우들을 환영하며」(『마오쩌둥 외교문선』 34쪽.)라는 글을 발표했다.

"중국·미얀마·인도지역의 미군 총사령부(즉 조셉 스틸웰 장군 본부)에서 파견한 미군 관찰단이 오늘 옌안에 도착했습니다. 이는 중국 항일전쟁 이래 제일 반가운 대사입니다. 우리는 멀리서 노고를 마다하고 여기까지 온 관찰단 여러 분들을 열렬히 환영합니다. 우리는 미군 관찰단의 여러 전우들을 환영합니다. 미국이 세계 반파시즘전쟁에서 이룬 위대한 업적과 미국인민의 정의로운 행동과 희생을 두려워하지 않는 자아희생 정신을 기억하고 있습니다. 유럽, 아프리카와 아시아의 곳곳에서 파시즘의 착취 하에 있는 인민을 해방하기 위해 미국 병사들은 여전히 최선을 다하고 있습니다. 우리 중국의 항일전쟁에서도 미국은 우리나라 인민들과 간접적 혹은 직접적으로 함께 전투를 진행하는 제일 친밀한 전우가 되었습니다. 미군 관찰단의 친구들을 환영하는 자리에서 우리는 미국정부, 인민, 해륙공군 장병 및 현명한 지도자인 루즈벨트 대통령에게 진심으로 고마움을 표하는 바입니다.……"

이 시기는 중국공산당과 미국의 관계가 제일 좋았던 시절이었다. 하지만 달콤한 시기는 항상 짧은 법이기에 조셉 스틸웰이 해직되고 패트릭 헐리[35]가 중국에 오게 되면서 상황은 180도로 달라졌다.

1944년 4월 일본은 1호 작전계획을 세워 샹꿰이(湘桂, 후난성과 광시성)의 교통선을 점령하려 했다. 일본이 꿰이쩌우(貴州)성의 두산(獨山)을 점령하자 총칭은 크게 놀랐다. 하루아침에 무너진 국민당과 달리 중국공산당이 영도하는 적후근거지는 큰 발전을 가져오고 있어 선명한 대조가 되었다. 국민당이 실패하자 조셉 스틸웰와 장제스 사이의 모순은 더욱 커졌다. 장제스는 곤경에서 벗어나기 위해 루즈벨트에게 "정치와 군사문제를 확실하게 이해하고 있으며, 대통령이 절대적으로 믿을 수 있는 대표를 총칭으로 보내 달라"고 요구했다. 장제스는 이런 방법으로 조셉 스틸웰의 권력을 약화시키려 했다. 장제스의 요청 하에 루즈벨트는 패트릭 헐리를 중국에 보냈던 것이다.

패트릭 헐리가 중국에 오게 되면서 객관적으로 조셉 스틸웰의 지위는 약화되었다. 루즈벨트는 위대한 정치가였지만 그는 어디까지나 미국인이었기에 미국의 입장과 미국의 글로벌 전략적 측면에서 중국문제를 고려해야 했다. 비록 그가 마오쩌동과 중국공산당을 공산주의자가 아닌 토지개혁자로 여겼지만, 전쟁 후 미국과 소련의 대치상황과 제국주의 개념으로부터 중국공산당을 독립자주적인 당파로 생각하지 않고, 중국공산당을 중국에서 있는 소련 세력이라고 여겼기 때

---

35) 패트릭 헐리: 미국 공화당의 정치가로 허버트 후버 대통령 밑에서 전쟁장관과 중일전쟁~국공내전 시기에 주중미국대사를 역임했다.

문에 그는 중국 대륙에서 강대해지는 중국공산당을 허용할 수가 없었던 것이다. 옌안에 도착한 미군 관찰단은 소련 군관이 옌안에 있는지의 여부를 매우 유의해 살폈으며, 중국공산당이 소련의 지원을 얼마나 받고 있는지를 알려고 했다. 그들은 현지의 고찰을 통해 지원을 받지 않고 있다는 부정적인 결론을 얻었지만, 미군 고찰단의 결론은 루즈벨트의 정책을 변화시키지는 못했다. 패트릭 헐리는 중국에서 정치적으로 장제스를 지지하고 장제스의 영도 지위를 지키라는 루즈벨트의 정책을 따랐다. 때문에 패트릭 헐리가 중국에 온지 얼마 지나지 않은 10월 19일에 조셉 스틸웰은 중국을 떠났다. 이는 "장제스에게 압박을 가하고 공산당을 지지하던 미국 정책이 장제스를 지지하고 공산당을 억압하는 정책으로 바뀌고 있다"는 신호였다.

1944년 11월 8일 패트릭 헐리는 「담판을 위한 기초」를 가지고 옌안에 도착해 마오쩌동의 환영을 받았다. 패트릭 헐리가 작성한 「담판을 위한 기초」에는 다섯 가지 조항이 있었다. 주요내용은 장제스의 정치 개혁으로 중국공산당의 군대를 바꾸려는 것이었다. 장제스가 중국공산당과 모든 정당의 합법적 지위를 인정하고 중국에 하나의 군대만 있어야 된다는 의미에서 공산당 군대의 모든 군관과 모든 병사들은 중앙정부의 개편안을 받아들여야 한다고 했다.

담판과정에서 마오쩌동은 루즈벨트 대통령의 말을 인용해 개편해야 할 부대는 중국공산당 군대가 아니라 전투력도 없는 부패하고 부실한 국민당 군대라고 하면서 국민당과 장제스를 비평했다. 중국공산당은 보수가 적고 연약하기 그지없는 국민당 군대와 동등한 대우를 '누리기' 싫으며, 공산당의 군대도 국민당의 군대와 같은 "자기 몸도 가누기 어려운 병사"로 되는 것을 거부한다고 했다.

마오쩌동과 저우언라이는 조목조목 따져가며 다섯 가지 조건의 협의초안을 작성했다. (1) 중국 국민당 및 중국공산당은 일본과의 전투에서 승리하기 위해 응당 힘을 모아야 하며, 국내의 모든 무력을 통일시켜 중국의 부흥을 위해 노력해야 한다. (2) 국민정부는 즉시 개편을 시행하여 항일을 하는 모든 정당과 무당파 단체 대표들로 구성된 연합정부를 구성해야 하며, 동시에 군사위원회는 항일군 파견대표들로 구성된 연합군사위원회로 개편한다. (3) 연합정부는 쑨중산 선생이 제창한 민유(民有, 국민의), 민치(民治, 국민에 위한), 민향(民享, 국민을 위한)의 정부가 되어야 한다. (4) 모든 항일 무장대오는 연합정부 및 연합군사위원회의 명령을 지키고 따라야 하며, 정부 및 연합군사위원회는 이를 승인하고 우호국에서 지원하는 군사 장비를 평균분배의 원칙에 따라 보급 받는다. (5) 중국의 연합정부는 중국 국민당·중국공산당 및 모든 항일 정당의 합법적 지위를 승인한다.

11월 10일 패트릭 헐리의 요청에 마오쩌동은 루즈벨트 대통령에게 친서를 보냈다.

"루즈벨트 대통령 각하:

당신의 대표인 패트릭 헐리 장군을 만나게 되어서 영광입니다. 3일 동안 우리는 조화로운 분위기 속에서 전 중국의 인민과 모든 군사역량을 동원하여 일본 침략자를 물리치고 중국을 건설하기 위한 중요한 계획을 토론했습니다. 이에 나는 아래와 같은 협의안을 제기합니다. 이 협정의 정신과 방향은 8년 동안 진행한 통일전선 과정에서 우리 중국공산당과 중국 인민이 추구한 목적입니다. 우리는 장 주석과 중국 인민의 복지를 위한 협정을 달성하기를 희망해 왔습니다. 오늘 패트릭 헐리 장군의 협력 하에 우리의 목적이 실현될 가능성이 있습니다. 나는 탁월한 재능을 가지고 중국 인민에 대한 동정하는 당신의 대표에게 특별한 사의를 표합니다. 우리 당 중앙위원회에서는 이 협정의 전체 내용을 통과시켰으며, 이 협정의 실현을 위해 노력을 아끼지 않을 것입니다. 우리 당 중앙위원회의 위탁을 받고 나는 패트릭 헐리 장군이 있는 자리에서 이 협의서에 서명했습니다. 나는 패트릭 헐리 장군이 우리 당, 우리 군 및 중국 인민의 명의로 이 협정을 당신께 전달하도록 부탁했습니다. 대통령 각하, 나는 일본을 물리치기 위해 통일 민주적인 중국으로 단결시키기 위한 당신의 노력에 감사를 드립니다. 우리 중국 인민과 미국 인민은 역사적으로도 두터운 우정을 가지고 있습니다. 나는 당신의 성공적인 노력으로 중·미 두 나라 대 민족이 일본 침략자를 몰아내고, 세계의 영구한 평화를 재건하여 민주적인 중국을 건립하는 과정에서 손을 잡고 함께 나아가기를 간절히 희망합니다.

중국공산당 중앙위원회 주석 마오쩌둥
1944년 11월 10일 옌안에서

패트릭 헐리는 민주정치의 측면에서 다섯 가지 협의초안에 서명했다. 그는 루즈벨트에게 다섯 가지 협의내용을 보고하면서 "거의 모든 기본원칙은 우리와 같다"고 했다.

협상 장소에서 짜오위안(棗園)에 돌아온 마오쩌동은 소련군 옌안 정보팀 쑨핑(孫平)에게 담판과정을 소개했다. 당시에 번역했던 스저(師哲)는 "대화과정에서 마오는 때론 손을 흔들며 흥분해서 이야기를 했다. 나는 예전에 이렇게 기뻐하는 마오를 본 적이 없다"고 했다. 사건 해결에서 큰 성공을 거두었다고 여겼기에 마오쩌동이 기뻐하지 않을 수가 없었던 것이다. 하지만 장제스는 패트릭 헐리와 중국공산당이 협의하여 결정한 5가지 협의조항을 받아들이지 않았다. 장제스는 공산당에게 국민당과 같은 동등한 지위를 주려했던 것이 아니라 공산당이 국민당의 명령에 복종하는 결과를 희망했었다. 그러자 패트릭 헐리는 입장을 바꾸어 장제스를 지지하기 시작했으며, 장제스가 제기한 3가지 협의에 동의했다. 그는 이 협의를 총칭에 있는 저우언라이에게 보내 옌안에 전달하도록 했다.

장제스의 3가지 협의내용을 확인한 마오쩌동은 대노했다. 그는 옌안에 있던 미군 관찰단의 David Dean Barrett를 불렀다.

"패트릭 헐리 장군이 말하길 우리가 우리의 주장을 포기한다면 세계에서 인정받을 수 있다고 했다. 헌데 장 위원장이 우리의 손발을 묶어 놓는 상황에서 세상의 인정을 받은 들 무슨 소용이 있겠는가 말이오……"

패트릭 헐리의 중재가 실패했다는 소식이 워싱턴에 전해진 후, 루즈벨트는 스노에게 "이는 참으로 실망스러운 소식"이라고 했다. 비록 옌안의 요구가 합리적이라고 생각하고 있지만 루즈벨트는 장제스의 정권을 포기하기는 싫었다. 그는 중국공산당과의 협력을 군사적으로 이용하려 했으며, 중국공산당을 장제스에게 압력을 가하는 도구로 이용하여 장제스가 통일과 진보적인 중국을 건설하기를 희망했다. 미국군이 중국에서 상륙할 때 그는 국민당이 영도하는 유격대를 찾으려 했다. 그는 중국을 상대할 때 두 개의 정부와 교섭해야 한다는 것을 잘 알고 있었다. 그는 이렇게 말했다. "나는 이와 같은 방법으로 두 세력이 한 길을 가도록 계속 노력할 것이다."

하지만 마오쩌둥은 우유부단하고 행동이 일관적이지 못한 미국을 언짢게 보았다. 1945년 3월 13일 마오쩌둥은 옌안을 방문한 미국 외교관인 John S. Service를 만난 자리에서 미국을 방문하여 루즈벨트 대통령과 직접 공동의 관심사에 대해 담론하고 싶다고 했다. 마오쩌둥은 이때가 루즈벨트 대통령 생애의 마지막 한 달이 되리라고는 생각지도 못했다. 얼마 후 루즈벨트 대통령은 병으로 세상을 떠났다.

닉슨이 중국을 방문했던 1972년 미국의 『Foreign Affairs』 10호에는 처음으로 1945년 1월 마오쩌둥과 저우언라이가 당시 옌안에 있던 미군 관찰단을 통해 비밀리에 워싱턴에 와서 루즈벨트와 회담을 하고 싶다는 의향을 미국정부에 전달했다는 소식을 보도했다.

당시 옌안정부에서는 사적인 방문팀을 미국에 보내 미국 공민들과 관원들에게 그들이 알고 싶어 하는 중국의 형세와 여러 문제들을 설명하려고 했다. 이 외에도 옌안정부는 비공식적으로 루즈벨트 대통령이 마오와 저우를 주요 정당 지도자의 신분으로 접견할 수만 있으면 마오와 저우는 홀로 혹은 함께 시험적인 회담을 위해 워싱턴에 가서 루즈벨트 대통령과 만날 의향이 있다고 했다. 패트릭 헐리가 중국공산당 측과 협력할 성의가 없었기에 마오쩌둥과 저우언라이는 패트릭 헐리를 거치지 않고 직접 워싱턴의 최고 영도자와 대화를 하려는 담대한 생각을 하게 되었던 것이다. 마오와 저우의 건의에 미국이 별다른 반응을 보이지 않은 원인은 장제스를 지지하는 주중미국대사 패트릭 헐리가 총칭에서 가로 막고 있었기 때문이었다.

1945년 1월 9일 미군 관찰단은 중국공산당의 부탁에 따라 중국공산당이 미국을 방문하려는 건의를 총칭에 있는 중국 주둔 미군 총사령원인 Albert Coady Wedemeyer에게 전했다. 다음날 저우언라이는 Albert Coady Wedemeyer에게 편지를 보내 중국공산당은 패트릭 헐리를 믿지 않기 때문에 패트릭 헐리 모르게 하라고 부탁했다. 그러나 세상에는 우연이라는 것이 있어서인지는 몰라도 마침 당시 Albert Coady Wedemeyer가 총칭에 없었다. 그러나 문제는 Albert Coady Wedemeyer와 패트릭 헐리가 부재 시에는 서로를 대신해서 남아 있는 사람이 편지를 읽을 수 있다는 약속이 있었다는 점이었다. 그 때문에 옌안의 건의내용은 그대로 패트릭 헐리의 수중에 들어갔던 것이다. 며칠 후 패트릭 헐리는 루즈벨트에게 국민당은 중국을 인도할 수 있는 유일한 세력이며, 중국공산당은 큰 영향력과 세력을 가지고 있지 못하다고 재차 강조했다. 그는 중국공산당과 어떠한 형식의 대화도 절대 진행하지 말라고 건의했다.

2월 28일 패트릭 헐리는 루즈벨트의 지지를 얻기 위해 특별히 미국으로 돌아갔다. 패트릭 헐리가 미국의 국경을 넘기도 전에 대사관 전체 정치관원들이 연명으로 패트릭 헐리의 대중국 정책을 질책하며 중국의 형세를 정확하게 이해하고 제때에 결단성 있게 대중국 정책을 수정해야 한다는 내용의 전보가 먼저 워싱턴에 전해졌다. 하지만 중국의 상황을 잘 알지 못하는 루즈벨트는 패트릭 헐리의 감언이설에 더욱 넘어가버렸다. 패트릭 헐리는 미국이 중국공산당의 정책을 계속 인정하지 않는다면 4월 말에 이르러 중국공산당을 굴복시킬 수 있을 것이라고 루즈벨트 앞에서 큰 소리 쳤다. 이렇게 되자 루즈벨트는 4월 초에 패트릭 헐리의 대중국 정책을 지지한다고 결정하게 되었고, 이것을 계기로 중미관계는 긴 시간 동안 불쾌한 기간이 시작되었던 것이다.

1945년 4월 12일 루즈벨트 대통령이 서거하자 마오쩌동은 이런 내용의 조문을 보냈다. "미국 인민과 대통령 유가족에게 심심한 애도를 표하는 바이다. 전 세계도 함께 이런 손실에 비통해할 것이다."

일부 미국의 역사학자들은 이 시기의 역사를 연구할 때 만약 마오쩌동이 워싱턴에 갔다면, 혹시 루즈벨트를 설득했다면, 미국의 대 중국정책이 변화를 가져오지 않았을지도 모른다는 가설을 제기하곤 한다. 그러면 미국이 중국의 내전, 조선전쟁, 베트남전쟁에 참여하지 않았을지도 모르는 일이었다.

15

드와이트 데이비드 아이젠하워

(Dwight David Eisenhower, 1890~1969)

【마오쩌동의 촌평】

"아이젠하워가 대통령직을 맡은 '아이젠하워 시대'는 아무런 생기도, 실적도 없던 시기였다. 특히 아이젠하워의 대외정책은 비난 받을 만하다. 그는 평화를 바란다는 것을 믿지 않게 한 위선자이다."

【아이젠하워 약전】

드와이트 D. 아이젠하워(Dwight David Eisenhower, 1890~1969)는 미국 제34대 대통령으로 미국 텍사스주에서 출생했다. 1915년에 미국 웨스트포인트육군사관학교를 졸업하고 제1차 세계대전 시기에 탱크 훈련을 책임지었다. 전쟁 후에는 참모학교 및 육군군사학원 졸업을 지휘했고, 1933년 육군 참모총장인 맥아더 장군의 참모를 지냈으며, 제1차 세계대전 참여 군인들의 탄원운동을 진압하는 데에 참여하였다. 1935년에는 맥아더 장군과 함께 필리핀에 주둔하다가 1939

년 육군 중령 행정관원으로 근무했다. 그 후 육군 참모총장 마셜의 중용을 받아 작전기획처에서 연속적으로 몇 단계를 진급한 끝에 1942년 6월 유럽전쟁터에서 미군 사령관으로 임명되었다. 같은 해 12월 북아프리카 전쟁에서 연합군 사령관이 되어 북아프리카에 진입한 독일군을 몰아내는 작전과 이탈리아에 진군하는 작전을 지휘했다. 1943년 12월 유럽 연합군 최고 사령관이 되었고, 1944년 오성장군의 칭호를 수여받으며 노르망디상륙작전과 프랑스 서부로부터 독일군을 공격하는 전쟁을 지휘했다. 독일이 패망한 후 주독일점령군 총사령관이 되었고, 1945년 11월 미 육군참모총장에 임명되었다. 그러다가 1948년 2월에 제대한 후 6월에, 컬럼비아대학교 총장이 되었다가다시 1950년 12월에서 1952년 7월까지 북대서양조약기구 최고 사령관이 되었다. 1953년에서 1960년까지는 미국의 대통령에 당선되어 모건 패밀리, 록펠러, 듀폰, 멜런, 포드 등의 재단과 긴밀한 관계를 맺었다. 그의 내각 중 제너럴모터스 등 대회사의 자본가들이 각 부문에서 대부분 요직을 맡았기에 아이젠하워 내각을 '캐딜락 내각'(즉 부호내각)이라는 빈축을 샀다. 임기 내에 그는 계속 '냉전정책' 시행하여 1953년에는 한국전쟁을 끝내는 정전협정을 체결하였다. 1954에는 타이완과 『공동방어조약』을 체결했고, 1957년에는 중동을 통제하는 '아이젠하워주의'를 제기하면서 1958년에는 레바논에 파병을 결정했고, 1959년에는 소련의 니키타 후루시초프와 캠프 데이비드에서 회담했고, 1969년 3월에 사망했다.

【마오쩌둥의 아이젠하워에 대한 총평 및 해설】

1953년 1월 20일 아이젠하워 대통령이 취임했다. 대통령으로 당선된 후 판문점회의를 통해 한국전쟁을 끝냈다. 얼마 후 그는 중동전쟁에 개입했으며 제7함대를 타이완해협에 파견하여 장제스의 반 중국정책을 지지했다. 이 때문에 마오쩌둥은 아이젠하워의 대외정책을 강력하게 비판했다.

1954년 6월 14일 마오쩌둥은 중앙인민정부 위원회 제30차 회의에서 「중화인민공화국 헌법초안에 관하여」라는 제목으로 행한 보고에서 이렇게 말했다.

"아이젠하워 대통령은 이 헌법초안이 발표되는 것을 달가워하지 않을 것이고, 이 초안을 나쁘다고 할 것이다. 그들은 아마도 우리의 이 헌법은 명확하고 확실하지만 나쁜 길이라고 말하며 사회주의요, 인민민주요 하는 것들은 모두 착오적인 방향이라고 할 것이다. 그들은 영리한 중국을 좋아하지 않는다. 그들은 우리가 사회주의의 길을 선택한 후 엉망진창이 된 모습을 보여주면 기뻐할 것이다. 중국이 통일전선을 편다고 해도 그들은 반대할 것이다. 그들은 우리가 '한 가지 색'으로 통일되는 것만 바라고 있다. 우리의 헌법은 우리 민족의 특색이 있으며 국제성을 띠고 있다. 헌법은 민족적이며 국제적인 의미를 가져야 한다. 세상에는 우리처럼 제국주의와 봉건주의의 압박을 받는 나라와 인민들이 여전히 많이 있다. 우리는 혁명적인, 인민민주적인 헌법을 제정하여 명확하고 정확한 길을 선택했다. 이는 우리와 같은 처지의 여러 나라와 인민들에게 도움이 될 것이다."

1954년 10월 마오쩌동은 중국을 방문하러 온 인도 총리 자와할랄 네루와 네 차례의 대화를 진행했다. 10월 23일의 대화에서 마오쩌동은 이렇게 말했다.

"한마디로 말해서 전쟁이 없는 것이 제일 좋겠지요. 우리가 아이젠하워의 참모장이라 해도 그는 전쟁을 일으키지 않는 것이 좋다는 우리의 건의를 듣지 않을 것이고, 아마도 이런 건의를 하는 참모들을 그만두지 않을 것입니다. 개인적인 생각이긴 하지만 긴장관계나 전쟁을 일으킨 측이 이득을 보고, 다른 한 측은 손해를 보는 경우가 많습니다. 그렇다면 인민들은 안전하다고 느끼는 현실을 좋아하겠는가 아니면 매일 긴장하고 사는 것을 좋아하겠습니까? 긴장된 형세는 인민들의 각오를 높이고, 항상 압력을 이겨낼 준비를 하게 만들므로 이는 혁명에 이로운 것이라고 생각됩니다."

1957년 1월 27일 마오쩌동은 각 성, 시, 자치구 당위원회 서기회의에서 국제문제를 이야기 할 때 아래와 같이 세 가지를 이야기 했다.

"중동에서 수에즈 운하사건이 일어났습니다. 가말 압델 나세르 이집트 대통령은 운하를 자기 나라의 소유로 만들어 버렸고, 로버트 이든[36]은 군대를 보냈으며, 아이젠하워는 영국군을 내쫓고 이 지역을 강점하려고 하고 있습니다. 원래 치밀하고 교활하기로 유명한 영국인들은 적당한 시점에서 타협을 하는 노련함을 가지고 있습니다. 지금 중동은 미국 손에 들어갔습니다. 미국이 영국의 숨통을 조여 오는 상황에서 영국은 급급히 중동을 통제하여 미국에 저항하려 하고 있습니다. 그럼 영국의 주요 타깃은 이집트일까요? 아닙니다. 영국의 언론은 미국을 겨냥하고 있습니다. 그러니 미국의 행동은 영국을 상대하고 있는 것이라 볼 수 있는 것입니다."

중미관계에 대해서는 이렇게 말을 이었다.

"나는 여전히 몇 년 후에 미국과 외교관계를 수립하는 것이 비교적 유리하다고 생각합니다. 소련은 10월 혁명이 지난 7년 후에야 미국과 외교관계를 수립했습니다. 1929년에 발생한 세계 경제위기는 1933년까지 계속되었습니다. 이 해에 히틀러가 독일의 정권을 잡았고, 미국의 루즈벨트가 대통령이 되었습니다. 같은 해에 소련과 미국이 정식으로 외교관계를 맺었습니다. 우

---

36) 로버트 이든 : 영국의 정치가로 1955년에 처칠의 뒤를 이어 총리가 되었고, 1957년 수에즈운하의 소유권을 두고 이집트를 공격했지만 실패하였고 건강상의 이유를 들어 사임하였다.

리가 미국과 외교관계를 맺게 될 시기는 대략 18년 혹은 더 긴 시간이 필요한 제3차 5개년 계획을 완성한 시기가 될 것 같습니다. 그러나 우리는 미국과 외교관계를 맺기 위해 서두르지 않을 것이며, 급히 유엔에 가입하려는 계획도 없습니다. 왜냐하면 우리를 유엔에 가입시키지 않고 우리와 외교관계를 맺지 않는 정책이 길어지면 길어질수록 그들은 우리에게 더욱 큰 빚을 지게 될 것이기 때문입니다. 시간이 길면 길수록 그들이 우리를 반대하는 이유는 점차 효력을 잃게 될 것입니다. 그렇게 되면 미국은 미국 국내와 국제 여론으로부터 더욱 고립되고 말 것입니다. 나는 옌안에서 한 미국인과 대담할 때, 백년이 지나도 백년 하고도 일 년이 더 지나도 미국은 우리 정부를 승인하지 않을 것이라고 말했습니다. 그러나 언젠가 미국은 우리와 수교할 것입니다. 그때가 되어서 미국인들이 중국을 보고 후회한들 소용이 없을 것입니다. 왜냐하면 중국의 모습이 많이 변화되었을 것이기 때문입니다."

1958년 9월 마오쩌동은 제15차 최고국무회의에서 국제형세를 논할 때 이렇게 지적했다.

"지금 델레스나 아이젠하워와 같은 전쟁범에게 우리는 포승줄을 사용해서 묶어두어야 합니다. 내가 보기에 미국의 군사기지가 있는 곳도 포승줄로 묶어두어야 합니다. 예를 들면 남조선, 일본, 필리핀, 타이완과 서방의 서베를린, 프랑스, 이탈리아, 영국 및 중동의 터키, 이란과 아프리카의 모로코 등이 그런 곳입니다. 이런 지역에는 미국의 군사기지가 있는데 터키에는 20여 곳에 있고, 소문에 의하면 일본에는 800개가 있다고 합니다. 또한 미군은 레바논에, 영국군은 요르단에 주둔하고 있는 것처럼 일부 지역에는 군사기지는 없지만 외국군이 주둔하고 있는 곳도 있습니다. 여기에 더해서 두 개의 포승줄이 더 필요 한 곳은 하나는 레바논이고, 하나는 타이완입니다. 미국이 타이완을 점령한지 몇 년이 되었습니다. 그렇다면 타이완의 미군은 누구한테 묶여 있습니까? 바로 중화인민공화국의 포승줄에 묶여 있습니다. 6억 인민들의 손에는 밧줄이 쥐어져 있는 것입니다. 미국은 쇠로 만든 이 밧줄에 묶여 있습니다. 그렇다면 누가 그들을 밧줄에 묶어놓았나요? 그건 다른 사람이 아닌 바로 미국 자신입니다. 그들은 밧줄을 자신의 목에 둘러놓고 밧줄의 한쪽 끝을 중국 대륙에 넘겨주었습니다. 최근에 미국은 또 한 번 스스로 자신이 만든 포승줄로 자신을 묶은 후 아랍인민들에게 끝을 넘겨주었습니다. 뿐만 아니라 미국은 자신을 포승줄로 묶은 끈의 끝을 세계 대다수 인민들의 손에도 넘겨주었습니다. 사람들은 이런 미국을 욕만 할 뿐 누구도 그들을 동정을 해주지 않고 있습니다. 대다수 국가의 인민과 정부는 이 포승줄을 잡고 있습니다. 예를 들면 중동에 관해 유엔에서도 회의를 열었지만 아랍인민들에게 묶여서 벗어나지 못하고 있습니다. 이런 진퇴양난의 상황에서 미국은 언제 철수해야 할까요? 일찍 철수할 것이면 그 지역까지 갈 필요가 있었는가요? 그런데 이제는 시간을 끌수록 빠져나오기가 더 쉽지 않게 되어 옭아매어져 있는데 어찌될 것 같습니까? 타이완에 관해 조약을 제정했지만 레바논은 상황이 다릅니다. 타이완에 관해서는 조약을 제정했는데 이는 풀 수 없는 매듭이 되었습니다. 민주당·공화당 구분이 없이 이 조약은 아이젠하워가 정하고 제7함대의 트루먼을 보냈습니다. 당시 조약을 체결하기 전에 트루먼은 가지 않을 수도 있었으나 아이젠하워가 조약을 체결했기에 안 갈 수가 없었던 것입니다. 이렇게 국민당의 요구와 미국의 의향이 맞았기에 걸려든 것입니다."

1959년 3월의 어느 날 아침 마오쩌동은 동후(東湖) 호숫가에서 Strong을 접견했다. 그녀는 흑인 친구 듀보이스(DuBois) 부부와 함께 우창(武昌)에 있던 마오쩌동을 방문했다. 마오쩌동은 Anna Louise Strong을 만난 자리에서 저번 옌안에서 처음으로 '종이호랑이'를 언급한 이후 처음으로 미국 친구를 접견하는 것이라고 했다. 그들은 편히 앉아 흥미진진하게 대화를 나누었다.

마오쩌동은 81세의 고령에도 건강한 듀보이스를 보고 탄복하면서 이렇게 말했다.

"나도 나이가 들었다고 생각할 때가 있지만 그래도 아직 정력이 있고 건강한 것 같습니다. 나는 해마다 창장(長江)을 수영으로 횡단하니다. 또한 중국의 다른 강들에서도 횡단했습니다. 조금이라도 더 많이 수영하고 싶습니다. 만약 세분이 반대하지 않는다면 나는 미시시피 강에서 수영해보고 싶습니다. 하지만 델레스 선생, 닉슨 선생, 아이젠하워 선생은 아마 이를 반대할 것입니다."

듀보이스는 정색해서 대답했다.

"정반대로 그 세분은 당신이 미시시피 강, 특히 하류에서 수영하는 것을 보고 싶어 할 것입니다."

마오쩌둥은 웃으면서 대답했다.

"정말로요? 만약 그렇다면 근간에 미국으로 출발해야겠네요. 정치에 관련된 어떤 이야기도 하지 않고 그냥 미시시피 강에서 수영하기 위해 여행객 신분으로라도 미국에 가야겠는데요. 만약 아이젠하워 선생이 동의 한다면 나는 그가 골프 치는 것을 보고난 다음 병원에 가서 델레스 선생을 문안하고 싶네요."

1959년 10월 18일 마오쩌둥은 일본 공산당 대표단과의 회담에서 이렇게 말했다.

"독점자본주의도 여러 가지가 있습니다. 매국적인 부분도 있고 다른 부분도 있지요. 아이젠하워 집단처럼 하나의 집단이라도 상황은 그리 간단하지만은 않지요. 우리에게 곤란한 점이 있듯이 그들에게도 곤란이 있게 마련이지요. 아마 그들의 곤란이 우리보다 많을지도 모릅니다. 따라서 우리는 그들의 곤란을 이용하여 평화를 쟁취할 가능성이 있고, 또 그 평화기간은 짧지

않을 것입니다. 한마디로 말해 비교적 긴 시간의 평화를 쟁취
할 가능성이 많다는 말입니다."

1960년 5월 27일, 마오쩌동은 영국 육군원수인 Bernard Law
Montgomery와 국제형세를 주요 의제로 회담을 진행했다.

Montgomery 원수: 오늘의 세계 형세를 어떻게 보십니까?
마오쩌동 주석: 국제 형세는 매우 양호하다고 봅니다. 전 세계가 소
련을 반대하고 중국을 반대하는 것 외에는 나쁜 조짐이 없지요.
Montgomery 원수: 이런 것들은 제일 나쁜 일이 아닙니까?
마오쩌동 주석: 이는 미국이 만들어 낸 것이니 나쁘지는 않습니다.
Montgomery 원수: 하지만 나쁜 것은 나쁜 것이 아닙니까?
마오쩌동 주석: 아닙니다. 나쁘지 않고 오히려 좋은 일이지요. 그들
이 우리를 반대하지 않으면 우리는 아이젠하워나 델레스와 같은 레벨
이 안 된다는 것 아닙니까? 그렇기 때문에 그들이 반대하는 일은 반
드시 해야 합니다. 다만 그들의 이런 행동이 간헐적이라고 할 수 있지
요. 작년 한해는 중국을 반대하더니 올해에 들어서는 소련을 반대하
고 있는 것에서 알 수 있습니다.
Montgomery 원수: 그러나 미국이 그러는 것이지 영국은 그러지
않습니다.
마오쩌동 주석: 문제는 미국이 주도하고 다른 나라 앞잡이들이 그
를 따라 하도록 획책하고 있다는데 있지요.

1960년 6월 21일 마오쩌동은 일본문학대표단과의 대화에서 다시 한 번 아이젠하워를 언급했다. 마오쩌동은 이렇게 말했다.

"이 자리에 있는 여러분은 모두 나보다 어립니다. 세상 대부분의 일들은 젊고, 비교적 유명하지 않고, 지위가 비교적 낮으며, 재부가 비교적 적은 사람들이 완성했습니다. 예를 들면 증기기관을 발명한 영국의 와트는 노동자 출신입니다. 우리는 이런 예를 많이 찾을 수 있습니다. 1958년 나는 제8차 당 대표대회 2차 전체회의에서 이를 언급했던 적이 있습니다. 전 세계에서 근 300년 사이에 발명한 사람들을 조사하여 정리했는데, 그 중 70%는 이름이 없고 젊으며, 사회적 지위가 비교적 낮고, 비교적 가난한 사람들이 만들어 냈음을 볼 수 있습니다. 그럼 일본의 상황은 어떠합니까? 늙은이와 높은 자리에 있는 사람들이 만들어 냈습니까? 나는 그렇다고 보지 않습니다. 아이젠하워를 쫓아낸 사람들이 젊은이들이고, '6.15' 참사에서 희생된 감바 미치코(樺美智子)[37]도 청년입니다. 나는 『중국청년보(中國青年報)』에서 당신 대표단의 젊은 회원인 다케우치 미노루(竹內

---

37) 1960년 안보투쟁이 한창이던 당시 육상자위대는 치안 출동을 준비하였다. 4월부터 치안 출동 훈련이 실시되고 동부방면총감부에서 2만 명이 대기 태세에 들어갔다. 도쿄 나카타초에 10만 명의 시위대가 몰렸을 때 육상자위대는 긴장하고 계속 대기하고 있었다. 6월엔 미국 아이젠하워 대통령이 방일할 예정이었다. 그러다가 6월 15일에 경찰기동대에게 도쿄대학 대학생인 감바 미치코(樺美智子, 1937~1960)가 압사하는 사건이 일어났다. 이 일로 기시 노브스케 수상은 결국 사임하고 말았다.

實)³⁸가 쓴 문장을 읽었는데 아주 잘 썼습니다."

1960년 10월 22일 마오쩌동은 스토(오스트레일리아의 소설가 시인)
와 타이완 문제에 관해 대화하면서 이렇게 말했다.

"닉슨은 자기의 생각이 확고합니다. 그는 이 두 섬(마조[馬祖]
와 금문[金門])을 기어코 보호할 것이라고 했습니다. 물론 그는
대선 지지표 때문에 이런 말을 했습니다. 이 문제로 미국 대선
은 더 화려해졌습니다. 닉슨은 미국이 이 두 섬을 보호해야 할
의무가 있는 것처럼 심한 말을 했습니다. 보호 여부는 당시의
상황에 따라야 하며 정황에 따라 대통령이 결정을 내려야 합
니다. 이는 아이젠하워가 2년 전에 한 성명이기도 합니다."

1961년 4월 27일 마오쩌동은 기니, 요르단, 남아프리카공화국, 세네
갈, 잠비아, 우간다, 케냐 등의 외빈들을 접견하는 자리에서 이런 말
을 했다.

"작년에 일본에서 대규모의 군중운동이 일어났습니다. 아이젠
하워가 일본을 방문하려 했지만 일본 인민들이 아이젠하워에
게 두 문을 닫아 놓아 무산되었습니다. 당시 우리는 타이완해
협에서 대포로 환영했습니다. 그가 타이완에 도착한 날에 우

---

38) 다케우치 미노루 : 현대 중국연구에 관한 한 일본 최고의 권위자로 교토(京都)대학 명예교수였다.

리는 온종일 대포를 쏘아댔습니다. 타이완 문제가 해결되지 못하게 된 원인은 미국이 타이완을 강점하고 있었기 때문이므로 우리는 전쟁 중에 있는 국가라 할 수 있습니다. 미 제국주의는 여기저기서 소란을 피우고 있습니다."

1964년 1월 12일 마오쩌둥은 『인민일보(人民日報)』와의 기자회견에서 이렇게 말했다. "미 제국주의가 전 세계에서 왕 노릇을 하려는 침략계획은 트루먼, 아이젠하워, 케네디(Kennedy)로부터 앤드류 존슨(Andrew Johnson)까지 이어졌다."

1961년 70세 고령의 아이젠하워는 생리적으로 정치 쇠퇴기에 들어섰다. 대통령임기가 만료된 후 그는 백악관을 떠나 펜실베이니아의 게티즈버그 농장으로 돌아가 노후를 보냈다. 그는 게티즈버그 농장에서 『백악관 나날들』, 『명을 받들어 변혁하다(受命變革)』, 『평화 창조(締造和

베를린에서 회담을 개최한 승전국 지휘관들.

261

平)』 등의 회고록을 저술했다. 총통으로서의 "아이젠하워 세대"는 아무런 생기도 없고, 아무런 공적도 없는 세대로 간주된다. 하지만 제2차 세계대전시기의 유명한 장군으로서의 아이젠하워는 군 시절이 가장 찬란한 시대였다. 그의 이름은 20세기에서 제일 큰 사건인 독일 파쇼를 격파한 전투로 알려졌다. 이 때문에 전 세계 인민들은 시종 그를 그리워하고 있다. 데이비드 아이젠하워(David Eisenhower)는 미국 제34대 대통령 드와이트 데이비드 아이젠하워의 손자이고, 줄리 닉슨(Julie Nixon)은 미국 제37대 대통령 리처드 닉슨(Richard Nixon)의 딸이다. 이 두 부부는 1975년 말에 중국을 방문했다. 12월 31일 저녁 데이비드와 줄리는 당시의 외교부장인 차오관화(喬冠華)와 미국 주재중국연락처 주임인 황전(黃鎭)과 함께 중난하이(中南海)에 있는 마오쩌둥 주석의 거처를 방문했다. 그들이 마오 주석과 만난 시각은 시단(西單)의 전신빌딩에 있는 시계가 밤 12시를 가리키고 있던 때였다. 역사의 시계는 이미 1976년에 들어섰던 것이다. 1976년 설날의 만남은 "해가 바뀌는 시기의 회견"이었다. 두 수행인원의 부축을 받으며 82세 고령의 마오 주석은 힘겹게 자리에서 일어섰다. 자리에 선 그는 멀리 미국에서 온 젊은 친구들의 손을 잡고 환영을 표했다. 데이비드와 줄리 모두 처음으로 마오쩌둥 주석을 방문했기에 데이비드는 한참 동안 마오 주석을 바라보았다. 오래전부터 마오 주석과의 만남을 기대했던 줄리는 마오 주석의 얼굴을 제대로 바라보지도 못했다. 그녀는 정면에서 마오 주석을 바라본다는 것은 실례라는 생각했던 것이다. 중국과 미국은 넓디넓은 태평양을 가운데 두고 갈라져 있다.

하지만 수십 년래 마오 주석에 관한 책은 미국에서 적지 않게 출판되었다. 데이비드와 줄리는 마오 주석의 경력과 위대한 인격을 오래전부터 잘 알고 있다. 그들은 마오 주석이 십대부터 나라와 인민을 구하려는 생각을 가지고 있었으며, 민주와 자유를 추구하고 수억 명의 동포들을 심한 고통으로부터 구제하는 것을 일생의 목표로 하고 있다는 것을 알고 있었다. 두 미국 청년 부부가 마오쩌동을 마주 했을 때 마오쩌동은 이미 백발의 늙은이였다. 그는 자애로운 얼굴로 점잖게 소파에 앉아 있었다. 마오쩌동은 질병의 고통으로 말하기조차 힘겨웠다. 하지만 그의 사유는 민첩했다. 마치 손자의 숙제를 들여다보듯 때때로 번역한 필기장을 들여다보곤 했다. 마오쩌동은 애티가 여전히 남아 있는 얼굴들을 바라보았다. 데이비드의 눈길이 자기한테서 떨어지지 않는 것을 알아챈 그는 웃으면서 뭘 보고 있느냐고 물었다.

데이비드가 대답했다.

"주석의 얼굴을 보고 있는데 앞이마가 참 멋있으시네요."

마오쩌동은 웃으면서 말했다.

"내 얼굴이 전형적 중국인의 얼굴입니다."

마오쩌동은 여전히 유머스러웠다.

"중국의 얼굴은 어떠한 역할도 다 할 수 있어 연극계에서 말하길 세계에서 제일 쓰기 좋은 얼굴이라고 합니다. 우리는 코가 납작하기에 미국, 소련, 프랑스 등 어느 국가의 역할도 다 맡아 할 수 있지요. 하지만 외국인들은 어렵습니다. 그들의 코가 높기에 우리 중국의 역할을 하려고 그 높은 콧등을 깎아 내릴 수는 없지 않습니까!"

마오쩌동의 이 말에 두 미국 손님과 자리에 함께 했던 모든 중국 사람들은 크게 웃었다.

호기심이 많은 줄리는 그의 아버지 닉슨 대통령이 1972년 마오쩌동과 만났을 때 어느 자리에 앉았었는지를 물었다. 그녀가 앉고 있는 자리가 바로 닉슨 대통령이 앉았던 자리라는 것을 알게 되자 그녀는 데이비드와 자리를 바꾸어 앉자고 말했다. 그녀는 남편도 역사적 의미가 있는 그 자리에 앉아보기를 바랐기 때문이었다. 마오쩌동은 호탕하게 웃으면서 자리를 바꾸어 앉으라고 했다. 작은 에피소드가 지난 후 줄리는 그의 아버지가 마오쩌동에 보내는 친서를 전달했다. 마오쩌동은 편지를 펼치고 영어로 낮은 목소리로 읽었다. 1975년 12월 23일 줄리와 데이비드는 흥분에 쌓여 있었고 회담 분위기는 더욱 화기애애해져 갔다. 줄리는 아이마냥 빛나는 마오 주석의 초상 배지를 꺼내 마오쩌동에게 보여주었다. 그녀는 황전 대사 부인이 준 선물이라고 했다. 마오쩌동은 흥분에 겨워하는 그녀의 두 손을 잡고 미소로 답했다.

"대통령 각하의 다리는 괜찮으신가? 나는 그가 다시 중국을 방문하는 것을 환영합니다."라고 하면서 마오쩌동이 물었다. 그러자 줄리는 "많이 낳아 지셨습니다!"

라고 대답했다.

"나하고 만리장성을 오르겠다고 했었는데 대통령의 다리를 잘 치료해야 합니다. 꼭 대통령께 전해 주세요."

데이비드가 말했다.

"닉슨 선생님은 정맥염이십니다. 그는 이제 대통령이 아니십니다."

마오 주석이 말을 이었다.

"나는 그를 대통령이라고 부르는 것에 습관이 돼 있어요. 문제는 두 개의 녹음테이프 때문이 아니었나요? 그게 뭐 그리 대단하다고 그러는지 원!"

여기서 마오쩌둥이 말하는 테이프는 1974년 8월에 닉슨의 부하 직원이 닉슨 몰래 반대당의 대선본부(Watergate Hotel)에 도청기 두 개를 설치했던 사건을 말한다. 이런 사실이 탄로 나자 그 파장은 엄청났다. 닉슨 대통령은 탄핵을 피하기 위해 8월 8일 대통령 직을 사임했다. 사실 서방의 여러 대국에서 도청을 하는 일은 허다하게 발생하는 일이라 별로 신기한 일도 아니었다. 그러나 그의 사위인 데이비드조차도 "이는 매우 복잡한 문제로 서방의 정치와 관련이 있다"고 생각하고 있었던 것이다.

마오쩌둥이 정곡을 찌르는 한마디를 했다.

"서방의 정치? 그거 다 가짜라네!"

데이비드는 더 이상 말을 하지 못했다.

마오쩌둥이 줄리에게 말했다.

"지금 아버지한테 편지를 써서 내가 그를 그리워한다고 전해주게. 이 말은 신문에 나가도 괜찮다네."

"지금 미국에서 저의 장인어른을 반대하는 사람들이 매우 많습니다. 그를 심판해야 된다고 강력히 요구하는 사람들도 있습니다."

라고 데이비드가 말을 이었다.

마오쩌동이 말했다.

"그래요. 그렇다면 그를 중국에 방문하도록 요청할 것입니다."

마오쩌동의 이런 입장은 절대 우연히 나온 것이 아니었다. 이는 미국의 '민주'와 '공정'을 비판하는 것이었으며, 닉슨 대통령에 대한 그의 지지와 위안의 말이었다. 이 미국 대통령은 온갖 곤란을 무릅쓰고 중미관계의 개선을 위해 어려운 첫 걸음을 가져왔던 닉슨이었음을 이해하고 있었음을 보여주는 일이었다. 데이비드와 줄리는 마오쩌동이 거처하고 있는 중난하이로 오는 길에서 들은 라디오에 관련해 이야기를 했다. 1976년 설날 중앙인민라디오텔레비전국에서는 1965년 5월에 마오쩌동이 쓴 『수조가두(水調歌頭)』[39], 중상징강산(重上井岡山)』[40]과 같은 해 7월에 쓴 『염노교(念奴嬌), 조아문답(鳥儿問答)』[41]을 방송했다.

데이비드가 말했다.

---

39) 수조가두(水調歌頭) :「수조가두」는 악보에 해당하는 사패(詞牌) 또는 사조(詞調)를 말한다. 사패인「수조가두」는「원회곡(元會曲)」「개가(凱歌)」「강남호(江南好)」「화범염노(花犯念奴)」라는 별칭이 있다.「수조가두」는 여러 체재가 있는데 모두 쌍조(雙調)로 되어 있다.

40) 중상징강산(重上井岡山):1965년5월22일에서 5월29일까지 중국공산당중앙위원회 주석 마오쩌동이 다시 한 번 징깡산(井岡山)에 올랐던 일을 말하는데, 이 때《水調歌頭重上井岡山》와《念奴嬌井岡山》을 지었다. 이는 마오쩌동이 1929년 징깡산 혁명근거지를 떠나 36년이 지난 1965년에 중국 각지를 순시하는 중에 후난 창사에서 징깡산으로 차를 몰아 5월 22일 다시 올라와 지은 사(詞)이다.

41) "念奴嬌(념노교), 鳥儿問答(조아문답)" : 마오쩌동이 1965년 가을에 발표한 시로 마오는 당시 소비에트수정주의를 "奴"(종/노예 노) "嬌"(아리따울 교, 부드럽고 예쁜 귀여운 조그만 여아의 교태를 뜻함)에 비유했다. 안보리라는 제국주의 패권구도에서 중·러 문제 특히 중국문제가 핵심문제로 대두한 배경 하에서 미국이 놓은 덫에 중국이 또다시 걸러든 사건을 빗대어 물은 것이다. 즉 워싱턴의 이이제이(以夷制夷) 전략에 또 다시 당한 사건으로 제국주의 분열 이간책이 결국 빛을 본 것이라 할 수 있는데 조·중·러를 각개 격파하는 전략에 중국이 또다시 동원되었던 것이다. 오랜 제국주의 전략이 중국을 무릎까지 꿇게 한 것으로, 중국과 세상의 양심들이 불가사의해 보이는 중국문제의 본질이 도대체 무엇인지를 절규하듯이 물은 사이다.

"오는 길에 많은 사람들이 라디오에서 주석이 발표한 시 두 수를 듣고 있는 것을 알았습니다."

그러자 마오쩌동이 말했다.

"별 것 아니에요. 그건 내가 1965년에 쓴 것입니다."

데이비드가 말을 이었다.

"대다수의 미국사람들은 주석은 먼저 정치가이고 다음은 시인이라고 여기고 있습니다. 하지만 Anna Louise Strong은 주석은 먼저 시인이라고 했습니다. 그녀가 한 말이 참 인상적이었습니다. 주석이 자신의 코를 가리키면서 했던 말인데 주석이 뭐라고 했는지 기억하고 계십니까?

사람들은 30여 년 전 마오 주석이 황토고원에서 Anna Louise Strong과 한 말을 여지 것 기억하고 있다. "누가 우리 여기에 창조적 시인이 없다고 했습니까? 여기 있지 않습니까?" 당시 마오쩌동은 자신의 코를 가리키면서 자신심에 넘쳐 말했던 것이다. 하지만 지금의 마오쩌동은 손을 들 힘조차 없었다.

데이비드는 말했다. "주석의 시를 읽는 독자들이 매우 많습니다. 하지만 주석의 저서를 읽는 독자들은 더 많습니다. 주석의 저서가 인쇄된 수자는 수십억 권이 넘을 것 같습니다."

마오쩌동이 말했다.

"나의 책은 별 내용이 없어요. 별로 교육적 가치도 없는 걸요."

데이비드는 장인 닉슨의 말이 생각나 이렇게 말했다.

"주석의 저서는 한 민족을 이끌었고, 세계를 변화시켰습니다."

그러나 마오쩌동은 겸손하게 이를 부인했다.

"나는 그런 능력이 없어요. 세계가 이렇게 큰데 어찌 변화시킬 수 있겠어요?"

데이비드가 말했다.

"저의 장인어른께는 미국에서 주석을 만나고 싶다고 전해달라고 말씀하셨습니다. 40여 년 전 주석은 애드가 스노에게 미국 여행을 하고 싶고 특히 캘리포니아에 가보고 싶다고 하지 않으셨습니까?"

마오쩌동이 말했다.

"그것은 캘리포니아가 중국과 가깝기 때문이지요."

그는 자신을 가리키며 말했다.

"그러나 이제는 더 이상 기회가 없을 것 같네요."

시간은 어느덧 1시간이 지났다. 차오관화는 마오쩌동이 피곤할까 봐 두 번이나 손목시계를 가리키며 손님이 떠날 때가 됐다고 했지만, 마오쩌동은 괜찮다는 행동을 보이면서 회담을 계속했다. 작별인사를 할 때 주인과 손님은 모두 자리에서 일어났다. 마오쩌동은 몇 걸음 걸어 나와 젊은 미국 친구들을 배웅했다.

"당신의 아버지가 오신다면 나는 그를 기다릴 것입니다."

마오쩌동은 줄리에게 말했다.

"당신들은 젊으니 이후에 다시 중국을 방문해주기 바랍니다.

10년 후면 중국도 큰 변화를 보여줄 것입니다!"

마오쩌동은 나라의 미래를 믿어 의심치 않았다.

줄리와 데이비드는 차에 앉아 조용한 창안가(長安街)를 지나가고 있었다. 거리에는 차가운 바람뿐이고 사람 그림자도 보이지 않았다. 줄리가 데이비드에게 물었다.

"그에 대한 인상은 어때요?"

데이비드는 감개무량한 어조로 말했다.

"10리 밖에서도 그의 개성을 느낄 수가 있었소."

줄리도 이는 평범하지 않은 경험이라고 감격해마지 않았다. 마오쩌동은 세상과 격리된 신명 같은 인물이 아니라 자애롭고 입담이 좋은 노인이었던 것이다. 소박한 옷차림으로 간소한 방안에서 생활하고 있었다. 그는 검소했다. 그는 브레즈네프처럼 오만하지도 않고 음흉하게 낮은 목소리로 말하지도 않았으며, 파파도풀로스 (Papadopoulos)[42]처럼 자신은 높은 걸상에 앉고 손님은 낮은 걸상에 앉게 하여 자신은 지고지상의 지위에 있다고 나타내려하지도 않았다. 줄리는 이렇게 말했다.

---

42) 파파도풀로스: 1967년 4월 21일 민주적으로 선출된 정부를 타도한 '대령들' (the colonels)이라는 군사혁명위원회의 지도자로, 그 해 12월 국왕 콘스탄티노스 2세가 시도했던 역(逆)쿠데타를 진압했다. 시골 교사의 맏아들로 태어난 파파도풀로스는 1940년 사관학교를 졸업하고 제2차 세계대전에 참전한 뒤 반공주의자였던 그는 우익 청년 장교들의 비밀 그룹에 들어가 군대의 정치력을 확대시켰다. 1967년 5월 선거에서 CU가 승리할 것을 우려한 군사혁명위원회는 무혈 쿠데타를 성공시켰다. 그 후 파파도풀로스는 '대령들' 의 확고한 지도자로 부상했으나 그리스-키프로스 통일을 이루지 못한 것이 주 원인이 되어 몰락했다.

"마오 주석의 일생은 인류의 의지력을 강력하게 증명해주게 될 것이다."

역사도 이를 증명해주고 있다.

16

존 피츠제럴드 '잭' 케네디

(John Fitzgerald 'Jack' Kennedy, 1917~1963)

【마오쩌둥의 촌평】

"케네디 정부는 흑인에 대해 이중 수법을 실행한 이중정책자이다"

【케네디 약전】

존 F. 케네디(John Fitzgerald Kennedy, 1917~1963)는 미국 35대 민주당 출신 대통령으로 미국 매사추세츠 주 보스턴 아일랜드계 대부호의 차남으로 태어났다. 1940년 하버드대학을 졸업한 후 1941년 10월 자원입대하여 해군 정보처에서 근무였다. 1942년 어뢰정 중대로 전출한 뒤 1943년 남태평양지역에서 작전하는 동안 중상을 입어 바다에서 13시간이나 고군분투했었다. 같은 해 12월 어뢰중대를 떠나 귀국 후 마이애미 훈련기지에서 교관으로 부임했으며, 1945년 제대한 후에는 국제뉴스 기자로 일하다가 1946년 국회 하원의원에 당선되었다. 1952년에는 상원의원에 당선되었고, 1956년에는 스티븐슨의 파트

너로 부대통령 선거에 참여했으나 실패했다. 그러나 1958년에 연속적으로 상원의원에 당선되어 활동하면서 1960년 7월 민주당 대통령 후보가 되어 같은 해 11월 미국 제35대 대통령에 당선되었다. 그는 1961년 1월 취임 선서에서 '뉴 프런티어(New Frontier)' 정치 강령을 제기하여 내정방면에서 교육사업과 농업발전을 주장했으며. 도시건설 및 노인과 아동의 건강보험을 중시하는 정책을 발표했다. 대외관계면서는 "한 손에는 올리브 가지를, 다른 한 손에는 화살"이라는 '평화전략'을 제기했으며", 공산국가에 대해서는 "원활한 대응전략"을 취했다. 주요 활동은 1961년에 쿠바 침략을 위한 피그스만 침공사건을 계획했고, '평화봉사단'을 창립했으며, 1962년에는 군사적 수단으로 소련의 흐루시초프가 쿠바에 설치한 탑재미사일을 철수하도록 했다. 1963년에는 소련·영국과 대기층에서 핵무기 실험을 금지하는 조약을 체결했고, 미국과 소련간의 '핫라인' 설치에 동의했다, 1963년 9월 2만 5천명의 미군을 베트남에 파견하여 베트남 전쟁을 확대시켰다. 그러다가 1963년 11월 22일 유세지인 텍사스 주 댈러스에서 자동차로 퍼레이드 하던 중 암살당했다. 저서로는『미국은 왜 깊은 잠을 자고 있는가?』,『용기 있는 사람들』,『정상을 향하여』등이 있다.

【마오쩌둥의 케네디에 대한 총평 및 해설】

1960년 1월 케네디는 대통령 선거에 나간다고 정식으로 선포했다. 예선에서 그는 험프리, 존슨 등 민주당 후보자들을 이기고, 존슨과 함께 민주당 대통령과 부대통령 후보로 출마했다.

민주당 대표대회에서 케네디는 기조연설문을 발표했다.

"오늘 우리는 '뉴 프런티어'의 변두리에 있다. 프런티어의 저편
은 아직 미처 탐색하지 못한 과학과 공간 분야인데 그 내용은
해결하지 못한 평화와 전쟁 문제이며, 극복하지 못한 수많은
무지와 편견의 문제이며, 해답하지 못한 빈곤과 과잉문제이다."

따라서 그는 이들 문제를 해결하기 위해 미국 국민들을 이끌고 새
로운 변경을 개척하여 활력이 넘치는 미래를 건설할 것이라고 했다.

당시 공화당의 대통령 후보는 닉슨이었다. 선거운동이 한참 격렬하
게 진행 되던 시기 두 사람은 네 차례의 TV토론을 진행했다. 7천만
명의 미국사람들은 이 TV토론을 시청했다. TV토론에서 케네디는 생
기 있고 매력이 넘치는 모습을 보여주어 결국 케네디는 마침내 닉슨
을 이기고 미국 대통령으로 당선되었다.

케네디는 처음으로 종교적 편견을 물리치고 대통령에 당선된 첫 카
톨릭 신자였다. 그는 겨우 전국 지지율에서 0.2% 차이로 당선된 미국
에서 제일 적은 지지율로 당선된 대통령이기도 했다. 지지율 격차가
적었기에 짧은 임기 내에 그는 적지 않은 국회의 견제를 받았다.

1960년 10월 22일 마오쩌둥과 스노는 "타이완 및 기타 문제"에 관한
대화를 나누었다. 이러는 과정에서 케네디와 닉슨의 대통령의 토론에
대해 언급했다.

"스노: 미국에서 타이완 문제에 대해 치열한 변론을 진행하고 있는데 주석께서는 이를 알고 계십니까? 케네디와 닉슨이 마조(馬祖)와 금문(金門)문제, 그리고 미국의 극동지역에 대한 정책문제를 토론하고 있습니다.

마오쩌둥 주석(마오): 들은 적이 있습니다.

스노: 그들의 논쟁이 격렬할수록 신문에 나타나는 마조와 금문이라는 단어의 빈도가 높아지고 있습니다. 사람들은 두 대통령 후보의 이름을 잊어버리고 그들을 마조와 금문이라고 부르고 있다는 우스갯소리가 떠돌 지경입니다.

마오: 그들이 이 문제를 대통령 선거에 이용하는 것은 미국사람들이 전쟁을 두려워하기 때문입니다. 이 두 섬이 중국 본토와 가까이 있기에 케네디는 이를 이용하여 지지표를 얻으려 하고 있는 것입니다.

스노: 하지만 미국 여론은 이 문제에 있어서 의견이 엇갈리고 있다는 사실을 말해주고 있습니다. 사람들은 이번 대통령 선거에 대해 보편적으로 별 관심이 없습니다. 하지만 이 문제에 대해서는 큰 관심을 보이고 있습니다. 많은 사람들이 미국의 현 정책을 반대하고 있기 때문인데 이는 진정한 문제라 할 수 있습니다.

마오: 닉슨의 생각은 확실한 데 이 두 섬을 보호하려 하는 것은 그의 지지율을 위해서이기도 합니다. 이 문제는 미국대통령 선거에 재미를 더해주고 있습니다. 닉슨은 미국정부가 이 두

섬을 보호할 의무가 있다고 하는데 좀 지나친 부분도 없지 않아 있습니다. 미국 국무부는 이 두 섬을 보호할 의무가 없습니다. 보호 여부는 시국에 따라 결정됩니다.

스노: 미국 헌법에 의거하여 차기 대통령이 11월 초에 결정되고, 명년 1월에 정식 취임할 수 있다고들 합니다. 만약 닉슨이 당선되고 중국이 11월 6일에 금문과 마조를 점령한다면 그때에는 어떻게 할 것입니까?

마오: 그들이 그렇게 물었습니까?

스노: 명년 1월까지는 여전히 아이젠하워가 대통령입니다.

마오: 이 두 섬에 대한 우리의 의견은 다릅니다. 우리는 장제스에게 이 두 섬을 지켜야만 된다고 공개적으로 성명을 발표했습니다. 우리는 그들의 물자 공급을 막지 않을 것입니다. 만약 부족하다면 우리가 공급할 수도 있습니다. 금문과 마조를 포함한 전체 타이완지역인 타이완과 평후열도(澎湖列島)는 중국 영토입니다. 우리는 전체 타이완지역을 말하고 있습니다. 이 두 섬은 지금 장제스의 수중에 있기에 그에게 지키라고 하고 있는 것입니다. 보아하니 미국 대통령 후보들은 아직도 이 자료를 읽어보지 못했나 보군요."

워싱턴 거리에서 눈보라가 휘몰아치는 1961년 1월 20일 43세의 존 F 케네디는 미국 35대 대통령으로 임명되었다. 취임식에서 그는 이렇게 말했다.

"새 세대의 미국인은 인류 공동의 적인 폭정, 빈곤, 질병, 전쟁
과 투쟁할 것입니다. 햇불이 새로운 세대의 미국인들에게 넘어
갔다는 소식을 알립시다. 그리고 새로운 시대의 미국인들은 금
세기에 태어나 전쟁으로 단련되고 고되고 쓰라린 평화에 의해
훈련되었습니다. 우리가 자유의 생존과 성공을 보장하기 위해
어떤 대가도 치르고 어떤 짐도 감내하고 어떤 고난에도 맞서
며 친구라면 누구든지 지지하고 적이라면 누구든지 반대할 것
이란 점을 우리에게 호의적이든 적대적이든 간에 모든 국가에
알립시다. 자유를 위한 노력과 충성과 희생정신은 햇불입니다.
이 햇불은 전 세계를 밝게 비출 것입니다!"

그의 이 취임사는 외교정책을 국가의 절대적이고 우선적인 문제로
하고 있는 미국인의 신념에 부합되었다. 취임사에서 케네디는 지금까
지도 널리 알려진 명언을 남겼다.

"국민 여러분은 조국이 여러분을 위해 무엇을 할 것인지를 묻
지 말고, 여러분이 조국을 위해 무엇을 할 수 있는지를 자문하
십시오."

백악관에 입성한 후 케네디는 여러 번 국회에 '뉴 프런티어'계획을
설명하는 국정 보고서를 제출했다. 그는 경제발전을 가속화하고, 실
업률을 줄이고, 불경기인 지역의 경제를 활성화시키고, 세금제도를

개혁하고, 도시의 주택 조건을 개선하며, 자원을 합리적으로 사용하고, 농민들의 생활을 개선하고, 교육 사업을 발전시키고, 노인들에게 양호한 의료보건을 제공하기 위한 법률를 제정할 것을 요구했다. 하지만 정책의 실시과정에 국회를 비롯한 여러 방면에서 반대를 받아야 했다. 그 후 2년 동안 케네디는 여러 가지 새로운 법을 만들려고 노력했다. 예를 들면 호혜무역 조약, 고등교육 지원 등 일련의 방법으로 1960~1961년 경제가 후퇴하던 시기를 극복하고자 했다. 케네디의 영도 하에 미국은 항공우주 산업에서 큰 발전을 가져왔다. 1961년 5월우주비행사 앨런 셰퍼드(Alan Bartlett Shepard Jr)는 미국에서 처음으로 탄도비행에 성공하자 케네디는 1970년에 우주비행사를 달에 보내려는 '아폴로 계획'을 제정할 것을 국회에 요구했다.

케네디 집정시기 흑인들의 민권쟁취와 인종차별 운동은 계속 발전했다. 1963년 케네디는 두 번 연방정부의 명의로 국민경위대를 앨라배마주에 보내 현지의 백인과 흑인이 함께 있는 학교의 학생들을 보호하도록 하였다. 1963년 8월 민권을 쟁취하는 운동에 참가한 약 20만 명의 흑인과 백인 시위자들은 '자유진군'이라는 시위를 진행해 워싱턴에 가서 국회에서 케네디가 제기한 민권법안을 통과시킬 것을 요구했다. 전국 TV연설에서 케네디는 이렇게 말했다.

"링컨 대통령이 흑인노예를 해방시키고부터 지금까지 이미 백년이라는 시간이 흘렀습니다. 하지만 흑인 자손들은 여전히 완전한 자유를 얻지 못했습니다. 그들은 여전히 불공정이라는 밧줄에 묶여 있으며, 사회와 경제의 압박에서 벗어나지 못하고 있습니다. 비록 우리나라의 앞날이 찬란하고 큰 업적을 쌓는다고 해도 만약 우리의 인민들이 전면적인 자유를 얻지 못했다면 우리는 완전한 자유의 나라라고 할 수 없습니다."

그는 새로운 민권법을 위해 힘든 투쟁을 진행했다. 그의 이 제안은 그가 사망한 후에 정식 법률이 되었다. 1963년 8월의 흑인의 '자유진군운동'을 응원하기 위해 8월 8일 마오쩌둥은 「미국 흑인들의 인종차별 투쟁을 지지하는 성명」을 발표했다.

"지금 쿠바에서 피난하고 있는 미국의 흑인 영수이며 미국의 전국 유색인종 협진회 노스캐롤라이나주 먼로분회 전임 주석인 로버트 윌리엄 선생은 금년에 두 번이나 미국 흑인들이 인종차별에 반대하는 투쟁을 지원하는 성명을 발표해달라고 요청해 왔다. 이번 기회에 나는 중국 인민을 대표하여 미국 흑인들의 인종차별 투쟁과 자유와 평등의 권리를 쟁취하려는 투쟁을 굳건히 지지한다고 공표한다."

1957년 아칸소 주 리틀록의 흑인들은 현지 공립학교에서 흑인 학생들을 받지 않는 것에 대해 격렬한 투쟁을 전개했다. 당국에서는 무장역량을 동원하여 이들을 진압했다. 이 사건이 바로 세계를 뒤흔든 '리틀록 사건'이다. 1960년에는 20개 주의 흑인들이 '싯다운(sit down)' 시위를 진행하여 현지 음식점, 상점과 기타 공공장소에서의 인종격리 현상에 항의했다. 1961년에는 흑인들이 승차 시의 인종 격리를 반대하기 위해 '자유승차운동을 진행했다. 얼마 지나지 않아 여러 개 주에서 이 운동에 참여했다. 1962년에는 미시시피 주의 흑인들은 동등한 자격으로 대학에 입학할 수 있는 권리를 위해 투쟁했다. 하지만 당국의 진압으로 유혈사건으로 번졌다.

미국의 흑인투쟁은 이해 4월 초 앨라배마주 버밍엄에서 시작되었다. 적수공권의 아무런 무기도 없는 흑인 군중들은 집회와 시위행진으로 인종차별을 반대했음에도 대규모로 체포되었고 야만적인 진압을 당했다. 6월 12일 미시시피 주의 흑인 영수인 메드가 에버스(Medgar Evers)가 살해당했다. 분노한 흑인 군중들은 폭행에 멈추거나 뒷걸음질 친 것이 아니라 더욱 용감하게 투쟁했다. 그리하여 흑인운동은 미국 전 지역의 흑인과 각 계층 인민들의 지지를 얻었다. 얼마 후 전국적으로 파란만장했던 투쟁은 거의 모든 주의 모든 도시에서 진행되어 고조를 이루었다. 미국 흑인단체는 8월 28일에 25만 명이 참가하는 '자유진군' 시위행진을 하여 워싱턴으로 들어가기로 결정했다.

미국 흑인투쟁의 신속한 발전은 미국 국내의 계급투쟁과 민족투쟁이 날로 첨예화되고 있다는 표현이었다. 이는 미국 통치 집단에게 심각한 불안을 가져다주었다. 그러자 케네디 정부는 음흉한 이중 수단을 실행했다. 그는 한편으로는 흑인 차별과 박해를 종용하고, 이런 행동을 하는데 참여했을 뿐만 아니라 심지어 군대를 파견해 진압하기도 했다. 반면에 '인권 수호', '흑인 공민의 권리보장'이라는 카드를 내밀며 흑인에게 '인내심'을 가지라고 독려했으며, 국회에 소위 '민권계획'을 제기하여 흑인들의 투지를 마비시키고'국내 군중들을 기만하려고 했다. 이에 대한 마오쩌동의 평은 다음과 같았다.

"미국 흑인투쟁의 신속한 발전은 미국 국내에서 계급투쟁과 민족투쟁이 날로 첨예화되고 있다는 표현이다. 이는 미국 통치집단에 심각한 불안을 가져다주고 있다. 케네디 정부는 음흉한 이중수단을 실행하고 있다. 그는 흑인 차별과 박해에 대해 비판하고, 이런 행동에 참여했을 뿐만 아니라 심지어 군대를 파견해 진압하기도 했다. 반면에 '인권수호', '흑인 공민의 권리 보장'을 내세워 흑인에게 '인내심'을 가지라고 했으며, 국회에 소위 '민권계획'을 제기하여 흑인들의 투지를 마비시키고 국내의 군중들을 기만하려 했다. 하지만 케네디 정부의 이런 수단의 본

존 피츠제럴드 '잭' 케네디 가족.

질은 날이 갈수록 많은 흑인들이 알게 되었다. 미국 제국주의
의 흑인에 대한 폭행은 소위 말하는 미국의 민주와 자유의 본
질을 알게 해주는 것이다."(「미국 흑인들의 인종차별 투쟁을 지
지하는 성명」, 『마오쩌동 외교문선』 495쪽.)

이처럼 미국이 흑인에 대해 가한 파시즘적인 폭행은 소위 말하는
미국의 민주와 자유의 본질이 어떤 것인지를 알게 해주었으며, 국내
의 반동정책과 국외 침략정책 간에 내적인 연관이 있었던 미국정부
의 진면목을 드러나게 하였다고 마오는 본 것이다.

외교방면에서 케네디는 강력하고 상상력이 있으며 실제적 효과가
있는 영도를 주장했다. 그는 전임 대통령의 외교사상을 계승하여 실
력으로 평화를 도모해야 한다고 강조했다. 그는 "현명한 반응전략"
으로 아이젠하워 정부의 "대규모적인 보복전략"을 대신했다. 그 주요
내용은 아래와 같다. "시간을 쟁취하여 첨단무기를 대대적으로 발전
시켜 미국의 군사적 우세를 유지함과 동시에 재래식 병력과 부대의
기동성을 강화하여 미국이 '다양한 군사 능력'을 갖추어 제한적인 전
쟁과 특수한 전쟁에 대응하도록 해야 한다."

케네디 정부는 '중간지대'의 쟁탈을 비교적 중요시했다. 그는 평화봉
사단을 만들어 능력 있고 의향 있는 인력을 모집하여 세계 각지로 보
내 각 지역의 절박한 인재의 수요에 대해 부응해야 한다고 호소했다.
1961년 3월 수많은 청년, 특히 대학생들이 관심을 보이고 있는 계획
은 국회를 통과했다.

케네디는 그의 매부인 슈리퍼를 대장으로 임명하여 아프리카와 기타 지역의 개발도상국에 "교육과 기술지원"을 하도록 했다. 이 외에도 라틴아메리카 국가의 빈곤상황을 개선하고 생활과 사업의 기본조건을 제고시키도록 '진보동맹' 계획을 추진하여 라틴아메리카 국가를 도와 10년 기간의 '진보연맹 쟁취'를 실행했는데 미국이 자금을 제공했다. 이 계획은 제3세계 국가를 자기편으로 만들어 혁명의 폭발을 방지하기 위함이었다. 하지만 간호사, 농업기술원, 교사, 엔지니어, 측량원 등으로 구성된 10만여 명의 평화봉사단은 현지의 의료, 문맹퇴치 및 농업과 공업의 발전에 큰 기여를 했다.

평화봉사단 계획이 국회에서 통과된 지 한 달 후, 케네디는 외교에서 제일 큰 실패를 맛보았다. 1963년 4월 17일 미국 중앙정보부에서 훈련하고 있던 쿠바 망명자 1천4백여 명의 부대가 피그스만을 침공하여 카스트로정부를 전복시키려고 했다. 하지만 피그스만 침공은 참패를 맛보아야 했다. 사건이 발생 한 후 케네디 정부는 세계여론의 질책을 받았다.

이와 동시에 미국은 동남아시아에 대한 확장도 강화했으며, 동남아시아에서 중국을 반대하고 공산당을 반대하며 옛 식민주의세력을 배척하는 삼위일체식 정책을 시행했다. 베트남남부에서는 남베트남 괴뢰군대를 지지하고 통제했다. 1963년 1월에 이르러 남베트남으로 파견한 미국 병사들은 이미 만 명을 넘었다.

마오쩌둥은 또 한 번 케네디의 확장정책을 비난했다.

1964년 1월 12일 마오쩌둥은 「중국 인민은 굳건히 파나마 인민의 정의로운 애국투쟁을 지지한다」는 글에서 미 제국주의가 세계에서 왕노릇을 하려는 미국의 침략계획에 일침을 놓으면서 트루먼, 아이젠하워, 케네디, 존슨은 모두 한통속이라고 말했다. 1964년 6월 23일 마오쩌둥은 또 칠레 언론인 대표단을 만난자리에서 이렇게 질책했다.

"미국은 라틴아메리카를 식민지로 만들어 가고 있다. 경제만 아니라 때론 정치적으로 통치하려하고 있다. 예를 들면 나는 브라질의 전 대통령 Joao Belchior Goulart을 만나본 적이 있다. 그는 노동자당이지 공산당이 아니었다. 하지만 미국은 이를 용납할 수가 없었기에 그를 끌어내렸다. 심지어 어쩌다 미국은 그들의 말을 듣지 않은 베트남의 응오딘지엠(Ngô Đinh Diệm)을 암살했다. 미국의 국내사정도 그리 평화롭지가 못했다. 얼마 지나지 않아 케네디도 그의 하느님을 만나러 갔던 것이다."

1965년 1월 9일 마오쩌둥은 애드가 스노와 국제문제를 담론할 때 다시 한 번 케네디를 질책했다.

"스노: 지금 제국주의와 아시아·아프리카·라틴아메리카 등 신흥 역량의 모순을 주요 모순이라 할 수 있습니까?
마오: 나는 미국 대통령은 그렇게 여길 수 있다고 본다. 전임 대통령은 미국, 캐나다, 서유럽의 문제는 비교적 적지만, 지구

남반부의 문제는 심각하다고 했다. 케네디도 여러 차례나 연설 하면서 이 문제를 제기했다. 그는 특별한 전쟁, 국부적 전쟁은 이를 대비하기 위한 것이라고 했다. 소식에 의하면 그는 내가 쓴 군사관련 글을 읽었다고 하는데 어쩌면 사실일 수도 있다."

한편 케네디는 중국과 소련과 냉전을 완화하기 위한 첫 단추를 꿰었다. 1959년 미국과 소련 양국 정상의 캠프데이비드 회담이 지난 후 냉전은 완화되었고, 미국과 소련은 서로 쟁탈하고 서로 타협하는 새로운 패턴을 형성했다. 1961년 케네디와 흐루시초프는 빈에서 회담을 갖고 베를린 문제를 토론했지만 별 다른 결과를 가져오지 못했다. 그 후 소련은 단독으로 동베를린과 평화협정을 체결하려고 했는데, 미국과 서방의 동맹국들은 서베를린에서 의 권익을 끝까지 수호할 것이라고 했다. 같은 해 8월 동베를린에서는 '베를린 장벽'을 구축하여 동서 베를린 간의 자유로운 이동을 막기로 했다. 케네디 정부는 군비를 증가하고 동원 계획을 선포했으며 군사역량을 강화하기로 했다. 삽시간에 미국과 소련 양측은 베를린문제를 둘러싸고 일촉즉발의 위기상태에 빠졌다. 하지만 양 측 모두 자기의 이익을 고려해야 했기에 소련은 동베를린과 평화조약을 단독적으로 체결하지 않았으며, 미국도 '베를린 장벽'을 인정했다. 한동안 긴장했던 형세는 점차 누그러드는 듯 했으나 얼마 지나지 않아 또 긴장하게 되었다.

1962년 10월 케네디는 소련이 쿠바에서 미사일기지를 건설하는 사진을 입수하게 되었다. 만약 중거리 탄도미사일을 장착하면 미국 본토의 48개 주와 캐나다의 일부분 지역이 사정권 안에 들게 되었다. 이러한 상황을 알게 된 케네디는 이 사건이 미국의 안전과 이익을 위협하는 것이라고 여겨 즉각 국가안전회의를 소집했다. 10월 22일 그는 라디오 연설에서 미국은 쿠바 행 선박을 항공에서 검사할 것이라고 하면서 무장부대에게 전투준비를 하라고 명령했다. 긴장의 형세는 일주일가량 지속되었다. 결국 흐루시초프는 미국의 압력 하에 퇴각 명령을 내리고 쿠바로 무기를 운송하던 선박을 귀항시켰으며, 쿠바의 미사일 기지도 철거해 소련으로 가져갔다. 이렇게 하여 제3차 세계대전과 핵전쟁의 위기를 초래할 수 있는 긴박한 상황은 해결되었다. 이번 싸움에서 케네디가 확실하게 우위를 차지했다.

이 사건이 있은 후 케네디는 공동으로 인류를 보호할 필요성이 있다고 재차 강조했다. 그는 소련과 대기층과 우주공간 및 수중에서 핵실험을 금지하는 협정을 체결했다. 이는 냉전이후 처음으로 체결된 무기를 통제하는 조약으로 냉전을 종결시킬 수 있는 좋은 시작이 되었다.

1963년 11월 22일 케네디는 부인과 함께 텍사스주 댈러스를 시찰했다. 자동차로 퍼레이드를 하던 중 공업지대를 이어놓은 삼각지대를 지날 때 한 저격수가 그의 머리와 목 부근을 향해 저격했다. 몇 분이 지나지 않아 그는 숨을 거두었다. 체포된 암살자는 미국 국적을 포기하고 소련에 거주한 적이 있는 미국 해군대원이었던 리 하비 오스왈드(lee Harvey Oswald)였다. 암살자 오스왈드는 사건 이틀 뒤 구치소로 수감되기 위해 댈러스 경찰서에서 나오는 순간 나이트클럽 경영자인 잭 루비라는 남자에게 살해되었다. 10개월 후 대법원장 E. 워렌을 위주로 한 7명의 위원으로 구성된 위원회에서는 오스왈드를 유일한 암살자라고 확정했으며, 그의 암살 동기는 집정 당국에 대한 깊은 원한 때문이라고 설명했다. 하지만 많은 사람들은 아직도 케네디 암살의 배후에는 이를 지시한 사람이 있을 것이라고 여기고 있다. 1967년 1월 유일하게 이 사건과 관련이 있는 '루비'라는 자가 감옥에서 병사하면서 케네디의 죽음은 여전히 미스터리로 남겨지게 되었다.

1963년 11월 25일 수백만 명의 미국인들은 비통한 심정으로 텔레비전 앞에서 대통령의 장례식을 지켜보았다. 그 장면은 링컨의 장례식을 떠올리게 하였다. 케네디는 수도를 내려다 볼 수 있는 알링턴 국립묘지의 산비탈에 안치되었다. 거대한 비석에는 그가 대통령 취임식에서 한 연설이 새겨져 있었고, 묘지에는 영원히 꺼지지 않는 불꽃이 지펴져 있다. 전 세계에는 수백 개의 케네디를 기념하는 장소가 있는데, 그중에서 제일 유명한 것은 미국 플로리다 주의 케네디우주센터, 하버드대의 케네디 정치학원, 조지 워싱턴DC의 케네디 예술센터(The John F. Kennedy Center for the Performing Arts), 캐나다의 케네디산, 영국 러니미드의 케네디기념비를 들 수 있다.

케네디는 지성 있고 활력이 넘치며 매력이 있는 대통령으로 인정받고 있다. 그는 "제일 탄복할 수 있는 인류의 미덕은 용기이다"라는 말을 남겼다. 케네디의 장례가 끝난 후 취임한 존슨 대통령은 이렇게 미국인들의 마음을 전했다. "어떠한 말로도 많은 것을 잃은 우리의 마음을 표현할 수는 없습니다. 아무리 강한 언어라도 그가 개척한 미

국의 미래 사업을 계속하여 완성하겠다는 결심을 표현할 수도 없을
것입니다."

17

리처드 밀허스 닉슨

(Richard Milhous Nixon, 1913~1994)

【마오쩌동의 촌평】

"닉슨은 우파 독점자본가이다. 그러나 나는 미국의 우파를 좋아한
다"

【닉슨 약전】

리처드 닉슨(Richard Milhous Nixon, 1913~1994)은 미국 공화당
의 제37대 대통령이다. 마오쩌동은 1972년과 1976년에 두 번 닉슨을
접견했다. 닉슨은 캘리포니아 주 로스앤젤레스 부근의 요버린더에서
출생했다. 유년시절 가정형편이 어려운 그는 일을 하면서 휘티어 대
학을 나왔다. 1934년 듀크 대학에서 법률을 공부했고, 1937년 법학
학사 학위를 받고 졸업했다. 1937년부터 1942년까지 휘티어에서 변호
사로 일하다가 1942년부터 1946년까지 해군에서 복무했으며 남태평
양전쟁에 참가했다. 제대 후 정계에 입문하여 1947년부터 1950년까

지 국회공화당 하원의원으로 일했다. 그 기간 반공투사로 이름이 났으며, 1947년에는 "집단적으로 정부의 법력을 멸시한 죄"로 미국 공산당 지도자를 기소할 것을 건의했다. 1948년에는 공산당은 불법조직이라는 제안의 초안을 작성하였고 "앨저 히스[43]의 간첩사건"을 주관하여 조사했다. 1951년부터 1953년까지 국회 상원의원으로 활동했

---

43) 앨저 히스(Alger Hiss): 미국 국무부 차관으로 얄타회담을 성사시킨 장본인이지만 소련의 간첩이었다. 1945년 루스벨트 대통령과 스탈린은 팽팽히 맞서고 있었는데, 그 이유는 미국은 공산주의 확산을 우려했고, 소련은 고립을 두려워했기 때문이었다. 이를 타개하기 위해 스탈린은 루스벨트에게 '얄타회담'을 제안했다. 세계대전의 종반인 1945년 2월에 소련 흑해 연안의 얄타에서 미국·영국·소련의 수뇌들이 모여 독일의 패전과 그 관리에 대하여 의견을 나눈 회담이 바로 '얄타회담'이다. 얄타회담이 이루어진 배경에 바로 히스의 스파이 활동이 행해졌다. 소련은 공산주의에 심취한 아레스를 1939년 소련군사정보국으로 포섭했고, 아레스는 미국 국무부의 주요 문서를 소련 측에 넘겨왔다. 이 아레스가 바로 루스벨트 곁에 있었던 히스였다. 히스를 통해 루스벨트의 건강악화를 알게 된 스탈린은 8천Km 떨어진 소련 얄타로 회담장소를 일부러 정했다. 미국의 32대 대통령 루스벨트는 얄타회담 문서를 보고 절망했지만, 히스의 첩보계략으로 루스벨트는 자신도 모르는 사이 서명하고 말았던 것이다. 당시 12잔의 보드카를 마신 루스벨트는 거나하게 취했고, 물을 탄 보드카를 마신 스탈린이 루스벨트를 꼬드긴 결과 소련은 독일이 항복한 3개월 후 일본 침공에 참전할 것을 약속했고, 동유럽에 대한 지배권을 넘겨받았다. 불리한 조건에 서명한 루스벨트는 후에 자신을 탓했다. 후에 1950년 소련외무부장이 히스에게 보낸 문서가 완성됐고, 이를 알게 된 트루먼 대통령은 이 문서를 극비에 붙였다. 그리고 시간이 흐른 1995년에야 얄타회담에 활동한 히스의 스파이 정체가 밝혀졌다. 하지만 루스벨트는 숨을 거둘 때까지도 히스가 스파이라는 사실을 몰랐다. 한편 세계대전 당시 미국 외교를 담당한 국무부와 이승만이 치열하게 대립하던 중 이승만이 전쟁 발발 열흘 후인 1941년 12월 17일에 국무부를 방문하게 되었다. 당시 국무장관인 특보 혼백(Stanley Hornbeck)의 주선으로 육군정보국 무어(Walles Moore) 대령을 만나 중국에서 투쟁하는 광복군에 대한 지원을 요청한 다음 날이었다. 17일 혼백을 대신한 히스와 면담하며 이승만은 해외한족대회 결의안을 전하고 임시정부 승인을 요청했다. 그러나 히스는 '임시정부 승인과 한국독립 문제는 중국·소련·영국과 협의를 거쳐 미국의 정책이 확정되어야 대답할 수 있다'는 국무부 극동국의 입장을 반복했을 뿐이었다. 그로부터 2주 후 1942년 1월 2일 이승만은 다시 히스를 찾아 히스와 함께 혼백 사무실로 이동하여 한국 문제를 두고 심층적인 토론을 했다. 이 자리에서 히스는 "이승만의 제안은 한국 임시정부의 승인을 전제로 한 것이기 때문에 미국이 취할 수 있는 조치는 거의 없고, 현 단계에서 한국정부의 독립을 승인하면 북아시아에 큰 이해관계가 있는 소련을 자극할 가능성이 있다"며 피해갔는데, 당시 이승만은 히스가 소련의 간첩이라고는 상상도 못했고 단지 동맹국 소련의 입장을 중시하는 맹랑한 젊은이라만 생각했을 뿐이었다. 그래서 이승만은 히스의 입장에 괘념치 않고 오히려 국무부를 상대로 '문서투쟁'을 더욱 전개했지만 히스는 끝까지 반대했으니 이는 미국의 이익을 위해서가 아니라 소련의 이익을 위해서 일하던 간첩이었기 때문이었다.

고, 1953년부터 1959년까지 부대통령 신분으로 1959년 소련을 방문하여 흐루시초프와 회담을 진행했다. 1960년 공화당 대통령 후보로 당선됐으나 최종 선거에서 민주당 케네디에게 패했다. 1961년부터 1963년까지는 로스앤젤레스 애덤스-듀키-헤이젤(亚当斯-杜基-黑兹尔) 국제변호사사무소 고문을 역임했고, 1962년에는 공화당을 대표하여 캘리포니아주 지사 선거에 나섰지만 실패했으며, 이듬해에 가족을 거느리고 뉴욕으로 이주하여 마치-스턴-볼드윈-토드(馬奇-斯特恩-鮑德溫-杜德) 변호사사무소를 개업하면서 정치무대에서도 활발히 활동했다. 1968년 다시 한 번 공화당 대통령 후보가 되었고 험프리를 누르고 대통령에 당선되었고 1972년 재임에 성공했다. 임기 중에는 파트너 관계를 핵심으로 하는 '닉슨주의'를 주장하여 "부담과 책임을 분담"하며 실력을 기초로 "현실적 억지전략"을 구축하여 담판을 주요 수단으로 해서 '다섯 세력', '삼각관계'에서 '균형외교'를 실행했다. 1971년 7월 국가안전사무 보좌관인 키신저를 비밀리에 중국을 방문케 하여 중미 양국 간 장기간 단절되었던 국면을 타개했다. 1972년 2월 2일부터 28일까지 중국을 처음으로 방문해 저우언라이 총리와 유명한 「상하이 공동성명」을 발표하여 중미관계의 개선과 발전을 위해 큰 공헌을 했다. 1972년 5월 소련을 방문하여 소련과 첫 단계 무기제한협정을 체결했다. 1973년 1월에는 베트남 전쟁을 끝내는 파리협정을 체결했으나 1974년 8월 '워터게이트사건'으로 부득이하게 사임해야 했다. 사임 후에는 주로 저서 집필과 국제형세에 관한 연설을 하였다. 그는 여러 차례 중미관계를 발전시켜야 한다는 중요성을 강조했는데, 중미

관계의 중점은 소련을 대응하기 위한 전략협력에서 경제협력으로 바꿔어야 한다고 주장했다. 소련과의 관계에서 그는 미국과 소련은 "온화하고 평화적인 경쟁관계이기는 하나 이는 차가운 평화이다"라는 새로운 관계를 주장했다. 퇴직 후에 그는 다섯 차례나 중국을 방문했는데, 마지막으로 방문한 시기는 1993년 4월 80세의 고령 깨였다. 저서로는 『6차례 위기』, 『닉슨 회고록』, 『진정한 전쟁』, 『지도자들』, 『진정한 평화』, 『두 번째 베트남이 없어야 한다』와 『1999-부전승』 등이 있다.

【마오쩌둥의 닉슨에 대한 총평 및 해설】

마오쩌둥과 닉슨은 한 명은 세계에서 인구가 제일 많고 제일 큰 잠재력을 가진 국가의 지도자이고, 다른 한 명은 세계에서 경제가 제일 발달한 슈퍼대국의 지도자였다.

두 나라는 서로 대치상태를 유지하며 단절된 20여 년간 아무런 왕래가 없었다. 두 나라의 의식형태는 서로 대립되고, 그들의 사상과 신앙은 서로 맞지 않고, 그들의 가치관은 절대로 일치하지 않았으며, 그들의 문화배경도 완전히 달랐다.

그런 나라의 대표인 마오쩌둥과 닉슨이 만났다.

1972년 2월 21일 11시 27분 미국 대통령 리처드 닉슨이 탄 '76년 스피릿호' 전용기가 서서히 베이징 공항에 착륙했다. 저우언라이 총리가 마중을 나왔다.

공항에서 소박한 환영식이 진행되었다. 군악대가 두 나라의 국가를 연주하고 삼군의장대의 환영 후 저우 총리는 닉슨 대통령을 댜오위타이(釣魚台) 국빈관으로 안내했다.

닉슨이 호텔에 도착하여 금방 점심을 마친 후, 마오쩌동은 닉슨 대통령과 회담을 하자고 했다. 이런 경우는 절대 없었다. 관례에 따르면 마오쩌동은 외국손님이 중국을 떠나기 하루나 이틀 전에 그들을 접견했다. 닉슨은 이런 중국 측의 예우에 마음속으로 고마워했다.

얼마 후 마오쩌동은 중난하이(中南海)에 있는 자신의 서재에서 닉슨을 만났다. 닉슨이 서재에 들어서자 마오쩌동은 자리에서 일어나 미소를 지으며 손을 내밀었다. 닉슨도 손을 내밀어 세계 두 대국의 지도자들은 손을 맞잡게 되었다. 닉슨 대통령이 왼손을 맞잡은 손 위에 올리자 마오쩌동도 왼손을 그 위에 올렸다. 두 사람은 웃음을 지었고 한참동안 네 손을 서로 잡고 있었다. 이는 정상적인 외교적 의례 시간보다 훨씬 긴 시간의 악수였다.

마오쩌동과 닉슨이 악수를 하면서 두 대국은 4/1 세기 동안의 대치와 대립 상황에 마침표를 찍었다. 이는 한 시대의 결속을 의미하며 다른 한 시대의 시작을 알리는 일이었다.

닉슨 대통령은 TV의 신비한 작용을 특히 중시했다. 대통령 전용기가 베이징 공항에 도착해서부터 모든 중요한 활동은 실시간으로 전 세계에 전파되었다. 특히 닉슨 대통령은 마오 주석과의 만남을 「세계를 변화시키는 일주일」이라는 타이틀로 그의 중국행을 알렸다.

베이징 시간은 워싱턴 시간보다 13시간이 빠르다. 닉슨은 TV 생중계에 큰 신경을 썼다. 매일 오전의 활동이 미국 저녁 황금시간대에 전해졌고 저녁의 활동은 아침 TV프로그램을 통해 미국 전 지역에 실시간으로 전해졌다. 닉슨은 특별히 베이징 시간으로 21일 오전 11시 30분을 선택했는데, 이는 미국 동부시간으로는 저녁 10시 30분이어서 미국인들이 TV를 제일 많이 시청하는 시각이었다.

중미 양국은 23년 동안 적대관계였다. 패트릭 헐리[44]가 중국에 온 시점부터 계산하면 이는 4분의 1세기의 시간이었다. 1969년 1월 20일 닉슨은 제37대 미국 대통령으로 취임하자 베트남 전쟁을 계속 확대했으며, 미국의 비행기와 군함이 수시로 중국의 영공과 영해를 침범했다. 이와 동시에 중국과 소련의 관계도 더욱 악화되었다. 3월 2일에는 "전빠오섬(珍寶島) 사건"[45]이 일어났다. 이로 인해 중국과 소련의 변경 충돌은 절정에 이르게 되었다.

이를 계기로 미국과 소련은 모두 중국을 적으로 대하게 되었고, 중국 국내에서는 "문화대혁명"이 한창 진행 중이던 혼란기였다.

이런 상황에서 중국공산당 제9차 대표대회가 1969년 4월에 열렸다. 마오쩌동은 직접 9차 대표대회 정치보고를 심의하고 국제형세를 상세하게 분석했다. 보고에는 이런 내용이 있었다.

"미국과 소련은 세계를 분할하려는 망상으로 서로 결탁하고 서

---

44) 패트릭 헐리(Patrick Jay Hurley, 1883년 1월 8일~1963년 7월 30일): 미국 공화당의 정치가로 허버트 후버 대통령 밑에서 전쟁장관을 했으며, 국공내전 시기 주중 미국대사를 역임했던 인물이다.

45) 전빠오섬 사건 : 마오쩌동 주석이 평소 멘토로 삼던 니키타 후루시쵸프 소련 공산당 서기장의 친서방정책에 배신감을 느껴 공개적 반발 속에서 중소 양국 영토의 경계선인 전빠오섬(러시아명 다만스키섬)에서 중국이 아이훈조약(1858년)으로 빼앗겼던 청 제국 시절의 영토였던 전빠오섬을 되찾고 싶어 습격을 감행한 무력 충돌 사건으로 중소 분열을 절정으로 치닫게 했다.

로 쟁탈하고 있다. 우리는 미국과 소련이 대규모 침략전쟁을 발발할 가능성을 경시하지 말아야 한다. 우리는 큰 전쟁을 위해 만반의 준비를 해야 하고, 그들이 일찍 전쟁을 일으킬 가능성을 대비해야 하며, 장기적인 전쟁과 핵전쟁에 대비해야 한다."

하지만 마오쩌동은 여전히 국제형세를 계속 연구할 필요가 있다고 했다. 중국과 미국·소련과의 관계는 미국과 소련과의 관계와는 달랐기 때문에 두 슈퍼대국 사이에 끼인 상황을 변화시켜 가는 문제는 마오쩌동이 고심하던 문제였다. 9차 대표대회가 끝난 후 마오쩌동은 천이(陳毅)가 책임지고 천이, 예젠잉(叶劍英), 쉬샹첸(徐向前), 녜룽전(聶榮臻) 등 네 명의 원수가 참가하는 국제형세 좌담회를 열고 토론한 결과를 서면으로 저우 총리에게 보고하여 전달하라고 명령을 내렸다.

1967년에 소위 말하는 '2월 역류(二月逆流)'[46]로 정치에서 따돌림을 당하던 천이 등 4명의 노 원수들은 마오쩌동의 제의에 의해 9차 대표대회에서 중앙위원으로 선출되었으며, 예젠잉은 9차 대표대회 1차 전체회의에서 정치국 위원으로 선출되었다. 마오쩌동은 네 명의 노 원수들에게 베이징 4개 공장에 내려가 실제로 작업에 참가하면서 조사하고 연구하라고 했으며 함께 국제 형세를 연구하라는 임무를 주었다.

---

46) 2월 역류 : 문화대혁명 지지 세력이 사용한(즉 '잘못된') 표현이다. 문혁이 시작되고 전국적으로 정권 탈취가 일어나고, 군대에까지 이러한 영향이 미치자, 군대의 원로들이 장칭(江靑)등의 문혁소조를 전면적으로 비판했다. 그러나 마오쩌동은 오히려 원로들을 철저하게 비난하며 문혁소조를 지원하였고, 이들이 확실하게 정권을 잡게 되며 이후 상당수의 당 간부들이 타도되는데, 이들 군 원로들의 반대행위에 대해 문혁소조가 칭한 단어이다.

이미 70세를 넘긴 노원수들이지만 그들은 수십 년의 종군생활에서 비범한 전략적 안목과 민첩한 통찰력을 유지하고 있었다. 그들은 복잡한 사무의 구속에서 벗어나 전심전의로 국제형세의 연구에 몰두했고, 얼마 지나지 않아 국제적 각축장(角逐場)에서 중국이 점하고 있는 위치를 찾아냈다.

한날 남짓한 시간의 토론과 연구를 거쳐 네 명의 노 원수는 7월 하순에『전쟁 형세에 대한 초보적인 추측』이라는 제목의 보고를 완성하여 천이가 저우 총리에게 바친 후 마오쩌동에게 전해졌다. 네 명의 노 원수는 보고에서 당시 국내 여론과 다른 견해를 제기했다. 당시 국내의 주요 여론은 대규모로 중국을 침략하는 전쟁이 당장 일어날 것처럼 여기고 있었다. 그러나 네 명의 노 원수들의 견해는 이와 달랐다.

"미국과 소련은 모두 중국을 적으로 여기고 있지만 그들도 서로 적대시하고 있다. 닉슨 대통령은 중국을 '잠재적인 위협'이라고 했지 현실적인 위협이라고 하지는 않았다. 중국과 미국은 거리가 멀고 미국의 전략 중심은 유럽에 있으므로 미국은 경솔하게 중국을 공격하지 않을 것이다. 소련은 중국을 주요 적대국으로 간주하고 있기에 소련의 위협은 미국보다 크다고 할 수 있다. 하지만 소련이 현실적으로 중국을 공격하기엔 여러 가지 곤란함이 있다. 예측 가능한 시간 내에 미국과 소련은 단독적으로나 연합적으로나 대규모의 중국에 대한 침략전쟁을 일으킬 가능성은 크지 않다. 소련은 미국의 지분을 차지하려고 하므로 '그들의 투쟁은 첨예하며 자주 발생할 것이다.' 중국과 소련의 모순은 중국과 미국의 모순보다 크며 미국과 소련의 모순은 중국과 소련의 모순보다 크다."

이 결론의 제기와 함께 십여 년간 지속된 중국, 미국, 소련 삼각의 국제전략 패턴에서 중국과 미국의 관계를 개선할 수 있는 근거를 제기했다.

두 달 후 천이는 저우 총리에게 구두로 중미관계 개선에 대한 자신의 견해를 다음과 같이 보고했다.

"(1) 중미대사 급 회답인 바르샤바 회담을 회복시킬 때, 우리는 주도적으로 부장(장관)급 혹은 더 높은 급의 회담을 제기하여 중미 양국 간의 근본적 문제와 관련한 문제를 협상하자고 제기해야 한다. 만약 미국이 먼저 비슷한 건의를 제기해 오면 우리는 응당 수락해야 한다.

(2) 고위급회의를 진행하는 것은 일종의 전략적 행동이다. 우리는 선결조건을 제기하지 않고 대만문제는 고급회의에서 점차 해결방법을 모색해야 한다.

(3) 바르샤바회담을 진행할 때, 폴란드 정부에서 제공한 장소를 사용할 필요는 없다. 비밀유출을 고려하여 중국대사관을 장소로 정할 수 있다."

마오쩌둥은 이런 건의와 생각들을 매우 중시했다. 중미 양국이 다년간 왕래가 단절되었기 때문에 서로 상대방을 이해하지 못하고 있었다. 두 나라의 신문과 언론 그리고 정계인사들의 대화는 여전히 적대적이었다. 마오쩌둥은 신중히 고려하고 반복적으로 관찰한 후 중미관계를 개선하기 위한 결책을 내렸다."

1970년 10월 1일 마오쩌둥은 톈안먼(天安門) 성루에서 베이징을 방문 중인 미국의 저명한 기자 애드거 스노와 그의 부인을 접견했다. 마오 주석이 스노와 함께 찍은 사진은 곧바로 『인민일보』에 발표되었다. 이는 미국에 전달하는 메시지와도 같았다.

또한 마오쩌둥은 12월 18일에 다시 한 번 스노를 접견하여 중미관계에 대해 다섯 시간동안 대화를 나누었다. 마오 주석은 스노에게 이렇게 말했다.

"외교부에서는 미국의 좌파, 우파, 중간파 모두 중국을 방문할 수 있는 방법을 연구하고 있습니다."

마오 주석은 말을 이었다.

"지금 중미 간의 문제는 닉슨 대통령이 해결해야 합니다. 닉슨 대통령이 중국에 온다고 하면 나는 그와 대화하고자 합니다. 대화를 통해 해결해도 좋고, 해결하지 못해도 좋습니다. 싸워도 좋고 싸우지 않아도 좋습니다. 여행객의 신분으로 와도 되고, 대통령의 신분으로 와도 좋습니다. 종합적으로 어떻게 되더라도 좋습니다."

이번 회담은 70년대 중미관계의 중대한 전환을 위한 기초를 닦아주었다.

마오쩌동·저우언라이 등 중국 지도자들이 중미관계의 개선을 위한 결정을 내릴 시기에 닉슨도 양국관계의 개선을 위한 절차를 밟고 있었다. 미국의 이익에서 출발하여 닉슨은 더욱 대범하고 더욱 주도적으로 행동했다.

다년간 닉슨은 새 중국을 반대하는 주요 인사였지만 닉슨은 현실적인 정치가였다. 베트남 전쟁의 실패와 더불어 중국의 국제적 지위가 날로 높아감에 따라 그는 미국이 세계를 완전히 지배할 수 없다는 것을 인지하게 되었다. 만약 7억 인구를 가진 중국의 참여 없이 "안정적이고 지속적인 국제질서를 건립한다는 것은 불가능한 것이다."라고 생각했던 것이다. 소련은 미국이 베트남 전쟁에 묶여 있는 동안 빈번하게 세계 각국을 공격하고 있었다. 이렇게 세계 각 지역에 대한 공격 전략으로 미국은 중국과의 관계개선을 더욱 고려하지 않을 수밖에 없었던 것이다. 1969년 7월 하순 천이 등 네 명의 원수가 서면보고를 제출한 시각에 미국은 중국과의 왕래를 완화한다고 선포했다. 의원, 기자, 교수, 학자, 과학자, 의사, 적십자회 등 6가지 유형의 공민들은 중국으로 여행을 갈 수 있다고 허락했다. 이어 닉슨은 출국하는 기회에 파키스탄 대통령 아크하 모하마드 야히아 칸과 루마니아 대통령 니콜라이 차우셰스쿠를 방문하여 미국은 중국을 고립케 하는 조치에 참여하지 않을 것이며, 중국과 대화를 나누고 싶다는 말을 중국 지도자에게 전해달라고 부탁했다.

12월 중순 미국은 연속적으로 두 차례에 걸쳐 중국과의 무역을 완화시켰으며 "이런 절차를 통해 공산당 중국과의 관계개선을 희망한다"고 했다. 12월 말 미국 제7함대는 타이완 해협에서의 순찰활동을 줄였다.

1970년 1월 20일 미국의 적극적인 제안 하에 바르샤바 중국대사관에서 제135차 중미대사급 회담이 열렸다. 2년 넘게 중단되었던 중미대사급 회담이 회복되었던 것이다. 2월 20일 양측은 제136차 회담을 진행하여 "미국 고위사절단의 중국 방문"을 위한 의견을 나누었다.

바로 이 시기에 미국은 캄보디아가 베트남 남방인민 무장 세력에 '피난소'를 제공하고 있다는 이유로 1월 30일 캄보디아에 무장부대를 파견했다. 중국은 강력한 반응을 보이며 5월 20일에 진행하기로 했던 중미대사급 회담을 취소시켰다. 마오쩌둥은 5월 20일『전 세계 인민들은 단결하여 미국 침략자와 모든 앞잡이를 물리쳐야 한다』는 성명을 발표했다. 이로써 중미 간의 연락은 재차 끊겨지게 되었다.

그러자 얼마 후 미국 측에서는 중미관계의 대치 국면을 완화하기 위해 6월 말에 캄보디아에서 군대를 철수시켰다. 중단되었던 두 나라의 연락은 다시 회복되었다. 8월 26일 미국은 해외의 미국 석유회사가 중국을 출입하는 선박에 대해 주유하는 것을 금지시켰던 명령을 취소한다고 선포했다. 이는 닉슨 정부가 중국무역의 운송금지를 취소하는 첫 번째 조치였다.

9월 27일 닉슨은 미국『타임즈』의 취재에서 이렇게 말했다. "만약 내가 죽기 전에 해야 할 일이 있다면 그건 중국에 가보는 것이다. 만약 내가 갈 수 없다면 나의 아이들이 갔으면 한다."

미국 대사급 회담은 더 이상 진행되지 않았다. 하지만 중미 양국은 새로운 양국 지도자 간의 소통 라인인 '파키스탄 라인'을 개척했다. 바로 마오 주석이 스토를 접견한지 얼마 지나지 않은 시기인 1970년 10월 하순 닉슨 대통령은 미국 방문 중인 파키스탄 대통령 아그하 모하마드 야히아 칸을 접견했다. 닉슨은 "중미 양국의 화해는 매우 중요하다. 미국은 절대 소련과 함께 중국을 반대하지 않을 것이다"고 말하면서 미국은 고급사절단을 중국에 보내 비밀 방문을 할 의향이 있다고 말했다. 닉슨은 이런 미국의 뜻을 중국에 전달해 줄 것을 부탁했다. 이렇게 중미 양국은 서로 가까워 질 수밖에 없는 운명을 맞이했다. 중미관계를 언급하면서 닉슨은 이렇게 말한 적이 있다. "당신들이 당신들의 제도를 믿어 의심치 않는 것과 마찬가지로 우리도 우리의 제도를 굳게 믿고 있다. 우리를 하나로 연결하는 것은 공동의 신앙이 아니라 공동의 이익이다."

5월 20일 마오쩌둥은 당시 큰 반향을 가져온 「5·20성명」을 발표했다. 성명에서는 베트남, 캄보디아, 라오스 세 나라의 항미(抗美)투쟁을 성원하며, "닉슨의 파시즘 폭행"을 엄숙하게 질책한다고 했다.

훗날 마오쩌둥은 이를 "큰소리 친 것"이라고 했다.

아니나 다를까 얼마 지나지 않아 마오쩌둥은 닉슨에게 새로운 메시지를 전달했다.

1970년 12월 18일 마오쩌둥과 스노는 회담하면서 다음과 같이 말했다.

"나는 닉슨이 집권하는 것을 환영합니다. 무엇 때문일까요? 그는 기반이 있기는 하지만 비교적 작은 편입니다. 또 그는 일을 강압적으로 처리하지만 온화한 정책을 사용하기도 하기 때문이지요. 만약 그가 베이징에 올 생각이 있다면 공개하지 말고 비밀리에 비행기를 타고 오면 된다고 전해주세요. 일이 잘 해결돼도 좋고 아니어도 좋습니다. 이런 일 가지고 경직될 필요는 없지 않습니까? 하지만 당신네 미국은 비밀이 없으니 대통령의 출국이 비밀이 될 수는 없겠지요? 그가 중국에 온다면 아마도 방문 목적은 중국을 이용하여 소련에 대응하기 위함이라고 과대 포장할 것입니다. 그렇기 때문에 그는 지금 감히 움직이지는 못할 것입니다. 지금 소련을 상대하는 것은 미국에 불리하며, 중국을 상대하는 것도 미국에 불리한 상황입니다. 지금 미국인들이 중국에 오지 못하게 하는 정책이 있는데 맞습니까? 외교부에서는 이를 연구할 필요가 있습니다. 좌파, 우파, 중간파 모두 올 수 있게 해야 합니다. 왜 우파도 오게 해야 합니까? 닉슨은 독점자본가이기에 당연히 오라고 해야 합니다. 중간파나 좌파는 작금의 문제를 해결할 수 없습니다. 지금은 닉슨과 문제를 해결해야 할 때입니다. 닉슨이 오려고 한다면 나는 그와 대화할 것입니다. 대화를 통해 해결해도 좋고, 해결하지 못해도 좋습니다. 싸워도 좋고 싸우지 않아도 좋습니다. 여행객의 신분으로 와도 되고, 대통령의 신분으로 와도 좋습니다. 결과적으로 어떻게 되어도 좋습니다. 나는 그와 싸우지 않을 것입니다. 기껏해야 약간의 비판 정도는 하겠지만 말입니다.

대신 우리도 자아 비평을 해야 합니다. 바로 우리의 착오, 우리의 결점을 말해야 한다는 것입니다. 예를 들면 우리의 생산력 수준이 미국보다 낮은데도 우리는 자아비평을 하지 않고 있는데 이는 수정되어야 한다.

닉슨이 대표를 중국에 보내어 담판하자는 것은 그가 재안한 것입니다. 이를 증명하는 문서들도 있습니다. 그는 베이징이나 워싱턴에서 만나 담판하고자 했으며, 우리 외교부나 미국의 국무원에서 모르게 진행하자고 했습니다. 이를 기밀에 붙이고 공개하지 말 것을 제안했습니다. 1972년에 미국 대통령 선거가 진행되게 되는데, 내 생각에는 닉슨이 직접 오지 않고 상반기에 사람을 보낼 것 같습니다. 아마 그때 가면 구체화 될 수 있을 것입니다. 그는 타이완에 미련이 남아 있는 것처럼 보입니다. 타이완의 장제스도 아직 죽지 않았는데 타이완이 그와 무슨 관련이 있다는 말입니까? 트루먼과 애치슨이 타이완의 상황을 이렇게 만들어 놓았고, 그 다음 대통령인 케네디는 부대통령 닉슨과 함께 타이완에 갔었기에 관련이 있지 않나 생각됩니다. 그는 타이완에는 인구 천만 명이 있다고 했습니다. 그러나 아시아에는 수십억 인구가 있고, 아프리카에도 3억의 인구가 있는데, 무슨 1천만 명 정도 갖고 문제를 일으키고 있는지 모르겠습니다. 하지만 중미 양국은 언젠가는 수교를 해야 합니다. 중국과 미국이 백 년 동안 수교를 하지 않고 어찌 지낼 수 있다는 말입니까?"

1971년 봄 제31회 세계탁구선수권대회가 일본 나고야에서 열렸다. 이를 계기로 마오쩌동과 저우언라이는 성공적인 핑퐁외교를 보여주었다. 사실 중국 탁구대표단은 미국선수들과 손을 잡지 말아야 하고, 미국 선수들과 먼저 대화하지 않아야 하며, 미국 팀과 국기를 교환해서는 안 된다는 규정이 있었다.

미국 선수들은 여러 차례 탁구 강국인 중국을 방문할 생각이 있다고 소문을 전해왔다. 중국 대표단에서는 "이후에 중국을 방문할 수 있는 기회는 얼마든지 있을 것이다"라는 말로 완곡하게 거절했다. 하지만 우연한 기회에 발생한 사건은 희극적인 변화를 가져오게 했다.

하루는 미국 선수 Glen Cowan이 경기장에서 중국 탁구대표단이 머무는 호텔로 돌아오는 전용차량에 탑승하게 되었다. 그는 잘못 탑승한 것을 알게 된 후 여간 어색해하지 않았다. 이때 중국 선수 쫭쩌동(庄則棟)이 먼저 나서서 인사했다. "우리 중국 인민과 미국인민은 예전부터 우호적입니다. 오늘 당신이 우리 차에 오란 것을 우리는 모두 당신을 환영합니다. 나는 우리 중국선수들을 대표하여 당신에게 환영인사를 하는 것입니다. 반가운 의미에서 나는 당신에게 선물 하나를 주겠습니다." 쫭쩌동은 황산(黃山)의 풍경을 수놓은 항쩌우에서 만든 비단수건을 Glen Cowan에게 건넸다. Glen Cowan은 무척 기뻐하며 평화를 상징하는 로고가 있는 반팔셔츠를 쫭쩌둥에게 답례로 건넸다. 그러면서 그는 중국을 방문하고 싶다는 희망을 말했다.

Glen Cowan과 쫭쩌동의 일화는 즉시 중국 국내에 전해졌다. Glen Cowan이 차에 잘 못 올라탄 일로 인해 중미관계의 문을 여는 계기가 만들어지게 되었던 것이다. 세계 각국의 동향을 보여주는 신화사(新華社)에서 출간한 『따찬카오(大參考)』를 읽던 마오쩌둥은 서방 매체의 장황한 보도에 눈길을 멈추었다.

마오쩌둥이 쫭쩌둥과 미국 선수 Glen Cowan이 접촉한 사실을 알게 된 그는 중국 탁구 선수단과에게 전화하기를 하루 두 차례에서 네 차례로 늘려 선수단의 상황을 실시간으로 보고해 들었다.

며칠 전 외교부와 국가 체육위원회에서는 미국선수의 중국 방문요청에 대해 미국 탁구선수의 중국 방문을 수락하지 않을 것이라고 했다. 그러나 저우언라이는 '동의'라고 적었고, 마오쩌둥도 여기에 동그라미를 쳐서 비서에게 전달했다.

서방 통신사의 보도에 마오쩌둥은 이 문제를 다시 고려했다. 그는 스노와 닉슨의 중국방문을 환영하고, 문제가 있으면 그와 해결할 것이라고 했다. 이런 시기에 집 문 앞까지 온 미국 탁구선수단을 앞장서게 하는 것은 아주 유리한 것이라고 생각했다. 제31회 세계탁구 선수권대회가 거의 끝나가고 있었다. 만약 즉시 미국 탁구선수단의 중국 방문을 요청하지 않으면 그들은 그 길로 미국에 돌아갈 수밖에 없었다. 이에 마오쩌둥은 의연히 미국 탁구선수단을 중국에 초청하기로 결정했다. 그날 오전 이 소식은 즉시 나고야에 전해졌다. 3일 후 미국 탁구선수단 9명의 선수, 4명의 탁구협회 직원 및 2명의 가족과 3명의 기자를 포함한 일행 18명은 뤄후(羅湖)다리를 건넜다. 이는 중화인민공화국이 성립된 이후 처음 중국을 정식 방문한 미국선수단이었다.

작은 공은 큰 공을 쏴 올렸다. 7월 미국 대통령 국가안전 사무 보좌

1972년 중국을 처음 방문한 닉슨을 맞이하고 있는 마오쩌동.

관 키신저가 비밀리에 중국을 방문했다. 그 후 양 측은 미국 대통령 닉슨이 곧 중국을 방문할 것이라는 소식을 선포했다.

 9월 린뱌오사건이 발생했으나 중미관계는 계속 발전했다. 10월 키신 저는 재차 중국을 방문하여 닉슨의 중국 방문을 위해 준비했다. 1972 년 1월 초 대통령 국가안전사무부 보좌관 헤이그는 사전 점검 팀을 거느리고 중국을 방문하여 닉슨의 중국 방문 준비를 진행했다. 그리 고 2월 닉슨은 성공적으로 중국을 방문했다.

 마오쩌동과 닉슨의 회담은 부담이 없고 우호적인 분위기에서 진행 되었다. 회견에 참가한 중국 측 인원들로는 저우언라이, 외교부 부장 보좌 왕하이롱(王海容)과 통역 탕원성(唐聞生)이 있었고, 미국 측 인원 들로는 국가안전사무 보좌관 키신저와 수행원 로드(洛德)였다. 마오쩌 동은 유모어를 곁들여 가며 흥미진진하게 이야기를 했고, 닉슨은 재치 있는 언어로 대화를 이어나갔다. 대화는 웃음소리 속에서 진행되었다.

회견은 인사로부터 시작했다. 키신저는 그가 하버드대에서 학생을 가르칠 때, 그의 학생들이 연구생과정을 수료하기 전에는 반드시 마오쩌둥의 저서를 읽어야 한다고 규정했다고 했다. 마오쩌둥은 겸손하게 말했다.

"내가 쓴 것은 별 것 아닙니다. 배울게 뭐가 있다고요."

닉슨 대통령이 말을 이었다.

"주석의 저서는 한 민족을 이끌었고, 전 세계를 변화시켰습니다."

마오쩌둥이 대답했다.

"나는 세계를 변화시키지 않았습니다. 베이징 외곽의 몇 개 지역을 변화시켰을 뿐입니다."

마오쩌둥은 손을 흔들며 닉슨을 보면서 말했다.

"우리 모두의 친구인 장(제스) 위원장은 이런 자리를 좋아하지 않습니다.(회담 자리를 가리키며 말했다.) 그는 우리를 공산당 토비라고 부르지요. 요즘 그의 연설을 보았습니까?"

닉슨이 말했다.

"장제스가 주석을 토비라고 부르는데, 주석은 그를 어떻게 부르십니까?"

통역이 이 부분을 이야기할 때 마오 주석은 웃었다. 저우언라이가 대신 대답했다.

"일반적으로 우리는 그를 '장 토비'라고 합니다. 때로 우리는 신문에서도 그를 토비라고 부르고 그도 우리를 토비라고 부르지요. 결과적으로 우리는 서로를 욕하며 지내는 꼴이지요."

마오쩌동이 말했다.

"사실 우리와 그의 우정이 당신과 그의 우정보다 깊고 오래됐습니다."

마오쩌동은 주제에 구애받지 않고 자유롭게 대화하기를 좋아했다. 아무런 구속도 없는 자유로운 대화에서 언제나 그렇듯이 그는 영원히 대화의 중심에 있었다. 역사적이고 중요한 닉슨과의 만남은 마오쩌동의 리드 하에 타이완, 인도지나 반도, 반 패권 투쟁, 중미관계 교류 확대 등의 문제들을 하나씩 이야기 했다. 엄숙하고 원칙적인 강한 이야기의 주제는 마오쩌동의 농담 섞인 말을 통해 진행되어 갔다. 대통령 선거에 관해 마오쩌동은 이렇게 말했다. "만약 민주당이 다시 당선된다면 우리는 그들과도 왕래하지 않을 수 없습니다."

닉슨이 말했다.

"물론 우리도 이를 잘 알고 있습니다. 나는 당신들이 이런 문제에 직면하지 말았으면 좋겠다고 생각합니다."

마오쩌동은 명쾌하게 말했다.

"그럼 당신에게 투표하겠습니다."

닉슨이 말했다.

"주석이 나쁜 사람 두 명 가운데서 조금이라도 괜찮은 사람을 선택한 것이라고 여기겠습니다."

마오가 말했다.

"나는 우파를 좋아합니다. 사람들은 당신을 우파라고 하고, 당신의 공화당을 우파라고 하며, 영국의 히스 총리도 우파입니다.……또 서베를린의 기독교민주당도 우파입니다. 나는 이런 우파들이 집권하기를 바랍니다."

이번 회담의 배경에 대해 마오쩌동은 이렇게 말했다.

"파키스탄 총리가 당신을 우리에게 소개했습니다. 당시 주중 파키스탄대사는 우리와 당신들의 접촉을 동의하지 않았습니다. 그는 닉슨 대통령은 존슨 대통령과 마찬가지로 나쁘다고 했습니다. 하지만 우리는 트루먼부터 존슨까지 몇 명의 대통령 모두를 별로 좋아하지 않습니다. 그 가운데 8년 동안은 공화당이 집권했습니다. 하지만 이 기간에도 당신들은 여전히 변함이 없었습니다."

닉슨이 말을 이었다.

"주석 선생, 인민공화국에 대한 나의 태도를 주석과 총리는 완전히 동의하지 않는다는 것을 나도 알고 있습니다. 우리가 함께 손잡게 된 것은 세계의 형세가 변했기 때문입니다.……"

닉슨 대통령은 타이완, 베트남 등 문제를 토론하려 했다. 그러자 마오쩌동이 그의 말을 저지했다.

"이런 문제에 나는 별 관심이 없습니다. 이런 문제는 저분(저우 총리를 가리키며)과 이야기하는 것이 좋습니다."

마오 주석은 말을 이었다.

"미국 측의 침략이나 중국 측의 침략은 모두 큰 문제가 아닙니다. 우리 두 나라 사이에는 전쟁문제가 존재하지 않기 때문입니다. 우리

두 나라는 참 이상하지요. 지난 22년간 의견 일치를 못 보았는데 탁구대회로부터 10개월도 안 되는 시간에 우리는 이렇게 마주보고 앉아 있지 않습니까? 당신들이 바르샤바에서 건의를 제기한 시점으로부터 시작해도 2년 남짓은 지난 듯한데 말입니다."

무역과 교류의 확대에 관련해 마오쩌동은 미국이 이를 제안한 2년이 지난 뒤에야 확답을 하게 된 원인이 무엇인지에 대해 이렇게 설명했다. 그는 중국은

"'관료주의' 방법으로 일을 처리하고 있기 때문에 먼저 해결해야 할 큰 문제들을 해결한 다음 무역이나 인민교류와 같은 작은 문제들을 해결하고 있습니다. 그런 후에야 나는 당신들이 옳았다는 것을 인지하게 되었습니다."

마오 주석은 토론에 빠져들었다. 원래 15분으로 정했던 회견시간이 훨씬 지났다. 비록 피곤했지만 마오 주석은 여전히 활기에 차 있었다. 닉슨 대통령이 말했다.

"나는 주석의 일부 저작들을 읽었기에 당신이 기회를 포착하는 능력이 남다르다는 것을 잘 알고 있습니다. 분초를 다투면서 기회를 포착한다고 말입니다. 그러나 나는 당신들도 알다시피 나는 내가 할 수 없는 일은 먼저 말하지 않으며, 내가 한 일은 내가 한 말보다 많습니다."

마오 주석은 키신저를 가리키며 말했다.

"'분초도 다툰다.'는 것은 내 생각에는 나와 같은 사람은 큰소리만 친다는 말이라 들립니다. 예를 들면 '전 세계 인민들은 단결하여 제국

주의·타협주의와 각국의 반동파를 타도하고 사회주의를 건립하자!'는 식이지요"

마오 주석은 몸을 앞으로 당기며 미소 띤 얼굴로 닉슨에게 말했다.

"당신 개인은 타도 대상에 속하지 않을 수도 있습니다."

이어서 그는 키신저를 가리키며 말했다.

"이 사람도 타도 대상에 속하지 않는다고 봅니다. 만약 당신들이 모두 타도되면 우리는 친구가 없게 됩니다."

닉슨이 말했다.

"우리는 주석의 일생을 너무 잘 이해하고 있습니다. 매우 빈곤한 가정에서 태어난 당신은 세계에서 인구가 제일 많은 나라의 제일 높은 위치에까지 올랐습니다. 나도 가난한 가정에서 태어나 위대한 나라의 최고 직위를 차지하게 되었습니다. 역사는 우리를 한자리에 모이게 했습니다."

닉슨이 작별을 고할 때, 마오 주석은 닉슨의 『6차례 위기』라는 책을 잘 썼다고 했다. 그러자 닉슨이 말했다.

"당신은 책을 너무 많이 읽으시네요."

마오 주석이 말했다.

"너무 적습니다. 여전히 미국에 대한 이해가 너무 적습니다. 당신이 미국의 역사와 지리를 가르쳐줄 수 있는 선생을 보내주셨으면 합니다."

그는 계속 말을 이어갔다.

"며칠 전에 돌아간 기자 스노와 한 우리의 협상이 성사되어도 좋고 성사되지 않아도 좋습니다. 하지만 대치 상태를 계속할 필요는 없지 않습니까? 우리는 좋은 성과를 가져올 것이라고 생각합니다. 처음에 성사되지 않았다면 방법이 틀렸기 때문일 것입니다. 그렇다면 두 번 다시 협상하면 성사될 수 있는 것이니 문제가 안 되니까요?"

이 말이 끝나고 양측 모두는 자리에서 일어섰다. 닉슨은 마오 주석의 손을 잡고 말했다. "우리가 함께라면 세상을 변화시킬 수 있습니다."

회견은 한 시간 넘게 진행되었다. 하지만 중미연합성명의 내용을 대체적으로 그려낼 수 있었다. 몇 시간 후 신화사에서는 얼굴에 미소를 띤 마오쩌둥과 닉슨이 만난 사진과 관련된 소식을 보도했다. 보도에는 이번 회견을 "진지하고 진실된 만남"이라고 했다.

중국 방문기간에 닉슨 대통령은 평화를 상징하는 도자기로 만든 백조와 수정유리의 꽃병을 증정했으며, 마오 주석은 닉슨에게 난해한 족자를 선물했다. 족자 안에는 이런 글귀가 쓰여 있었다.

"노두좌등(老頭坐凳)

항아분월(嫦娥奔月)

주마관화(走馬觀花)**47**

　여기서 걸상에 앉은 '노인'은 제국주의를 의미하고, '항아분월'은 위
성(衛星)의 아름다운 자태를 의미하며, '주마관화'는 닉슨이 중국을 대
략적로나마 둘러본 사실을 의미했다. 즉 우쭐거리며 자리에서 움직이
지 않는 전형적인 제국주의 우두머리와는 달리 실질적으로 중국을
방문한 닉슨을 칭찬했던 것이다.

　어느 날 마오쩌동은 우한(武漢)에서 군 간부들을 만난 자리에서 이
렇게 말했다.

　　"닉슨은 나의 의도를 알지 못했습니다. 아마도 몰랐을 것입니
　　다. 하지만 별 문제는 없습니다. 족자 내용은 닉슨에게 있어서

---

47) 1. 노두좌등(老頭坐凳): 이 말은 당시의 정세가 안정 되지 않고 많은 변동이 있음을 대변하는
　　말이었다. 중화인민공화국 성립 후 미국이 중국에 대해 적대하는 정책을 실시하자 중미관계는
　　비정상적인 상태에 처하게 되었다. 그러한 상황에서 1970년대에 들어서면서 국제형세에 커다란
　　변화가 있어나 중미 양국의 영도자는 양국관계 개선의 필요성을 생각하게 되자 양국관계를
　　정상화시킬 필요가 있음을 의미하는 말이었다.
　　2. 항아분월(嫦娥奔月): 이 말은 양국 관계를 한 층 격상시킬 필요가 있음을 바라는 마음을 표현한
　　것이다. 1969년 1월에 닉슨이 대통령에 취임하자 다양한 방식을 통해 중국과 접촉을 진행했는데,
　　1970년 12월에 마오쩌동이 미국기자 애드가 스노와 담화하면서 닉슨의 중국방문을 명확하게
　　표시하자 1971년 7월에 닉슨의 안보담당 보좌관인 키신저가 비밀리에 중국으로 방문하게 되었다.
　　그 때 저우언라이 총리는 중화인민공화국을 대표하여 닉슨을 정식으로 초청하는 초청장을
　　키신저에게 주어1972년 2월 21일에서 28일까지 닉슨이 중국을 방문하게 되었고, 마오쩌동과 그가
　　만나게 되면서 양국관계는 거대한 변화를 가져오게 되었다.
　　3. 주마관화(走馬觀花): 이 말은 양국 관계가 이후부터 정상화될 것임을 우회적으로 표현한 말이다.
　　1972년 2월 21일 마오쩌동은 중난하이(中南海)에서 닉슨을 만나 회담했고, 이때의 대담을 바탕으로
　　2월 28일에 상하이에서 중미 양국은 연합성명을 발표하여 양국 관계의 정상화가 실현되었음을
　　대내외에 공표하였다. 이로부터 양국 지도자들의 왕래가 빈번하였고 평화외가 촉진되어갔던
　　것이다.

비우호적인 것이 아니고 풍자적인 의미가 있을 뿐이니까요. 미국 대통령이 그 뜻을 알았다면, 자신과 마오쩌둥이 바라보는 세계의 색깔에 대해 되물었을 테니까요."

닉슨은 저우 총리에서 선물 리스트를 전했다. 이 리스트에는 금괴 40톤, 백금 20톤, 가공하지 않은 보석 15만 캐럿, 미국, 영국, 홍콩의 화폐 여러 묶음, 공예품 40박스, 구리 3,000톤, 볼프람 2,000촌, 알루미늄 2,000촌, 티타늄 800톤, 고무 2,000톤이 적혀 있었다. 이 외에도 2,009구의 유해가 포함되어 있었다. 이는 1945년 미국 잠수정에 의해 침몰된 일본군함 '아와마루(阿波丸)호'에 적재되었던 물품과 탑승한 사람들 리스트였던 것이다. 당시 '아와마루호'는 강탈한 거액의 재물을 싣고 귀국하던 도중에 침몰했다. 미국은 위성을 통해 침몰지역이 타이완해협 북쪽 핑탄(平潭)섬 부근이라고 정확하게 탐측했다. 닉슨은 이 자료를 그의 중국 첫 방문 선물로 중국에 넘겼던 것이다.(1977년 1월부터 중국은 미국에서 제공한 자료에 따라 인양작업을 했다. 금괴, 백금은 발견하지 못하고 기타 물품과 수량은 리스트의 수치와 거의 비슷했다. 물품과 함께 인양한 일본인들의 유골과 유품은 모두 일본에 돌려주었다. 당시의 일본 외무상 오히라 마사요시(大平正芳)는 조난자 친척들을 대표하여 중국 정부에 고마움을 전달했다.)

닉슨은 미국 인민들을 대표하여 중국 인민들에게 북미의 한랭기후에서 서식하는 희귀동물인 사향소를 선물했다. 중국에서는 미국 인민들에게 이름이 링링(玲玲)과 싱싱(星星)인 판다 두 마리를 선물했다.

2월 27일 중미 양국은 상하이에서 연합성명에 관한 협의를 달성하여 28일에 발표하기로 했다. 저녁 만찬에서 닉슨은 믿음에 찬 목소리로 말했다.

"이후 우리는 1만 6천리가 넘는 바다를 넘어 22년 동안 적대해 온 정서를 극복하는 다리 건설 프로젝트를 완성해야 합니다."

  1974년 닉슨은 '워터게이트사건' 사건으로 대통령직을 내놓았다. 하지만 마오쩌둥은 미국은 '워터게이트사건'에 대해 과분한 반응을 보였다고 했다. 마오쩌둥은 1974년 말부터 중국을 방문한 외국 주요 인사들을 통해 닉슨을 중국에 초청한다고 했다. 닉슨과의 특수한 관계를 보여주기 위해 그는 1975년에 닉슨의 딸 줄리와 사위 데이비드를 접견했다. 말년에 접어든 마오쩌둥에 있어서 이는 천지개벽하는 일이라 할 수 있었다.

  1976년 2월 21일부터 29일까지 4년 전과 거의 같은 시간에 닉슨 부부는 중국 정부의 초청으로 중국을 방문했다. 이 시기의 닉슨은 더 이상 미국 대통령이 아니었다. 하지만 마오쩌둥과 중국 정부는 여전히 그에게 '대통령 예우'를 갖추어 맞이했다. 마오쩌둥은 중병으로 허약한 몸을 지탱하며 닉슨을 만났다. 두 사람은 오랜 친구를 만난 듯 1시간 40분간 대화를 나누었다.

  이는 마오쩌둥이 제일 마지막으로 국가 원수나 정부 지도자가 아닌 외국 손님을 만난 자리였으며, 제일 마지막으로 선진국의 손님을 만난 자리였다.

  반년 후 마오쩌둥은 세상을 떠났다. 당일 닉슨은 성명을 발표하여 마오쩌둥을 "걸출한 사람"이며, "용기있고 비범하며 사상이 확고부동한 사람"이며, "현실을 중시하며 몸을 바친 공산당원"이라고 했다. 성명에는 이렇게 쓰여 있었다.

> "1972년 베이징 회담 시 완전히 다른 철학과 관념을 가진 우리는 모두 중국과 미국의 우의는 우리 두 나라의 이익에 필요하다고 인식을 같이했다. 마오쩌둥은 세계 형세를 객관적이고 현실적이고 깊이 있게 이해하고 있었다. 그때로부터 건립된 중미 양국의 새로운 관계는 그의 선견지명이 있었기 때문이다."

루즈벨트 때부터 사임한 역대 대통령들은 모두 개인 도서관을 만들어 임기 내의 개인 문서와 진귀한 문물들을 보관해오고 있다. 닉슨 도서관 진열실에는 10개의 실제 크기의 세계적인 정치인의 조각상이 진열되어 있다. 인물 조각상 중 제일 앞에 있는 조각상은 중산복을 입고 신발 끝이 둥근 헝겊신을 신은 마오쩌둥과 저우언라이의 인물상이다. 그들의 형상은 소파에 앉아 담소를 나누고 있는 모습이다. 여기에서 우리는 마오쩌둥이 닉슨에게는 중요한 인물로 존재하고 있었음을 알 수 있는 것이다.

18

조지 허버트 워커 부시

(George Herbert Walker Bush, 1924~2018)

【마오쩌둥의 촌평】

"'연락사무소 주임'으로 온 부시는 양국의 신의와 우의의 표상이다."

【부시 약전】

조지 허버트 워커 부시(George Herbert Walker Bush)는 미국 제
41대 대통령으로 매사추세츠주의 밀턴에서 출생하였다. 제2차 세계
대전시기에 미국 해군으로 참군하여 태평양 함대 조종사로 근무했
으며 '수훈비행십자훈장'"을 서훈 받았다. 1948년 예일대학교 경제학
부를 졸업한 후 텍사스 주에서 석유회사를 공동 창설하여 자파타
석유회사 이사장을 맡아 백만 장자가 되었다. 1960년대 초부터 정치
를 시작하여 1966년에 국회 하원의원으로 당선되었고 연속 두 번 연
임했다. 그러나 1970년의 상원의원 선거에서는 실패했다. 1971년부터
1972년까지 유엔주재 미국 수석대표가 되어 1973년 '워터게이트사건'

후 공화당 정국위원회 주임으로 임명되어 닉슨을 지지했으나 여론이 악화되자 1974년 8월 닉슨 대통령의 사직을 권유하게 되었고, 같은 해에 중국 주재 미국 연락사무소 주임으로 임명되었다. 1976년부터 1977년까지 미국 미 중앙정보국장으로 임명되었다가 1980년의 대통령 선거에서 레이건과 협력했으며, 부 대통령으로 당선되었다. 1984년에는 부대통령을 연임했고, 1988년 11월에 미국 대통령으로 당선되었다. 1989년에는 파나마를 침공하여 마약, 밀매, 공갈, 돈세탁 등의 죄명으로 파나마 대통령 마누엘 노리에가(Manuel Antonio Noriega Moreno, 1983년부터 1989년까지 파나마를 통치했던 독재자)를 미국으로 데려와 수감시켰으며 그를 재판에 넘겨 20년 형을 언도받도록 했다. 1990년 말부터 1991년 초까지 50여 만 명의 미군을 페르시아만 지역에 주둔시켰고 이라크 전쟁을 발동했다. 그의 정치사상은 레이건과 비슷했기에 국내외의 정책은 대체적으로 레이건의 방침을 계승했다. 내정방면에서는 거액의 경제 적자와 대외무역 수지 적자의 난제를 해결하는데 정력을 기울였다. 대외정책에서는 기본적으로 레이건 정부가 주창했던 "현실주의, 실력과 대화"의 기본 방침을 실행했다.

【마오쩌동의 부시에 대한 총평 및 해설】

부시는 1924년 6월 12일에 출생했다. 당시 그의 가족은 메사추세츠주 밀턴에서 생활하고 있었다. 얼마 후 그의 아버지 사업에 변화가 생겨 가족은 코네티켓주 그리니치로 이사했다. 아버지 부시는 부유한 상인이자 은행가였다. 그는 후에 국회의원에 당선되었다. 그는 아들 부시를 엄격하게 길렀다. 아들이 잘못하면 가죽 벨트로 내려치는 '교육'을 실시했다. 하지만 아들 부시는 여전히 그의 아버지를 숭배했다. 부시의 어머니는 일류 운동선수였다. 비록 우람진 체구는 아니지만 테니스, 골프, 농구, 소프트볼, 경주 등 항목에서 으뜸가는 선수였다. 아들 부시는 그의 회고록에 이렇게 썼다. "아버지는 우리들에게 책임과 공헌이 무엇인지를 배워주셨고, 어머니는 인격과 모든 대인관계 방법을 기르쳐주셨다." 이런 가정환경은 이후 부시의 인생에 커다란 뒷받침이 되었다.

1941년 12월 7일 진주만 사건이 일어나자 부시는 참군하기로 결심했다. 1942년에 필립중학교를 졸업한 후 그는 보스턴으로 갔다. 그의 18번째 생일날 해군이 되어 비행훈련을 받았다. 1943년 가을 부시는 태평양으로 파견되어 임무를 수행했다. 당시 그는 해군에서 제일 어린 비행기 조종사에 속했다. 그는 총 58차례나 전투에 참가했다. 전투과정에서 그는 여러 차례 죽을 고비를 넘겼지만 그의 용맹함과 우수한 임무완성 능력으로 '수훈비행십자훈장'을 추서 받았다.

해군에서 3년간 근무한 후 그는 부대를 떠나 그의 아버지의 모교인 예일대학교에서 공부를 했다. 대학시절에 그는 우수한 야구 선수였을 뿐만 아니라 기타 방면에서도 매우 우수했다. 졸업할 때 그는 수많은 칭호를 수여받았다.

1948년 부시는 예일대학교를 졸업하고 텍사스주의 오데사로 갔다. 텍사스는 부시 생활의 전환점이 되었다. 경제학을 전공한 부시는 아버지를 계승하여 은행가나 상인이 될 수 있었다. 하지만 모험을 즐기는 그는 텍사스에서 석유회사를 창설했고 성공했다. 그 전에 그는 일반 관리직업, 석유설비 판매원 등의 직업을 경험했기에 그의 가족은 자주 이사할 수밖에 없었다.

1959년에 이르러 부시의 석유회사는 대량의 유전을 가지고 있었을 뿐만 아니라 스포츠 리그 구단 4개를 보유하고 있었다. 회사가 설립된지 5년 만에 미국 증권거래소에 상장했다. 이런 성과를 통해 부시는 자부심을 느끼게 되었다.

경영자로서의 부시는 모든 노동자들의 이름을 다 알고 있었고, 수하직원들과도 사이가 매우 좋았다. 부시는 시종 이런 지도자의 모습을 견지했다. 이런 그의 기질은 이후 정치과정에서 많은 지지를 받을 수 있는 도움이 되었다.

1962년 부시는 점차 정치무대에서 두각을 나타내기 시작했다. 비록 여러 가지 원인으로 국회에 입성하지는 못했지만 4년 후에는 국회의원으로 당선되었다.

1971년 닉슨 대통령은 부시를 주유엔 미국대사로 임명했다. 이는 미국에서 제일 중요한 대사였다. 비록 외교경험은 별로 없었지만 부시는 맡은바 임무를 훌륭하게 담당했다. 1972년에는 공화당 전국위원회 주석으로 당선되었다. 1974년 포드가 '워터게이트사건'으로 사임한 닉슨의 대통령 직무를 이어 받자 부시를 주 영국대사나 주 프랑스대사로 임명하려고 했다. 하지만 부시는 모두의 예상을 뒤엎고 중국으로 와 부시가 요구하던 대로 주중연락사무소 주임에 임명되었다. 당시 미국 사람들은 그의 베이징 행을 예전의 텍사스행과 같다고 여겼다. 1975년 말 중국을 떠날 때, 서방사람들이 신비한 나라라고 여기는 지역에서 부시는 자신을 위한 두툼한 정치적 경험을 쌓고 있었다.

부시가 주중미국연락사무소 주임으로 있던 시절 그는 여러 번 마오쩌동의 접견을 받았다. 1975년 10월 21일 오후 부시는 미국 국무장관 키신저와 미국 국무원 대외계획서 주임 Winston Lord와 함께 재차 중국에 도착하여 중국 측과 포드 대통령의 중국 방문에 관한 업무를 협상했다. 부시는 그의 자서전(「거인 중의 거인-외국 명인과 중요인사들 글 중의 마오쩌동」『부시 자서전』 제35쪽.)에서 이번 마오쩌동과의 만남을 이렇게 썼다.

1975년 10월 19일 국무장관 키신저는 베이징에 도착해 향후 포드 대통령의 베이징 방문을 준비했다. 예전과 마찬가지로 그의 일정은 빼곡했다. 이틀 사이에 덩샤오핑 부총리와 3차례나 장시간의 회담을 통해 포드 대통령이 마오 주석을 만난 후 발표할 성명에 대한 세부 사항을 조율했다. 어느 누구도 세계에서 제일 큰 권력을 가진 두 나라 지도자가 회담에서 할 내용을 계획할 수는 없다. 통상적으로는 방문을 오는 지도자가 도착하기 전에 양 측 외교 수뇌부에서 회담결과의 윤곽이나 조항을 준비하곤 한다. 이렇게 하면 회담의 의사일정을 확정할 수 있어 중요한 문제에서 나타날 수 있는 오해를 줄일 수 있기 때문이다. 키신저와 덩샤오핑의 회담에 참가하는 중국 측 인원으로는 차오관화(喬冠華), 미국 측 인원으로는 국무장관 보좌관 및 부 국무장관 필립 하비브(Philip C. Habib)와 나였다. 이전에 나는 여러 번 덩을 만나봤다. 중국에서 덩의 권력은 점차 상승하고 있었다. 마오와 저우가 돌아간 후 그는 최고 권력을 가질 수 있을 것이다. 그는 끊임없이 차를 마시고 담배를 피웠다. 그의 행동은 농촌에서 생활하는 보통 백성과 같았다. 그는 중국 서남부 쓰촨성(四川省)에서 온 협객 투사였다.

덩은 외국의 지도자를 만날 때 대화의 강도를 영리하게 조절하는 능력이 매우 출중하다. 하지만 그는 키신저의 회담에서 강력한 언어로 압박해왔다. 믿기 어렵겠지만 그는 소련이 세계평화에 큰 위협을 주고 있는 상황에서 미국이 연약한 모습을 보여준다고 원망했다. 언어가 다를 뿐 나는 마치 배리 골드워터(Barry Morris Goldwater, 미국의 상원의원[1953~64, 1969~87 [공화당 대통령후보[1964])가 1964년에 발표한 연설을 듣는 듯 했다.

마오와 기타 중국 지도자들과 마찬가지로 덩도 미국이 실행하는 소련에 대한 완화정책에 큰 관심을 보였다. 그는 소련을 대하는 정책과 영국과 프랑스가 1938년에 뮌헨에서 히틀러를 대하는 정책과 비슷하다고 질책했다. 덩은 이를 '수정정책'이라고 했다. 이 말을 들은 키신저는 머리를 벌떡 들었지만 그는 몸의 평형을 유지했다. 키신저가 말했다. '매년 1천1백억 달러를 국방에 사용하는 나라에 대해 뮌헨주의는 실행하지 말아야 한다. 내가 지적하고 싶은 것은 두 나라가 각자의 이유로 동맹을 맺는다는 것은 우리가 소련의 확장주의를 저지하기 위함이다.'

이는 첨예한 대립이고 논쟁이었다. 이는 정상회담 전에 준비회담을 해야 하는 필요성을 설명해준다. 마지막에 미국과 중국 간의 다른 점을 분명히 하면서 키신저가 말했다. '나는 미국 대통령의 방문이 우리 두 나라가 서로 싸운다는 느낌을 주지 않을 것이라 여깁니다.' 덩은 동의를 표면서 말했다. '깊이 있는 구체적인 협상을 할 시간은 있습니다.' 하지만 키신저의 이번 선발 방문에서 마오 주석과의 회견 여부를 확인하지는 못했다. 예전과 마찬가지로 중국 사람들은 그가 제기한 문제에 대해 빙빙 에돌려서 답했기 때문이다.

10월 21일의 오찬회에서 외교부부장 왕하이룽(王海容)은 영국의 전 총리 에드워드 히스가 중국을 방문 했을 때 마오를 회견했다고 했다. 왕은 마오 주석의 조카다. 그녀는 히스가 마오와의 회견을 특별히 요구했다고 했다. 키신저는 그의 뜻을 알고 말을 이었다. '만약 주석을 만나려는 우리 정부의 의견을 묻는 것이라면 나의 대답은 그를 만나고 싶다는 것입니다.'

몇 시간 후 키신저는 인민대회당에서 제일 마지막인 세 번째 회담을 했다. 이 회담에서 그는 덩과 차오(喬)를 만났다. 나는 덩의 손에 몇 개의 중국 글자가 적힌 종이가 쥐어져 있는 것을 보았다. 덩은 종이를 보면서 토론을 중단하고 '당신들은 6시 30분에 주석을 회견할 수 있습니다'라고 말했다.

마오는 인민대회당에서 멀지 않은 곳에 위치한 조용한 고급 관저에 있었다. 우리는 독특한 조형의 대문을 지나 호숫가를 지났다. 몇 개의 정원을 지나 끝내 그가 있는 집에 도착했다. 중국의 TV 촬영팀이와 있었다. 그들은 우리와 함께 방 몇 칸을 지나 그가 있는 거실로 들어갔다. 이미 81세의 고령인 마오는 안락의자에 앉아 있었다. 그는 두 여성 간호사의 부축을 받고 일어섰다. 나는 중국에 온 후 처음으로 주석을 만났다. 멀리서 보았지만 나는 그의 신체 상황에 여간 놀라지 않았다. 그는 방문자의 직무 순위에 따라 먼저 키신저에게 환영을 표했다. 이때 그는 알아들을 수 없는 목소리를 냈다.

나는 두 번째로 마오 주석에게 소개되었다. 가까이에서 보니 주석의 신체 상황은 괜찮은 듯 했다. 우람진 몸집의 그는 황갈색의 피부였다. 힘 있게 손을 잡은 그는 매우 건강해 보였다. 그는 그의 이름으로 명명된 몸에 맞게 재단된 옷을 입고 있었고, 갈색의 양말에 수많은 보통 중국 사람들이 신는 흰색 바닥의 검은 헝겊신을 신고 있었다.

키신저는 친절하게 마오쩌둥의 건강 상황을 물었다. 마오쩌둥은 머리를 가리키며

"아직은 괜찮습니다. 잘 먹고 잘 자고 있습니다."

라고 말했다. 마오쩌둥은 다리를 두드리며 말했다.

"여기가 기능을 잃어가고 있어 움직일 때마다 힘듭니다. 폐도 문제가 생겼습니다. 종합적으로 남은 길이 멀지 않은 것 같습니다."

라고 마오 주석은 농담을 했다.

"방문자 입장에서 말하면 나는 전시품에 불과합니다."

키신저는 마오의 좌측에 앉았고, 나는 키신저의 좌측에 앉았다. 이 방안을 둘러보았다. 한쪽 벽에는 촬영용 조명등이 걸려 있었다. 우리 앞에 놓인 책상에는 서법관련 도서들이 있었다. 방안의 한쪽 켠 책상에는 의료기계와 작은 산소통이 있었다.

마오는 철학적 의미가 있는 말투로 말했다.

"나는 곧 천당에 가게 됩니다."

세계에서 제일 큰 공산당 국가의 지도자가 이런 말을 하다니 놀라지 않을 수가 없었다. 마오는 말했다.

"나는 이미 하느님의 초청장을 받았습니다."

키신저가 웃으며 말했다.

"너무 빨리 받아들이시지는 말아야 합니다!"

마오는 연관된 말을 할 수가 없었다. 그는 힘들게 종이에 글자를 썼다. 그가 쓴 글을 옆에 있던 두 명의 여 간호사들이 한참 들여다보고서야 그의 뜻을 이해했다.

"박사의 권고에 따르지요."

라는 뜻이었다. 중국 사람들은 헨리 키신저를 두 가지 의미가 있는 '박사'로 불렀다. 키신저는 고개를 끄덕이며 화제를 돌렸다.

"나는 우리들의 관계를 매우 중요하게 생각합니다." 마오는 이 말에 한 손은 엄지를 다른 한 손은 새끼손가락을 내밀며 말했다. 엄지를 치켜들며 '당신들은 이거고' 새끼손가락을 치켜든 다른 한 손을 내밀며 '우리는 이거'라고 말했다.

"당신들은 원자탄도 있지만 우리는 없습니다."

미국은 10여 년 전에 핵무기를 가지고 있었다. 여기서 마오는 미국이 중국보다 강한 군사력을 가진 것을 말하려는 것이었다. 키신저가 말했다.

"중국에서는 군사역량이 모든 것을 결정할 수 없다고 말하지 않습니까?. 중미 양측에는 공동의 적수가 있습니다."

마오는 종이에 그의 대답을 썼다. 그의 보좌관이 'Yes!'라고 적힌 종이를 보여주었다.

주석과 국무장관은 타이완 문제에 관련한 의견을 나누었다. 마오는 이 문제를 해결하려면 '백년' 심지어 '수백 년'의 시간이 걸린다고 했다. 나는 중국 사람들의 이런 표현은 외국 사람들에게 그들은 수천 년의 역사를 가지고 있다는 것을 말해주기 위함이라고 생각했다. 성격이 급한 서방 사람들과 교섭할 때, 그들은 시간적인 여유와 태연자약한 모습의 문화적 특징을 잘 활용했기 때문이었다.

덩과 대다수의 혁명지도자들과 마찬가지로 마오도 농민출신이다. 그들은 정식외교회담에서도 중국의 저속한 속어를 자주 사용한다. 대화는 다른 화제로 이어졌다. 중국과 미국관계의 특별한 문제를 그는 '헛소리'처럼 중요시 하지 않는다는 의미로 말했지만, 직무에 충실한 통역은 이를 "a dog fart"라고 직역했다.

입만 벌리면 상소를 하는 전 대통령 트루먼도 이런 단어를 쓰지는 않았을 것이다.

회담시간이 길어짐에 따라 마오는 더욱 건강해지고 민첩해지는 듯했다. 그는 빈번하게 손을 크게 움직였다. 그는 자주 조물주를 언급하면서 말했다. "하느님은 당신들을 보호해주지 우리를 보호해주지 않습니다. 우리는 전쟁을 좋아하고 공산주의자이기 때문이지요. 하느님은 나를 좋아하지 않고 당신 셋을 좋아합니다."

그는 키신저, Lord, 나를 가리키며 고개를 끄덕였다.

회견이 거의 끝날 무렵, 마오는 윈스턴과 나를 언급했다. 그는 나를 가리키면서 말했다. 그는 나를 보며 손짓했다. "우리 대사의 처지가 매우 곤란한 듯하군요. 왜 놀러 오지 않습니까?"

내가 대답했다.

"저는 매우 영광스러운 일입니다만, 주석께서 바쁘실까 그랬습니다."

"오. 난 별로 바쁘지 않습니다."

마오가 말했다.

"나는 국내 일에는 관여하지 않습니다. 나는 국제소식에 집중하고 있습니다. 당신은 마땅히 자주 놀러 와야 합니다."

5주 후 포드 대통령이 중국을 공식방문 했을 때 나는 두 번째이자 마지막으로 마오를 만났다. 당시 나를 중앙정보국 국장으로 임명한다는 임명서가 이미 선포되었다. 키신저와 함께 처음으로 마오를 만난 후 나는 연락소에 관련한 전문가들과 마오의 요청을 토론했었다. 나는 마오의 말대로 해야 한다고 했다. 하지만 전문가들은 이 주석의 이런 말은 외교적인 언어로 모두 진짜로 받아들일 필요가 없다고 했다. 하지만 1년 후—이때 마오는 이미 서거한 후였다—나와 바바라(부시의 부인)가 다시 중국을 방문 했을 때, 나는 한 정부 관원과 마오 주석의 초청을 이야기했다.

이 관원은 이렇게 말했다.

"당신은 응당 당신의 직감대로 했어야 했습니다. 단언컨대 마오 주석이 그런 뜻이 없었다면 절대로 그런 초청을 하지 않았을 것입니다."

1975년 11월, 부시는 미 중앙정보국장으로 임명되었다. 당시 부시는 마지못해 이 직무를 받아 들였다. 이 자리는 정치활동과는 거리가 먼 자리로 이 자리는 높은 지위로 오르는 단계라고 여겨지지 않았기 때문이었다. 부시는 더 높은 자리를 바라고 있었다. 특히 부시는 13개월 있었던 베이징을 떠나고 싶지 않았다. 하지만 부시는 단체정신을 존중했기에 귀찮은 일들이 많은 중앙정보국을 맡기로 했다. 방대하고 복잡한 기구를 영도하는 중에 부시의 재능은 충분히 빛을 보았고 더 큰 명성을 날리게 되었다.

1980년 부시 대통령은 출마했으나 공화당 내 선거에서 레이건을 이기지 못했다. 하지만 그는 의외로 레이건의 부대통령이 되었다. 비록 두 사람이 격렬하고 날카로운 언쟁을 하면서 첨예한 대립을 했었지만 파트너가 된 후 부시는 그에 대한 충성과 순종을 남김없이 보여주었다. 부시는 8년간의 부대통령 시절에 자신을 키우며 때를 기다렸다. 레이건을 절대적으로 지지한 그를 매스컴에서는 레이건의 추종자라고 했다.

1981년 1월 30일 레이건이 암살당했다. 외지에서 급히 돌아와 대리로 대통령 권한을 대행하게 된 부시의 전용기가 백악관 남쪽 마당에 내릴 수 있었지만, 그는 그렇게 하지 않았다. 그는 대통령은 오직 하나이며, 오직 대통령만이 백악관에 직접 내릴 수 있다고 했다. 항상 조심스럽게 신중하게 일을 처리하는 부시는 재기를 노렸다. 그러는 그에게 정말로 성공이 찾아왔다!

1988년 1월 20일 부시는 민주당 대통령 후보 마이클 듀카키스를 제치고 미국 제41대 대통령이 되었다. 백악관에 입성한 후, 부시는 기본적으로 레이건 정부의 대내외정책을 계속해서 이어갔다. 만약 걸프전쟁이 없었다면, 그는 별다른 정치적 성과를 거두지 못한 평범한 대통령으로 남았을 것이다.

1989년 8월 2일 하루 저녁에 이라크는 쿠웨이트를 점령하면서 걸프만의 위기가 폭발했다. 이번 위기로 석유가격은 폭등했고 뉴욕 증권거래소의 다우존스지수는 폭락했다. 이는 미국의 국내경제를 심각하게 위협하고 있었으며, 미국의 해외이익에 큰 영향을 미쳤다. 오랫동안 공화당의 온건파였던 부시는 온화했던 모습과는 달리 여느 때보다 강력했다.

이라크가 쿠웨이트를 침략한 소식을 접한 후, 부시는 즉각 유엔안보리 회의를 개최하여 이라크의 재산을 동결시키고 이라크로부터의 석유와 기타 상품의 수입을 중단할 것을 요구했다. 그는 시간이 있을 때마다 자주 외국 지도자들과 통화했다. 하지만 사담 후세인은 그리 만만한 상대가 아니었다. 외교, 정치, 경제적인 압박은 후세인의 철군을 가져오지 못했다. 후세인은 유엔의 결의안을 거절했을 뿐만 아니라 공개적으로 쿠웨이트를 이라크의 한 성이라고 선언했다.

미국을 위주로 하는 다국적 부대의 '사막의 폭풍 작전'은 아무런 효과도 가져오지 못했다. 부시는 여전히 평화적인 해결을 위해 노력했다. 그는 국무장관 벡스를 보내 세계 여러 나라를 방문하여 이라크와 대화를 할 수 있는 방법을 모색했다. 1990년 1월 9일 벡스와 이라크 외무장관 아치즈의 제네바 담판이 실패했다. 이런 상황에서 부시는 무력으로 걸프 위기를 해결하기로 결심했다.

유엔 안보리에서 철군하라는 마지막 시한인 1990년 1월 15일에 이르렀음에도 후세인은 군대를 철수할 기미를 보이지 않았다. 1월 17일 새벽 2시 30분 미국을 중심으로 한 다국적 부대는 수백 대의 각종 비행기를 몰고 바그다드로 향했다. 페르시아 만의 미국 군함도 바그다드에 순항미사일을 발사했다. 걸프전쟁이 폭발했던 것이다.

두 시간 후 전쟁을 선포한 부시는 TV를 통해 '사막의 폭풍'이라는 이름의 쿠웨이트 전투가 시작되었다고 선포했다.

'사막의 폭풍'이 시작 된 후 다국적 부대의 비행기와 유도탄이 후세인을 향해 날아갔다. 후세인은 저항할 힘이 없었다. 사망자를 줄이기 위해 부시는 지상공격을 늦추었다. 그는 지상공격이 민감한 사항임을 누구보다 잘 알고 있었다. 사망자가 너무 많으면 미국 국민들은 베트남 전쟁을 연상할 것이고 그렇게 되면 부시의 지지율이 떨어지게 될 것이 예상되었던 것이다.

40일간의 공중전을 치른 후 부시는 이라크에 24시간안에 답하라는 최후통첩을 보낸다. 하지만 아무런 대답도 듣지 못하자 부시는 2월 24일 백악관에서 '사막의 군도'라고 하는 지상 공격을 전면적으로 시작한다고 선포했다.

부시의 명령이 떨어지기 바쁘게 제2차 세계대전이후 제일 큰 규모의 지상전쟁이 시작되었다. 4일 후 백여 명의 사망자를 대가로 동맹군은 큰 승리를 거두며 이 전쟁은 막을 내렸다. 걸프전쟁이 끝난 후 부시는 그의 임기 내 최고 지지율을 얻었다. 그는 글로벌 지도자로 군림하게 되었다. 걸프전쟁 후 부시는 계속해서 중동평화계획을 추진하며 아랍과 이스라엘의 평화담판을 재촉했으며, 유럽에 관한 업무에 정력을 쏟아 부었다.

제2차 세계대전 후, 유럽의 사무는 계속 미국외교의 중요한 부분이 되었으며, 미국은 자신을 유럽의 보호자로 자칭했다. 하지만 최근 서유럽에서는 내부의 연맹을 강화하고 자신의 경제, 군사역량을 강화하기 시작했다. 그러자 서유럽과 미국의 무역마찰이 부단히 늘어나게 되었고, 프랑스, 독일 양국이 서유럽에서 미국의 군사적 지위를 위협하게 되었다. 그러나 부시는 한 치의 양보도 없었다. 1991년 11월에 열린 북대서양조약기구 정상회의에서 부시는 탁상을 내리치며 프랑스에게 말했다. "미국은 절대로 유럽에서의 책임과 이익을 포기하지 않을 것이며, 미국은 반드시 유럽에서의 군사적 지위를 유지할 것이다." 세계를 지배하려는 부시의 마음을 남김없이 보여주었던 것이다.

독립국가연합 국가의 문제에서 부시는 레이건 정부의 정책을 견지했다. 부시는 여러 독립국가연합의 여러 국가들을 자기편으로 만들어 소련의 핵무기 확산을 방지하면서 이런 나라들의 서방식 개혁을 위해 노력했다. 나아가 부시는 적극적으로 유럽지역의 충돌과 여러 문제를 해결하는데 참여했으며, 라틴아메리카 국가의 업무에도 개입하기 시작했다.

미국과 중국의 관계문제에서 여러 가지 유쾌하지 않은 일들이 발생했지만, 부시는 여전히 닉슨 대통령이 열어 놓은 미중관계에 따랐다. 하지만 국내 경제문제에서 부시는 적지 않은 곤란에 직면하게 되었다. 많은 미국사람들은 부시가 외교문제에 너무 큰 시간을 투자했다고 했다. 미국의 대외무역적자가 날로 높아지고 채무부담도 가중했으며 금융투기도 늘어났다. 1990년 7월에 제2차 세계대전 이후의 9번째 경제침체가 나타났다. 이번의 경제침체는 미국의 연속적인 90개월의 경제성장에 마침표를 찍었다. 비록 부시가 일련의 조치를 취해 빠른 시기에 경제를 회복하려 했지만, 미국경제는 여전히 침체상황에서 벗어나지를 못해 미국의 경제성장 속도는 50년래 최저치를 기록했다.

부시가 어음할인율을 줄이는 등 일련의 조치를 취해 경제성장을 자극했지만, 세계의 글로벌적인 요구가 줄어들었기에 이런 조치는 예상한 효과를 거두지 못했다. 이는 부시의 재선에 불리하게 작용될 수 있었다. 부시는 정력이 왕성하고 열정과 활력이 넘치며 친근한 대통령이었다. 그는 카터처럼 사소한 것을 따지지 않았으며 그렇다고 레이건처럼 큰일에만 매달리지도 않았다. 그의 스타일은 이 두 대통령의 중간쯤 되는 스타일이었다. 평소나 위기에 직면했을 때나 그는 늘 그렇듯이 차분하고 침착했다. 심지어 걸프전쟁의 위기 때도 그는 여전히 평소의 모습이었다. 부시는 일을 처리할 때 항상 최선을 다 했으며 다각적인 협상을 하면서 신중하게 해결했다.

부시는 사람과 사람사이의 신용을 첫 번째로 두었다. 석유회사 사장, 유엔 대사, 중앙정보국장이나 대통령이나 어떠한 위치에서도 그의 이러한 표준은 여전했다. 백악관 사무실 주임 John E. Sununu는 부시에 대해 '친절한 대가'라고 평했다.

부시는 매우 재미있는 사람이다. 중앙정보국장으로 있을 때 그는 붉은 색 가발을 쓰고 가짜 코를 달고 둥근 안경을 끼고 회의에 참가하여 그의 보좌관을 크게 놀라게 했다.

누군가는 부시를 "항상 사람들이 따라다니는 것을 좋아한다"고 지적했다. 이 말을 들은 부시는 나쁘게 생각한 것이 아니라 득의양양했다. 그는 의리가 있고 우정을 중히 여긴다. 그는 항상 "친구가 없다면 나는 하루도 대통령이 되기 싫다!"고 했다. 부시 집의 방석은 종래 차가웠던 적이 없었다고 한다.

누군가는 "정치가는 거의 모두 고독한 사람"이라고 했다. 하지만 부시는 얼마 되지 않는 고독하지 않은 정치가 중의 한명이었다.

조지 HW 부시가 퇴임할 때 함께 자리한 부시 부자의 모습.

19

이오시프 비사리오노비치 스탈린
(Iosif Vissarionovich Stalin, 1878~1953)

【마오쩌둥의 촌평】

"우리는 스탈린 때문에 네 번이나 손해를 보았지만, 비록 소련 측에서 모두 폭로하고, 스탈린을 모두 부정하더라도 우리는 여전히 중소 관계를 위해 마음에는 안 들지만 그래도 사회주의 국가의 지도자라는 점에서 '과3·공7'로 평가해 주는 것이 비교적 타당하다"

【스탈린 약전】

이오시프 스탈린(Stalin , Iosif Vissarionovich)(1879~1953년)은 소련 공산당의 주요 지도자이고, 국제공산당운동의 중요 지도자이다. 본명은 조지아(그루지야)어로 Ioseb Dzhugashvili이다. 1879년 12월 21일 조지아 고리에서 태어났다. 부친은 농민 출신의 구두직공이었다. 1894년에 트빌리시의 신학교에서 공부하던 시절 마르크스주의 소조에 가입하여 마르크스, 엥겔스, 레닌의 저작을 연구하면서 혁명

활동을 시작했다. 1898년에는 러시아 사회민주공당의 트빌리시 조직
에 가입하여 선전사업을 했으며 파업활동을 조직했다. 1899년에는 혁
명 활동에 참가한다는 이유로 학교에서 제명당했다. 그 후 그는 직업
혁명가가 되었다. 1890년 레닌이 외국에서 『이스크라(Искра)』를 창
간하던 시기 스탈린은 이 신문이 주장하는 것을 지지했으며, 레닌을
진정한 마르크스주의 정당의 지도자로 인정했다. 1901년에는 사회민
주공당 트빌리시위원회 위원으로 당선되어 남 코카서스 일대에서 적
극적으로 『이스크라(Искра)』가 주장하는 것을 선전하고 남 코카서
스 레닌 이스크라 조직을 조직했다. 1902년 3월 노동자의 정치적 시
위를 조직했다가 체포되어 시베리아로 유배되었다. 1903년 회의에 참
석하지는 않았지만, 사회민주당 코카서스 연맹위원회 위원으로 선출
되었다. 1904년 1월 유배지에서 탈출하여 12월에 바쿠(Baku)에서 석
유노동자 총파업을 영도했다. 1905년 12월 핀란드에서 열린 볼셰비키
제1차 대표대회에서 처음으로 레닌을 만났다. 1906년과 1907년 사이
에 그는 6차례 체포되었고, 5차례의 기지를 발휘하여 유배지에서 탈
출했다. 1912년 1월에는 중앙위원으로 당선되어 당 중앙 러시아국 사
업을 주최했다. 9월에는 『프라우다』지의[48] 주필을 맡았다. 그 해 말
에는 「마르크스주의와 민족문제」를 발표했다. 1913년 2월에 7번째로
체포되어 북극권 가까이에 있는 투루한스크 지역으로 유배되었다가

1917년 3월 페테르부르크로 돌아와 『프라우다』지 출판을 책임졌다. 5월 정치국 위원으로 당선되었고, 페테르부르크 당위원회 사업을 책임지고 지도했다. 6월 20일 제1차 전 러시아 소비에트 대표대회에서 중앙 집행위원회 위원으로 당선되었다. 7월 26일부터 8월 3일까지 진행된 당의 제6차 대표대회에서 당 중앙을 대표하여 정치사업과 정치형세에 대한 보고를 했다. 보고에서 혁명의 평화 시기는 이미 지나갔기에 노동자·병사와 농민들이 자산계급과 결전을 해야 한다고 호소했다. 10월 16일 당 중앙 확대회의에서 무장기의(武裝起義, 무장봉기)를 일으킬 결의를 통과시켰으며, 봉기를 영도하는 혁명군사 본부 회원으로 당선되었다. 전 러시아 소비에트 제2차 대표대회에서 소비에트정부 민족사무 인민위원(1917~1922년)로 당선되었다. 1918~1920년 소비에트공화국 군사위원회 위원, 전 러시아 중앙집행위원회 국방위원회 대표를 역임해고, 1919년부터 1920년까지 국가감찰인민위원부를 영도했다. 1921년 소련공산당(볼셰비키) 제10차 대표대회에서 「당의 민족문제 방면의 보고」를 했다. 1922년 4월 당의 제11차 대표대회에서 중앙위원회 총서기로 당선되었다. 1924년 레닌이 서거한 후, 소련의 당과 국가의 주요 지도자가 되었다. 1924년 5월 소련공산당(볼셰비키) 제13차 대표대회에서 선거를 통해 스탈린은 계속 총서기로 당선되었다. 트로츠키주의를 비판하고 레닌주의를 지키기 위해 「레닌주의 기초를 논함」과 「레닌주의의 몇 가지 문제를 논함」등의 글을 발표했다. 1925년 4월에는 소련공산당(볼셰비키) 중앙을 대표하여 소련을 농업국에서 공업국으로 건설하는 사회주의를 건설하자는 총 노선을 제기했다. 1927년 12월 당의 제15차 대표대회를 주최했으며, 회의에서 농업집단화 결의안을 통과시켰다. 1930년 농업집단화는 큰 성과를 거두었지만 일정한 문제가 나타났다. 스탈린은 1930년 3월 20일에 「승리에 이성을 잃었다」는 글을 발표하여 도가 지나친 '좌'적 행위를 바로잡았다. 스탈린을 위주로 하는 당 중앙의 영도 하에 1937년 4월 소련은 2차 5개년계획 목표를 앞당겨 완성했다. 소련의 공업생산량은 유럽에서 1위, 세계에서 2위를 차지했다. 30년대에 그는 숙청운동을 영도했고, 1939년부터 1945년까지 진행된 제2차 세계대전 시기에는 국방위원회 주석, 무장역량 최고 원수를 맡아 소련 인민과 소련 군대를 영도하여 파시즘에 반대하는 전쟁에서 승리를 거두었다. 1946년 3월 소련부장(장관)급 회의의 주석을 맡았으며, 소련 인민을 영도하여 국민경제를 회복시키고 발전시키는 사업을 진행했다. 1952년 9월에는 「소련 사회주의 경제문제」를 발표하여 소련 사회주의 경제건설의 경험을 종합했다. 10월에는 소련공산당(볼셰비키) 중앙 주석단 위원과 서기처 서기로 당선되었다. 1953년 3월 5일 뇌출혈로 모스크바에서 사망했다. 스탈린은 소련과 세계 인민의 혁명 사업에 큰 공헌을 했지만 적지 않은 심각한 잘못을 범하기도 했다. 개인숭배와 개인 독재로 30년대에는 숙청운동을 감행하여 소련 국민에게 큰 불행을 가져다주었다. 형제 당과의 왕래에서도 쇼비니즘[49] 경향을 보여주었고, 국제공산주의 운동에서는 유고슬라비아 공산당을 잘못 대하는 등의 착오적인 주장을 했다. 스탈린은 일생동안 수많은 저작을 발표했는데, 대부분은『스탈린 전집』(13권)과『스탈린 문집』에 수록되어 있다.

【마오쩌둥의 스탈린에 대한 총평과 해설】

　　1950년대에 중국만이 스탈린과 마오쩌둥을 마르크스, 엥겔스, 레닌과 동급으로 대한 것이 아니라 소련과 동유럽의 일부 사회주의 국가에서도 명절이 되면 그들의 초상화를 높이 들고 행진했다.

　　마오쩌둥은 개성이 독특하며 민족적 자부심을 가지고 있는 사람이었다. 스탈린도 의지가 강하며 강력한 민족주의 정서를 가지고 있었다. 공동의 이상인 공산주의 사업을 위해 분투하는 과정에서 그들은 의견 충돌이 있었으며 여러 번 논쟁했다. 물론 그들의 의견 충돌은 처음에는 간접적이었다.

　　1927년 대혁명이 실패하기 전후, 마오쩌둥은 공산국제 대표 마나벤

---

49) 쇼비니즘 : 어원인 'chauvin'은 군인으로서의 명예와 약간의 연금에 만족하며 일편단심으로 나폴레옹에게 헌신했던 니콜라 쇼뱅으로부터 유래된 말이다. 1815년부터 나폴레옹 군대의 퇴역군인들 사이에서는 모든 군사적인 것을 찬양하는 풍조가 유행했는데, 쇼뱅은 그 상징적인 존재가 되었다. 나중에 쇼비니즘은 극단적인 국수주의를 지칭하게 되었고, 자신이 속해 있는 집단이나 장소에 대한 지나친 애착을 의미하는 용어로 널리 사용되었다. 후에는 남성이 여성에게, 또는 여성이 남성에게 맹목적인 우월감을 보이는 태도를 가리키는 말로도 사용되었다.

드라 나트 로이[50]의 착오적인 방법에 불만이 있었다. 징깡산(井岡山, 중국 장시성과 후난성의 경계에 위치한 산으로 중국공산당 최초의 소비에트가 설립된 산) 근거지에 진입한 후, 마오쩌동은 중국의 실정을 고려하지 않고 일방적으로 소련의 경험을 따르고 무조건 국제의 지시에 따르라는 '좌'경 교조주의와의 충돌이 날로 심각해져 갔다. 특히 임시 중앙이 중앙 소비에트지역에 진입한 후 그들은 중국 홍군(紅軍) 내 마오쩌동의 모든 영도적 직무를 해임했고, 다른 의견에 대해 박해를 하면서 그들의 맹목적적인 '좌'경 정책을 극력 추진했다. 이렇게 되자 근거지의 면적은 점차 줄어들었고 홍군도 거의 반을 잃게 되었다. 자신이 직접 창건한 근거지가 적들의 손에 넘어가는 것을 보는 마오쩌동의 마음은 타들어갔다. 이때 그는 '좌'경 기회주의자들의 착오적인 방법을 완강히 반대했을 뿐만 아니라 공산국제가 파견한 군사고문인 리더(李德, 본명 오토 브라운)[51]와도 투쟁했다.

---

50) 마나벤드라 나트 로이(Manabendra Nath Roy, 1897년~1954년) : 인도의 독립운동가이자 혁명가로 벵골의 브라만 가문 출생이다. 인도에서 반(反)영국 민족주의 운동에 가담해 테러리스트로 활동하다가 제1차 세계대전 때 무기를 획득할 목적으로 출국했다. 영국 첩보원의 추적을 피하려 미국 샌프란시스코에서 이름을 '로이' (Roy)로 바꾸었다. 그는 미국 뉴욕의 도서관에서 마르크스주의를 접하고 1917년 멕시코로 건너가 그 해 12월 멕시코의 사회당을 건설하는 데 참여했다. 이 당은 곧 '멕시코 공산당'으로 당명을 바꾸었는데, 이는 러시아(소련) 이외의 나라에서는 처음으로 공산당 간판을 내건 것이었다. 그는 1920년에 코민테른 제2차 대회에 초대받았는데 부르주아 민족민주운동에 대한 평가를 둘러싸고 노동자, 농민의 조직화에 의하나 '아래로부터의 혁명'을 강조하여 레닌과 대립했다. 1921년 타슈켄트에서 인도 공산당의 창설에 지도적 기여를 했고, 1927년에 코민테른 대표로 중국에 파견됐다. 그 뒤 소련 공산당 안에서 스탈린과 트로츠키 사이의 투쟁이 한창이던 1928년에 소련으로 돌아갔지만 스탈린의 노여움을 사서 1929년 코민테른에서 제명됐다. 이어 1931년 식민지 인도로 돌아왔으나 영국 당국에 체포되어 6년간 복역했다. 제2차 세계대전 이후에는 급진적 휴머니즘을 주창했다.

51) 오토 브라운(독일어: Otto Braun, 1900년 9월 28일~1974년 8월 15일) : 독일 출신의 언론인이었으며 오랫동안 여러 역할을 거친 독일 공산당의 조직원이었다. 중국공산당을 지도하기 위해 코민테른이 파견한 고문으로 중국공산당에서의 조직명은 리더(李德)였다.

1935년 1월 중국공산당과 홍군은 공산국제와의 전보 연락이 중단된 상황에서 쭌이(遵義)회의를 열었다. 회의에서 마오쩌둥은 도리에 근거하여 '좌'적인 기회주의자들의 군사노선을 교정했으며, 조직방면도 조정했다. 이는 중국혁명이 모스크바의 영향에서 벗어났음을 의미하는 사건이었다.

그해 말에 공산국제와 중국공산당의 연락은 회복되었다. 스탈린은 마오쩌둥이 그의 동의가 없는 상황에서 얻은 영도권을 묵인해줬지만, 그는 중국공산당을 영도하는 농민으로 구성된 무장역량을 농민출신인 그가 국제노선을 견지할 수 있는지에 대해 의심했다.

1936년 12월 시안(西安)사변[52]이 일어났을 때, 스탈린과 마오쩌둥은 또 한 번 의견 충돌이 있었다. 공산국제의 전보문은 장쉐량(張學良)이 일본 제국주의의 앞잡이여서 장제스를 억류하게 되면 중국의 분열을 초래할 수 있다고 했다. 스탈린은 중국공산당의 통일전선이 일본의 지지를 얻고 있는 군벌을 감동시킬 수 있다는 것을 믿지 않았으며, 더구나 마오쩌둥 등 공산주의자들의 입장을 의심했다. 하지만 마오쩌둥은 전보를 보내 작금의 사정을 알리면서 스탈린의 명령을 개의치 않았다. '시안(西安)사변'은 시국 변화의 전환점이 되었다.

---

52) 시안사변 : 1936년 12월 12일 동북군 총사령관 장쉐량이 국민당 정부의 총통 장제스를 산시성의 성도(省都), 시안(西安) 화청지에서 납치하여 구금하고, 공산당과의 내전을 중지하고 일본 제국주의의 침략에 맞서 함께 싸울 것을 요구한 사건이다. 이 사건으로 국민당군과 홍군은 국공내전을 중지하고 제2차 국공합작이 이루어져 함께 대 일본전쟁을 수행하는 계기가 되었던 사건.

1937년 왕밍(王明)[53]이 소련으로부터 귀국했다. 스탈린은 비교적 명확하게 중국공산당에서 마오쩌동의 영도지위를 보호하라는 지시를 내렸다. 같은 해 12월 중국공산당 제6기 6차 전체회의에서는 왕명이 범한 우경착오를 비판하고 시정토록 했고, 스탈린은 이에 동의를 표했다. 중국공산당이 날로 성장해가자 1943년 스탈린의 제안 하에 공산국제 집행위원회 주석 Georgi Dimitrov Mikhailov는 마오쩌동에게 전보를 보내 공산국제(제3 인터내셔널)[54]를 해산한다고 했다. 마오쩌동은 즉시 전보를 보내 찬성을 표했다.

이후 마오쩌동과 스탈린의 연락은 빈번해졌다. 양측은 수많은 전보를 통해 교류했다. 하지만 이런 전보문은 보존되지 못했다. 원인은 1947년 3월 후쫑난(胡宗南)이 옌안을 공격할 때 마오쩌동은 통역사에게 관련 전보문을 모두 불살라버리라고 했기 때문이었다. 해방전쟁이 끝날 무렵 스탈린과 상의할 문제들이 더 많아졌다. 1948년 5월 마오쩌동은 중국공산당 중앙의 일부 동지들을 거느리고 허뻬이(河北)성 푸핑(阜平)현 남쪽 마을에 들렀을 때 직접 소련을 방문하고자 일부 정예 대표단을 거느리고 지프로 중소변경을 넘으려 했다. 스탈린의 의견을 묻는 전보에 스탈린은 중국 혁명전쟁이 결정적인 순간에 최고사령관인 마오쩌동이 자리를 비우지 말아야 한다고 했다. 스탈린은

---

53) 왕밍(王明, 1904~1974)은 중국의 공산주의 혁명가로 1930년대 초반 마오쩌동의 주된 당내 경쟁자였으며, 소련유학파로서 레닌의 교조주의적 입장에서 중국혁명을 지도하려고 하였다.
54) 공산국제 : 1919년 레닌의 지도 아래 모스크바에서 창립된 세계 각국 공산당의 통일적인 국제 조직으로 소련 공산당과 독일 사회민주당 좌파를 중심으로 창립되어 국제 공산주의운동을 지도하다가 1943년에 해산되었다.

만약 상의해야 할 주요 문제들이 있으면 정치국 위원을 전권대표로 파견하여 마오쩌동의 의견을 물을 것이니 소련으로 오는 일을 재삼 고려하라고 했다. 마오쩌동은 스탈린의 의견을 받아들였다.

1949년 1월말 스탈린은 소련공산당 중앙정치국 위원인 아나스타스 미코얀을 비밀리에 중국에 보냈다. 1월 31일에 미코얀은 시바이퍼(西柏坡)에 도착했다. 마오쩌동은 미코얀에게 당시의 국내전쟁 형세와 전 중국을 해방시키겠다는 결심과 절차를 설명했으며, 곧 건립할 새 중국 정권의 성질, 형식, 경제건설, 외교정책 등 여러 문제를 설명했다. 당시 스탈린은 미국이 간섭할까봐 창장(長江) 도강작전을 동의하지는 않았다. 마오쩌동은 창장을 기준으로 중국을 남북으로 갈라놓는 것을 강력하게 반대했다. 그는 남북조의 역사가 되풀이 하는 것을 절대적으로 반대했다. 마오와 스탈린 양측은 이 문제에서 큰 의견 차이를

2차 세계대전 당시 활약한 소수 민족 및 러시아의 붉은 군대 장성.

보였다. 7월 류사오치(劉少奇)를 대표로 하는 중국공산당 중앙 대표단이 마오쩌동의 위임을 받아 소련으로 가 스탈린과 소련공산당 중앙과 회담을 진행했다. 회담에서 스탈린은 중국혁명 문제에서 자신이 잘못된 판단을 한 적이 있다고 인정했다. 그는 류사오치에게 물었다.

"우리가 당신들을 방해했습니까?"

라고 묻자 류사오치는

"아닙니다"

라고 대답했다. 스탈린은 엄숙한 태도로 가책을 느낀다는 듯이 말했다.

"우리는 중국을 잘 이해하지 못합니다."

스탈린은 중국의 당은 성숙된 당이며, 중국의 간부도 성숙한 간부로 수준이 있다고 했으며, 혁명의 중심이 동쪽으로 이동하고 있다고 했다. 스탈린은 세계의 혁명중심이 유럽에서 소련으로 이후에는 중국으로 이동하게 될 것이라고 말했다.

1949년 12월 21일은 스탈린의 70세 생일이었다. 마오쩌동은 중국공산당과 중화인민공화국 대표단을 거느리고 생일을 축하하러 소련으로 갔다. 그들은 양당이 관심을 갖고 있는 문제에 대해 의견을 교환했으며, 이에 대한 관련 조약과 협정을 협상했다. 12월 21일 스탈린의 70세를 기념하기 위한 경축대회가 모스크바 대극장에서 진행되었다. 스탈린과 형제당의 대표들은 주석단에 앉았는데, 마오쩌동은 스탈린의 옆에 앉았다. 마오쩌동의 축사는 소련의 통역가 Николай Трофимович Федоренко가 읽었다.

축사는 스탈린의 국제공산주의운동에 대한 공헌과 영향을 높게 평가했다. 회의가 끝난 후 만찬이 있었고 축하공연을 보았다. 스탈린과 마오쩌둥은 특별석에 함께 앉았는데, 이는 차르시기 황제의 특별석이었다. 공연이 끝난 후 관중들은 모두 고개를 돌려 환호했다. "스탈린! 마오쩌둥!" "스탈린! 마오쩌둥!" 마오쩌둥은 손을 들어 고마움을 표하면서 구호를 외쳤다. "스탈린 만세!" "영광은 스탈린에게!" 구호와, 환호와, 박수 소리는 오래 동안 극장 속에 울려 퍼졌다.

모스크바에 있을 때 마오쩌둥은 『표트르 1세』, 『나폴레옹』, 『쿠투조프』 등 수십 편의 러시아와 유럽의 기록영화를 보았다. 이 소식을 들은 스탈린은 마오쩌둥은 정말 총명하다고 하면서 시간이 날 때 인물 기록영화를 보는 것이 제일 빨리 역사를 이해하는 방법이라고 했다.

1950년 2월 14일 『중소우호동맹조약』 체결의식이 크렘린궁에서 진행되었다. 마오쩌둥이 방문한 후 중국 정부 대표단을 거느리고 소련을 방문한 저우언라이는 소련 외교부장 비신스키와 조약에 사인을 했는데, 이때 스탈린과 마오도 함께 체결의식에 참가했다.

스탈린은 이 조약을 체결할 때 무역협정도 함께 체결하려고 했다. 하지만 체결의식이 진행될 때까지 소련 측 직원의 소홀로 인해 미처 수정을 완성하지 않아 시간이 늦어져 함께 체결하지 못했다. 스탈린이 통역을 통해 "중문으로 된 서류가 준비되었는가?" 하고 물었다. 마오는 이 말을 들은 후 통역사에게 이렇게 말했다. "전체적으로 모든 잘못은 중국 사람이 했다는 뜻이네요?" 스탈린은 이 말을 하는 마오의 불쾌함을 느낄 수 있었다. 스탈린은 여러 번 통역에게 마오가 뭐라고 했는지를 물었다. 통역은 다른 말로 얼버무려 넘겼다. 기념촬영을 할 때 스탈린과 마오쩌동은 함께 섰다. 스탈린은 마오보다 키가 조금 작았다. 사진을 찍을 때 그는 마오쩌동보다 키가 비슷해 보이려고 조금 앞으로 움직였다.

같은 날 마오쩌동을 위한 송별연이 진행되었다. 그전에 스탈린은 크렘린궁 밖에서 진행한 연회에 참석한 적이 없었다. 하지만 마오쩌동은 자신은 중국이라는 주권국가를 대표하므로 송별연은 크렘린궁에서 진행하는 것을 반대했던 것이다. 그는 크렘린궁 부근의 중국대사관에 있던 밀터 폴(米特勒保爾) 호텔을 빌려 연회를 개최하라고 지시했다. 초대장을 보내긴 했지만 스탈린이 참석할까 하는 의구심이 들었다. 그러나 오후 6시가 되자 스탈린은 소련공산당 중앙 전체 정치국 위원들을 거느리고 연회 장소에 들어섰다. 모든 손님들은 여간 놀라지 않았다. 그러나 놀란 것도 잠깐 현장에는 큰 박수소리가 퍼져나갔고, 박수소리는 마오쩌동과 스탈린이 대청을 지나 자리에 앉아서야 줄어들었다.

1953년 3월 초 스탈린의 병은 더욱 악화되었다. 소식을 들은 마오쩌동은 3월 4일 직접 소련대사관으로 가서 스탈린의 병세를 묻고는 위문하는 말을 전했다. 같은 날 그는 스탈린에게 직접 위문의 전보를 보냈다.

3월 6일 스탈린은 병으로 사망했다. 마오쩌동은 중앙인민정부령을 내려 7일부터 9일까지 전국은 반기를 걸어 애도를 표하게 했으며, 모든 오락 활동을 중단하라고 했다. 또한 저우언라이 총리에게 대표단을 거느리고 소련으로 가 조문하도록 했다.

3월 9일 마오쩌둥은 톈안먼(天安門)에서 55만 명이 참가하는 추도회에 참가했다. 추도회에서 마오쩌둥은 「제일 위대한 우의」라는 제목의 연설을 하여 스탈린에 대한 심심한 애도를 표했다.

"레닌이 서거한 후 스탈린 동지는 소련 인민을 지도하여 그와 위대한 레닌이 10월 혁명 시기에 공동으로 건립한 세계 첫 번째 사회주의 국가를 영예롭고 찬란한 사회주의 사회로 건설했다. 소련사회주의 건설의 승리는 소련 인민의 승리만이 아니라 전 세계 인민의 공동의 승리이다. 첫째, 이 승리는 제일 현실적으로 마르크스주의의 무한한 정확성을 증명하며 전 세계 노동 인민들이 어떻게 아름다운 생활을 위해 나가야 하는가를 구체적으로 교육해주었다. 둘째, 이 승리는 제2차 세계대전에서 인류가 파시즘의 야만적인 세력을 물리칠 수 있도록 보장했다. 만약 소련 사회주의 건설의 승리가 없었다면 반파시즘 전쟁이 어떤 결과를 가져왔을지 상상조차 하기 어렵다. 소련의 사회주의 건설 승리와 반파시즘 전쟁의 승리는 전 인류의 운명에 관계되는 일이며, 이런 위대한 영광은 응당 우리의 위대한 스탈린 동지가 있었기 때문이다."

흐루시초프가 집권하자 그는 스탈린을 모두 부정해버렸다. 이에 마오쩌둥은 매우 불만스러워 했다. 1956년 4월 마오쩌둥은 『10대 관계를 논함』에서 스탈린을 3:7로 평가하는 것이 비교적 적합하다고 했다. 1956년 8월 30일 마오쩌둥에은「당의 단결을 강화하고 당의 전통을 계승하자」는 글에서 여전히 스탈린을 3:7로 평가해야 한다고 말했다.

 1956년 9월 마오쩌둥은 유고슬라비아 공산주의 동맹 대표와의 담화에서 우리는 스탈린 때문에 네 번이나 손해를 보았다고 했다.

> "예전의 왕밍 노선은 사실상 스탈린 노선이다. 이 노선은 우리의 근거지 역량을 90% 무너뜨렸고, 이 노선 때문에 우리는 백색지구를 거의 다 잃었다. 그럼 왜 이를 스탈린의 노선 때문이라고 공개적으로 설명하지 않았는가? 이에는 원인이 있다. 소련은 스탈린을 비판할 수 있지만, 우리가 비판하면 별로 좋지 않기 때문이다. 우리는 응당 소련과의 관계를 잘 유지해야 한다. 두 번째는 항일전생시기이다. 왕밍은 직접 스탈린을 만날 수 있었다. 그는 러시아어를 할 줄 알았기에 스탈린의 비위에 맞는 말들을 잘 한다. 그래서 스탈린이 그를 중국에 보낸 것이다. 예전에 그는 '좌'경이었다가 이번에는 '우'경이 되었다. 국민당과의 협력에서 그는 "예쁘게 차려입고 집 앞까지 찾아갔다." 그는 국민당의 말에 고분고분 따랐다. 세 번째는 제2차 세계대전이 거의 끝날 무렵 일본이 투항한 후이다. 스탈린·루즈벨트·처칠이 회의하여 중국을 미국에 줄 것인가 아니면 국민당에 넘길 것인가를 결정했다. 당시의 물질적으로나 도의적으로나, 특히 도의적으로 스탈린은 우리 공산당을 지지하지 않고 장제스

의 손을 잡았다. 네 번째는 바로 나를 반 티토주의[55] 혹은 준 티토주의라고 했다. 그 때문에 소련뿐만 아니라 기타 사회주의 국가와 비사회주의 국가의 적지 않은 사람들이 중국의 혁명을 의심했다.

당신들은 왜 중국에 아직도 스탈린 초상화를 걸어 놓고 있는 지를 알고 있는가? 모스크바의 동지들이 모스크바에서는 스탈 린의 초상화를 들지 않고 퍼레이드를 할 때 레닌과 기타 살아 있는 지도자들의 초상화를 들고 있다고 했다. 물론 중국도 이 를 따르라고 하지는 않았다. 우리는 참 난처하다. 스탈린은 우 리에게 네 가지 잘못을 했다. 중국 인민은 이를 잘 모른다. 우 리 전체 당원들도 이를 잘 모른다. 그렇기 때문에 중국은 여전 히 스탈린 초상화를 걸고 있는 것이다."

마지막에 마오쩌둥은 이렇게 말했다.

"스탈린을 만나기 전까지 나는 그를 그냥 그렇게 생각했다. 나 는 그의 저서들을 별로 좋아하지 않는다. 나는 그의 「레닌주의 기초를 논함」과 레온 트로츠키를 비판하는 글, 그리로 「승리 에 이성을 잃었다」는 글만 읽었다. 그가 쓴 중국 관련 문장은 더 읽기가 싫다. 그와 레닌이 다른 점은 레닌은 사람을 평등하

---

55) 티토주의(Titoism) : 유고슬라비아 사회주의 연방공화국의 대통령 요시프 브로즈 티토가 주장한 민족주의적 공산주의를 뜻한다.

게 대하고 스탈린은 사람의 위에 올라서서 남을 지휘하기를 좋아한다. 그의 저서에는 모두 이런 분위기로 쓰여 있다. 이를 느낀 후 나는 별로 그의 책을 읽지 않았다. 모스크바에서도 그와 심하게 다투었다. 스탈린은 성질이 있다. 충동을 이기지 못하면 해서는 안 되는 말을 하기도 한다."

나는 스탈린을 칭송하는 글을 세 편 썼다. 하나는 옌안에서 그의 60세 생일을 축하하면서 쓴 것으로 다음과 같다.

"올해 12월 21일은 스탈린 동지의 60살이 되는 생일이다. 전 세계 혁명에 관련된 사람들은 이 생일을 기억할 것이며, 이 생일에 관심을 가지고 열렬하게 경축할 것이다. 스탈린을 경축하는 것은 바람직한 일이다. 스탈린을 경축하는 것은 그를 지지하고, 그의 사업을 지지하며, 사회주의를 지지하고, 그가 인류에 제시한 방향을 지지하며, 자기의 친밀한 친구를 지지하는 것과 마찬가지이다. 지금 전 세계 대다수의 인류는 수난자이다. 오직 스탈린의 지시한 방향을 따르고 스탈린의 지원이 있어야만 인류는 재난을 이겨나갈 수 있다.……스탈린은 중국 인민해방 사업의 충실한 친구이다. 스탈린에 대한 중국의 경애와 소련에 대한 중국의 우의는 진심이다. 누구의 이간질이나 비방과 모욕도 우리를 갈라놓을 수 없다."(『스탈린은 중국 인민의 친구이다』, 『마오쩌동 선집』, 제2권 657~658쪽)

두 번째는 모스크바에서의 축사이며, 세 번째는 그가 사망한 후 『프라우다』에서 써달라고 해서 쓴 것이 전부이다. 세 번째 글은 다음과 같다.

"예전에 소련은 스탈린을 하늘처럼 모셨다. 그러나 오늘 그는 지하 구천 킬로미터 아래로 던져졌다. 우리 국내에도 맹목적으로 이를 따라 행동하는 사람들이 있다. 중앙에서는 스탈린의 착오는 3할이고 성적은 7할이라고 여기며 총체적으로는 위대한 마르크스주의자라고 여긴다. 이에 근거하여 『무산계급 독재의 역사 경험에 관하여』라는 글을 썼는데, 여기서 나도 그를 3:7로 평가하는 것이 비교적 적합하다고 했다. 스탈인은 중국에 잘못된 일들을 했다. 제2차 국내혁명전쟁 후기에 왕밍(王明)의 '좌'경 모험주의, 항일전쟁 초기의 왕밍 우경기회주의는 모두 스탈린이 영향을 미친 것이다. 해방전쟁시기 처음에는 혁명을 하지 말라하고 하면서 만약 내전이 일어나면 중화민족은 멸망의 위험이 있다고까지 했다. 그 후 전쟁이 일어났고 우리를 반신반의 했다. 승리로 끝나자 우리를 티토주의의 승리라고 의심하면서 1949년과 1950년 2년 동안 우리에게 큰 압력을 가했다. 하지만 우리는 여전히 그는 3할의 착오와 7할의 성적이 있다고 여겨야 한다. 이것이 그에 대한 공정한 평가라 할 수 있다."(『10대 관계를 논함』, 『마오쩌동 저작 선집』(하) 741쪽.)

나는 종래 별로 남을 축하하지도 않고, 다른 사람이 나를 축하하는 것도 좋아하지 않는다. 하지만 지금 모스크바에서는 그를 축하하지도 칭송하지도 않고 있지만, 그렇다고 그를 욕할 수는 없지 않는가? 그가 사망한 후 소련은 우리의 지지가 필요했고 우리도 소련을 지지해야 했기 때문에 나는 그의 공덕을 칭송하는 글을 쓴 것이다. 이는 스탈린 개인을 위해서가 아니라 소련공산당을 위해서이다. 옌안에서 쓴 이 글은 개인감정이라기보다는 사회주의 국가의 지도자로 생각하고 쓴 글이다. 마지막 두 글을 생각하면 아직도 기분이 나쁘다. 그것은 내 마음에서 우러나와서 쓴 것이 아니라 필요에 의해 어쩔 수 없이 쓴 글이기 때문이다. 사람의 생활은 이렇게 모순적이다. 마음은 거부하지만 이성적으로 할 수 밖에 없는 상황이 많기 때문이다.

스탈린에 대한 마오쩌동의 총체적 평가는 다음과 같았다.

"스탈린은 변증유물론주의를 제창했지만, 때론 유물주의가 부족했고 형이상학적인 면도 있었다. 그에 대해 역사 유물주의라고 쓰는 경우도 있지만, 그는 역사 유심주의적인 행동을 했다. 그의 일부 방법은 극단적이고, 개인 신격화이며 사람을 난처하게 하는데, 이는 유물주의가 아니기 때문이다."(『역사의 교훈을 받아들이고, 대국 쇼비니즘을 반대하자』, 『마오쩌동 외교문선』 258쪽.)

그리고 소련에 대한 평가는 다음과 같았다.

"소련의 착오는 스탈린의 착오처럼 비춰진다. 그러나 착오는 어떤 상황인가? 부분적이고 일시적인 성질을 가지고 있다. 비록 20년 지속되었다는 말들이 있지만 여전히 일시적이고 부분적이며 시정 가능하다. 그럼에도 소련의 주류, 주요 방면, 대다수는 정확했다. 러시아는 레닌주의를 탄생시켰고, 10월 혁명을 통해 첫 사회주의 국가가 되었다. 그들은 사회주의를 건설했고, 파시즘에 승리했으며, 강대한 공업국가로 성장했다. 그들의 여러 장점을 우리는 본받을 수 있다. 물론 낙후한 경험을 배우자는 것이 아니라 선진 경험을 배우자는 것이다. 역대 우리의 구호는 소련의 선진 경험을 배우자는 것이었다. 그러나 일부 사람들은 묻지도 따지지도 않고 소련이 방귀를 뀌어도 향기롭다고 했다. 이는 주관주의인 것이다. 소련 사람들도 구린 것은 구리다고 한다. 따라서 우리는 분석하여 좋고 나쁜 것을 구분하여 배워야 한다."(마오쩌동, 「당의 단결을 강화하고 당의 전통을 계승하자」)

20

윈스턴 레너드 스펜서 처칠
(Winston Leonard Spencer-Churchill, 1874~1965)

【마오쩌둥의 촌평】

"처칠은 파시즘을 타도는 했지만, 온힘을 다해 대영제국의 방대한 식민체제를 유지하려 했던 그의 행동은 질책 받아 마땅한 전쟁범이다."

【처칠 약전】

윈스턴 처칠(Winston Leonard Spencer Churchill, 1874~1965)은 영국의 저명한 정치가이며 문학가로 잉글랜드의 귀족집안에서 태어났다. 샌드허스트 육군사관학교를 졸업하고 1895년에 참군하여 스페인이 쿠바혁명을 진압하는 전투와 영국의 인도·수단 등 지역에서의 식민전쟁에 참가했으며, 포르투칼 매체인『코레이오 다 마나(Correio da Manha)』의 기자 신분으로 남아프리카 전쟁을 보도했다. 한 번은 잡혔다가 밤중에 도망치기도 했다.

1900년 보수당 하원의원에 당선되었으나 1904년에 자유당에 가입했다. 1906년 자유당 하원의원으로 당선되었고, 같은 해 식민지 차관을 역임했다. 1908년부터 1915년까지 무역장관, 내정장관, 해군장관, 랭커스터 공작군 장관을 역임해다. 후에 그는 군에 다시 들어가 스코틀랜드 황실 소총(Brown Bess)영의 지휘관을 맡았다. 1917년 연합정부에서 군수장관을 역임했다가 후에는 육군장관과 공군장관을 겸임했다. 1922년 대선에서 공화당 후보에게 밀리자 그 후 그는 자유당에서 탈당했다. 1924년에 그는 볼드윈 정부에서 재정장관을 역임했다. 그러다가 1926년부터 정부 간행물인 『영국공보(英國公報)』의 주필을 맡았다가 1931년 1월에 사직했다. 1939년 9월에 다시 체임벌린 정부의 해군장관을 맡았다. 그러나 히틀러의 침략을 방임하는 체임벌린의 타협정책을 반대하여 전 국민은 경각심을 높혀 무장하여 전쟁을 준비해야 한다고 호소했다. 1940년 5월 총리가 되었으며 연합정부를 구성했다. 제2차 세계대전이 일어나자 영국 국민을 영도하여 파시즘과의 전투를 견지했다. 1941년 6월 독일군이 소련을 침략하자 즉각 소련을 원조한다는 성명을 발표했다. 테헤란 회담, 얄타 회담, 포츠담 회의 등 중요한 회의에 참석하여 세계 반파시즘 동맹의 건립과 세계 반파시즘 전쟁의 승리를 위해 큰 공헌을 했다. 1951년부터 1955년까지 재차 총리로 당선되었으며 제1재정장관과 국방장관을 겸임하면서 '3환 외교(즉 영국과 미국, 영국연방과 서유럽)'를 제창했으나 1955년 4월에 퇴직했고, 1965년 1월 24일 런던에서 사망했다. 그는 이처럼 분망하게 일하면서도 수십 년간 끊임없이 책을 편찬했으니 저작으로는

『강의 전쟁』, 『세계의 위기』, 『말버러: 그 생애와 시대』, 『제2차 세계대전 회고록』, 『영어민족사』 등이 있다. 그중 『세계의 위기』, 『제2차 세계대전 회고록』이 제일 유명했는데, 연구자료가 될 수 있는 문헌성과 문학성을 모두 지니고 있었기 때문에 1953년 노벨문학상까지 받았다.

【마오쩌동의 처칠에 대한 총평 및 해설】

윈스턴 처칠(1874~1965)은 20세기에 가장 유명한 영국 정치가로 두 번이나 영국 총리를 역임(1940~1945, 1951~1955)한 인물이다. 제2차 세계대전에서 그는 영국 국민들을 영도하여 독일의 파시즘에 승리를 거두어 국민들로부터 영국의 구세주라 불리고 있다.

1874년 11월 30일 처칠은 잉글랜드 옥스퍼드의 한 귀족가정의 장자로 태어났다. 그의 선조 말바라(Marlborough) 공작인 존 처칠은 영국 근대사의 저명한 군사가 및 정치가로 영제국의 해상 패권을 위해 큰 공헌을 했다. 그의 아버지 랜돌프 처칠은 영국 재정장관을 역임했으며, 어머니 Jennie Jerome는 미국 뉴욕의 부호 Leonard Jerome의 딸이다.

처칠은 어려서부터 전형적인 영국의 귀족식 교육을 받았다. 그는 8살에 학교에 들어갔고, 14살에 귀족들 자제만 다니는 학교인 해로우 스쿨(Harrow School)에 들어갔다. 그는 활동적이고 모험을 즐겨 책에는 별 관심이 없었다. 특히 그는 수학과 라틴어를 싫어했다. 하지만 역사와 고전문학, 군사에는 큰 관심을 보였다. 그에게 있어 정치는 수학보다 더 재미있었다. 때문에 그는 나폴레옹과 자신의 선조 말바라

공작을 특히 숭배했으며, 그들처럼 대업을 이루기를 갈망했다.

처칠은 정상적인 과정인 옥스퍼드대학이나 케임브리지대학을 졸업한 후 정치를 시작하기가 어려웠기에 집에서는 부득이 그를 영국의 웨스트포인트 군사학교인 서샌드허스트 육군학교에 보냈다. 1893년 3번의 시험을 거쳐 처칠은 끝내 학교 기병 사관생이 되었다. 그의 이상은 "어디서든 전쟁이 있으면 꼭 참군"하는 것이고, "전쟁이 끝나면 정치"를 하는 것이었다.

1894년 말 처칠은 군사학교를 졸업하고 그다음 해에 제4표기(驃騎) 사단의 기병소위로 입대했다. 1895년부터 1900년까지 그는 군관과 종군기자의 신분으로 스페인 식민지인 쿠바의 봉기를 진압하는 전쟁, 영국군이 인도 서북 변경 주민과 수단 국민을 진압하는 전쟁, 남아프리카의 전쟁에 참가했다. 그러나 그는 기자로써 자신의 지식이 매우 부족하다는 것을 느끼게 되어 2년 동안 자습을 했으며 몇 상자의 책을 읽게 되었다. 특히 그는 역사학가인 Edward Gibbon과 Macaulay의 저서와 다윈의 책을 많이 읽었다. 동시에 그는 어머니가 보내온 영국의 정치와 세계의 상황에 관한 서적들을 읽었다. 이는 후에 그가 통찰력이 있고 풍부한 역사지식을 갖게 되었으며, 시사 상황을 이해할 수 있는 정치가가 될 수 있었던 바탕이 되었다. 이 시기에 그의 첫 작품인 『말라칸드 원정사(The Story of the Malakand Field Force)』와 『강의 전쟁』이 완성되었다. 그는 『사브롤라(Savrola)』라는 소설을 쓰려고 했지만 성공하지는 못했다. 하지만 성실한 문학과 역사적 지식을 바탕으로 완성한 『제2차 세계대전 회고록』은 1953

년에 노벨문학상을 수상할 정도로 뛰어난 작품이었다.

1899년은 처칠의 생활이 큰 변화가 일어난 해였다. 이 해에 그는 퇴역하여 보수당 후보의 신분으로 맨체스터 올덤지역의 의원선거에 참가하면서 긴 정치생활을 시작하게 되었다. 이듬해에 그는 하원의원으로 당선되었는데, 이 기간에 그는 하원 연설에서 보수당 일부 지도자의 관세보호정책을 비난하면서 상원의 제한적 개혁행동을 질책했다. 말솜씨가 좋고 독립적인 사고방식을 바탕으로 자신의 의견을 주장하는 그의 모습은 하원에 깊은 인상을 남겼다. 1904년 보수당의 보호관세 정책을 반대하면서 그는 보수당에서 나와 자유당에 가입했다. 1906년 자유당 대선에 승리한 처칠은 처음으로 내각에 들어가 식민부장관을 역임했으며, 그 후로 상무장관과 내무장관을 역임했다. 그는 무한한 흥미와 거대한 활력을 바탕으로 각각의 임무에 충실했다. 상무장관으로서의 그는 자유무역을 제창하여 현대 영국의 기초를 마련했으며, 내무대신으로서의 그는 낡은 제도를 개혁하여 현대 영국의 복지사회 원형을 형성케 했다.

1911년 허버드 애스퀴스 총리는 처칠을 해군장관으로 임명했다. 당시 급변하고 있던 유럽의 형세 속에서 독일세력은 급속히 팽창하여 영제국의 패권적 지위를 위협할 지경에가지 이르게 되어 유럽 열강은 두 개의 진영으로 분열되면서 세계대전의 막이 오르게 되었다. 예전에는 해군을 설계하는 계획을 반대했던 처칠은 전쟁준비를 하는 일을 적극 선동했다. "독일 해군은 사치품에 불과하지만, 우리의 해군은 필수품이다." 해군장관으로 임명을 받자마자 처칠은 해군부대를 개편하여 해군 총참모본부를 건립했으며, 해군에 지급되는 금액을 역사상 가장 높은 수준으로 인상했고, 해군 작전부대가 항상 경비태세를 갖출 수 있도록 명령을 내렸으며, 군함의 성능과 화력의 배치를 개선했다. 1914년 7월 사라예보 사건을 발단으로 제1차 세계대전이 발발하자 처칠은 독일에 선전포고를 하지 않은 상황에서 해군 총동원령을 내렸다.

당시 협약국 군대와 독일은 대치상태에 있었기에 승부가 쉽게 나지 않고 있었다. 이를 타개하기 위해 처칠은 강대한 함대를 다르다넬스 해협에 보내 겔리볼루 반도(Gallipoli Peninsula)를 점령하여 터키를 굴복시킨 후 뒤에서 오스트리아·헝가리 제국과 독일을 공격했다. 이렇게 겔리볼루 전투는 8개월 간 지속되었으나 결과는 영국군의 참패로 끝났다. 이 전투에서 영국은 약 4만5천여 명의 병사를 잃음으로써 처칠은 명성을 잃게 되어 여러 측의 압력에 의해 1915년 5월에 해군장관을 사임하게 되었다. 그러나 1917년 7월 처칠은 다시 로이드 조지 정부의 군수장관으로 임명되었다. 이때 제1차 세계대전은 이미 마무리 단계에 들어섰고, 러시아에서는 10월 사회주의 혁명이 일어나 자본주의 세계에 큰 충격을 주었다. 처칠은 이에 걱정과 불만으로 가득 차게 되었다. 그는 볼셰비키주의는 "인류문명을 위협하고 있다"며 무력으로 간섭해야 한다고 주장하면서 신생의 소련소비에트정권을 새싹인 지금 뿌리 뽑아야 한다고 외쳤다.

전쟁 초기 처칠은 육군대신과 공군대신을 겸임했다. 하지만 1922년에 로이드 조지 내각이 해산되고 앤드루 보너 로우(Andrew Bonar

Law)가 영도하는 보수당 정부가 들어섰다. 그리하여 장관직을 잃고, 보수당으로부터 배척을 받게 되자 처칠의 정치적 생애는 바닥으로 빠져들게 되었다. 처칠은 시간이 남게 되자 이 기간 동안 다섯 권의 전쟁사를 편찬했고, 잡지에 많은 글을 발표했다. 이 시기에 국왕 에드워드 8세는 두 번이나 이혼한 미국 여인 Wallis Simpson과 결혼하겠다고 고집을 부려 '왕위에서 내려오는 위기'를 초래했다. 그런데도 "강산보다 미인을 사랑"하는 국왕을 지지했던 처칠은 국민들로부터 배척을 받았다.

그러나 1930년대에 이르러 형세가 돌변하면서 여러 위기가 잇달아 일어났다. 1933년 히틀러가 독일의 정권을 탈취한 후, 유럽은 새로운 전쟁의 시작을 맞이하게 되었다. 1936~1937년 사이에 독일, 이탈리아, 일본으로 구성된 파시즘조직은 "베를린-로마-도쿄"를 축으로 전쟁준비에 박차를 가했다. 이러한 엄중한 시각에 영국은 "전쟁을 피하고 평화를 추구"하려는 평화적인 정서가 범람하고 있었고, 눈앞의 안일만 탐내는 사상이 심각했다. 총리 체임벌린을 대표로 독일과의 타협을 주장하는 협상파는 압박하면서 다가오는 독일을 무서워하였고, 무력을 동원하면 전면적인 유럽전쟁이 일어날까를 두려워했으며, 전쟁 중에 대영제국이 멸망할까봐 두려워했다. 그저 당시의 상황을 유지하면서 영국의 기득권 이익을 보호하기 위해 체임벌린 정부는 파시즘의 확장 행위에 줄곧 방임하고 타협만을 바라고 있었다.

처칠은 독일과 이탈리아의 파시즘이 궐기한 후 복잡하고 변화무쌍한 국제형세를 정확하게 이해하고 있었다. 그는 원대한 전략적 두뇌를 가지고 있었기에 체임벌린의 타협 양보정책을 강하게 반대하면서 파시즘 침략자들의 침략을 강력하게 저지하고 반격해야 한다는 강경책을 주장했다. 이러한 주장을 통해 그는 영국정계의 모두 사람들이 공인하는 대독일강경파의 지도자가 되었다.

처칠은 영국을 구할 수 있는 "무력과 국제연맹을 모두 중시하는 정책"을 전략적으로 채택하고, 국내에서는 "신속하게 대규모적으로 영국을 무장해야 하며, 대외적으로는 국제연맹을 설립하여 영국을 핵심으로 가능한 한 많은 국가들이 참여할 수 있도록 하여 침략자들에 저항해야 한다"고 주장했다. 처칠은 이렇게 강조했다. "우리는 국가를 구하려면 반드시 유럽이 연합하여 모든 힘을 모아 독일의 패권을 억제해야 하며, 나아가서는 독일을 꺾어야 한다". 즉 공동의 적을 위해 처칠은 사회주의 소련과의 관계를 조정하여 소련과 함께 나치에 반대하는 '대연맹'을 형성해야 한다고 주장했다.

1930년대 중기 영국 통치 집단 내부의 타협파와 강경파는 강력하게 대립하고 있었다. 당시는 타협주의가 영국에서 넓은 사회적 기반을 다지고 있었기에 그들의 주장이 우세했다. 그 결과 1937년 5월 체임벌린이 내각을 구성하여 집정한 후 그들의 타협정책은 영국 외교의 기본 국책이 되어 전면적으로 실시되었다. 후에 처칠은 이렇게 말했다. "당시 나의 영향력은 거의 제로였다. 하지만 나는 고립을 두려워하지 않았다." 그는 여전히 의회에서나 사회에 호소하며 정부가 하루 빨리 군사력을 준비하라고 독촉하면서 체임벌린 정부의 타협정책을 강력하게 비판했다.

1938년 3월 독일이 오스트리아를 점령했다. 이런 상황에서 체임벌린은 비굴하고 연약한 입장을 보였다. 이에 처칠은 크게 불만을 표시하면서 "만약 사태의 변화를 기다리기만 하고 과단성 있게 저지하는 조치를 하지 않는다면, 모든 약소국은 나치에게 절을 하게 될 것이다."라고 외쳐댔다. 나아가 그는 영국은 3월 18일 소련정부가 국제회의를 열어 공동으로 히틀러에 대응하자는 건의에 호응해야 한다고 강력하게 요구했다. 즉 "오직 프랑스, 영국, 소련의 연합만이 히틀러를 저지하고 나치의 침범을 막을 수 있다."고 주장했던 것이다.

1938년 9월 뮌헨협정(영국·프랑스가 독일·이탈리아가 뮌헨에서 체결한 협정으로 히틀러에게 체코슬로바키아의 합병을 양보하는 조치를 취했다.)을 전후로 체코슬로바키아의 이익을 희생하여 평화를 구걸하는 행위에 대해 굳건히 반대했다. 9월 21일 처칠은 보도매체에 성명을 발표하여 만약 나치의 군사위협에 굴복하게 되면 이는 영국과 프랑스에게 평화를 가져다주는 것이 아니라 더 큰 위험을 가져다줄 것이라고 하면서 이렇게 말했다. "작은 나라를 떼어 적에게 주면 안전하다고 하는데 이는 잘못된 견해이다." 『뮌헨협정』이 체결된 후 체임벌린은 "한 세대의 평화가 보장되었다"고 했지만, 처칠은 이 협정을 강하게 질책했다. 그는 영국은 뮌헨에서 철저하고 완전하게 실패했다고 했다. 그는 이 협정은 유럽의 제일 큰 재해라고 하면서 이는 시작에 불과하고, 이후에는 해마다 우리들에게 쓴 술잔이 건네질 것이라고 했다.

사태는 처칠의 예상대로 발전해갔다. 히틀러의 욕망을 채울 수가 없

었던 것이다. 1939년 3월 그는 『뮌헨협정』에 서명한 잉크가 채 마르기
도 전에 이를 무시하고 체코슬로바키아를 전적으로 점령했고, 이어서
1939년 9월 1일에는 폴란드를 침략했다. 그러자 영국과 프랑스는 어
쩔 수 없이 독일에 선전포고를 하게 되었다. 체임벌린의 타협정책과
평화에 대한 환상이 철저하게 깨지자 그도 전국적인 질책을 받게 되
었으며, 일관되게 전쟁을 주장하던 처칠의 명성은 다시 크게 높아지
게 되었다. 그는 다시 개편된 체임벌린 내각에 들어가 해군장관을 맡
았다.

1939년 9월부터 1940년 5월까지 영국과 프랑스는 선전포고를 했으나
전쟁을 하지 않는 상황이 나타났다. 그것은 영국정부에서 나치 독일
과 평화 담판을 주장하는 사람들이 다시 나타났기 때문이었는데, 처
칠은 이를 강력하게 반대하게 되었다. 그는 당시 상황에서 나치와 평
화담판을 하는 것은 적에게 투항하는 것이나 마찬가지라고 했다. 그
는 적들과 끝까지 투쟁하여 히틀러를 괴멸시키고 나치즘을 철저하게
몰아내야 한다고 했다. 동시에 그의 영도 하에 해군은 대서양에서 독
일과 전투를 진행했다. 1940년 5월 10일 히틀러는 병력을 서쪽으로
이동시켜 네덜란드, 벨기에, 룩셈부르크와 프랑스를 갑자기 습격했
다. 그들은 '전격전'을 전개하며 덴마크와 노르웨이를 점령했다.

체임벌린은 욕을 먹으며 자리에서 물러나야 했다. 대신 처칠이 영국
총리 겸 국방대신으로 임명되었다. "내가 바칠 것은 피와 땀과 눈물
밖에 없습니다. 사자의 마음을 가진 사람은 다른 사람이 아닌 전 세
계의 민족과 종족으로 뭉친 우리 대영연방 뿐입니다."

처칠은 영국이 접한 생사존망의 시각에 총리가 되었다. 그는 반드시 이 폭풍우 속에서 방향을 제대로 잡아 난관을 이겨내야 했다. 세계 대전시기에 그는 자신의 비범한 기백과 출중한 인격을 과시할 기회를 맞이했던 것이다. 전선에서의 전투상황은 급격히 쇠락되었다. 1940년 5월 말이 되자 영국의 30만 원정군은 뎅케르크로부터 급히 영국으로 철회해야 했다. 6월 22일 프랑스는 항복을 선언했다. 이제 나치독일의 세력은 전 서유럽을 휩쓸게 되었고, 영국 본토를 향해 다가오고 있었다. 나치 공군은 영국을 대규모로 공격했다. 영국은 민족 멸망의 엄중한 시각에 이르고 있었다. 이처럼 중요한 역사적 시각에 처칠은 위험에 직면했으면서도 조금의 두려움도 없이 차분하게 맹세했다. "우리는 오로지 땅에서 바다에서 하늘에서 전쟁을 수행해야 한다. 신께서 우리에게 허락한 모든 힘과 우리의 모든 능력을 다해 인류가 저지른 개탄스런 죄악의 목록 가운데서도 가장 극악한 폭정(暴政)과 맞서 싸워야 한다. 우리는 어떠한 대가를 치르더라도 반드시 승리해야 한다. 모든 공포를 이겨내고 반드시 승리해야 한다. 승리에 이르는 길이 아무리 길고 험난해도 반드시 승리해야 한다. 왜냐하면 승리하지 못할 경우 우리는 생존할 수 없으니까 말이다." 그는 과감히 히틀러가 제안한 '평화'를 거절하고 전 영국 국민에게 호소했다.

"우리는 의기소침하지 말아야 합니다. 실패하지 말아야 합니다. 우리는 끝까지 이겨내야 합니다. 우리는 프랑스에서 전쟁을 해야 하고, 바다와 대양에서 전쟁을 하면서 부단히 믿음과 역량을 키우고 공중에서도 전쟁을 해야 합니다. 우리는 어떠한 대가를 치르더라도 우리의 섬을 보위해야 합니다. 우리는 해변에서도 전투를 할 것이며, 상륙해서도 전쟁을 할 것이며, 들판에서도 전쟁을 할 것이며, 거리에서도 산지에서도 전쟁을 할 것입니다. 우리는 영원히 항복하지 않을 것입니다."

전혀 두려움이 없는 처칠의 연설은 그의 성격과 기백을 보여주었다. 이 연설은 전체 영국 인민들이 그들이 처한 극단적으로 위급한 상황과 운명적 상황을 극복하고 즉시 전력을 기울여 행동함으로써 침략자를 물리칠 수 있는 중요한 작용을 하게 되었다.

강력한 의지와 고무적인 연설로 나치 독일을 물리칠 수는 없었다. 처칠의 영도 하에 국민들이 전력을 다해 영국의 3개 섬을 보위함과 동시에 적극적인 외교활동을 펼쳐 모든 조치를 동원하여 동맹자를 이끌어 내야 했다. 그들은 먼저 강한 세력을 지니고 있는 미국과 소련 두 대국의 지지와 참여를 이끌어 내어 고군분투하는 상황에서 하루 속히 벗어나고자 했다.

전쟁이 시작되자 처칠은 특히 미국의 동향을 주시했다. 그는 미국이라는 "민주국가의 무기창고"를 열 수 있도록 그들의 지지와 참여를 이끌어 내게 되면 영국이 생존할 수 있다고 생각했다. 이에 그는 적극적으로 미국과 연합을 모색했다. 1941년 12월 8일 일본해군은 미국 태평양 해군기지인 진주만을 돌연 습격했다. 그러자 방관자 역할만하던 미국이 9일 영국과 함께 일본에 선전포고를 했다. 이렇게 미국이 정식으로 세계대전에 참가하게 되자 처칠이 바라던 영미연합 목표가 끝내 실현되었다. 처칠은 이제 영국은 구제되었다고 선포했다.

1941년 6월 22일 독일은 대거 소련은 침략했다. 처칠은 즉시 영국은 소련과 연합하여 독일과 전투를 할 것이라고 했다. 그는 그날 밤 발표한 라디오 연설에서 이렇게 말했다.

"최근 25년 동안 처칠 나처럼 시종일관 공산주의를 반대한 사람은 없을 것입니다. 예전에 공산주의에 대한 저의 말들을 하나도 번복할 생각은 없습니다. 하지만 이 시각 펼쳐지고 있는 상황에서 모든 것은 아무런 의미가 없게 되었습니다.……러시아도 위협을 받고 있습니다. 우리나라와 미국도 같은 위협을 받고 있습니다.……우리는 당연히 힘을 다해 러시아와 러시아 인민을 도와야 할 것입니다."

1941년 7월 12일 영국과 소련은 「대(對)독일작전연합행동협정」을 체결했다. 8월 처칠과 미국 대통령 루즈벨트는 뉴펀들랜드에서 「대서양헌장」을 체결했다. 소련과 독일의 전쟁이 발발한 후 2개월도 안 되는 사이에 그간 여러 가지 원인으로 무산됐던 반파시즘 통일 전선이 마침내 모양을 갖추게 되었다. 여기에는 처칠의 적극적이고 투철한 힘이 작용했던 것이다.

세계대전 과정에서 처칠은 동맹국 주요 지도자의 한명이었다. 그는 카이로의 중, 미, 영 3개국 정상회담에 참석했으며, 테헤란·얄타·포츠담에서 미, 영, 소 3개국 지도자의 중요한 회담에 참석하여 반파시즘전쟁의 최후 승리에 큰 공헌을 했던 것이다.

처칠은 전쟁을 승리로 이끌었지만 국내정치에서는 참패했다. 1945년 7월 24일 처칠은 포츠담 회의에 참가한 후 스탈린·트루먼과 작별하고 런던으로 돌아가 대선의 첫 개표결과를 기다렸다. 그러나 결과는 처칠뿐만 아니라 전 세계에 청천벽력과 같은 결과로 나타났다. 노동당이 절대적인 우세로 승리해 보수당을 정부에서 축출했던 것이다. 처칠은 총리직을 잃었다. 대신 클레먼트 애틀리(Clement Richard Attlee)가 총리직을 이어받았다.

이 결과는 처칠에게 크나큰 타격을 주었다. 비록 여왕이 그에게 공신훈장과 가터훈장(The Most Noble Order of the Garter)을 수여했지만 타격을 낮출 수는 없었다. 처칠은 마음이 아팠고 영국 사람들이 배은망덕하다고 원망했다.

승리의 날 버킹엄궁 발코니에서 대중들의 환호에 답하는 처칠 일가.

평화가 보장되자 전쟁 시 큰 역할을 한 지도자들은 잊혀졌다. 이런 상황은 심심찮게 나타났었다. 프랑스의 '구세주' 샤를 드골(Charles Andr Joseph Marie de Gaulle)도 같은 상황이었다.

대선의 치욕 속에서 그는 대영제국은 그대로 유지될 수 없다는 것을 알게 되었다. 미국은 이미 대 영연방 왕국을 대체하여 세계의 제일 강국이 되었고, 냉전시기 영국과 미국의 단결을 유지하는데 나타난 여러 가지 곤란상황에 대해 처칠은 불쾌했고 몹시 초조해 했다. 어떤 사람들은 이번 타격으로 처칠이 정치무대에서 물러날 것이라고 했다. 하지만 이와 반대로 그는 하원에서 6년간 반대당 지도자로 정치생활을 유지했으며, 1951년 10월에 재차 총리로 당선되었다. 이때 그는 이미 77세의 고령이었다.

처칠은 시종 자신이 영국을 통치할 자격이 있다고 믿고 있었다. 전쟁 후 그는 공산당을 반대하는 입장을 견지하고, 전략가의 직감으로 소련공산주의를 억제하는 일에 전력을 기울였다. 그는 자신을 유일하게 소련을 감당할 수 있는 사람이라고 자처했다. 그는 서방세계의 새로운 맹주 미국도 이 점에서는 자신과 약간이나마 차이가 있다고 했다. 1946년 3월 5일 처칠은 미국을 방문할 때 미국 대통령 트루먼의 배동 하에 폴턴에서 「철의 장막」이라는 제목의 유명한 연설을 했다. 이렇게 하여 전쟁 후 '냉전'이 시작되었다. 그는 연설에서 영미연합을 선전하며 공동으로 소련과 세계 공산주의운동에 대처해야 한다고 했다. 그는 소련과 소위 말하는 '공산주의 위협'에 타협정책을 취해서는 안 된다고 소리쳤다. 미국은 처칠의 연설을 이용하여 공산당에 대한 반대를 시작했으며, 대규모적인 반 소련 언론을 조성해 사회주의 진영에 대한 억제정책을 선포했다. 이와 동시에 처칠은 서유럽의 연합에 몰두했다. 1946년 9월 스위스 취리히에서 한 강연에서 유럽합중국'을 건립하자는 주장을 제기했다. 1948년 5월 헤이그에서 진행된 유럽 통일을 토론하는 회의에서 처칠은 명예주석으로 선출되었다. 세계적 업무에서 영국의 작용을 강화하기 위해 그는 1948년 보수당 연회에서 그의 '3환외교' 정책을 전면적으로 서술했다. 첫 번째 '환'은 영연방과 영 제국, 두 번째 '환'은 영국, 미국, 캐나다 등 영어권 나라이고, 세 번째 '환'은 연합된 유럽이었다. 처칠은 이 3환이 연결되면 어떤 세력도 무너뜨릴 수 없다고 생각했고, 영국은 이 세 가지 '환'에서 중요한 위치에 있는 유일한 국가라고 했다. 처칠은 대영제국의 식민지 통치와 패권지위가 산산이 무너지는 상황을 적극적으로 만회하려고 했다. 하지만 그가 되돌릴 수 있는 방법은 없었다. 그가 두 번째로 총리로 당선 된 기간 동안 영국 식민지의 민족해방운동은 계속 왕성하게 발전해 갔다. 결국 몸과 마음이 과도하게 피로해진 처칠은 1955년 총리직을 사임하고 퇴직했다. 만년에 처칠은 그간 자신이 분투했던 일을 잊지 않았다. 1963년 4월 9일 미국정부로부터 '영예시민'이라는 칭호를 받았다. 그는 서면으로 연설내용을 발표했다.

"나는 영국과 영연방이 세계에서 묵묵히 명령을 들어야 하는 부차적인 위치에 있다는 견해에 동의하지 않습니다. 누구도 우리의 정력과 잠재력, 그리고 영원히 줄어들지 않는 역량을 절대 과소평가하려 하지 말았으면 합니다."

하지만 대영제국은 이미 되돌릴 수 없는 상황이었다. 자신의 일생을 되돌아보며 처칠은 어쩔 수 없이 "나는 많은 걸 이루었지만, 결국 이룬 건 하나도 없다"고 자평했다.

1965년 1월 24일 처칠은 향년 91세로 세상을 떠났다. 처칠은 일생동안 분투했지만 "해가지지 않는 제국"의 쇠락을 막지는 못했다. 처칠은 제2차 세계대전 시 영국 입장에서는 더없이 중요하고 관건적인 인물이었다. 모종의 의미에서 처칠은 저물어가는 대영제국에 마지막 영양제를 주사한 인물이었다고 할 수 있다.

마오쩌둥은 제2차 세계대전에서 처칠의 공적을 충분히 인정했다. 하지만 온힘을 다해 대영제국의 방대한 식민체제를 유지하려 했던 처칠의 행동에 대해서는 엄격하게 질책했다. 1945년 4월 24일 마오쩌둥은 중국공산당 제7차 대표대회에서 한 구두 연설에서 이렇게 말했다.

"대지주, 대자산계급은 어떤가? 대지주, 대은행가, 대매판계급은 국민당 반동집단을 대표 한다. 그들은 국내 항일전선의 반동파였다. 우리가 그들을 대하는 태도는 마치 영국 공산당이 처칠을 대하는 태도와 비슷하다. 어제 신문에는 영국 공산당 총서기의 글이 실려 있으니 동지들은 다 읽어볼 수 있다. 그가 제기한 구호는 '자유당, 노동당, 공안당과 연합정부를 성립하여 다음 대선에서 처칠을 뒤집자'는 것이었다. 중국에서 '뒤집자'는 말은 중국에서 오해를 받기 쉽다. 우리는 외국과 달라 중국에서 '뒤집자'는 것은 영도권을 쟁취하는 것을 의미한다. 과거부터 우리는 국민당을 뒤집으려 했다. 우리는 반드시 뒤집은 다음 영도권을 쟁취해야 할 것이다."

1945년 5월 31일 마오쩌둥은 중앙 제7차 대표대회에서 결론을 발표하면서 말했다.

"세계 각국의 반동파는 소련을 반대하는 언론을 조성하고 있다. (1) 소련의 세력 발전을 저지하고, 소련의 인민들 앞에서 작은 꼬투리라도 쥐고 흥정하기 위해서이다. (2) 국제·국내의 반동세력을 동원하여 자기를 지지하도록 하기 위해서이다. 자기편을 만들기 위해서는 그들의 구미에 맞는 반동파라는 뜻을 말해야 반동파들을 끌어 들일 수 있고, 반동파를 단결시킬 수 있는 기초를 만들 수 있다. (3) 혁명인민을 제압하기 위해서이다. 처칠은 자신이 유럽인민들의 포위 안에 있다는 것을 알았다. 그렇기 때문에 그는 반동언론으로 인민들을 제압하려고 한다. 여기에서 우리는 샌프란시스코 회의에서 왜 그렇게 논쟁했으며, 이후에 동방에 와서도 논쟁할 것임을 알 수 있다. 이런 논쟁은 글을 쓰는 것과 마찬가지로 제목에서 그 뜻을 알 수 있다. 그들의 두 발이 아직 남아 있어 걸을 수 있기에 현실에 만족하지 않고 논쟁을 하려 한다. 그러나 만약 이런 논쟁이 없으면 더 이상할 것이다."

1946년 3월 15일 마오쩌둥은 중국공산당 정치국회의에서 「시국에 관한 4가지 분석」이라는 제목으로 강화했다 그는 제2조에서 파시즘의 잔여세력과 동맹국 내의 친 파시즘 세력(처칠, 패트릭 헐리, 허잉친(何應欽) 같은 사람)을 언급하면서 처칠은 예전에는 친 파시즘이 아니었는데 지금은 '그렇다'고 했다. 헐리는 고립파라고 했고, 영국의 노동당과 장제스는 이 부류에 포함시키지 않고 '전문가'라고 했다. 이는 한 가지 정책만 취하고 두 가지 정책을 취하지 않았으며, 이미 조직하고 있고, 이후에도 소련을 반대하고 공산당을 반대하며 민주를 반대하는 반혁명운동을 계속하여 제3차 세계대전을 획책하고 있기 때문이라고 했다. 이런 반동세력은 지금과 이후의 주요 적이 될 것이다. 이런 세력을 제압하지 않으면 제3차 세계대전은 불가피하다고 했다.

마오쩌둥은 처칠이 예전에는 "동맹국 내 친 파시즘 세력"이 아니었다고 했다. 하지만 지금은 '그렇다'고 했다. 제3조에서 마오쩌둥은 이렇게 분석했다. "예전에 자산계급 내부의 분열은 파시즘 주력군을 물리치는 중요한 조건이었다.(체임벌린만 있고 처칠이 없고, 왕징웨이만 있고 장제스가 없었다면 파시즘을 물리칠 수 없었다.) 지금 계속해서 분열하면 새로운 작용을 하게 될 것이다. 그렇기 때문에 우리는 그들의 이런 분열을 촉진시켜야 한다."

여기서 마오쩌둥은 처칠의 반파시즘 전쟁에서의 공헌을 인정한 것이다. 1947년 2월 1일 마오쩌둥은 중국공산당 중앙정치국 확대회의에서 「중국혁명의 새로운 고조에 대한 설명」을 이야기 하면서 이렇게 말했다.

"항일전쟁에서 우리의 주요 동맹군은 농민이고, 다음은 민족 자산계급이었다. 항일전쟁에서 장제스는 일부 작용을 했다. 하지만 처칠이 영국의 독일에 저항하는 전쟁에서 한 작용보다는 작다."

1949년 4월 20일과 21일 마오쩌둥이 대군을 지휘하여 창장(長江)을 도하할 때 애머시스트(Amethyst)호 사건[56]이 일어났다. 4월 26일 보수당 지도자 처칠은 하원에서 중국공산당 군대의 '폭행'을 질책하면서 무력 보복을 할 것이라고 소리쳤다. 마오쩌둥은 격분을 참을 수가 없었다. 4월 30일 그는 해방군 본부 성명 초안에서 처칠을 '전쟁범'이라고 호되게 질책했으며, 하원에서 한 처칠의 발언을 '무모한 성명'이라고 했다. 비록 애미시스트호 사건은 흐지부지하게 끝나고 말았지만, 공산당 대국의 지도자가 될 마오쩌둥과 서방의 반공산당 영웅인 처칠의 모순은 이로 인해 최고조에 이르고 말았던 것이다.

---

56) 애머시스트(Amethyst)호 사건 : 1949년 4월 21일 영국 함정 애머시스트호가 해방군에게 포격을 당했다. 중공측은 영국 군함이 사전 허락도 없이 해방군이 도강작전을 진행하고 있는 창장에 진입했다고 밝혔다. 이때 해방군 포병부대가 포격하여 배가 파손되었다. 영국은 즉각 극동함대의 런던호 등 세 척의 전함을 파견하여 해방군 진지를 공격하자 양측이 포격전을 벌였다. 이 전투로 해방군은 252명의 사상자가 발생하였고, 영국은 139명의 사상자가 발생하였으며, 영국 극동함대 부사령관이 부상을 입었다. 이 사건은 영국은 물론 세계를 놀라게 하였다. 영국 수상 애틀리(Clement Richard Attlee)는 "영국 군함은 창장에서 평화적으로 임무를 수행할 합법적 권리가 있다."고 주장하였다. 전 수상 처칠도 영국이 항공모함을 파견하여 보복해야 한다고 주장하였다. 그러나 중공 측의 태도는 단호하였다. 결국 1949년 5월 21일 중공이 영국 해군 호위함에 대한 교섭을 시작했지만, 흐지부지 끝나고 말았다.

21

아돌프 히틀러(Adolf Hitler, 1889~1945)

【마오쩌동의 촌평】

"처참하게 죽을 줄도 예상 못한 교활한 허수아비에 불과한 자"

【히틀러 약전】

아돌프 히틀러(1889~1945)는 나치 독일 파시즘의 두목이다. 제2차 세계대전을 일으킨 제일 큰 전쟁범으로, 그는 오스트리아의 작은 마을 브라우나우에서 태어났다. 어린 시절 린츠에서 중학교를 마친 후 빈으로 가서 그림과 건축을 배웠다. 1913년 독일의 뮌헨에 정착했는데, 1914년 제1차 세계대전이 발발하자 군에 입대했으며, 서부전선에서 전투에 참가하여 부상도 입었었다. 1920년에 독일 국가사회주의노동자당(즉 나치당)을 창설하고 1921년에 이 당의 원수가 되었다. 1923년 11월 맥주 집에서 폭동을 일으켜 쿠데타를 꾀했지만('헨폭동' 혹은 '맥주홀 폭동'이라고도 함) 실패로 끝나고 체포되어 5년 형을 받았다. 감옥에서 그는 『나의 투쟁』이라는 책을 완성하여 복수주의와 종족주의를 널리 알렸다. 1924년 12월 감옥에서 나온 후 그는 독일사회주의노동자당을 재창건해 적극적으로 활동했다. 1933년 11월 독일 독점자본주의의 지원을 받아 정권을 탈취하고 제국의 총리가 되었다. 1934년 대통령 힌덴부르크가 죽은 후 스스로 원수를 자칭했다. 그는 '국회 방화사건'을 획책하고 이를 독일공산당에게 덮어씌워 국회를 해산시킨 그는 모든 반대파 정당을 파괴하고 진보인사들과 유대인을 광적으로 박해하면서 파시즘 독재시대를 전개했다. 그러는 한편 군비를 확대시켜 전쟁을 준비했다. 1936년 라인비무장지대를 공격하였고, 베를린–로마를 중심으로 하여 스페인 내전을 무력으로 간섭했다. 1938년 독일무장부대의 최고 원수라는 신분으로 오스트리아를 공격하여 점령했으며, 체코슬로바키아의 주데텐란트지역을 점령했다. 1939년 3월 체코슬로바키아를 완전히 점령했다. 같은 해 9월 폴란드를 습격하여 제2차 세계대전을 일으켰다. 1941년 6월 일방적으로 『소련·독일 상호 불가침조약』을 무시하고 소련을 대거 공격했다. 그는 세계를 정복하여 세계의 제왕이 되고자 했던 것이다. 그는 전 인류에게 역사상 최대의 재난을 가져다주었다. 그러나 강대한 세계 반파시즘 통일전선의 공격에 그의 침공전략은 철저하게 실패했다. 1945년 4월 30일 소련 군대가 베를린을 공격하기 전야에 그는 지하실에서 그의 애인 에바와 함께 자살하고 말았다.

【마오쩌동의 히틀러에 대한 총평과 해설】
1889년 4월 20일 아돌프 히틀러는 오스트리아의 브라우나우에서 세

관원의 아들로 태어났다. 히틀러는 6살에 초등학교에 들어갔고 11살에 중학교에 진입했다. 학습 성적이 좋지 않았지만 독일 역사와 신화 이야기에는 큰 흥미를 가지고 있었다. 1903년 히틀러는 아버지가 사망하자 어머니가 홀로 가정을 책임지게 되어 생활이 어려워지게 되었다. 16살 되던 해에 히틀러는 병으로 휴학을 했고, 병이 나은 후 뮌헨의 한 예술학교에서 그림을 배우기 시작했다. 두 번이나 빈 예술학원으로 진학하기 위해 시험을 치렀지만 졸렬하고 딱딱한 그의 작품 때문에 계속해서 실패했다. 만약 히틀러가 예술학원에 진학했다면 세계에는 평범한 화가 한명이 많아졌을 것이조 인류에 재앙을 일으킨 악마는 한 명 줄어들었을 것이다.

1908년 히틀러는 어머니마저 돌아가자 홀몸으로 빈으로 가서 살길을 찾았다. 빈에서 히틀러는 그림엽서 등을 팔면서 유랑자 생활을 했다. 이 기간에 민족주의, 반유대주의와 반사회주의를 주장하는 오스트리아 게르만민족당에게 큰 영향을 받았다. 그러면서 그는 사회 하층의 불량배들과 친하게 되었다. 비열한 사회적 지위와 가난에 쪼들린 생활로 인해 히틀러의 성격은 더욱 괴벽해졌고 보복심리가 강해졌다. 동시에 히틀러는 출세에 주체할 수 없는 욕망을 가지게 되었다.

1913년 봄 히틀러는 벤을 떠나 뮌헨으로 갔다. 1914년 제1차 세계대전이 발발하자 히틀러는 군에 입대했다. 전쟁 시기에 그는 그나마 용맹한 편이어서 1급 철십자상을 받았고 일반 병에서 하사로 진급했다. 1918년 11월 11일 독일은 전쟁에서 패하고 투항했다. 이 소식은 병원에서 휴양하고 있는 히틀러에게 큰 충격을 안겨주었다. 1919년 9월 히틀러는 육군으로부터 뮌헨의 정치조직인 '독일 노동자당'에 파견되어 그들의 상황을 이해하게 되었다. 이 조직은 1918년 3월 7일에 '독립노동자위원회'라는 이름으로 성립되었는데, 1919년 1월에 개편하면서 독일노동자당은 6명의 주요 당원을 포함해 모두 10여 명의 당원이 있었다. 9월 12일 히틀러는 이 당의 집회에서 즉흥 연설을 해 지도자의 주목을 받았다. 노동자당이 그를 당에 가입하라고 요청하자 히틀러는 이틀간 생각한 후 이 당에 가입하여 선전업무를 맡았다. 이 시기 그의 언변 능력이 큰 기능을 발휘했다는 점을 충분히 엿볼 수 있을 것이다.

1920년 2월 히틀러는 독일노동자당 회의에서 「25가지 강령」을 제기했다. 여기에는 모든 게르만 민족은 독일이라는 국가 내에서 통일되어야 하고, 굴욕적인 베르사이유조약[57]을 폐지하고, 강대한 중앙집권 국가를 건립해야 한다는 등의 내용이 포함되어 있었는데, 배타적 애국주의와 독재주의 경향이 명확히 나타나 있었다. 같은 해 4월 1일 독일노동자당은 '민족사회주의독일노동자당(원래는 '국가사회주의독일노동자당'인데 간략하게 '국가사회당' 혹은 '나치당'이라고 한다)으로 명칭을 바꾸었다. 이후 히틀러는 군대를 떠나 당 사업에 몰두하게 되었으며, 나치당을 위해 깡패와 극단적인 자들로 구성된 규찰대를 조직했으며, 1921년 10월 5일 규찰대를 돌격대로 이름을 고쳤다. 히

---

57) 베르사이유조약 : 1919년 6월 독일 제국과 연합국 사이 맺은 제1차 세계 대전의 평화협정으로 파리 강화회의 도중에 완료됐으며, 협정은 1919년 6월 28일 11시 11분에 베르사유 궁전 거울의 방에서 서명되었고 1920년 1월 10일 공포되었다. 조약은 국제연맹의 탄생과 독일 제재에 관한 규정을 포함하고 있었으나 독일을 제재하는 안건은 파리강화회의에서 다뤄지지 않았다.

틀러는 검은색 '卍'을 당 휘장으로 선택했으며, 직접 붉은 바탕에 흰색의 원이 있고 그 중간에 검은 색 '卍'문양이 있는 당기를 설계했다. 1921년 7월 나치당의 한 특별회의에서 히틀러는 당장(党章)을 수정하여 그를 주석으로 천거하고 독재 권력을 가질 수 있게 하라는 요구를 받아들이라고 기타 위원들을 압박했다. 이렇게 해서 히틀러는 나치당의 '원수'가 되었다.

1923년 11월 8일 저녁 히틀러는 돌격대를 거느리고 뮌헨의 뷔르거브이로켈러(Bürgerbräukeller) 맥주집에서 3명의 군정장관을 억류하고 그 자리에서 "혁명은 이미 시작되었다!"고 소리쳤다. 이것이 바로 '맥주집 폭동'이었다. 하지만 이튿날 그들은 경찰들과 충돌이 일어났으며, 16명의 나치당원들이 사살당하고 일부는 부상당했다. 히틀러가 도망을 치자 부하들도 모두 흩어졌다. 11월 11일 히틀러는 체포되었으며, 1924년 4월 1일 5년 형을 선고 받았다. 그러나 육군 측(루덴도르프 장군 등)의 지지가 있어 그는 9개월 동안 감옥에 있다가 12월 20일에 석방되었다. 감옥에서 히틀러는 『나의 투쟁』을 창작하기 시작했다. 이 책은 히틀러가 구술하고 루돌프(魯道夫)가 집필했다. 『나의 투쟁』 제1권은 1925년 가을에 출판되었고 제2권은 1926년에 출판되었다. 비록 이 책의 논리는 혼란하나 히틀러의 반동사상을 연구하는 필독 교과서로 되었다. 이 책에는 제3제국을 창건하고 유럽을 정복하려는 히틀러의 '이상'을 체계적으로 서술하고 있다. 이 책에는 민족주의에 대한 열망과 마르크스주의와 민족제도, 그리고 유대인에 대한 원망으로 가득했으며, 영토 확장, 종족주의, 복수주의와 반 소련, 반공산당사상으로 가득 차 있다. 히틀러는 아리아인 특히 게르만인은 하느님이 선택한 '통치민족'이며 독일은 반드시 오랜 원수 사이인 프랑스와 결산을 해야 한다고 했다. 또한 히틀러는 이렇게 말했다.

"하지만 프랑스를 멸망시키는 것은 수단일 뿐 목적은 우리나라 인민들이 다른 지역을 확장하도록 하기 위함이다. 독일은 반드시 동방으로 확장해야 하는데 주로 러시아를 희생물로 삼아야 한다. 그리고 신제국은 반드시 고대 기사수도회의 진군노선에 따라 독일의 검으로 건설해야 하며, 독일의 쟁기를 위해 더 많은 토지를 마련하여 독일인민들이 매일 빵을 먹을 수 있도록 해야 한다."

히틀러는 출옥한 후 계속 공화국을 전복시킬 쿠데타 활동을 계속했다. '맥주집 폭동'에서 실패한 그는 성공을 하려면 반드시 방대하고 자신이 직접 엄격하게 통제할 수 있는 파시즘 당이 있어야 할 뿐만 아니라 합법적인 투쟁으로 정권을 얻어야 한다는 것을 느끼게 되었다. 이를 위해 그는 돌격대를 무장단체로 개편했으며, 기타 정당이 전적으로 나치당의 집회를 보호하고, 기타 정당의 활동을 파괴하며, 히틀러의 정치적 적수를 위협하도록 해나갔다. 이어 히틀러는 자신의 호위군을 건립했다. 그는 수시로 호위군과 돌격대 무리를 거느리고 군중을 불러 집회를 진행해 연설을 했다. 일부 소자산계급 군중들과 젊은 학생들, 퇴역군인들이 그의 유혹에 넘어가 나치당에 가입했다.

히틀러의 무리는 1925년 말에 2만 7천여 명으로 늘어났고, 1929년에 이르러서는 17만 8천명까지 늘어났다.

1929년에 일어난 세계적인 경제위기로 인해 독일은 휘청거리게 되었다. 1930년 9월의 국회선거에서 나치당은 국회 107개의 의석을 차지해 일약 사회민주당에 버금가는 제2대 정당으로 발돋움 했다. 1932년 7월 선거에서 나치당은 많은 표를 얻어 전국에서 제일 큰 당이 되었고 히틀러와 같은 당인 괴링(Hermann Wilhelm Göring)이 국회의장으로 선출되었다.

이 기간에 히틀러는 독일 독점자본과들과의 결탁을 강화했으며, 그들의 지원을 받게 되었다. 예를 들면 강철업의 프리츠 티센(Fritz Thyssen)은 1923년에 히틀러에게 10만 마르크(약2.5만 달러)를 지원

친위대의 환호를 받고 있는 벤츠 위의 히틀러.

했고, 1930년부터 1933년 사이에는 독점 자본가들이 나치당에게 수백만 마르크를 지원했다. 1932년 11월 샤흐티, 티센, 크루프, 지멘스 등 대 자본가들은 연명으로 당시의 힌덴부르크 대통령에게 "민족운동의 최대 집단 영수"인 히틀러에게 내각을 위탁하라고 요구했다. 1933년 1월 30일 힌덴부르크는 히틀러를 접견했으며, 그에게 독일 총리를 맡고 정부를 조직해 달라고 말했다. 그리하여 정권을 탈취하려는 히틀러의 오랜 염원이 마침내 실현되게 되었던 것이다.

히틀러는 정권을 잡은 후 자신의 통치를 강화하기 위해 공산당과 좌파세력을 박해하기 시작했다. 2월 27일 나치당 일당인 괴링은 세간을 떠들썩하게 만든 '국회방화사건'을 연출했다. 그들은 이 사건을 공산당에게 덮어씌우고 공산당을 대대적으로 체포하고 진압하여 81명의 공산당 의원이 지니고 있던 합법적인 의석을 취소시켰을 뿐만 아니라 공산당을 불법적인 조직이라고 선포하여 그들의 모든 활동을 금지시켰다. 그 후 기타 정당들도 같은 액운을 피하지 못했고, 공회조직도 강제로 해산되게 되었다. 1933년 10월 히틀러는 국회해산 명령을 내리고 나치당 당원과 그들의 신도들로 구성된 새로운 '국회'를 조직했다.

1934년 8월 2일 힌덴부르크 대통령이 서거했다. 그러자 히틀러는 즉시 독일은 대통령과 총리를 한명으로 정한다고 선포하고, 대통령의 모든 권리를 총리에게 이전한다고 선포했다. 이렇게 히틀러는 국가원수 겸 정부의 총리가 되어 독일 국방군의 최고통수권을 가지게 되었다.

먼저 히틀러정부는 경제조치를 취해 독일 경제가 잠시나마 호전되도록 하여 실업자가 600만 명에서 100만 명으로 줄어드는 효과를 가져 오게 하였다.

외교면에서 히틀러는 베르사이유 조약에 의해 구속받는 것을 벗어나기 위해 신속하게 군사력을 회복시키면서 패권을 위한 준비를 해나갔다. 1935년 3월 9일 독일 공군이 건립되었다. 같은 해 3월 16일 독일은 의무병역 제도를 다시 실시한다고 선포하고 육군의 편제를 30개 사단, 55만 명으로 한다고 했다. 6월 18일 독일과 영국 해군 간에 협정이 체결되어 독일은 영국 함대 최대 적재량의 35%에 해당하는 해상 역량을 가질 수 있게 되었으며, 점수함은 영국 최대적재량의 45%에 이르게 되었다. 이 기간에 독일의 군비는 급격하게 증가되었다. 1935년~1936년도의 62억 마르크였던 군비는 1936~1937년도에는 1백억 마르크로, 1937년~1938년에는 140억 마르크로, 1938~1939년에는 160억 마르크로 늘어났다.

빠른 속도로 늘어나는 군사 역량과 더불어 히틀러의 침략 확장계획도 빠른 속도로 진행되어 갔다. 1936년 3월 7일 히틀러는 3개 대대를 거느리고 라인강을 건너 라인 비군사지대를 점령해 처음으로 프랑스를 향한 '화력정찰'를 했다. 1936년 여름 히틀러는 군대를 스페인으로 파견해 스페인공화국을 장악하려는 프랑코를 지원했다. 1936년 10월 24일 히틀러정부와 이탈리아의 무쏠리니 정부는 '추축(樞軸)협정'을 체결했다. 같은 해 11월 25일 일본과 독일은 '반공산국제협정'을 체결했고, 다음해에는 이탈리아도 이 협정에 가입했다. 이렇게 "베를린─로마-도쿄"를 추축으로 형성된 파시즘 연맹이 형성되게 되었다.

1938년 3월 11일 독일군은 피 한 방울 흘리지 않고 오스트리아를 점령했다. 3월 12일 히틀러는 린츠에 도착했다. 3월 14일 그는 개선장군처럼 오랫동안 떠나 있던 빈에 입성했다. 같은 해 9월 29일 히틀러는 영국, 프랑스 정상들과 『뮌헨협정』을 체결하여 체코슬로바키아와 주데텐란트지역을 점령했다. 5개월 후에는 체코슬로바키아 전 지역을 점령했다.

영국과 프랑스 정부의 타협주의 정책에 의해 독일의 침략주의를 방임해 주는 가운데 히틀러의 욕망은 점점 더 커져갔다. 그는 타깃을 폴란드로 향했다. 폴란드는 영국과 프랑스의 연맹 국이며 소련으로 가는 지름길이어서 전략적으로 매우 중요한 위치에 있었다.

히틀러는 양쪽으로 전투를 하면 쉽게 적의 공격을 받게 된다는 것을 잘 알고 있었기 때문에 먼저 폴란드를 고립시키고 점령해야만 했다. 그는 폴란드 동쪽에 있는 소련을 항상 걱정스러워 했다. 1939년 초부터 그는 소련과 우호적인 모습을 보여주었다. 1939년 8월 23일 히틀러는 외무장관 리벤트로프를 모스크바에 보내 소련과 서로 불가침조약을 체결하게 했다. 1939년 9월 1일 독일은 62개 사단의 160만 병력을 집결시키고 수천 대의 탱크와 수천 문의 대포, 그리고 2천여 대의 비행기를 동원해 폴란드를 대거 침략했다. 9월 3일 영국과 프랑스는 독일에 선전포고를 하면서 제2차 세계대전은 발발했다. 28일 바르샤바가 함락되자 10월 초 폴란드는 저항을 멈추었고 멸망하고 말았다. 한 동안 병력을 배치한 후 히틀러는 서부전선에서 전면공격을 시작했다. 1940년 4월 독일군은 덴마크와 노르웨이를 점령했다. 5월 독일군은 네덜란드, 벨기에, 룩셈부르크와 프랑스를 공격했으며, 5월 말과 6월 초에 30만 영국 원정군을 뎅케르크에서 영국으로 퇴각시켰다. 6월 14일 독일군은 무방비상태의 프랑스 수도 파리를 점령했다. 6월 22일 프랑스는 독일에 항복했다. 프랑스를 점령한 후부터 1940년 겨울까지 독일 공군은 영국 본토를 향해 여러 차례 공격을 했으나 영국을 정복하지 못했다. 하지만 독일은 영국은 이미 멸망될 것이라고 믿고 있었기에 영국 본토를 점령하려는 '바다사자 작전'을 포기했다. 같은 해에 히틀러는 발칸 국가와 북아프리카지역을 침략하여 지중해를 통제함으로서 영국이 동방으로 진출할 수 있는 통로를 막아 놓고 남쪽으로부터 소련을 포위하려 했다.

 1940년 11월 12일 히틀러는 장병들을 불러 소련을 공격할 '바르바로사 작전'을 실시했다. 1941년 6월 22일 독일군은 190개 사단, 4,300대의 탱크, 47,200문의 대포, 4,980대의 전투기와 192척의 함대 등 전에 없던 방대한 병력과 규모로 소련과 독일의 전쟁을 발발했다. 1941년 말 독일 병력은 모스크바 가까이까지 접근했다. 이렇게 파시즘의 독일군은 서유럽대륙, 북유럽, 발칸반도와 소련 서부의 광활한 지역을 휩쓸었고, 유럽 10여 개 국가의 인력과 물력자원을 통제했다. 독일의 기세는 절정에 다다랐다.

 독일군의 미친듯한 침략행위는 히틀러의 모험주의 사상을 충분히 보여주었다. 그는 일방적으로 공격을 강조하고 퇴각과 방어를 부정하면서 장갑부대, 오토바이 부대, 공군과 낙하산부대를 위주로 이용할 것을 주장했으며, 선전포고 없이 전쟁을 시작하고 속전속결의 '진격전'을 실시했다. 하지만 전쟁의 형세가 커갈수록 전선이 너무 길게 확대되는 바람에 독일군 병력은 점차 약화되어갔다. 이렇게 되자 하나를 돌보면 하나를 잃어버리는 폐단이 나타나기 시작했다. 1941년 말 독일군은 모스크바 성 외곽에서 소련 홍군의 완강한 저항을 받았고 그의 '진격전'은 박살되었다. 1942년 말부터 1943년 초까지 22개의 독일 육군사단은 스탈린그라드 전투에서 전멸되고 말았다. 1943년 여름 쿠르스크 전투에서 독일군은 또 한 번 패배를 했다. 이렇게 되자 독일군은 부득불 공격에서 전략적 방어로 들어갔으며, 소련군의 공격에 연속적으로 패했다. 점령구역 각국 국민들의 투쟁도 독일 파시즘을 위협하고 있어 어찌할 방도가 없게 되었다.

1944년 6월 미국과 영국의 연합군은 프랑스 노르망디상륙작전을 진행하면서 사상 최대의두 번째 전쟁을 시작했다. 독일은 양쪽으로 전투를 해야 하는 불리한 상황에 처하게 되자 히틀러와 그의 제국의 멸망은 되돌릴 수 없게 되었다.

그러한 순간 바로 이때 나치독일 내부에서 심각한 위기가 발생했으니 히틀러와 육군군관들 사이에 잠재해 있던 모순이 폭발하였던 것이다. 1944년 7월 20일 슈타우펜베르크(Stauffenberg) 대령은 라슈텐부르크에서 폭탄으로 히틀러를 암살하고자 했다.(이를 '720사건' 혹은 '7월 사건'이라고 한다.) 히틀러는 이 사건으로 커다란 상처를 입어 육군군관들에 대한 조직을 재조정했지만 독일의 전쟁기구는 큰 손상을 받아야 했으며, '아프리카 여우'로 불렸던 에르빈 롬멜 장군을 비롯한 많은 독일 장령들이 이 사건에 연루되자 히틀러는 더욱 사람을 믿지 못하게 되어 의심이 더욱 많아짐으로써 히스테리적인 난폭함 정신적인 환각상태에 빠지게 되었다.

1945년 4월 하순 소련 공군은 나치독일의 수도 베를린을 공격했다. 종말이 다가옴을 느낀 히틀러는 해군 상장 카를 되니츠(Karl Dnitz)를 수반으로 하는 신정부 명단이 적힌 그의 '정치적 유언'을 남기고 4월 30일 3시 30분 총을 들어 극악무도했던 자신의 일생을 스스로 마감하고 말았다.

히틀러를 수반으로 하는 나치독일은 제2차 세계대전에서 여러 나라 인민들에게 전례 없는 재난을 가져다주었다. 독일 파시즘은 그들의 점령구역에서 참혹한 진압과 야만적인 약탈 정책을 실시했으며, 유대인 종족을 멸망시킬 정도의 비인간적인 학살을 자행했다. 불확실한 통계에 의하면 전쟁에서 소련의 사상자는 2,000여 만 명에 이르렀고, 폴란드는 580만 명, 프랑스는 60만 명이었는데, 유럽 각지에서 학살한 유대인은 570만 명에 달했다고 한다. 히틀러는 세계인류에게 형용할 수 없는 죄행을 저질렀을 뿐만 아니라 독일 국민의 생명과 재산에 큰 손실을 가져다주었다. 전쟁에서 사망한 독일 국민은 근 800만 명에나 이르렀고, 유럽의 대부분은 폐허가 되고 말았다.

1921년 7월 히틀러가 독일국가사회주의노동자당(나치) 원수가 되어 입신양명하던 시기 마오쩌둥은 나라와 인민을 구제하는 방법을 찾고 있었으며, 중국공산당 창건에 심혈을 기울이고 있었다.

1933년 히틀러는 정권을 탈취하였고, 그가 통치하는 독일은 전쟁머신이 되어 가고 있었다. 이 시기 마오쩌둥은 '중화소비에트공화국 주석'이라는 직함을 갖게 되었지만 병권과 당권이 없었고, 정권도 장악하지 못한 상황이었다. 또한 이 시기 마오쩌둥은 국민당군의 제5차 '포위토벌' 작전에 직면해 있었다.

마오쩌둥이 히틀러를 혼세마왕(混世魔王)이라고 처음 평가한 것은 1936년이었다. 이때는 장정(長征)이 막 끝난 시점이었고, 중국공산당에서 마오쩌둥의 지위가 확정되어 산뻬이(陝北)에서 자리를 잡게 된 시점이었다.

1936년 7월 15일 마오쩌둥은 바오안(保安)의 동굴집에서 미국기자 스노와 인터뷰를 했다.

문: 많은 사람들은 만약 중국이 소비에트화가 되면 소비에트 중국은 소련의 지배를 받아 대내외 정책이 '모스크바의 통제' 하에 있게 되지 않을까 생각하고 있습니다만.

답: 모두 알다시피 파시즘에서 진실성이라고는 전혀 찾을 수가 없습니다. 무쏠리니가 에티오피아를 정복하려고 할 때, 그는 아프리카의 노예를 해방할 것이라고 성명했습니다. 히틀러가 유럽에서 침략을 감행할 때, 그는 독일 국민들에게 영광은 빵보다 나은 것이고, 유럽 국민들에게 자신은 평화주의자라고 했습니다. 일본 군벌이 동북을 점령할 때 그들은 중국 인민을 해방시키는 것이라고 했습니다. 지금 당신의 말처럼 파시즘무리들이 "모스크바가 중국을 통제"한다고 하는

말이 사실이라면, 화성으로 가는 철도를 만들었다는 H. G. 웰스[58]에
게 기차표를 사달라는 것도 가능하겠습니다."

1936년 상반기에 히틀러는 약간의 병력을 라인 비무장지대에 파견
하여 무력으로 스페인을 간섭하기 시작했다. 이 시기에는 아직 '반공
산당 국제협정'이 체결되지 않았던 때였다. 히틀러가 막 본 모습을 드
러낼 무렵 마오쩌둥은 이미 그의 교활함을 통찰하고 있었다.

1942년은 반파시즘전쟁이 큰 전환을 가져온 한 해였다. 1942년 10월
12일 마오쩌둥은 연안의 『해방일보(解放日報)』에 「제2차 세계대전의 전
환점」이라는 사설을 쓴 적이 있다. 글에서는 스탈린그라드의 보위전
과 세계 반파시즘 전쟁의 형세를 전면적으로 분석했는데, 마오쩌둥
은 이런 결론을 내렸다.

"나폴레옹의 정치생명은 워털루에서 종말 되었고, 이는 모스
크바의 원정 실패에서 결정되었다. 오늘의 히틀러는 나폴레옹
의 길을 따라가고 있다. 스탈린그라드 전투는 그의 멸망을 결
정하는 전투가 될 것이다."

---

58) H. G. 웰스(1855-1944) : 는 현대 공상과학소설의 창시자로 불리는 영국의 소설가로《타임머신》,
《우주 전쟁》등 100여 편의 과학소설을 발표하면서 SF라는 독자적인 영역을 개척했다. 그는
19세기 말에 최초로 타임머신, 시간 여행, 투명인간, 우주 전쟁, 화학 무기, 유전자 공학, 지구
온난화 등 SF의 기본 개념들을 만들어 냈다. 또한 대중을 위한 역사서《세계 문화사 대계》, 대중
과학 저술《생명의 과학》 등을 쓴 과학 및 역사, 정치 분야 저널리스트이자 문명 비평가이기도
하다.

이틀 후인 10월 14일 마오쩌둥은 『해방일보』에 다른 한 사설인 「역사 교훈」을 썼다. 여기서 마오쩌둥은 소련과 독일의 전쟁형세를 이렇게 종합했다.

"이제 히틀러는 피동적인 상황에 처하게 되었다. 그의 실력과 그의 야심의 모순은 끝내 폭발하고 말았다. 그는 이 모순에 의해 산산조각이 날 것이다.

9월 30일 히틀러는 베를린 체육궁에서 있은 연설에서 소련 홍군을 언급하면서 이렇게 말할 수밖에 없었다. '그들은 자비가 무엇인지를 전혀 모르는 적이다. 그들은 인류가 아니라 야수이다.' 그는 소련 홍군이 자신에게 자비를 베풀기를 바라는 것처럼 말했다. 소련과 독일의 전쟁은 사람들이 파시즘에게 자비를 베풀지 않는다면, 즉 용기를 갖고 파시즘에 대항한다면 파시즘은 실패할 것이라는 역사의 교훈을 증명해주었다. 일본 파시즘은 히틀러의 참패를 보면서 어떤 생각을 할 것인가? 블라디보스토크 부근에서 한번 해볼만하다고 여기는지는 모르겠으나 여기에서도 자비를 생각하는 적은 없다. 일본의 실력과 야심의 모순도 바로 일본 파시즘의 멸망을 다그치고 있는 것이다."

10월 16일 마오쩌둥은 다시 한 번 『해방일보』에 「베를린 성명을 논함」이라는 사설을 발표해 히틀러 대변인의 거짓말을 반박했다.

"베를린 대변인은 10월 12일 정식으로 성명을 발표했다. 성명에서 독일군은 공격 상태에서 수비 상태로 전환하였다고 말했다. '이를 나(히틀러)의 미래 작전계획으로 여기지는 말아야 한다. 세 개국 공약에는 어느 한 나라도 자신의 자리를 적에게 넘겨주려고 결정했다거나 위협을 받지 않는다고 했다. 독일과 삼국의 맹우는 3년간의 작전을 거쳐서도 공격을 받지 않는 상황에 이를 것이며, 냉정한 태도와 필승의 신심으로 변화를 지켜볼 뿐이다.' 그 뒤의 말은 더 큰 거짓말이었다. 그러나 이 거짓말은 파시즘의 처한 위치가 매우 중요한 시기에 있음을 말해주는 것이다. 이번 해에 히틀러가 공격에서 방어로 변환되었다고 하는 상황은 작년의 상황과 크게 다르게 되었다는 것을 암시하기 때문이다.……총체적으로 말해서 파시즘을 맹신하는 신도들은 거짓말과 공감만을 일삼을 뿐 실력은 전혀 없는 것이다. 그들의 공격 능력은 이미 바닥이 났기에 그들의 생명도 끝났다는 것을 말해주는 것이다."

1946년 8월 6일 마오쩌동과 Anna Louise Strong는 '종이호랑이'를 언급하면서 히틀러를 지적했다. "사람들은 히틀러가 실력이 있다고 하지만, 역사는 그가 '종이호랑이'임을 증명해 주었다." 1965년 1월 9일 마오쩌동과 스노는 베이징에서 '국제문제'에 대해 담론했다.
"마오:…당신은 이 전쟁에 참가하지 않았습니다. 당신들의 전임 대통령은 제2차 세계대전에 참가했었고, 지금의 대통령도 참가했었습니다.

스노: 당시 나는 러시아에서 종군기자로 있었습니다.

마오: 몇 년 있었습니까?

스노: 2년 반입니다. 전쟁이 끝난 후, 영국과 프랑스에도 갔었습니다. 나는 종래 누굴 죽여본 적은 없지만 여러 번 죽을 고비는 넘겨봤습니다.

마오: 전선에 나갔었다는 말인가요?

스노: 종군기자는 전쟁의 부속품입니다. 러시아에서는 전선에 나가지 않았지만 독일과 프랑스에서는 전선까지 갔었습니다. 스탈린그라드전투 때에는 스탈린그라드까지 갔었습니다.

마오: 전투가 일어나기 전입니까? 아니면 후입니까?

스노: 히틀러 군대가 항복했을 때 갔었습니다.

마오: 그때의 히틀러는 '대단했지요.' 거의 모든 유럽을 점령하고 있었으니까요. 모스크바, 레닌그라드, 스탈린그라드 라인 동쪽에 있는 영국만 뺀 모든 유럽을 점령했으니까요. 또한 그는 북아프리카를 점령하기도 했지요. 그러나 히틀러는 착오를 범했습니다. 만약 덩케르크전투 후에 그의 군대가 따라 들어갔다면, 영국도 별다른 방법이 없었을 겁니다. 이는 영국 총리가 제네바에서 우리 저우언라이 총리에게 한 말입니다. 당시 영국은 병력이 없었기에 방어를 할 수가 없었습니다. 다행히 영국해협이 있었기에 독일이 감히 건너가지 못했던 것이지요.

스노: 당시 히틀러는 러시아를 공격하기에 급급했었으니까요.……"

이때는 히틀러가 자살한지 20년이 지난 후였다. 마오쩌둥과 스노는 웃으면서 지난 이야기를 하면서 파시즘을 멸시하던 어투가 아닌 어투로 히틀러를 "대단했다"고 평했던 것이다. 이것은 아마도 히틀러가 마오쩌둥에게서 받은 최고의 평가였을 것이다.

22

베니또 무쏠리니

(Benito Andrea Amilcare Mussolini, 1883~1945)

【마오쩌동의 촌평】

"역사의 반면교사[59]가 되어 세계를 교육시킨 종이호랑이이자 사기꾼이다."

【무쏠리니 약전】

베니또 무쏠리니(1883~1945)는 이탈리아 파시즘당의 두목으로, 파시즘의 창시자이며, 제2차 세계대전의 주요 전쟁범이다. 이탈리아 북동부 로마냐의 프레다피오의 수공업자 가정에서 태어났다. 사범학교를 졸업한 그는 초등학교 선생으로 일했으나 매일 술을 먹은 탓에 해고되었다. 1902년 스위스로 간 그는 떠돌이 생활을 했다. 그러다가 1914년 제1차 세계대전이 발발한 후 로마냐의 사회당 지도자 겸 당

---

59) 반면교사(反面教師) : 본이 되지 않는 남의 말이나 행동이 도리어 자신의 인격을 수양하는 데 도움을 주는 경우를 이르는 말.

신문인『아반티』의 편집장이 되었다. 그의 대중을 선동하는 자극적인 글이 꽤 알려져 있었기 때문이었다. 그러나 공개적으로 이탈리아의 참전을 선전했다는 이유로 그는 사회당에서 제명당하자 1915년에 군에 입대했다. 1917년 2월 부상을 입고 제대하고는 1919년 3월에 밀라노에서 "파시 디 콤바티멘토(Fasci di Combattimen to, 전투단)"라는 조직을 만들었으며, 파시즘 신문인『이탈리아 인민보』를 출판하기 시작했다. 1919년부터 1922년까지 동란의 시대에 그는 파시즘 당을 대거 발전시켰다. 파시즘 당이 전국적으로 조직된 후, 그는 '원수'로 자칭했다. 1922년 2월 공개적으로 '국회 타도', '독재 만세' 등의 슬로건을 내세우며 활동하다가 10월에는 5만 명의 파시즘 무리들을 거느리고 '로마 진군'을 강행하여 이탈리아 내각을 해산시켰다. 그리고는 내각을 조직하여 이탈리아를 파시즘 독재국가로 만들어 버렸다. 그는 반대하는 모든 정당은 자격을 박탈하고 파시즘 통치에 불리한 신문과 잡지의 발행을 금지하며 공포적인 법정을 만들어 소위 '전체국가'를 만들어야 한다고 제의하였다. 대외적으로는 광적으로 침략을 확대하는 정책을 실시했다. 1935년 에티오피아를 침략하는 전쟁을 일으켰고, 1936년에는 스페인 공화국에 대해 무장간섭을 했다. 1937년에는 「반공산국제협정」에 참가했고, 1939년에는 군대를 보내 알바니아를 점령했다. 1940년 6월에는 독일을 따라 제2차 세계대전에 참가하여 전 세계인들에게 극대한 재난을 가져다주었다. 1943년 7월 반파시즘 군대가 압박해오고 이탈리아가 함락될 위기의 상황에 이르자 총참모장인 피에트로 바돌리오(Pietro Badoglio)는 정변을 일으켜 파시즘 정권을 뒤엎었다. 무쏠리니는 체포되어 은밀한 곳에 감금되었는데 같은 해 9월에 변장을 하고 도망치던 중 이탈리아 공산당이 영도하는 유격대에 체포되어 1945년 4월 28일 사형되었다.

【마오쩌동의 무쏠리니에 대한 총평과 해설】

무쏠리니가 출생하기 전인 1882년에 이탈리아의 민족영웅인 가리발디[60]가 사망하였다. 무쏠리니는 성년이 된 후 이런 우연을 흥미진진하게 말하면서 자신을 이탈리아를 통일할 영웅의 후계자로 여겼으며, 그의 길을 따라 이탈리아 제국을 만들고자 했다.

무쏠리니의 아버지 알렉산드로는 대장장이였다. 그는 고집이 세고 게을렀지만 정치활동에는 적극 참가했다. 그는 이탈리아의 조기 사회당 당원이었으며, 한때는 프레다피오 지방 의회의 사회당 의원으로 당선되기도 했다. 그의 사상은 대체로 비정통의 사회주의와 본능적 무정부주의를 신봉하는 잡탕형의 사상이었다. 그러나 그러한 아버지의 성격과 사상은 무쏠리니에게 큰 영향을 주었다. 그는 멕시코의 민족영웅 베니토 후아레스의 이름을 따 아들의 이름을 지어주었

---

60) 주세페 가리발디(Giuseppe Garibaldi, 1807~1882) : 이탈리아의 국가 통일과 독립운동에 일생을 바쳤다. 한때 공화주의자였으나 로마의 혁명 공화정부가 무너지자 사르데냐 왕국 중심의 통일 운동으로 전환하였다. 1859년 알프스 의용대를 지휘하였고 이듬해에는 '붉은 셔츠대'를 조직, 시칠리아와 나폴리를 정복하고 남이탈리아를 사르데냐 왕국에 바침으로써 통일에 결정적 기여를 했다. 그가 군사적 승리를 거두었던 것이 게릴라전의 명수였기 때문만은 아니다. 그는 선동가이긴 했으나 자신의 군사적·정치적 재능을 자유주의와 민족주의라는 대의에 이용한 것이 당시의 조류와 잘 맞아떨어져 그에게 커다란 갈채를 안겨주었다. 더불어 자신의 부귀영화에는 관심이 없는 정직한 인격으로 사람들의 지지를 얻었다. 이 올곧은 심성이야말로 그의 가장 큰 무기일지도 모른다. 그는 오늘날 이탈리아의 국민적 영웅으로 추앙받고 있다.

다. 그는 아들이 큰 다음 명성을 떨치기를 희망했다. 무쏠리니의 어머니 로사(羅莎)는 경건한 천주교 신도였다. 가난한 농촌 여교사인 그녀의 몇 푼 안 되는 수입이 가정의 유일한 고정수입이었다. 어린 시절 무쏠리니는 소리를 내기 힘들었다. 그의 아버지는 그가 말을 제대로 하지 못할까봐 걱정했을 정도였다. 여러 가지 치료 방법을 동원하고서야 그는 겨우 말을 떼기 시작했다. 그러나 후에는 말이 너무 많아져 걷잡을 수가 없이 될 정도였다. 그래서 어쩔 수 없이 그를 학교에 보냈던 것인데, 13살에 이미 사범학교에 들어갈 정도로 열심히 공부했다. 그렇지만 성격이 폭력적이었던 무쏠리니는 어느 누가 자신을 괴롭히면 반드시 보복을 했고, 저녁이 되면 학교에서 몰래 나와 화류계에 드나들었으며 행동에 있어서도 많은 염문이 돌 정도였다.

무쏠리니는 사범학교를 졸업한 후 한동안 대리 교사를 했다. 1902년 6월에 그는 여러 가지 원인으로 스위스로 갔다. 외국에 있는 2년 동안 그는 여러 가지 일을 하면서 떠돌이 생활을 했다. 그러나 시간만 있으면 칸트·니체·소렐 등의 저서를 읽었다. 그는 종종 과격한 간행물에다 문장을 투고하면서 정치활동에 참가했다. 그 때문에 그는 여러 번 스위스 당국에 체포되기까지 했다.

1904년 무쏠리니는 이탈리아로 돌아왔고, 얼마 지나지 않아 부득이하게 군에 입대하게 되었다. 1911년 이탈리아는 터키 수중에 있던 리비아를 탈취하는 바람에 이탈리아와 터키 간의 전쟁을 일으켰다. 무쏠리니는 리비아 침략을 반대했는데 이 전쟁은 인성을 위배하는 전쟁이며 국제적 강도행위라고 비판했다. 그는 전쟁을 반대하는 운동에 참가했다는 이유로 당국에서는 그를 체포해 5개월 형을 언도했다. 그 결과 출옥한 후에는 그의 명성이 자자하게 되었다. 그는 "감방에 있는 것도 교육을 받는 과정이다. 사람은 반드시 몇 년씩 감옥에 들어가야 한다. 특히 신앙을 견지했다는 이유로 감옥에 간다면 그는 완전한 인간이라고 할 수 있다."고 스스로에게 말했다.

1912년 무쏠리니는 17세에 당에 가입했기 때문에 '원로 당원'으로 분류됐고, 지역사회의 당 책임자라는 신분으로 사회당 전국대표대회에 참가할 수 있었다. 그는 이 대회에서 강력하게 정부가 실행하는 개량파들에 대해 질책했다. 그 결과 이 대회에서 그는 사회당의 지도층에 들어갔으며 사회당 기관지인 『아반티(Avanti:전진)』의 편집장을 맡게 되었다.

제1차 세계대전이 발발한 후, 무쏠리니는 공개적인 장소에서 이탈리아 사회당의 '절대 중립'을 지향하는 평화주의 입장을 따르는 듯 했으나 얼마 지나지 않아 그의 사상은 변화했다. 그는 응당 오스트리아를 공격해야 하며 협약국을 동정하고 지지했다. 그는 「절대 중립에서 적극 중립으로」라는 글을 발표했다. "모든 전쟁을 반대하지 말아야 한다. 전쟁은 혁명에 유익하다."라는 그의 입장은 『아반티』 편집장의 자리에서 해임 당하는 원인이 되었고 사회당에서도 제명당하게 되었다. 무쏠리니는 『아반티』 잡지를 떠나 일부 전쟁을 주장하는 독점 자본가들의 지지 하에 1914년 11월 15일에 『이탈리아인민보』를 창간하여 전쟁사상을 계속 선전했다. 훗날 이 신문은 파시즘당의 기관지가 되었다. 1915년 이탈리아는 동맹국에 가입하여 세계대전에 참여하게 되었다. 이해 8월 무쏠리니는 군에 가입하게 되었고, 1917년 2월 23일 훈련 중 수류탄이 폭발하는 바람에 중상을 입어 무쏠리니는 원래의 신문사로 돌아가야 했다.

1918년 11월 11일 제1차 세계대전이 끝났다. 전쟁은 이탈리아에 번영과 행복이 아니라 재난을 가져다주었다. 70만 이탈리아 사람들이 전쟁에서 목숨을 잃었고, 전쟁비용은 460억 리라에 달했다. 경제상황은 날로 악화되어 갔고 점점 더 심각해지는 인플레이션으로 인해 사람들의 생활수준은 현저히 내려가게 되었다. 러시아 혁명의 영향을 받은 이탈리아의 각 계층 사람들은 독점 자산계급 정부를 반대하는 투쟁을 일으켰다. 전쟁 후 이탈리아 정부는 연속적으로 여섯 번이나 바뀌었지만, 모두 짧은 기간 동안만 정권을 장악함으로써 정책의 일관성이 부적했고, 통치계급 내의 언쟁도 끊이지를 않았다. 이와 동시에 파리평화회의에서 이탈리아는 외교정책에서도 실패를 맛보아야 했다. 슬라브인들이 거주하는 토지를 차지하지도 못했다. 국내에서는 배타적 애국주의 정서가 급증했다. 이탈리아 여러 지역에서 정치적 불안과 사회의 소란이 일어났다.

전체주의는 "빈곤과 불만이 많은 상황에서 성장한다."는 말처럼 파시즘은 바로 이런 불안정한 사회 환경에서 발전했다. 1919년 3월 23일 무쏠리니는 밀라노에서 "파시 디 콤바티멘토(Fasci di Combattimento, 전투단)"를 조직했다. 조직 속의 회원들은 검은색 셔츠에 해골이 그려져 있는 배지를 달고 손을 높이 들어 '로마식' 경례로써 무쏠리니에 대해 충성을 표했다. 초기의 파시즘 강령은 이탈리아는 아드리아해 지역의 지배권을 차지하고 국내의 배타적 애국주의 정서에 맞게 여러 가지 과격한 요구를 제기했다. 하지만 무쏠리니가 정권을 장악하게 되면서 이 강령은 소리 없이 사라져버렸다. 로마의 한 신문에는 이런 보도가 실렸다. "새로 성립된 파시즘 조직의 목적은 통치계급이나 현존의 국가를 보위하기 위함이 아니라 혁명세력을 민족주의에 접목하고 독재진영에 의거하여 볼셰비키주의의 승리를 막으려는 것이다." 그 후 무쏠리니는 공개적으로 그의 조직은 사회주의를 괴멸시켜 정부가 더욱 효과적으로 권력을 행사할 수 있도록 하는 것이며, 이탈리아는 반드시 민주제도를 포기하고 독재정치를 실행해야만 자본주의가 흥성할 수 있다고 주장했다.

무쏠리니는 파시즘운동에서 제일 실제적이고 제일 희망적인 성과는 준군사조직의 파시즘전투대대를 건립하는 것이라고 여겼다. 테러리즘 전술은 정치가 승리할 수 있는 필요조건이었다. 중요한 것은 테러수단은 일정한 도가 있어야 하며, 국내 인민들의 반감을 사거나 단순히 폭력을 위한 폭력이어서는 안 된다는 것이었다. 폭력을 이용하는 이 방법은 큰 효과를 가져왔다. 무쏠리니는 깡패 무산계급, 병사 군관, 소자산계급과 농촌의 실업농민들 가운데서 대량의 지지자들을 모집했다. 이들 파시즘 무리들은 도처에서 폭행을 저질렀다. 1921년 상반기에 파시즘 무리들은 85개 농업합작사, 59개 노동자협회, 43개 농업노동자공회, 25개 인민센터와 좌익 출판사와 신문사를 파괴했다.

당시 이탈리아의 자산계급 정부는 공산당과 사회당의 좌익세력을 우환의 대상으로 여겼기 때문에 파시즘무리들의 악행을 내버려두거나 허용하는 태도를 보였다. 특히 '공장점령운동' 시기에는 지지하는 현상조차 나타내보였다.

이탈리아 독점자본가들은 무쏠리니의 행동을 지원했고 이를 좋게 여겼다. 덕분에 파시즘 세력은 빠른 속도로 성장했다. 지방에서도 파시즘 조직이 급증했다. 1920년 7월에는 108개의 조직이 형성되었거나 조직되는 과정이었는데, 그해 말에 이르면 800개로 늘어났다. 이듬해인 1921년에는 1000개 조직이 형성되었다. 1921년 전국 의회선거에서 파시즘 무리들은 35개의 의석을 차지했다.

이렇게 빠른 발전을 가져왔지만 파시즘 세력은 의회에서 여전히 강대한 조직은 아니었다. 사회당은 의회에서 122개의 의석을 차지해 압도적인 우세를 점하고 있었다. 무쏠리니는 군중들의 반파시즘 투쟁을 약화시키고 무마시키기 위해 1921년 8월 사회당과 '화해조약'을 체결했다. 하지만 얼마 지나지 않아 그는 이를 인정하지 않고 그해 11월 제3차 파시즘 전국대표대회에서 '화해조약'을 폐지한다고 선포했다. 그는 자신이 정권을 탈취할 시기가 되었다고 여겼던 것이다. 1922년 10월 16일 그는 파시즘 당지도자 비밀회의에서 "로마로 진군"한다는 계획을 제의했다. 10월 24일 무쏠리니는 이렇게 선포했다.

"만약 정부를 우리에게 넘기지 않으면 우리는 로마로 들어가 정부를 접수할 것이다. 이는 곧 실현될 것이며 시간을 단위로 예측가능한 일이다."

그는 파시즘 무리들을 향해 소리쳤다. "로마로 가자! 로마로 가자!" 이렇게 하여 파시즘 부대는 로마로 향했다. 10월 29일 국왕은 무쏠리니에게 내각을 조직할 수 있는 권한을 주었다. 그리하여 유럽의 첫 번째 파시즘 정권이 건립되게 되었다. 로마로 진군한 무쏠리니는 권력을 얻었지만 전체의 권력은 아니었다. 그는 4~5년의 시간을 거쳐 모든 권력을 통제했으며, 그 가운데 여러 번 모든 것을 잃을 수도 있는 상황도 맞이해야 했다. 1924년 6월 파시즘 무리들은 사회당 의원 자코모 마테오티(Giacomo Matteotti)를 암살했다. 마테오티 사건으로 무쏠리니 정권은 믿을 수 없는 파라고 여겨져 심각한 위기에 빠지게 되었다. 무쏠리니는 부분적으로 양보를 하면서 국왕·교회·공업가들의 지지를 얻는 방법을 모색했다. 이것이 성공하여 정권이 안정되게 되자 그는 반대파 진압을 강화하기 시작했다. 1925년 1월 무쏠리니는 반파시즘조직과 정부구락부를 해산한다는 명령을 내렸다. 12월 그는 법령을 반포하여 자신은 국왕 개인을 책임질 것이며, 의회에서 진행되는 모든 사항은 그의 동의를 얻어야 한다고 규정했다. 대의제정부는 그저 형식에 지나지 않게 되었다. 의회의 모든 반대 당파는 배제되었고 의회에서 제외되었다. 무쏠리니에 대한 암살사건이 여러 차례 일어나기도 했지만 모두 실패로 끝났다. 1926년 10월 무쏠리니는 반파시즘주의 조직을 금지하는 법령을 반포해 파시즘 단체 외의 모든 정당과 정치단체의 활동도 금지시켰다. 반대파 지도자들과 반파시즘 인물들은 대거 외국으로 떠났거나 멀리 외딴 섬으로 유배를 가야 했다. 11월 무쏠리니가 '긴급령'을 반포하면서 이탈리아 국내는 완전히 파시즘으로 완전히 변하게 되었다. 무쏠리니는 국내정치를 개조함과 동시에 적극적으로 경제에도 관여했다. 그는 조기 파쇼조직의 좌익정책을 폐지하고 개인자본의 발전을 지지 격려했다. 그는 유가증권과 등기제도를 폐지하고 일부 부문의 국가독점 상황을 취소시켰다. 파시즘 정부는 배수로, 관개, 녹화 및 농업 토지 건설에 대량의 자금을 지원했다. 무쏠리니는 공회를 파시즘 체제에 포함시켰다. 공회 지도자는 더는 공회회원의 선거로 선출되는 것이 아니라 파시즘의 조건에 의해 위에서 파견하기로 규정했다.

"국가의 필요에 복종하는 상황에서만 개인이 존재할 뿐 이 외의 상황에서는 개인이 근본적으로 존재하지 않는다."

노동자의 월급은 국가에서 규정하고, 국가의 결정에 복종해야 한다. 자본가들은 무쏠리니 통치기간의 이탈리아를 '천당'이라고 불렀다. 파업도 적었고 국가는 자본가와 지주의 세금을 대량으로 줄였기에 기업의 이윤은 대폭 늘어났다. 1922~1925년 사이에 이탈리아 공업은 빠른 발전을 가져왔고, 공업 생산량은 55% 증가했으며, 국민경제는 4%의 연평균 성장을 가져왔다.

1929년 세계적인 경제위기가 이탈리아를 강타하자 무쏠리니는 대기업에 대량의 보조금을 제공했으며, 노동자들의 월급을 대폭적으로 낮추었다. 동시에 그는 "버터보다 대포"라는 국민경제의 군사화 정책을 추진했다. 1933년과 1934년의 군사예산은 국가 전체예산의 18.7%를 차지했고, 이를 통해 대량의 무기와 탄약을 생산했으며, 해군과 공군기지를 확대했다. 무쏠리니가 정권을 장악한 후, 적극적으로 침략 확장 전쟁을 시행했다. 그는 고대 로마의 역사적 권리의 계승자로 자칭하면서 지중해지역을 독점하려는 야망을 가지고 있었다. 파시즘

의 선전기구는 지중해를 "우리의 바다"로 불렀다. 무쏠리니는 발칸반
도에다 그가 통제하는 발칸연맹을 건립하여 그 세력을 다뉴브해 지
역까지 확장하고자 했다. 1934년 독일이 오스트리아를 강점하려는 계
획을 반대하면서 유럽을 제패하려는 무쏠리니의 야심이 드러나기 시
작했다.

1929~1933년 경제가 위기에 처한 상황에서도 무쏠리니는 군비확충
을 진행했으며, 침략의 마수를 아프리카로 뻗쳤다. 그해 10월 이탈리
아 군대는 에티오피아를 침략했다. 이탈리아의 침략은 영국과 프랑스
가 통제하고 있는 국제연맹의 질책을 받아야 했고, 제한적이나마 경
제제재를 받게 되었다. 이를 계기로 무쏠리니는 나치 독일로 손을 내
밀게 되었다.

1936년 7월 마오쩌둥은 미국 기자 스노와의 대화에서 무쏠리니의
허위성을 질책했다.

"모두 알다시피 파시즘의 내용에서 진실성이라고는 전혀 찾아
볼 수가 없습니다. 무쏠리니가 에티오피아를 정복하려고 할 때
그는 아프리카의 노예를 해방할 것이라고 성명했습니다. 히틀
러가 유럽에서 침략을 감행할 때 그는 독일 인민들에게 영광
은 빵보다 나은 것이고, 유럽 인민들에게 자신은 평화주의자라
고 했습니다. 일본 군벌이 동북을 점령할 때에 중국 인민을 해
방시키는 것이라고 했습니다."

(『미국 기자 스노와의 대화』, 『마오쩌둥문집』 제1권 396쪽.)

1936년 스페인에도 파시즘 정변이 일어났는데 독일과 이탈리아는 군대를 파견하여 간섭했으며 끝내 스페인공화국을 전복시켜버렸다. 10월에 무쏠리니의 사위인 외무장관 치아노는 베를린을 방문함으로서 독일·이탈리아 두 나라의 "베를린·로마의 추축(樞軸, 권력의 중심)"을 형성하게 되었다.

1937년 5월 3일 마오쩌동은 「항일전쟁 시기 중국공산당의 임무」에서 독일·이탈리아·일본 세 개의 추축국에 대해 분노하며 질책했다.

> "일본은 중국대륙을 향한 침략을 위한 준비를 다그치고 있다. 서방의 히틀러, 무쏠리니와 서로 호응하면서 전쟁을 준비하고 있다."

1937년 11월 이탈리아는 독일과 일본이 체결한 「반공산국제협정」에 가입했고, 12월에 무쏠리니는 국제연맹에서 탈퇴한다고 선포했다. 이렇게 해서 독일·이탈리아·일본 3개국의 침략동맹이 형성되었던 것이다. 1939년 1월에 마오쩌동은 「전쟁형세와 정치형세에 관하여」라는 글에서 이렇게 썼다.

> "일본 제국주의는 '모든 사람들에게 욕을 먹는 지나가는 쥐'가 되었다. 그의 친구라고는 히틀러와 무쏠리니 뿐이다. 영국, 미국, 프랑스 등 민주국가도 그를 싫어한다. 소련은 더 말할 것도 없다."

1939년 5월 4일 마오쩌동은 「청년운동의 방향」에서 진짜와 가짜 마르크스주의자, 진짜와 가짜 삼민주의자, 혁명인가 반혁명인가를 언급하면서 무쏠리니를 예로 들었다.

"일부 청년들은 말로만 삼민주의를 신앙한다고 하거나 마르크스주의를 신앙한다고 하는데 이런 신앙은 신앙이라고 할 수 없다. 히틀러도 자신은 '사회주의를 신앙한다'고 하지 않았는가? 20년 전에 무쏠리니는 그래도 '사회주의자'였다! 그들의 '사회주의'는 도대체 무엇인가? 사실은 파시즘이다! 천두슈(陳獨秀)도 마르크스주의를 '신앙'하지 않았었는가? 하지만 그 후에 그는 무슨 일을 저질렀는가? 그는 반 혁명자가 되었다. 장궈타오(張國燾)도 마르크스주의를 '신앙'했었지만 이탈하더니 구렁텅이에

이탈리아의 파시스트 독재자 베시토 무쏠리니가 측근 장령들에 둘러싸여 자존감을 보이고 있다.

빠져버렸다."

(『청년운동의 방향』, 『마오쩌둥 선집』 제2권 566~567쪽.)

서방국가의 타협정책에서 무쏠리니는 겉으로는 강한 척 하나 속은 나약하기 그지없는 그들의 본질을 간파했다. 이를 간파한 무쏠리니의 야심은 급격하게 팽창했다. 1939년 4월 무쏠리니는 알바니아를 점령했다. 5월 22일 이탈리아와 독일은 「강철동맹조약」을 체결했다. 조약에서는 "조약국 한 측이 안전이나 중대 이익이 외래 세력의 위협을 받을 때는 다른 한 측은 정치와 외교적인 면에서 지지를 해야 하며, 만약 한 측이 전쟁에 개입하게 되면 다른 한 측은 육해공으로 군사적 지원을 해야 한다"고 규정했다. 이렇게 독일과 이탈리아 두 나라의 군사동맹이 정식으로 구축되면서 유럽대륙의 화약 냄새는 날로 짙어가게 되었다.

1939년 9월 1일 독일은 폴란드를 침략하자 3일 영국과 프랑스가 독일에 선전포고를 하면서 제2차 세계대전이 일어났다. 이 시기 무쏠리니는 전쟁준비를 제대로 하지 못했기에 부득불 '비교전상태'를 선포할 수밖에 없었다. 다른 한편으로 교활한 독재자는 형세가 아직 명확하지 않은 상황에서 더욱 큰 이익을 챙기고자 했다. 독일군이 군사적으로 신속하게 승리하자 무쏠리니의 참전 경향은 더욱 뚜렷해졌다. 1940년 6월 10일 무쏠리니는 양다리 정책을 변화시켜 프랑스에 선전포고를 했다. 그는 완전히 독일편에 서서 히틀러와 한 패거리가 되었다. 이탈리아 파시즘 정권의 부패와 무능 그리고 인민들의 반 전쟁

정서로 인해 1940년부터 1941년 사이에 이탈리아 군대는 발칸지역과 북아프리카지역에서 참패를 당해야 했고, 또1943년 추축국의 군대는 스탈린그라드에서 참패하게 되었다. 그러자 3월에 이탈리아에서는 전국적인 정치적 대파업이 일어나 무쏠리니 정권은 위태로운 상황에 처하게 되었다. 거기에다 5월에는 북아프리카에 있던 독일·이탈리아의 모든 군대가 쫓겨 나와야 했다. 7월에는 미국과 영국 연합군이 이탈리아 시칠리아에 상륙했다. 그러자 이탈리아 통치계급과 파시즘 상층집단은 무쏠리니에게 완전히 실망하게 되었다. 국왕, 왕실, 군대의 장령과 반 무쏠리니 파는 정변을 획책하기 시작했다.

1943년 7월 25일 파시즘 최고위원회 대위원회에서는 회의를 열어 찬성 19표, 반대 7표, 기권 2표로 무쏠리니의 독재지위를 부결시키는 안을 통과시켰고, 이튿날 무쏠리니를 체포하였다. 무쏠리니가 무너지자 나치독일의 통치 집단도 크게 놀랐다. 히틀러는 그날 밤으로 나치 간부들을 불러 회의를 소집했다. 그들은 모든 방법을 강구하여 무쏠리니를 구하고 이미 무너진 이탈리아 파시즘정권을 만회시켜야 한다고 결정했다.

1943년 9월 12일 독일 돌격대는 무쏠리니를 감옥에서 꺼내 독일로 데려왔다. 같은 달 23일 독일군의 지원 하에 무쏠리니는 이탈리아 북부에 "이탈리아 사회공화국(Repubblica Sociale Italiana)"이라는 괴뢰정권을 만들었다. 그러나 이미 무쏠리니는 거의 무너져 내리고 있었다. 그는 아무런 의욕도 없고 풀이 죽어 있었으며 심각한 정신분열증까지 걸려 있었다.

1945년 4월 25일 해방위원회에서는 무쏠리니에게 무조건 투항할 것을 명령했다. 절망 중에 있던 무쏠리니는 독일 병사로 변장해 스위스로 도망가려 했지만, 중도에 공산당이 영도하는 유격대에 체포되고 말았다. 그리고 4월 28일 역사의 죄인은 총살당하고 말았다. 마오쩌둥은 역사는 제멋대로 발광하던 무쏠리니가 종이호랑이라는 것을 증명했다고 말했다.

"차르는 종이호랑이에 불과했다. 사람들은 히틀러가 실력이 있다고 하지 않았는가? 하지만 역사는 그가 종이호랑이임을 증명해 주었다. 무쏠리니도 마찬가지이고, 일본제국주의도 마찬가지이다."(『미국 기자 Anna Louise Strong의 대화』, 『마오쩌둥 선집』 제4권 1195쪽.)

역사는 무쏠리니와 같은 대왕은 좋은 결과를 가져올 수 없음을 증명했다고도 했다.

"서방 나라에는 여러 가지 대왕들이 많다. 석탄·석유대왕이요, 강철대왕이요, 자동차대왕등이 그 예이다. 하지만 이런 대왕들의 결과는 별로 좋지 않았다. 히틀러, 무쏠리니, 도조, 장제스 모두가 대왕이었거늘"

(『평화위상(和平爲上)』, 『마오쩌둥 외교문선』 212쪽.)

그러나 마오쩌둥은 "무쏠리니는 역사의 반면교사가 되어 유럽과 세계인들을 교육시켰다."고 평했으니 이는 무쏠리니에 대한 마오쩌둥의 '최고 평가'라고 힐 수 있을 것이다.

23

피델 알레한드로 카스트로 루스
(Fidel Castro, 1926~2016)

【마오쩌둥의 촌평】

"작은 역량으로 큰 역량에 맞서 싸운 서생 출신 쿠바의 민족영웅"

【카스트로 약전】

피델 알레한드로 카스트로 루스(Fidel Alejandro Castro Ruz, 1926~2016)는 쿠바 공산당 및 국가의 지도자였다. 그는 어리엔터주이 작은 도시에서 사탕수수를 재배하는 농장주 가정에서 태어났다. 1945년에 아바나대학교에서 법률을 공부했으며, 대학생 연합회 주석을 맡았다. 1947년에는 쿠바와 도미니카공화국이 도미니카공화국 독재자 라파엘 트루히요 정권을 타도하기 위한 투쟁에 참가했다. 1948년 카를로스 프리오 소카라스(Carlos Prío Socarrás)정부를 반대하는 군중폭동사건에 참가했다가 부상을 당했다. 1950년 아바나 대학을 졸업하고 법학 박사학위를 받았다. 학교에서 공부하던 시절에 그는 쿠바 인민당에 가입했다. 1952년에는 하와나 선거구 국민의원 후보로 당선되기도 했다. 1953년 7월 그는 청년동지들과 함께 쿠바 산티아고 데쿠바에 있는 몬카다 병영을 습격하여 바티스타 정권을 전복시키기 위한 봉기를 일으켰으나 실패하고 체포되어 15년 형을 선고 받았다. 1955년에 석방된 후 그는 7.26운동을 조직했으나 당국에 발각되자 멕시코로 망명했다. 1956년 12월 그는 82명을 거느리고 유람선 '게마라(格瑪拉)'호를 타고 오리엔터(oriente)주로 상륙했다. 상륙할 때 그들은 매복에 빠져 겨우 12명만이

살아남을 수 있었다. 그들은 시에라마에스트라에 숨어들어 게릴라전을 전개했다. 1958년 4월 바티스타 정권을 향해 공격을 시작했다. 1959년 봄에 그는 바티스타 정권을 전복시키고 임시정부를 건립해 쿠바 대통령이 되었다. 후에는 부장회의 주석으로 호칭을 바꾸었다. 1960년 쿠바를 영도하여 중국과 정식으로 외교를 맺었다. 1961년 7월 쿠바혁명통일조직(1962년 5월에 쿠바 사회주의 혁명통일당으로 개명했으며, 1965년 10월에는 쿠바공산당으로 이름을 바꾸었다.)을 건립해 제1서기를 맡았다. 1965년에는 토지개혁 전국위원회 주석을 겸했다. 1972년에 소련을 방문했으며, 쿠바는 정식으로 경제상호원조회의에 가입한다고 선포했다. 1981년과 1986년에 연속해서 연임되었다. 1975년부터 그는 쿠바정부를 영도하여 3년 동안 아프리카에 8만 명의 군대를 파견해 앙골라 등의 국가에 대해 무장간섭을 했다가 1991년 5월에 이르러서야 모든 군대를 철수시켰다. 1979년 9월에 제6기 비동맹국가 정상회의 주석으로 선출되었다. 저작으로는 『역사가 나를 무

죄로 하리라』 등이 있다.

【마오쩌동의 카스트로에 대한 총평 및 해설】

　1926년 8월 13일 피델 카스트로는 쿠바 오리엔터주의 한 농장주 가정에서 태어났다. 미국과 스페인 전쟁 참전용사였던 그의 아버지 앙헬 카스트로는 스페인 북서부 갈리시아에서 쿠바로 이주한 사람이었다. 어머니 Lina Ruth Gonzalez는 담배의 고향에서 이사 왔다. 피델 카스트로는 걱정 없이 동년을 보냈다. 아버지는 말수가 적었고 폭력적인 면은 있었지만 열심히 일을 했기에 돈은 많았어도 인색했다. 어머니도 욕심이 많고 사치스러웠지만 카스트로를 잘 키웠다. 비록 부유한 가정에서 태어났지만 그는 그의 가정과 단호하게 모든 연락을 끊고 집안 분위기와는 다른 길을 선택했다. 카스트로는 성격이 불과 같아 강대한 세력을 가지고 있으면서 제일 강한 사람들은 안중에도 두지 않았다. 만약 누가 그를 이겼다면 그는 이튿날 찾아가서 결투를 벌여 승부를 겨뤄야 했다. 그는 완강한 투지를 가지고 있으면서 열심히 공부를 했으며 많은 책을 읽었다. 이 때문에 이후의 혁명 연설에서 그는 경전 중의 어구나 고사를 많이 인용할 수 있었다. 그는 비범한 기억력의 소유자였으며 언변이 뛰어났다. 그는 학교의 변론가였으며 유명한 운동선수였다. 17세의 카스트로는 쿠바의 전국 최우수 학교 만능선수(1943년~1944년)라는 칭호를 받을 정도였다. 카스트로는 LaSalle 학원(拉薩爾學院), 산티아고의 Dolores(多洛露斯)학원, 아바나에서 유명한 예수교회 학교인 Belém(貝倫) 학원 등에서 공부를 했다.

교회학교의 교육은 카스트로에게 깊은 인상을 남겨주었다. 카스트로는 너무 장난이 심해 예수교회 학교로 전학했던 것이다. 그의 학습 성적은 우수했지만 학교 밖에서의 활동 때문에 학원은 "참을 수 없는 상황"에까지 이르렀다. 그러나 그에게는 항상 수많은 추종자들이 따라 다녔다. 물론 이러한 것은 그의 반골정신이 조금씩 나타나던 시기였다고 할 수 있다. 사실 그는 13살 때 사탕수수 공인들을 동원해 자신의 아버지를 반대하는 파업을 조직하기도 했다. 18살에 카스트로는 아버지에 정면으로 맞서기도 했다. 그는 아버지를 "속임수로 인민들에게서 권력을 빼앗는 사람"이라고 했다. 그러나 때로는 착한 모습을 보이기도 했다. 왜냐하면 그는 아버지와의 관계를 악화시키지 않음으로써 아버지에게서 경제적 지원을 받으려고 했다. 그러나 그의 형은 방송에서 아버지를 도적이라고 욕하며, 아버지와 철저하게 결렬한다고 선포했다.

카스트로의 조기사상은 그가 자란 환경과 갈라놓을 수 없다. 오리엔터주는 쿠바에서 제일 거칠고 제일 야만적인 지역으로 총이 곧 법률이었다. 그곳에서는 미국의 영향력이 제일 컸다. 잔혹한 사건들이 끊임없이 발생했다. 이런 환경에서 자란 카스트로의 오만함과 무례함은 당연한 것이었는지도 모른다.

1945년 10월 카스트로는 유명한 아바나 대학에 입학하여 법률을 배우기 시작했다. 아버지는 선물로 자동차를 사주었다. 조용한 성격의 소유자가 아닌 카스트로는 대가를 따지지 않고 제일 강한 적수를 이기려고 했다. 학교에 입학한지 한 주일도 채 되지 않은 사이에 그는 아바나 대학교에서 소문이 자자한 인물이 되었다. 그는 대학생 연합회 회장에 도전장을 내밀었다. 결투를 통해 누가 영웅호걸인가를 내기하기도 했다. 카스트로는 자전거를 타고 힘껏 벽을 들이박는 것으로 그의 초인간적인 굳센 의지와 능력을 증명하려고까지 했다. 이처럼 죽음을 두려워하지 않는 행동에 누구도 감히 불복할 수가 없었다.

카스트로는 자기가 선택한 법률이 대체 무엇인지를 잘 알지 못했다. 그는 종래 교실에 들어간 적이 없었기 때문이었다. 그는 그런 따분함이 싫었다. 시험 직전에야 급급히 책을 뒤지며 공부를 했다. 그는 똑똑한 머리를 가지고 있던 터라 성적은 괜찮았다. 그는 법률 공부에 큰 노력을 하지 않았다. 그가 제일 관심을 둔 것은 정치였다. 아바나대학 특유의 정치적 분위기에 수많은 사람들이 정치의 소용돌이에 말려들게 되었는데, 카스트로도 예외는 아니었다. 1946년 9월 그는 법률학부 대표의 한 사람으로 쿠바 인민당의 지도자 치바스를 지지했으며, 1947년 1월에는 강력하게 라몬 그라우[61]의 개조정책을 비난했다. 이렇게 그는 처음으로 정치가의 모습을 보였던 것이다.

카스트로의 생활은 날로 평범하지 않았다. 학교의 반대세력은 그가 학교로 들어오지 못하게 했다. 하지만 워낙 무서운 것이 없는 그는 강압에 머리를 숙이지 않았다. 놀랍게도 그는 총을 메고 학교로 들

---

61) 라몬 그라우 산 마르틴(스페인어: Ramón Grau San Martín, 1887년~1969년): 쿠바의 의사 겸 정치가이다. 부유한 담배 농부였던 부친은 아들이 담배 재배를 이어가기 원했으나 아들은 의사가 되고 싶어 했다. 그는 1908년 아바나 대학교에서 박사학위를 따고 졸업한 후 의학공부를 위해 유럽으로 건너갔다가 1921년 귀국하여 아바나 대학교 생리학 교수가 됐다. 그 후 학생운동에 관련되어 감옥에 갇히기도 했다. 1933년 대통령이 됐으나, 풀헨시오 바티스타의 압력으로 1년 후 사임했고, 그 후 1944년 대중의 지지를 얻어 1948년까지 대통령으로 재직했다.

어가 그의 담대함을 보여주어 그들을 제압했다. 1947년 여름 카스트로는 혁명사회주의운동과 일부 행동단체에서 조직한 미수에 그친 도미니카공화국 침입행동에서 도미니카공화국 망명자 소조의 지휘관을 맡았다. 그 후 여러 차례 침공 시도에서 계속 실패했다. 이 행동에 참여한 사람들 대부분은 체포되었으나 카스트로는 간신히 빠져나왔다. 그는 아르헨티나 기관총 한 정과 권총 한 자루를 들고 악어가 출몰하기로 이름난 Nipe Bay를 거쳐 그의 아버지가 경영하는 농장에 도착했다. 그 후에도 그는 저명한 보고타사건(1948년 콜롬비아 보고타에서 발생한 도시 폭동 사건)에 참여했다. 이 사건에서 쿠바와 아르헨티나 학생들이 연합하여 콜롬비아 수도 산타페데보고타에서 열리는 팬아메리칸회의를 반대했다. 이 사건에서 얼마나 많은 사람들이 목숨을 잃었는지 모를 정도로 탄압이 심했다. 카스트로는 이번 활동에서 큰 이목을 끌었다. 쿠바로 돌아온 후, 카스트로는 잠깐이나마 평범한 생활을 했다.

카스트로는 22세에 그와 동갑인 미르타와 결혼했다. 미르타는 카스트로 대학 동기의 동생으로 귀엽게 생겼다. 두 사람은 행복한 생활을 했다. 결혼 후 카스트로는 치바스의 쿠바 인민당에 가입했다. 2년이라는 시간이 흘렀다. 카스트로는 열심히 공부해 아바나대학 법학 박사학위를 취득했다. 그는 변호사 생활을 시작했으나 별 손님이 없어 돈을 벌 수가 없자 얼마 후 변호사 생활을 그만두었고, 그 뒤로는 법률관련 일을 하지 않고 정치에만 몰두했다.

1952년부터 그는 신문에다 대농장주를 공격하는 글을 발표해 노동자와 쿠바농민에 대한 평등한 대우를 호소했다. 하지만 그의 정치생활은 그리 순탄하지 않았고 그렇다할 수입내원이 없어 가족을 먹여 살리기조차 어려워 아들이 우유가 부족해 매우 여윌 정도였다. 30세 나이가 다되어가는 카스트로는 여전히 아버지에게 손을 내밀어야 했다. 1953년 7월 26일 카스트로는 당시 쿠바의 독재자 바티스타 정권을 전복시키기 위해 몬카다 병영을 습격했다. 하지만 무기와 인력이 부족하고 지휘가 타당치 않아 습격은 실패하고 체포되어 15년형을 선고받았다. 비록 성공하지는 못했으나 체포된 사실로 카스트로는 영웅이 되어 사람들은 그를 칭송했다.

아바나의 비상법정에서 카스트로는 변호사가 없이 스스로를 변호했다. 법정에서 그는 「역사가 나를 무죄로 하리라」라는 유명한 연설을 했다. 2년 후에 그는 특사로 풀려났다. 얼마 후 그는 멕시코로 망명해 훈련이 잘 되어있고 기율이 엄격한 단체를 조직해 게릴라전을 위한 준비를 했다. 그는 강경한 수단으로 바티스타 정권을 타도할 계획을 세웠다. 이 시기에 그의 아내는 그의 친정 오빠의 영향을 받아 카스트로와 이혼했다. 카스트로는 혁명과 깊은 인연을 쌓았다. 하지만 카스트로는 그가 지휘하는 부대가 투쟁을 하는 원인이 분명하지 않은 경험주의였다. 비록 쿠바의 공산당원들과 접촉을 하고 있었지만 그의 사상은 변화를 가져오지 못했다. 하지만 이 시기에 그는 인민당에 큰 불만을 가지고 있었다. 1955년 말 그는 끝내 인민당 탈당을 표명했다. 후에 아바나의 비상법정은 급히 카스트로 체포령을 내렸다. 멕시코정부는 카스트로를 추방했는데, 카스트로도 마침 떠나려 하고 있던 때였다.

1956년 12월 2일 그는 82명의 동지들을 거느리고 오리엔터로 상륙했다. 상륙전투에서 12명의 동지들만 살아남았다. 그들은 시에라마에스트라에 숨어들어 게릴라전을 전개했다. 이때 카스트로는『손자병법』을 읽으며 중국의 게릴라전의 성공 경험을 참고했다.

쿠바로 돌아온 카스트로는 도처에서 폭동을 일으켰다. 정부는 매일부산하기만 했다. 그는 또 한 번 영웅이 되었다. 사람들은 그의 생사조차 알 수 없었다. 사실 이 시기에 카스트로는 이미 북아메리카에서유명한 인물이 되어 있었다. 그의 봉기군들은 산을 넘나들며 동에 번쩍 서에 번쩍하며 적지 않은 승전을 거두었으며 부단히 자신의 대오를 확충해 나갔다. 그는 원근에 이름 있는 부대를 거느리고 오리엔터주 중앙공원 남쪽과 서쪽지역에서 자유로이 활동할 수 있었다. 이러한 카스트로의 활약에 대해 마오쩌둥은 다음과 같이 평했다.

카스트로는 바티스타 정권을 전복시킨 쿠바 혁명으로 권력을 잡아 쿠바의 국무총리가 되었다.

"며칠 전 쿠바 친구들을 만났다. 그들은 비교적 빨리 승리했다. 2년여 만에 승리를 거두었다. 시작할 때 82명이 배를 타고 멕시코를 떠나 쿠바로 갔다. 싸울 줄 모르는 그들은 모험적인 전쟁을 했는데 82명에서 70명이 목숨을 잃고 피델 카스트로를 포함한 12명만이 살아남았다. 12명은 어찌했는가? 그들은 산지로 들어갔다. 책략을 바꿔 발전을 도모했던 것이다. 비록 좌절과 실패가 있었지만 이는 그들을 교육시키는 계기가 되었고 최후의 승리를 거두는 밑거름이 되었다."

(『압박받는 인민들은 굴복하지 말아야 한다』, 『마오쩌동 외교문선』, 416쪽.)

1958년 4월 카스트로는 봉기군을 거느리고 바티스타 정권을 맹공격했지만 성공하지는 못했다. 그 후 그는 쿠바 노동자 대파업을 제안했지만 이 역시 실패했다. 카스트로의 연이은 실패에 바티스타정부는 자신을 갖고 군대를 파견해 카스트로가 있는 시에라마에스트라 산맥을 포위하고 맹공격하여 카스트로를 사살하려 했다. 하지만 카스트로의 게릴라 군대는 산 지세를 이용해 적들을 유인해 서서히 소멸시켜나갔다. 정부군은 게릴라 군에 의해 큰 타격을 받자 부득이 철퇴할 수밖에 없었다.

1959년 게릴라군은 쿠바를 점령했다. 전국의 봉기군은 아바나에 진입해 임시정부를 건립했다. 카스트로는 오래전부터 자신은 승리할 것이라고 느꼈고, 게릴라군의 지도자가 되지 않아도 된다고 생각했다. 아바나에서 수천만 명의 군중들은 카스트로를 영웅처럼 맞이했다.

사람들은 카스트로가 그들을 바티스타의 암흑통치에서 해방시켰다고 여겼다. 카스트로의 부하는 비록 많지 않았지만 그들 모두 용감했고 단체의식이 강했다. 그들은 병력면에서 차이가 현저했지만, 그런 상황에서도 투쟁을 승리로 이끌어 냈다. 이런 상황이 되어서야 카스트로는 자신이 마르크스주의를 신앙한다고 선포할 수 있었다.

마오쩌둥은 여러 차례 카스트로를 언급하면서 그의 모험적이고 전기적 색채가 다분한 경력을 충분히 인정해주었다. 1960년 5월 3일 마오쩌둥은 라틴아메리카와 아프리카 14개 국가와 지역 공회와 부녀대표단을 만난 자리에서 이렇게 말했다.

"제국주의는 아직도 우리 중국을 압박하고 우리의 타이완을 점령하고 있습니다. 미 제국주의는 우리를 인정하지 않습니다. 그들은 중국이 보이지 않는다고 합니다. 그들은 거의 매일 우리가 아주 나쁘다고 하고 있습니다. 그러나 가만히 보니 그들은 우리가 보이기는 한 모양입니다. 그렇지 않으면 어찌 우리가 나쁜지 좋은지를 알 수 있겠습니까? 그들은 우리가 범한 첫 번째 잘못이 장제스와 싸운 것이라고 합니다. 그들은 장제스는 좋은 사람이고 우리는 나쁜 사람이라고 합니다. 쿠바의 바티스타를 좋은 사람이라 하고, 카스트로를 나쁜 사람이라 하는 것처럼 말입니다. 어느 나라에나 미국인은 좋은 사람이라고 하는 사람들이 있습니다. 하지만 인민들의 눈에는 그렇게 좋아보이지는 않는 것 같습니다. 심지어 나쁘다고 하는 사람들도 있습니다. 이는 미국과 우리의 관점이 다르기 때문입니다."

5월 7일 마오쩌둥은 아프리카 12개 국가 및 지역 사회활동인, 평화
인사와 공회, 청년, 학생대표와의 만남에서 이렇게 말했다.

"당신들은 남조선, 일본, 터키가 미국과 멀리 떨어져 있기 때
문에 이들 국가의 인민들이 미국을 두려워하지 않고 그들의 앞
잡이가 되지 않으려 한다고도 말할 수 있습니다. 하지만 쿠바
를 보십시오. 쿠바는 어디에 위치해 있습니까? 미국과 가깝습
니다. 비행기로 반시간 거리에 있습니다. 쿠바 인민들은 원래
어떤 무기도 없었습니다. 쿠바의 통치자 풀헨시오 바티스타는
몇 년 사이에 2만여 명의 쿠바 사람들을 살해했습니다. 당신들
은 중국은 대국이고 인구가 많음을 알고 있을 것입니다. 하지
만 쿠바는 대국이 아닙니다. 겨우 600만의 인구가 있고 미국과
도 가까운 쿠바지만 바티스타는 2만여 명을 죽였습니다. 하지
만 1956년 11월 쿠바의 민족영웅 피델 카스트로는 82명을 거느
리고 멕시코에서 배를 타고 쿠바에 상륙했습니다. 정부군과의
전투에서 82명의 전사들이 12명밖에 남지 않았습니다. 그 중
에는 피델 카스트로와 그의 동생 라울 카스트로가 있었습니
다. 그들은 부득이하게 산지로 들어가 게릴라전쟁을 시작했습
니다. 게릴라전쟁을 한 2년 동안 그들은 수많은 총을 포획했고
탱크도 빼앗았습니다. 결국 바티스타는 달아날 수밖에 없었습

니다. 쿠바 인민들은 아무런 무기가 없었으나 바티스타 정권은 무기를 가지고 있었습니다. 가까이 있는 거대한 미국도 그들을 지원하고 있었지만 인민들이 단결하여 바티스타를 쫓아냈습니다. 쿠바에 가본 적이 있습니까? 가본 적이 없다면, 쿠바에 가볼 것은 건의합니다. 미국 옆에 있는 작은 나라가 혁명을 하고 있기 때문에 쿠바의 경험을 연구할 필요가 있으며, 쿠바의 혁명은 세계에 큰 의미가 있습니다. 라틴아메리카의 인민들 모두는 쿠바 인민정권을 환영해야 합니다."

(『제국주의는 두렵지 않다』, 『마오쩌동 외교문선』 406~407쪽.)

마오쩌동이 말을 이었다.
"쿠바의 투쟁은 우리를 도와주었습니다. 전체 라틴아메리카의 투쟁은 우리를 도와주었습니다."

1964년 6월 23일 마오쩌동은 칠레 언론계 대표단을 만나 이런 말을 했다.

"중국은 평화를 요구합니다. 모든 평화를 지향하는 사람들을 우리는 찬성합니다. 우리는 전쟁을 반대합니다. 하지만 압박받는 인민들이 제국주의를 반대하는 전쟁을 우리는 지지합니다. 쿠바·알제리의 혁명전쟁을 우리는 지지합니다. 베트남 남방인민들이 미국 제국주의를 반대하는 전쟁도 우리는 지지합니다.

이런 혁명은 그들 스스로가 시작한 것입니다. 우리가 시켜서 쿠바의 카스트로가 혁명을 한 것이 아닙니다. 그는 스스로 혁명의 길을 택했던 것입니다. 여러분들은 믿습니까? 미국이 그들을 혁명의 길로 내몬 것이고, 미국 앞잡이들이 그들을 혁명의 길로 안내한 것입니다."

카스트로의 연설은 사람들에게 모두 좋은 인상을 남겼다. 그는 1960년 1월 1일 저녁 산티아고 Carlos Manuel de Céspedes Square에서 첫 연설을 했다. 수많은 사람들이 그의 연설을 통해 그의 기백을 느꼈다. 그는 품위 있는 태도로 긴 연설을 했다. 그는 소박하고 이해하기 쉬우면서도 낭만적인 언어를 사용했다. 그는 연설문을 미리 준비하지 않았다. 훤칠한 키의 그는 위엄이 있었고 젊었으며, 엄숙한 얼굴에 단정한 외모를 가지고 있었다. 여기에 한 움큼의 수염이 더해져 그는 위풍당당하고 경건함이 느껴진다. 많은 쿠바 사람들 마음속의 카스트로는 거대하고 완미했다.

쿠바 임시정부시기 카스트로는 정부 요원 중의 한 사람이었을 뿐이었다. 그는 보통 내각 회의에 참가하지도 않았다. 하지만 그의 계획은 원대했다. 그는 언젠가는 인민들이 그를 지도자로 선출해 줄 것이라고 믿었다. 그는 쿠바의 사회주의 길을 계획했고 주도적으로 미국과 멀리 했으며, 미국이 은인이라는 형상을 지워버렸다. 정치, 경제, 사회와 문화면에서 미국은 다년간 쿠바를 통치했다. 미국의 일부 상인과 정객들은 아바나를 휴식터로 만들기도 했다. 카스트로는 미국이 장기적으로 쿠바를 점령하려는 꿈을 거품으로 만들려고 독립적인 신분으로 쿠바가 세계에 우뚝 설 수 있도록 건설하겠다고 결심했다.

1959년 2월 16일 카스트로는 쿠바 총리가 되었다. 그는 대대적으로 개혁을 진행했으며 한걸음씩 자신의 계획을 실현해 갔다. 먼저 그는 피나르델리오(Pinar del Río)에 대규모의 토지분배운동을 진행하여 직접 토지증명서에 서명하여 농민들이 토지를 이용할 수 있도록 하는 농업개혁법을 반포했다.

얼마 지나지 않아 카스트로는 스스로 총리직에서 물러났다. 쿠바는 대통령도 없고 표면적으로 총리도 없는 나라가 되었다. 하지만 카스트로는 여전히 여론과 무장부대, 그리고 토지개혁위원회를 장악하고 있었다. 그 후 쿠바는 공민투표를 통해 카스트로를 다시 총리로 선출했다. 그는 재차 그의 정부는 외교면에서 미국의 지휘를 받지 않는 정책을 견지할 것이라고 했다. 쿠바 사람들은 카스트로가 영도하는 정부에 대해 믿음으로 가득 차 있었다.

1961년 4월 16일 카스트로는 정부를 대표해 정식으로 대외를 향해 쿠바는 사회주의의 길을 선택했다고 선포했다. 같은 해 7월 카스트로는 쿠바 혁명통일조직을 편성해 제1서기를 맡았다. 이 조직은 1962년 5월에 이름을 쿠바사회주의 혁명통일당으로 바꾸었으며, 1965년 10월에는 재차 쿠바공산당으로 개명했다. 카스트로가 총리로 된 후 얼마 지나지 않아 총리를 부장회의 주석으로 이름을 고쳤다. 1965년 카스트로는 쿠바 토지개혁위원회의 주석을 겸임했다.

쿠바는 경제적 지원을 받기 위해 점차 소련과 가까이 했으며, 소련과 형제와 같은 친선관계를 맺었다. 소련은 쿠바로부터 식용 사탕을 수입했으며, 쿠바를 보호하고 "무고한 침략에 저항"하는 쿠바를 지지했다. 농업면에서 쿠바는 다양성을 추구하며 식용 사탕 재배에만 의존하지 않았다. 농촌에서 직업을 잃는 사람들이 별로 없었다. 인민들의 주택도 증가되었고 생활수준도 많이 향상되었다. 1963년 정부는 모든 토지를 나라 소유로 전환시키고 통일적인 관리를 시작했다.

1962년 7월부터 소련은 쿠바를 보호한다는 명목으로 쿠바에 유도탄을 보냈다. 8월 29일 미국 공군은 소련이 쿠바에 구축한 미사일 발사기지를 발견했다. 10월 16일 미국정부는 무장으로 쿠바를 봉쇄하기로 결정하고는 10월 22일 쿠바를 격리시키고 엄밀히 감시한다고 선포했다. 동시에 소련이 유엔 관찰단의 감시 하에 쿠바로 운송한 공격무기를 신속하게 제거할 것을 요구했다. 다음 날 미국은 쿠바로 향하는 모든 선박을 가로막고 강제로 선박을 검사할 것이라고 선포했다. 미국이 봉쇄한 쿠바에 보낸 해군함은 183척에 달했으며 여기에는 8개의 항공모함이 포함되어 있었다. 소련은 잠깐 강력 대응한다고 하더니 쿠바로 향하는 선박들을 귀항시켰다. 10월 26일 흐루시초프는 유엔의 감독 하에 쿠바에서 공격무기를 철회하기로 했다. 하지만 미국은 쿠바에 대한 봉쇄를 철수하고 쿠바를 공격하지 않는다는 약속을 해야 한다고 했다. 27일 케네디는 흐루시초프에게 회답 전보문을 보냈고, '백악관 성명'을 발표하여 소련은 유엔의 감독 하에 미사일을 철수시키고, 미국 자신들은 쿠바를 공격하지 않겠다고 약속했다. 28일 흐루시초프는 케네디에게 소련은 이미 쿠바에 있는 핵무기를 철거하라고 명령을 내렸으며, 유엔의 조사를 받겠다는 소식을 알려왔다. 하지만 쿠바 지도자 카스트로는 11월 1일 유엔의 조사를 거절한다고 하며 쿠바의 주권과 영토완정을 위한 다섯 가지 요구를 제기했다. 소련과 쿠바 지도자는 20여 일간 협상을 했다. 11월 8일부터 11일까지 소련은 쿠바에서 42개의 미사일을 철수했으며, 미국 군함의 검사를 받았다. 21일 소련은 30일 내에 쿠바로부터 IL-28제트 폭격기를 가져갔으며, 미국도 쿠바에 대한 해상 봉쇄를 철회한다고 선포했다. 12월 6일 미국은 소련 폭격기가 쿠바에서 철수했다고 선포했다. 이렇게 쿠바의 미사일 위기는 끝났다.

쿠바정부는 국제적으로 매우 활발하게 활동했다. 1976년 12월 카스트로가 쿠바 국무위원회 주석을 맡았다. 그가 영도하는 쿠바정부는 1975년부터 소련의 패권주의를 위해 아프리카에 만 명의 군대를 파견하여 앙골라에 대해 무력으로 간섭하기 시작했다.

외교적으로 쿠바가 이름을 날린 것은 성공적으로 미국의 지지 하에 진행되는 무장 쿠데타 활동을 진압한 사건이다. 그들은 먼저 유엔에서 성공적으로 미국에 경고했다. 미국은 표면적으로는 대답했지만 후에는 오리발을 내밀었다. 미국은 모든 약속을 어기고 쿠바를 해상으로 공격하고 쿠바 영공을 침공했다. 그러나 카스트로도 쉬운 상대는 아니었다. 쿠바의 저항에 미국의 체면은 여지없이 구겨졌다. 이렇게 되자 쿠바의 국제적 지위는 신속하게 높아졌다. 국내의 반대세력들도 조용히 지낼 수밖에 없었다.

혁명이 끝난 후 2~30년간 쿠바 인민들은 안정적인 생활을 했다. 하지만 변화는 눈 깜짝할 사이에 일어났다. 정부는 제당업에서 맹목적으로 빠른 성장을 추구했고 목표가 지나치게 높아 완성하기가 어려웠다. 그리하여 쿠바 사람들은 많은 손해를 봐야했다. 도시노동자들의 생활도 점차 어려워졌다. 정부도 위기를 넘길 그렇다할 방법을 내놓지 못했다. 80년대 말 소련은 쿠바에 대한 경제적 지원과 경제 합작을 중단했다. 이렇게 되자 쿠바의 국내위기는 더욱 악화되었다. 쿠바 사람들은 원망하기 시작했다.

카스트로는 신으로 칭송되었다. 1969년 전후 그의 투쟁정신은 쇠약해지는 듯 했다. 그는 '무장투쟁'을 거의 언급하지 않았다. 카스트는 찬란한 업적을 쌓은 과거가 있었다. 인민들은 그를 신으로 모셨다.

카스트로는 매우 복잡한 성격의 소유자였다. 집정 후, 그는 건설적인 비판 의견을 들으려 하지 않았다. 그는 자신의 의견을 쿠바 인민에게 강요했다. 카스트로는 사회주의를 굳게 믿는다고 하면서 "사회주의가 아니면 죽음이다"라는 새로운 구호를 제기했다. 하지만 인민들은 그 말의 뜻이 "피델이 아니면 죽음이다"라는 말임을 잘 알고 있었다. 쿠바 인민들은 자유와 민주를 사랑한다. 그들은 이미 고령에 이른 카스트로의 사직을 요구했다. 하지만 지금의 쿠바 형세에서 카스트로의 권력 이양은 매우 곤란한 상황이었다. 따라서 그가 사망한 지금 쿠바의 운명은 심각하다 하지 않을 수 없는 것이다.

주요 참고 도서 목록

『毛泽东選集』, 北京, 人民出版社, 1991.

『毛泽东文集』, 北京, 人民出版社, 1993~1999.

中華人民共和國外交部·中共中央文獻研究室, 『毛澤東外交文選』, 中央文獻出版社, 1994.

中國共産黨 中央文獻研究室, 中國共産黨 湖南省委員會, 『毛泽东早期文稿』編輯小組, 『毛泽东早期文稿』, 湖南出版社, 1990.

『毛泽东哲学批注集』, 中央文獻出版社, 1988.

廖良初, 李省身, 『毛泽东思想的昨天与今天』, 北京出版社, 1993.

许祖范等, 『毛泽东幽默趣谈』, 山东人民出版社, 1995.

夏以溶, 『中国革命史话』第9卷『血肉长城』, 湖南少年儿童出版社, 1995.

奇羽, 笑梅, 『三十世纪世界政治星座』, 中共中央党校出版社, 1995.

南山, 南哲, 『周恩来生平』, 吉林人民出版社, 1997.

王永盛, 张伟, 『毛泽东的艺术世界』, 山东大学出版社, 1991.

現代國際關係研究所 世界人物研究室, 『世界100名人』, 时事出版社, 1991.

王晓峰, 『大国首脑外交―智谋·轶闻·趣闻』, 华夏出版社, 1993.

中國共産黨 中央文獻編輯委員會, 『毛泽东著作选读』, 人民出版社, 1986.

姜德昌 等, 『世界近代史人物传』, 吉林人民出版社, 1982.

俞辉, 钟华, 『毛泽东: 领袖交往实录系列』, 四川人民出版社, 1992.

谭振球, 『毛泽东外巡记』, 湖南文艺出版社, 1993.

王效贤, 『朋友遍天下』, 中国青年出版社, 1992.

陈有进 等, 『当代世界大事纵览』, 改革出版社, 1991.

侯树栋, 『一代巨人毛泽东』, 中国青年出版社, 1993.

李麟, 『20世纪风云人物临终岁月』, 国际文化出版公司, 1996.

刘杰诚, 『毛泽东与斯大林』, 中共中央党校出版社, 1993.

黎永泰, 『中西文化与毛泽东早期思想』, 四川大学出版社, 1989.

宋一秀, 杨梅叶, 『毛泽东的人际世界』, 红旗出版社, 1996.

威廉·A·德格雪戈里, 『美国总统大全』, 上海人民出版社, 1991.

柏桦, 『毛泽东口才』, 海南出版社, 1996.